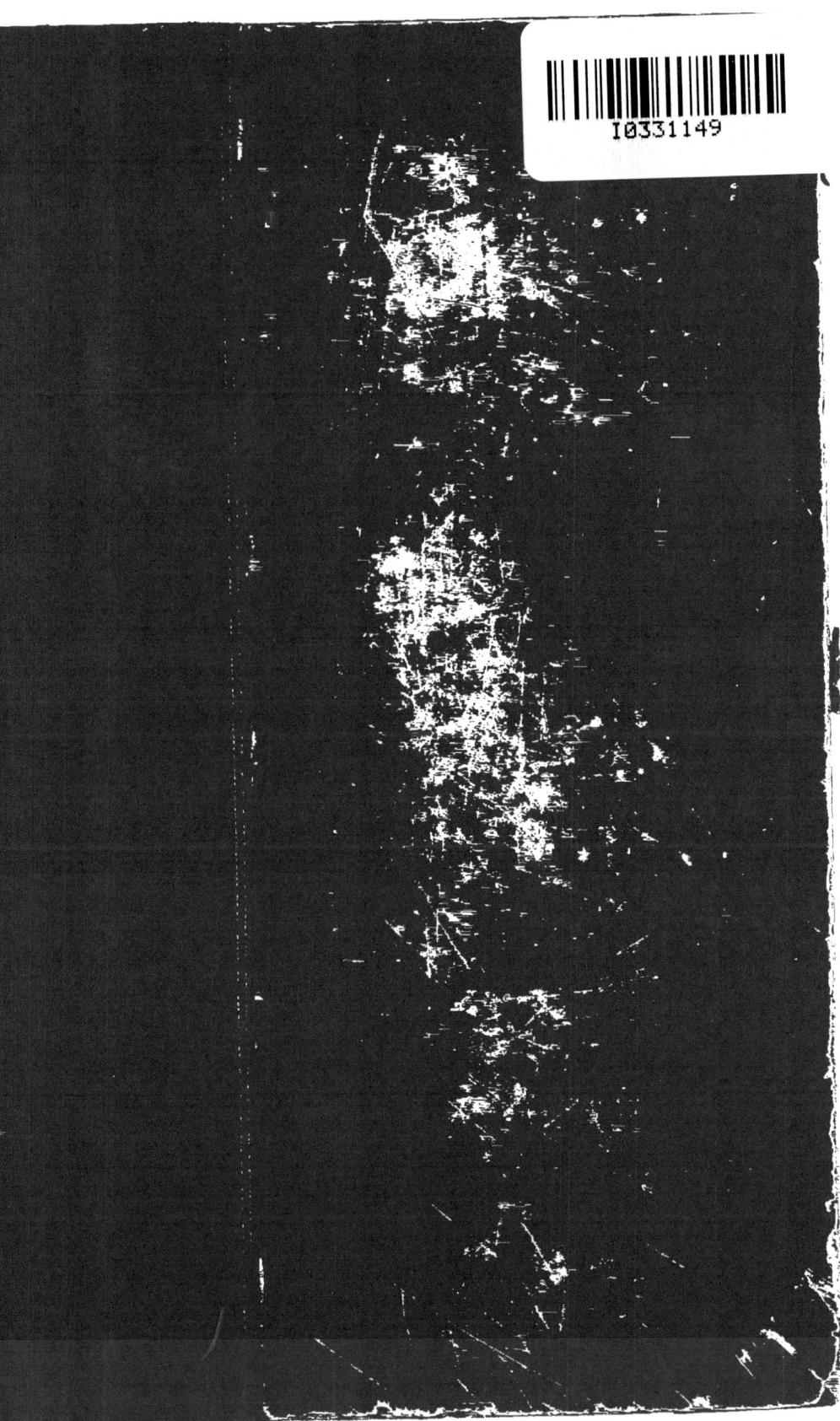

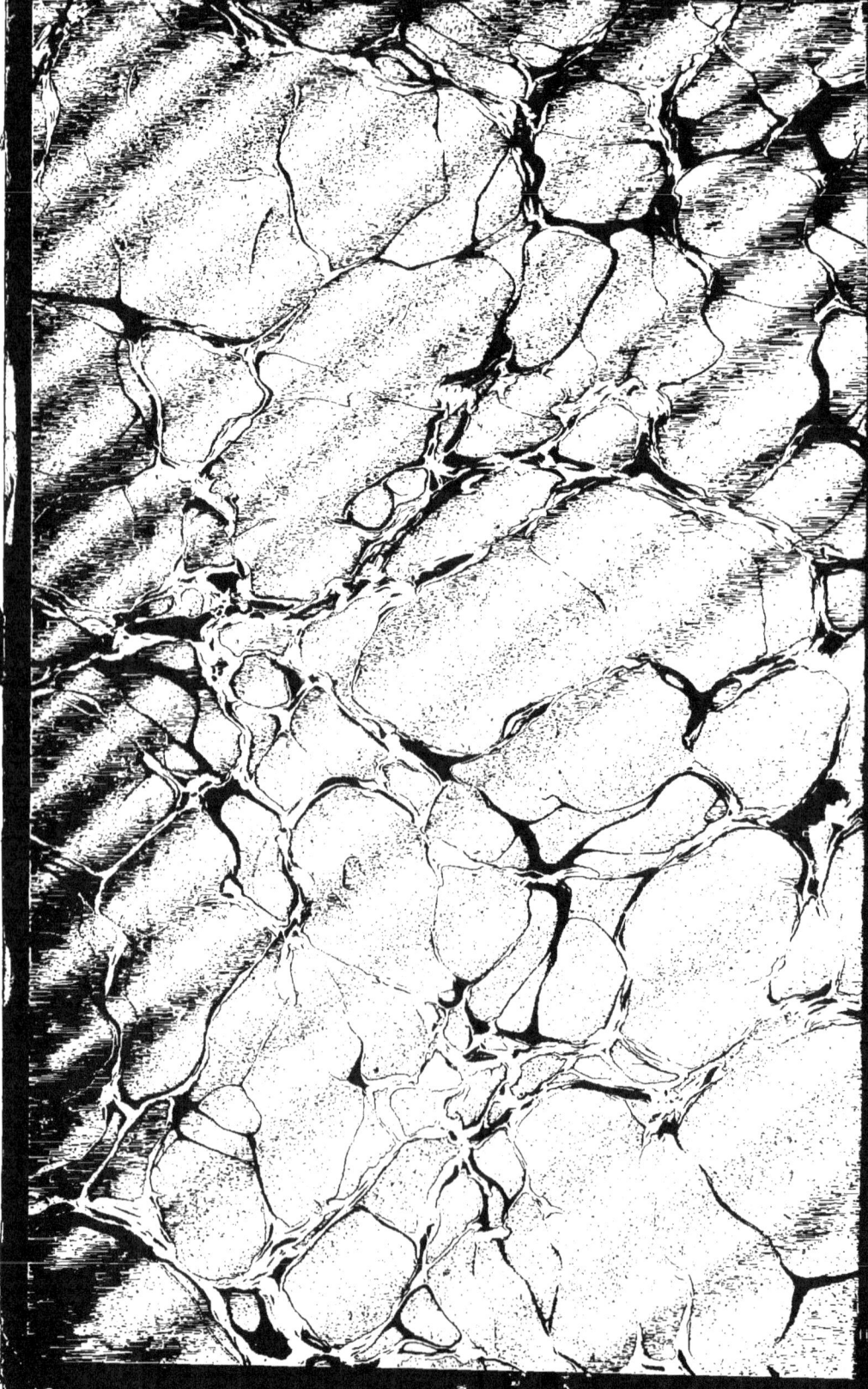

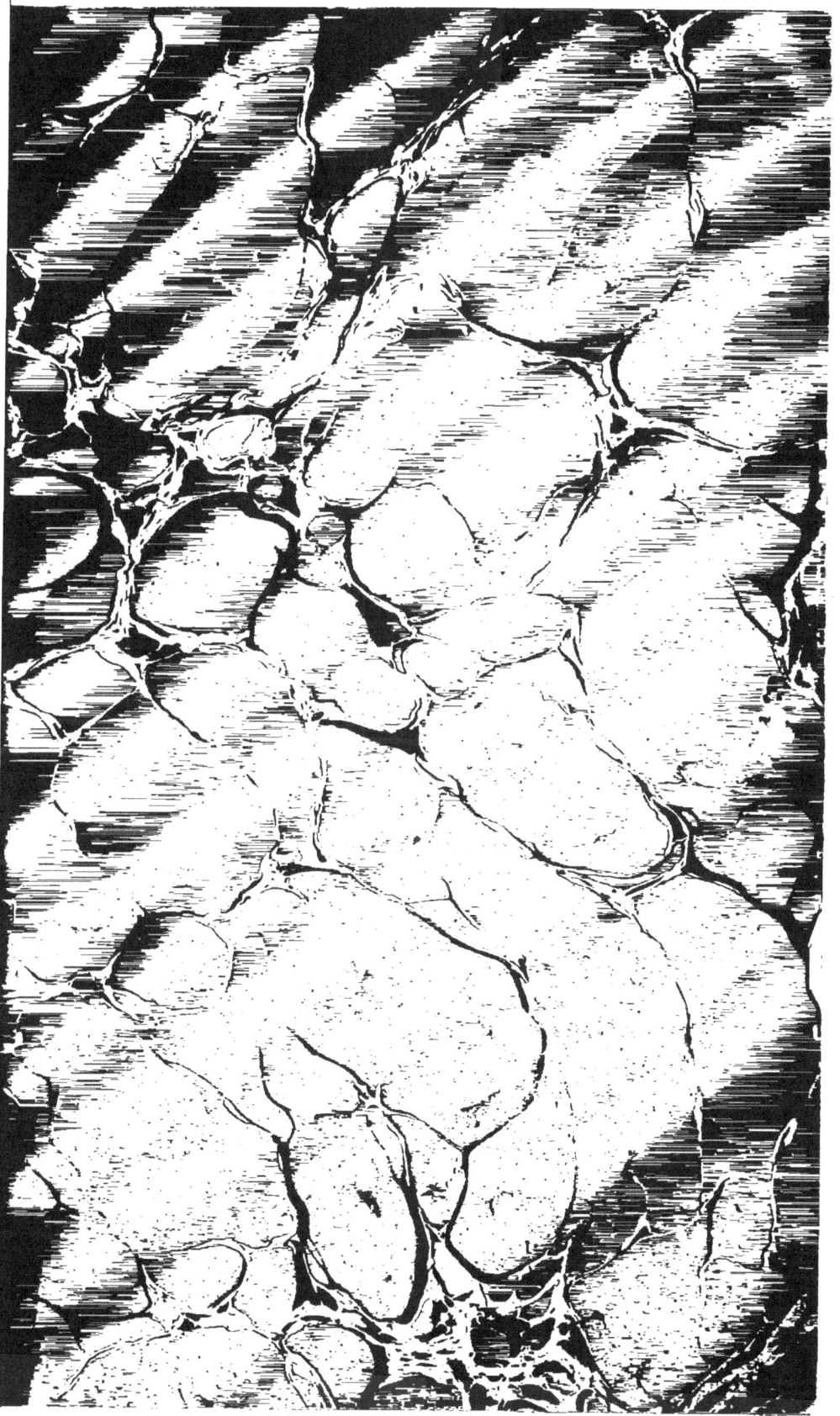

DESSINS, GOUACHES

ESTAMPES ET TABLEAUX

DU XVIIIe SIÈCLE

JUSTIFICATION DU TIRAGE

---

50 exemplaires in-8° jésus, réimposés de format
sur Van Gelder Zonen (I à L)

550 exemplaires in-8° raisin sur papier vergé
à la cuve (51 à 600)

Plus des vingt exemplaires sans numéros réservés pour l'auteur

DESSINS, GOUACHES
ESTAMPES

ET TABLEAUX

DU

DIX-HUITIÈME SIÈCLE

GUIDE DE L'AMATEUR

PAR

GUSTAVE BOURCARD

MEMBRE D'HONNEUR DE LA SOCIÉTÉ DE PEINTRES-GRAVEURS FRANÇAIS

PARIS
DAMASCÈNE MORGAND
LIBRAIRE DE LA SOCIÉTÉ DES BIBLIOPHILES FRANÇOIS
55, Passage des Panoramas, 55

1893

Au Général Mellinet

Le glorieux Doyen de l'Armée Française

Mon cher et vénéré Général,

Permettez-moi de vous dédier ce modeste volume et de vous assurer ici, une fois encore, de la très profonde et très respectueuse affection que j'ai pour vous.

Gustave Bourcard.

NOTE DE L'AUTEUR

Voici un nouveau travail, auquel nous avons consacré nos soins les plus consciencieux.

Malgré l'attention scrupuleuse que nous y avons apportée, nous n'ignorons pas que de nombreuses erreurs s'y sont forcément glissées ; tout renseignement, toutes critiques, toutes rectifications seront donc les bienvenus, et nous remercions d'avance les personnes qui voudraient bien se donner la peine de nous les adresser.

Nous nous excuserons aussi de la façon parfois un peu brutale avec laquelle nous avons formulé nos appréciations. Nous n'avons pas la prétention ridicule de tourner au pontife, mais celle d'être sincère, et nous estimons qu'il est quelquefois bon d'essayer d'ouvrir les yeux des collectionneurs, en leur montrant des défauts de cuirasse qui leur avaient été intentionnellement cachés.

*Pour tâcher de rompre la monotonie de ce long inventaire, duquel sont cependant exclus la vignette et le portrait, nous avons intercalé et disséminé de nombreuses notes dans le texte, cherchant à intéresser et à instruire, si le mot n'est pas trop présomptueux. Nous avons pu, de cette façon, **éviter une longue préface**, donner au volume une physionomie moins sévère et en varier l'aspect.*

Nous terminerons en disant que ce n'est pas sans de précieux concours que nous avons essayé de mener à bien ce travail. Qu'il nous soit donc permis de réunir ici, comme dans un faisceau lumineux, les noms de celles et de ceux qui ont éclairé notre route, de saluer avec respect et de remercier très vivement : Mesdames la duchesse de Polignac, baronne Alice de Rothschild, Lady Richard Wallace, comtesse de Courval, ainsi que MM. Henry Josse, G. Mühlbacher, Louis Valentin, Albert Christophle, Lord Carnarvon, barons Edmond et Ferdinand de Rothschild, Vergues, Henri Béraldi, Paul Eudel, H. Silvy, baron Roger Portalis, marquis de Chennevières, Groult, de Goncourt, Ch. Magne, comte de Reilhac, M. Delestre, P. Chevallier ; MM. G. Duplessis, F. Courboin, H. Bouchot, de la Bibliothèque Nationale, sans oublier messieurs les libraires et marchands d'estampes : Morgand, Edouard, Rouquette,

Danlos, Bouillon, Gosselin, Paulme, Dupont aîné, A. Girard et Bernard fils, chez lesquels nous avons trouvé le plus vif empressement et la plus extrême complaisance.

Et maintenant, puisse ce livre trouver grâce devant le public amateur qui nous fera l'honneur de le lire ! Nous l'espérons, et ce sera la récompense de nos efforts.

DESSINS, GOUACHES
ESTAMPES
ET TABLEAUX
DU
XVIIIᵉ SIÈCLE

ALIBERT (à Paris, chez)

Le Devant — Le Derrière. Pièces ovales en manière de lavis en couleur.

1887	AUBIN.	Épreuves à toute marge.	36 f.	»
1891	BAYARD.	Épreuves à toute marge.	76	»

Ces deux estampes, qui se font pendants, sont *très rares*.

Le Sommeil interrompu.

1877	BEHAGUE.	Épreuve avec grande marge.	25	»
1891	BAYARD.	Épreuve à toute marge.	14	»
1892	BAUDET.	Épreuve à toute marge.	5	»
1892	BELENET.	Épreuve avec sa marge.	8	»

AUBERT (L. d'après)
1731-1814

Le Billet doux (par Cl. Duflos). In-folio.

Une jeune femme assise sur un canapé, le corps de trois quarts à droite, lit le billet que vient de lui remettre un homme debout devant elle, chapeau bas ; sur le canapé, un chat joue avec la mule de sa maîtresse.

1881	Michelot.	Avec une très grande marge.	12 f.	»

Cl. Duflos a encore gravé d'après le Maître : *La Revendeuse à la toilette* — *Le Dessin*. Même format, même prix, toutes pièces de médiocre valeur artistique.

AUBRY (Étienne, d'après)
1745-1781

Les Adieux de la nourrice (par R. de Launay), 1779. In-folio en travers.

1881	Muhlbacher.	Avant la dédicace, grande marge.	60	»
—	—	Avec la lettre, toute marge.	25	»
1882	De Launay.	1er état, eau-forte pure.	150	»
1887	Malinet.	Avant la dédicace, marge.	23	»

Le dessin original en bistre existe dans la collection de M. de

Goncourt; le tableau fut exposé au Salon de 1777, et adjugé 870 livres à la vente du marquis de Véry.

Le cuivre se trouve chez A. Bernard fils [1], et provient du fonds de Mme Vve Auguste Jean ; la vente de ce fonds commença en février 1846, pour finir en avril 1847. Il se composait de plus de 30,000 cuivres gravés en tous genres, sortant de chez les éditeurs anciens les plus célèbres, tels que : Basan, Drevet, de Poilly, Silvestre, Wille, etc. ; cette pièce existe donc en tirage moderne.

Nous avertissons le lecteur que la mention : *existe en tirage moderne*, laissera entendre que le cuivre primitif n'a pas été détruit; toutes les épreuves de cette provenance sont donc à rejeter impitoyablement par l'amateur délicat, ainsi que celles portant au bas du cuivre le nom de *Marel*, les planches étant pour la plupart très usées.

L'Abus de la crédulité (par N. de Launay).

In-folio ovale équarri en travers.

1877	BEHAGUE.	Avant la dédicace, toute marge.	37 f.	»
1881	MAILAND.	Avec la lettre.	16	»
1887	AUBIN.	Avec la lettre.	12	»

Cette gravure est assez jolie, elle a figuré au Salon de 1787, elle existe en tirage moderne. Le dessin original était, en 1810, dans le cabinet Silvestre.

La Bergère des Alpes (par J.-J. Leveau).

In-folio ovale équarri en travers.

1877	BEHAGUE.	Avant la lettre.	75	»
1885	JACQUINOT.	Avant la lettre.	10	»
—	—	A l'état d'eau-forte.	20	»

---

1. Editeur, 1, rue des Grands-Augustins, Paris, possède un nombre considérable de cuivres du XVIIIe siècle, ainsi que MM. Lelogeais et Gosselin.

Le tableau original a figuré au Salon de 1775. — Existe en tirage moderne.

L'heureuse Nouvelle (par J.-B. Simonet), 1777.
Grand in-folio.

1877	Behague.	Avant la lettre, toute marge.	30 f.	»
1879	Michel.	Avec les armes, mais avant la lettre.	15	»
1889	Vignères.	Avant la lettre, marge.	19	»
1891	Bayard.	Eau-forte pure.	14	»
—	—	Avant la lettre, grande marge.	21	»

Puisque le nom de Vignères vient de passer sous notre plume, qu'on nous permette un mot sur le célèbre marchand d'estampes. Vignères (Jean-Eugène) naquit le 24 juillet 1812, et mourut à Hyères, le 17 février 1884 ; il était marchand d'estampes depuis 1826, et avait fait, dans sa carrière, 495 ventes publiques, et rêvait d'atteindre le chiffre rond de 500 ; la mort de son fils, enlevé très jeune à l'affection des siens, lui porta un coup terrible et ébranla sa santé déjà chancelante ; il s'en alla dans le Midi, tâcher de la rétablir, et c'est là qu'il s'éteignit doucement, entre sa femme et sa fille, qui l'y avaient accompagné.

Après sa mort, M. Dupont aîné fut chargé de réaliser son fonds ; il y eut 37 ventes consécutives, qui se composèrent de 13,899 numéros, et durèrent du 3 novembre 1884 jusqu'au 13 juin 1889, *près de 5 ans !!!* Elles produisirent 207,136 francs, inondant, de portraits surtout, le marché de Paris ; beaucoup de pièces courantes, peu de morceaux hors ligne. Ce formidable inventaire a été dressé d'une facon très remarquable et très sérieuse par l'aimable et érudit marchand d'estampes de la rue de Seine.

La Bonté maternelle (par Blot). In-folio.

1877	BEHAGUE.	Avant toutes lettres, grande marge.	33 f.	»
1881	SAINT-GENIÈS.	Avec la lettre, marge.	3	»

A la vente Behague le dessin original au crayon noir lavé fut adjugé 70 fr.

La Correction maternelle (par de Longueil).
In-folio en travers.

1878	ROTH.	Eau-forte pure, sans marge.	163	»
1881	MAILAND.	Avec la lettre, marge.	18	»

M. Panhard, dans son remarquable et consciencieux travail sur Joseph de Longueil, publié chez Morgand, signale de cette pièce les trois états suivants :

1er état. Eau-forte.
2e — Avec le titre et les noms des artistes.
3e — Avec le titre, les noms des artistes et la dédicace.
Existe en tirage moderne.

Le Mariage conclu. — Le Mariage rompu (par R. de Launay). Pendants. In-folio en travers.

1876	HERZOG.	Les 2 pièces, avec la lettre grise [1], toute marge.	20	»
1887	AUBIN.	Les 2 pièces, avant la dédicace.	50	»

---

[1]. Une épreuve est dite *avec la lettre grise*, quand les lettres du titre sont tracées au *simple trait* pour les *déliés*, et au *double trait* pour les *pleins* ; quelquefois ces *pleins* sont couverts par des *hachures,* on dit alors *avec la lettre ombrée.*

Une esquisse de la première pensée du *Mariage rompu* fut adjugée 50 francs à la vente Walferdin. Ont encore été gravées d'après le Maître :

L'heureux Ménage. — *L'Amour paternel*. — *Les Amants curieux* (par Levasseur). *La Reconnaissance de Fonrose* (par R. de Launay). *Première Leçon d'amitié fraternelle* (par R. de Launay). *La Demande acceptée*, le tableau au Salon de 1777. Toutes pièces de mince valeur. Les trois dernières existent en tirage moderne.

BARBIER (d'après)
?

Le Berger dangereux (par Jubier). In-8°.

1889	Decloux.	Sans désignation d'état, pièce en couleur.	42 f.	»
1891	Bayard.	Sans désignation d'état.	40	»
1892	Baudet.	Épreuve avec marge.	50	»

Cette estampe est *assez rare*.

BARTOLOZZI [1] (François, par et d'après)
1728-1815

Ne dérangez pas le monde (d'après Cipriani).

Pièce coloriée.

Dans la campagne, un jeune homme à gauche surprend une jeune femme en train de se déshabiller pour se baigner, sa jambe gauche est nue ; à droite, par terre, le bas et le

---

[1]. Graveur florentin, qui s'est anglaisé par sa nomination de membre de : *the Royal Academy of Arts*.

soulier ; près d'elle, une source jaillit de la gueule d'un dauphin, et à ses pieds jappe un petit chien.

1881	Muhlbacher.	État d'eau-forte.	19 f.	»
—	—	Avec la lettre.	52	»
1889	Decloux.	Épreuve à grande marge.	40	»

Bartolozzi, élève de Ferreti et de Joseph Wagner, naquit à Florence ; il fut le propagateur de la gravure *au pointillé*, genre peu artistique, en noir surtout, mais qui a cependant donné quelques jolies pièces coloriées, telles que *L'Amant favorisé. — On la tire aujourd'hui*, d'après Boilly, etc...

A propos de gravures *coloriées* et de gravures *en couleur*, nous établirons de suite une distinction[1] : on entend généralement par *coloriées* les estampes obtenues avec une seule planche et d'un seul coup de presse, la planche étant encrée en une seule fois *au pouce* ou *à la poupée*, ou *au pinceau*; et par *en couleur* celles obtenues alors avec deux, trois et même quatre planches : *autant de couleurs, autant de planches, autant de coups de presse;* les petits trous, semblables à de grosses piqûres d'épingles, que l'on remarque dans les témoins ou sur les traits carrés des pièces en couleur, sont précisément les *points de repère* de ces planches ; c'est le procédé Debucourt, Janinet, Descourtis, Lecœur, Bonnet, etc.....

Nous devons dire cependant, pour être exact, que quelquefois, mais ceci est très rare, tous les points de repère n'existent pas quoique l'estampe soit tirée à plusieurs planches ; nous avons pu nous en convaincre en examinant avec un soin extrême *Les trois Grâces*, de Janinet, qui ne portait qu'un seul trou en haut de la gravure.

Les couleurs étaient préparées et broyées avec de l'huile de noix, et les plus siccatives et les meilleures avec de l'huile de pavot, ce qui donnait aux nuances plus de lustre et plus de transparence.

Leblond, le père et l'inventeur (1739) de la gravure en cou-

---

[1]. Disons cependant que dans le langage courant on tient peu compte de cette distinction, et que très souvent on appelle *pièce en couleur* une estampe qui n'est réellement qu'une *pièce coloriée*.

leur, dit qu'un bon cuivre pouvait tirer sans altération sensible de six à huit cents épreuves ; le cuivre jaune est généralement plus dur que le rouge ; mais ce dernier rendait mieux à la presse et était trouvé par conséquent d'un meilleur emploi.

Voici quelques renseignements sommaires relatifs aux divers procédés des gravures coloriées et en couleur :

Gravure au pointillé, ou manière anglaise ; effet très doux en couleur, horrible en noir.

Aqua-tinte, ou manière de lavis, procédé Le Prince.

Manière de crayon, procédé François et Demarteau.

Manière noire, ou mezzo-tinto, inventé en Allemagne par le colonel Hessois de Siégen (1609-1680), qui le communiqua au prince Robert de Bavière, par qui il fut exploité.

Pour la manière noire, le cuivre, au lieu d'être *uni* et *poli*, est complètement préparé en noir au moyen du *berceau*, outil demi-circulaire muni à son extrémité de nombreuses aspérités qui dépolissent le métal par les balancements qu'on lui donne sur la planche ; on use ensuite du racloir pour aplanir les parties que l'on veut obtenir en lumière ou en demi-teinte.

Les différents procédés ont été du reste traités avec une haute compétence par le baron Roger Portalis, dans la *Gazette des Beaux-Arts,* (décembre 1888 ; janvier, mars, avril 1889 ; février 1890) ; nous ne saurions mieux faire que d'y renvoyer le lecteur.

Bartolozzi a gravé : un grand in-folio, *Le 18 Brumaire 1799 ; Clytie châtiant l'Amour,* d'après Annibal Carrache, 1772, et *L'Essai des faux appas,* pièce satirique curieuse adjugée 30 fr. à la vente Mühlbacher, ainsi que *The Dance, The Song,* pièces assez remarquables, adjugées 151 fr., à la vente du Cte L. de Belenet, en juin 1892.

BASSET (à Paris chez)

Le Bastringue. In folio en travers.

1881   MUHLBACHER.   Publiée en nivôse an VIII.   38 f. »

1881 MUHLBACHER. La même, en contre-
partie.   14 f. »

La contre-partie a été publiée en prairial an VIII, chez Bonneville. Cette pièce est assez rare.

Almanach aérostatique pour 1785.

1882 DUBOIS DU BAIS. Pièce coloriée.   155 »

Pièce *rare*.

La Toilette ou l'Amusement du matin,
dédié au beau sexe.

1882 DUBOIS DU BAIS. Pièce coloriée.   59 »

Publié également chez Basset : *Les Filles de joie rasées et conduites à l'hôpital,* même vente, 14 fr.

BAUDOUIN (Pierre-Antoine, d'après)
1723-1769

Le Coucher de la mariée (gravé à l'eau-forte par Moreau le jeune, et terminé au burin par Simonet), 1768.
Cinq états. In-folio.

Dans une riche chambre à coucher, la jeune mariée, en élégant déshabillé de nuit, s'apprête à se mettre au lit ; elle semble essuyer une larme de la main gauche ; à ses pieds son mari en robe de chambre, un genou en terre, et près de lui une femme debout murmure quelques mots à l'oreille de la jeune épousée. Dans la chambre, trois caméristes, celles de gauche éteignant les bougies et installant un écran, celle de droite relevant la couverture.

1877	BEHAGUE.	Avant toutes lettres, avec les armes, grande marge.	665 f.	»
—	—	Eau-forte en contre-partie ; sous le trait carré à gauche on lit à rebours, à la pointe sèche : « *J.-M. Moreau le jeune, 1768.* »	515	»
1880	WASSET.	1ᵉʳ état, eau-forte pure [1].	3200	»
—	—	Avec la lettre, dernier état.	181	»
1880	MAHÉRAULT.	État d'eau-forte ; à droite sous le trait carré, à la pointe : « *J.-M. Moreau le jeune, 1768.* »	2205	»
1881	MUHLBACHER.	Eau-forte pure ; au bas de l'épreuve cette note de la main de Moreau le jeune très probablement : « *On a tiré 24 épreuves de cette eau-forte.* »	2015	»
—	—	La même en 3ᵉ état. Avant toutes lettres : seulement *J.-M. Moreau le jeune, 1768*, à la pointe sous le trait carré.	1220	»

1. La dénomination *eau-forte pure* a souvent été critiquée et controversée ; on nous permettra cependant de l'approuver et de la conserver, car elle désigne pour nous le *tout premier état*, en un mot la planche telle qu'elle sort du bain d'acide dans lequel elle était plongée, sans qu'aucune retouche de pointe ou de burin soit venue lui enlever sa saveur première, sa virginité.

1885	Hocquart.	Sans désignation d'état.	175 f.	»
1887	Aubin.	Avant toutes lettres, mais avec les armes.	400	»
1889	Decloux.	Avec la lettre, toute marge.	310	»
1891	Kinnen.	Avant toutes lettres, mais avec les armes.	1450	»
1891	Bayard.	Même état que vente Kinnen.	649	»
—	—	Épreuve en *contre-partie*[1], état vente Behague.	498	»
1892	Baudet.	Épreuve encadrée.	162	»

Cette estampe, une des plus jolies de l'École, a été grossièrement postichée en couleur et en réduction ; on a aussi regravé la planche, et on en fait des tirages sans valeur. Le pendant est : *Le Lever de la mariée* d'après Dugoure, gravé par Trière.

L'œuvre de Baudouin, Lavereince, Chardin, Lancret, A. de Saint-Aubin, Moreau le jeune, a été décrit par M. Emmanuel Bocher avec une conscience, une clarté et une intelligence remarquables; nous ne connaissons pas, et il n'existe pas de travail plus complet; aussi nous permettons-nous d'adresser ici à l'éminent iconographe nos remerciements bien sincères, mais aussi nos regrets les plus vifs de le voir abandonner une partie si brillamment commencée. Le nombre d'états que nous signa-

---

1. L'épreuve en *contre-partie* est l'épreuve *originale renversée*, c'est-à-dire que ce qui se trouvait à droite dans l'une est à gauche dans l'autre ; ce terme s'emploie généralement pour désigner une estampe qui n'a pas été gravée d'après le tableau original, mais regravée par un *autre artiste* sur la gravure déjà faite de ce tableau. Nous croyons que le mot *contre-partie* est ici improprement employé, et que c'est de l'expression *contre-épreuve* qu'il faudrait se servir, la contre-épreuve n'étant autre chose que le *décalque* de l'épreuve originale obtenue par un *nouveau coup de presse* avant que cette dernière ait eu le temps de sécher. Ces pièces n'ont donc, suivant nous, aucune valeur artistique ; elles peuvent avoir le mérite de la rareté, mais c'est tout.

lons de ces différents Maîtres, a été pris dans les fascicules publiés.

La gouache originale du *Coucher de la mariée*, qui avait figuré au Salon de 1767, se trouve actuellement chez M. le baron Edmond de Rothschild. Une autre gouache du *Couché de la mariée* nous est obligeamment signalée par M. Groult comme faisant partie de son cabinet ; évidemment l'une est la réplique de l'autre. Nous nous contentons d'enregistrer.

A la vente Kinnen il s'est vendu, pour 14 francs, un *Couché de la mariée* en couleur, pastiche de l'original, publié vers 1820, *à Paris, chez Begat, m^d d'Estampes, rue de la Croix, n° 2*. Petit in-folio sans valeur, ayant au bas une légende commençant par ces mots : *La jeune mariée hésite à se coucher*.

Le Carquois épuisé. — Dans une riche alcôve, une jeune femme à droite, dans un galant négligé, est occupée à se faire des mouches en regardant, assis à gauche sur un canapé, un jeune seigneur, à l'air alangui, son épée et son chapeau sont près de lui à terre ; à droite un écran, à trois feuilles, préserve du feu qui brille dans la cheminée ; un petit chien gambade près de sa maîtresse, et un carquois vide est renversé au pied d'un socle supportant une statue de l'Amour.

Les Soins tardifs. — Dans un grenier, un jeune gars est en train d'embrasser et de lutiner une villageoise deminue renversée sur des couvertures ; à droite on aperçoit, montant par une échelle, la mère tout effarée avec un jeune enfant.

Pendants, par N. de Launay. *Trois états chaque. In-folio.*

1877 BEHAGUE.   Le Carquois épuisé.
1er état, eau-forte sans aucune lettre ; dans cet état *le carquois de l'Amour* n'existe

		pas, on voit à sa place *une touffe de roses.*	805 f.	»
1877	BEHAGUE.	La même, en 2ᵉ état, avant la lettre et avant les armes.	380	»
—	—	Les Soins tardifs. 2ᵉ état.	389	»
1881	MUHLBACHER.	Le Carquois épuisé. Toute première épreuve avant la lettre, avec le cartouche blanc, avant les changements faits dans la tablette inférieure et *avant le carquois renversé* qui est près de la statue de l'Amour placé sur un socle, remarque qui n'existait, croyait-on, qu'à l'état d'eau-forte pure, *état non décrit* [1]; épreuve remargée.	400	»

---

[1]. Mots prestigieux et magiques qui manquent rarement leur effet, voulant dire tout simplement que cela constitue par le fait *un* état de plus que ceux connus par l'auteur qui a décrit l'œuvre du graveur.

Les états varient à l'infini, témoin par exemple le Sᵗ *Georges* de Raphaël gravé par le regretté et admirable artiste C.-F. Gaillard, qui n'en compte pas moins de 33 !!! On peut cependant, au XVIIIᵉ siècle, établir les quatre grandes classifications suivantes :

1ᵉʳ état. Eau-forte pure avant toutes lettres.
2ᵉ — Épreuve terminée; seulement les noms des artistes à la pointe, sous le trait carré.
3ᵉ — Avec les armes, le titre seulement et les noms des artistes.
4ᵉ — Les armes, la dédicace, la lettre.

Souvent cependant ces classifications donnent lieu à quelques sous-divisions.

1881	MUHLBACHER.	Les Soins tardifs. Eau-forte assez avancée, avant toutes lettres et avant l'encadrement ornementé.	295 f.	»
—	—	La même, avant toutes lettres, avec la tablette blanche.	245	»
1885	HOCQUART.	Le Carquois épuisé. Avant toutes lettres, avant les changements faits dans la bordure, avec la tablette blanche.	310	»
—	—	Les Soins tardifs. Même état et remarques.	175	»
1889	DECLOUX.	Le Carquois épuisé.	210	»
1890	DESTAILLEUR.	Le Carquois épuisé, état d'eau-forte.	250	»
—	—	La même avec la lettre, grande marge.	190	»
—	—	Les Soins tardifs, 2e état.	150	»
—	—	La même avec la lettre, toute marge.	82	»
1891	KINNEN.	Le Carquois épuisé, eau-forte pure [1].	130	»

---

1. Le gros écart de prix entre l'*eau-forte pure* et l'*avant toutes lettres* de la même pièce nous donne l'occasion de faire la curieuse remarque suivante : au début du renouveau de l'École, vers 1860 à 1870, on recherchait les *avant lettres* ; plus tard, vers 1875 à 1881, assoifé de rareté, on les a relativement abandonnées pour *les eaux-fortes*, et maintenant, brûlant un peu ce qu'on a adoré, on revient aux *avant lettres*, ce qui en définitive est le *vrai bel état*, tout au moins de beaucoup le plus séduisant, malgré le charme primesautier, qui certainement nous captive dans l'eau-forte.

1891	Kinnen.	La même avant toutes lettres.	340 f.	»
—	—	La même avec la lettre.	160	»
1891	Bayard.	Le Carquois épuisé, eau-forte pure.	395	»
—	—	La même sans désignation d'état, marge.	250	»
—	—	Les Soins tardifs, eau-forte pure.	120	»
—	—	La même avant la lettre, avec la tablette blanche, et avant les changements dans la bordure.	295	»
—	—	La même avec la lettre.	45	»
1892	Baudet.	Épreuve encadrée.	200	»

Cette pièce a été regravée par M. Henry Lemoine : avant la lettre avec les armes ; — avec la lettre et avec les armes.

Le Lever (par Massard, 1771). — Une jeune femme demi-nue de face, la tête de trois quarts à gauche, est assise sur son lit, les pieds touchent terre ; elle regarde un chat posé sur le lit. Une servante agenouillée est en train de lui donner ses pantoufles, tandis qu'une autre lui passe un peignoir. Un paravent à droite complète le tableau.

La Toilette (par M. Ponce, 1771). — Une jeune femme de profil à droite, debout devant sa toilette, cause avec un jeune seigneur assis à droite sur un fauteuil, les jambes croisées, pendant que sa soubrette lui lace son corset. Pendant. Cinq états chaque. In-folio.

1885	Hocquart.	La Toilette, avant la lettre.	210	»

1885	Hocquart.	Le Lever, avant toutes lettres.	290 f.	»
1889	Decloux.	Les deux pièces, en 4ᵉ état, c'est-à-dire avec l'adresse de Mme Baudouin, qui au 5ᵉ et dernier état a été remplacée par celle de Basan et Poignant ...	370	»
1890	Destailleur.	Les deux pièces, même état, toute marge.	820	»
1891	Kinnen.	Les deux pièces, grande marge.	190	»
1891	Bayard.	La Toilette, avant la lettre, toute marge.	600	»
—	—	Le Lever, 4ᵉ état.	140	»
1892	Baudet.	Les deux pièces en 4ᵉ état ; encadrées.	580	»
—	—	Les mêmes encadrées : Le Lever est en 5ᵉ état.	300	»

La gouache de *la Toilette* un peu différente de l'estampe, actuellement dans la collection d'Edmond de Goncourt.

L'Amour à l'épreuve ou l'Amour surpris. — Dans un intérieur Louis XV, deux jeunes gens enlacés sur un lit bas ; la femme laisse voir sa gorge et son derrière, tandis qu'un abbé, à gauche, soulève indiscrètement le rideau ; à terre un chien est couché à droite.

L'Amour frivole. — Une jeune femme assise presque de face est endormie près de sa table de toilette à droite ;

---

1. Il faut toujours, quand il y a eu plusieurs adresses, prendre de préférence *la première*, les autres étant naturellement postérieures, et conséquemment moins bonnes, provenant d'une planche plus usée par le tirage.

sa jambe gauche est posée sur un haut tabouret; un jeune homme, entr'ouvrant une porte vitrée à droite, soulève le fichu de la dormeuse et découvre sa gorge nue.

Pendants, par Beauvarlet. *Trois états chaque.*
In-folio.

1877	Behague.	L'Amour à l'épreuve, premier état, eau-forte.	385 f.	»
—	—	La même, deuxième état sans aucune lettre.	450	»
—	—	L'Amour frivole, premier état, avec le titre sans aucune lettre.	152	»
1880	Wasset.	L'Amour à l'épreuve, deuxième état avec le titre, sans aucune lettre, et avant le changement [1].	350	»
—	—	L'Amour à l'épreuve, dernier état.	40	»
—	—	L'Amour frivole, premier état.	72	»
1881	Muhlbacher.	L'Amour à l'épreuve, premier état, eau-forte pure.	300	»
—	—	La même, *avant le changement*, avant toutes lettres, la tablette indiquée au trait, *état non décrit*.	600	»

1. C'est-à-dire *avant la tablette* qui n'existe plus au dernier état.

1881	Muhlbacher.	La même en deuxième état, toute marge.	300 f.	»
—	—	L'Amour frivole, premier état, avec le titre sans aucune lettre, toute marge.	420	»
1885	Hocquart.	L'Amour à l'épreuve, premier état, marge.	155	»
1889	Decloux.	L'Amour frivole.	50	»
—	—	L'Amour à l'épreuve.	70	»
1890	Destailleur.	L'Amour à l'épreuve, deuxième état, grande marge.	245	»
1891	Kinnen.	L'Amour frivole, marge.	51	»
1891	Bayard.	L'Amour à l'épreuve, premier état.	260	»
—	—	La même, deuxième état.	180	»
—	—	La même, troisième état, grande marge.	38	»
—	—	L'Amour frivole.	20	»
1892	Baudet.	L'Amour à l'épreuve, avec le titre, sans aucune lettre et avant le changement; marge.	100	»

Ces deux pièces sont toujours classées dans l'œuvre de Baudouin, quoique portant sous le trait carré à gauche : *Boucher pinxit 1er Ptre du Roi*. On sait que Baudouin était le gendre de Boucher et le beau-frère de Deshayes.

L'Amour frivole, au deuxième et troisième état, porte le nom de Marel ; au deuxième, l'adresse est : *rue St-Julien, 12...* et au troisième : *rue des Noyers, 27*.

Annette et Lubin. — Les Cerises.

Pendants, par N. Ponce. *Quatre états chaque. In-folio.*

1877.	Behague.	Annette et Lubin, avant la lettre, grande marge.	160 f.	»
—	—	Les Cerises, premier état, eau-forte.	410	»
—	—	La même, deuxième état, avec les armes, avant la lettre; grande marge.	300	»
1881	Muhlbacher.	Annette et Lubin, deuxième état, avant toutes lettres, avec les armes et les noms des artistes.	180	»
1882	De Launay.	Les Cerises, premier état, eau-forte pure.	500	»
1885	Hocquart.	Annette et Lubin, deuxième état.	110	»
—	—	Les Cerises, deuxième état.	135	»
1891	Kinnen.	Annette et Lubin, deuxième état.	140	»
1891	Bayard.	Les Cerises, premier état, eau-forte pure.	53	»
—	—	La même, deuxième état, avant toutes lettres, avec les armes et les noms des artistes, grande marge.	179	»

1891	Bayard.	La même, avec la lettre.	41 f.	»
—	—	Annette et Lubin, avant la lettre.	81	»
—	—	La même, avec la lettre.	24	»

La planche de *Annette et Lubin* existe encore, avec l'adresse de Marel. Ces deux estampes sont bien fadasses et vraiment peu intéressantes; aussi n'avons-nous pas pris la peine d'en donner la description.

Rose et Colas. — Au bas de l'escalier d'une cour de ferme, à gauche, Colas debout de face, les bras étendus, tenant une quenouille enrubannée, à laquelle il vient d'attacher un bouquet, regarde à droite Rose qui sort de dessous l'escalier; près de lui la chaise et le rouet de son amoureuse. Au milieu de l'estampe, debout un tonneau sur lequel est un chat; au pied du tonneau un gros chou pomme.

La Soirée des Thuileries. — Sous un ciel nuageux laissant percer la lune à droite, assis aux Thuileries sur un banc de bois de trois quarts à gauche, un jeune homme regarde languissamment la jeune femme qui va le quitter et qui se lève en remettant son gant. En face d'eux, à gauche sur une chaise de paille, un chien les regarde.

Pendants, par Simonet. *Quatre états chaque. Petit in-folio.*

1877	Didot.	Rose et Colas, deuxième état, avant l'inscription dans la tablette, et avant l'adresse de Basan; marge.	155	»
—	—	La Soirée des Thuileleries, troisième état		

		avant toutes lettres, mais avec les armes.	120 f.	»
1877	Didot.	La même, quatrième état.	50	»
1877	Behague.	Rose et Colas, deuxième état, grande marge.	225	»
—	—	La Soirée des Thuileries, deuxième état, avant toutes lettres.	145	»
1881	Mailand.	Rose et Colas, avec la lettre.	31	»
—	—	La Soirée des Thuileries, deuxième état.	226	»
—	—	La même, avec la lettre.	50	»
1881	Muhlbacher.	Rose et Colas, deuxième état, avec le cartel blanc.	280	»
—	—	La Soirée des Thuileries, deuxième état, avant toutes lettres et sans l'encadrement, le trait carré existe seul.	295	»
1885	Hocquart.	Rose et Colas, deuxième état, avant toutes lettres, le cartel qui doit recevoir les armes est blanc, grande marge.	181	»
—	—	La Soirée des Thuileries, grande marge.	75	»
1887	Aubin.	Rose et Colas, état, vente Hocquart.	320	»
1890	Destailleur.	Rose et Colas, *état non*		

		décrit, intermédiaire entre le deuxième et le troisième, avec le titre et les initiales L. P., mais avant la mention : « *gravé d'après le Tableau,* etc... » et l'adresse de Basan et Poignant.	110 f. »
1890	DESTAILLEUR.	La Soirée des Thuileries, deuxième état, toute marge.	500 »
1891	KINNEN.	La même, même état.	250 »
1891	BAYARD.	Rose et Colas, marge.	31 »
—	—	La Soirée des Thuileries, toute marge.	83 »

De ces deux pièces, *La Soirée des Thuileries* est de beaucoup la plus jolie ; on se demande pourquoi elles se font pendants ? La gouache originale de *La Soirée* se trouve dans la collection du baron Edmond de Rothschild, et dans celle de M. G. Mühlbacher ; certainement l'une des deux se trouve être une réplique.

En avril 1891, à la vente de la collection de M. Ch. Cousin [1], la gouache de *Rose et Colas* fut adjugée 550 francs, elle avait été payée 4.000 francs (*prix d'ami*) à l'expert Gandouin, et était archi-fausse, paraît-il ; furieux d'avoir été ainsi trompé, M. Cousin fut sur le point de poursuivre *pour tromperie sur la marchandise vendue,* mais ayant consulté Edmond de Goncourt, celui-ci lui répondit : « En art, quand on se trompe, il faut avoir la sérénité de sa *gaffe* ; maintenant, si vous le faites, ce procès, je vous autorise parfaitement à invoquer mon témoignage. » La chose en resta là, et il n'y eut point de poursuite.

---

1. L'auteur du *Voyage dans un grenier* et de *Racontars d'un vieux Collectionneur.*

L'acquéreur était un marchand de curiosités, M. Romeuf, demeurant, 57, rue de Châteaudun.

Un an plus tard, en mai 1892, une autre gouache de *Rose et Colas*, de mêmes dimensions, 30 centimètres de hauteur sur 24 centimètres de largeur, passe à la vente Hulot, et est adjugée 790 francs à M. Lacroix. Est-ce la même qui reparaît ? Est-ce une répétition ? Il nous a été impossible d'élucider la question : n'ayant vu ni l'une ni l'autre, nous ne pouvons nous prononcer. Quant au point de vue de *l'authenticité*, le cas est si particulièrement délicat que nous déclinerions toute compétence s'il nous avait été donné d'avoir à trancher la question. Quoi qu'il en soit, une *vraie* gouache de Baudouin, n'atteignant en *vente publique* que 790 francs, ressemble furieusement pour nous à du Château Yquem qu'on vendrait 40 sous la bouteille ; il y a donc fort à parier qu'elle est aussi *douteuse* que la précédente.

L'Enlèvement nocturne (par N. Ponce). Quatre états. In-folio.

La nuit, au pied des murs élevés d'un couvent, se dresse une échelle au bas de laquelle un jeune homme reçoit dans ses bras une jeune femme ; en haut de l'échelle à califourchon sur le mur, une autre femme : à gauche deux hommes et une voiture attelée de deux postiers, et à droite deux autres chevaux avec un cavalier.

1877	Behague.	Avant la lettre, toute marge.	225 f. »
1878	Roth.	Premier état, eau-forte pure.	460 »
—	—	Avec l'adresse de Ponce, qui plus tard fut remplacée par : *à Paris chez l'auteur, graveur ordinaire, etc...* très grande marge.	122 »

1881	Muhlbacher.	Eau-forte pure.	396 f.	»
1881	Mailand.	Avant la lettre.	270	»
1885	Hocquart.	Avant la lettre.	155	»
1887	Aubin.	État d'eau-forte.	80	»
1889	Decloux.	Avec la lettre.	65	»
1890	Destailleur.	Avant la lettre, avec le fleuron et les noms des artistes, deuxième état.	420	»
—	—	Avec la lettre.	42	»
1891	Bayard.	Avec la lettre, marge.	40	»
1892	Baudet.	Épreuve encadrée.	355	»
1892	Bardin.	Épreuve d'eau-forte pure.	182	»

Existe en tirage moderne.

Le Chemin de la fortune (par Voyez Junior). Deux états. In-folio.

Dans un riche intérieur, un vieil homme assis dans un fauteuil à droite, et un musicien tenant d'une main son violon, et de l'autre son archet, lèvent tous deux les bras en admirant la jambe d'une danseuse que leur montre une vieille femme accroupie à gauche, en soulevant la jupe de la jeune fille.

1877	Behague.	Premier état, le corset de la danseuse est *ouvert* ; avant toutes lettres, grande marge.	560	»
1880	Wasset.	Avec la lettre, le corset est *fermé* ; deuxième état.	90	»

1881	Muhlbacher.	Premier état.	260 f.	»
1887	Aubin.	Premier état.	300	»
1887	Malinet.	Avec la lettre, marge.	40	»
1889	Decloux.	Avec la lettre.	101	»
1890	Destailleur.	Premier état.	180	»
1891	Bayard.	Premier état, grande marge.	400	»
—	—	Avec la lettre.	60	»
1892	Baudet.	Épreuve encadrée.	71	»

La gouache originale passa à la vente Prault en 1780. La même estampe, avec quelques modifications, a été dessinée par Du Bois de Sainte-Marie, ainsi que le pendant, *La Toilette de la petite maîtresse*, et gravées toutes deux par Bonnet. Ces deux dessins originaux, au crayon noir rehaussé de blanc, sur papier bleuté, furent adjugés 300 francs à la vente Baudet. Nous avons vu l'eau-forte du *Chemin de la fortune*, pièce de *toute rareté*, chez M. Louis Valentin.

Nous n'oublierons jamais les heures charmantes passées en compagnie de l'aimable collectionneur, dans ce quartier tranquille du quai de Béthune, qui nous rappelait la province; c'est là que nous avons pu admirer longuement et en détail une des plus belles collections de Paris. Amateur éclairé, très modeste, mais passionné et délicat, M. Valentin a su réunir, depuis trente ans qu'il collectionne, nous pouvons dire toute l'École française du XVIIIe siècle ; les vingt mille pièces qu'il possède sont classées par ordre alphabétique des noms de peintres, et renfermées dans une centaine de cartons à recouvrement, rangés en cercle dans un casier placé dans un cabinet, un sanctuaire! près d'une bibliothèque aux livres précieux. Ces estampes, toutes montées à charnières, sur des bristols de même dimension, sont de condition de fraîcheur et d'état irréprochables.

« C'est, nous disait-il, dans la recherche, dans la réunion progressive de cette collection que j'ai goûté une des plus douces joies de ma vie, et c'est la possession de ces estampes qui en charme le plus encore l'arrière-saison. »

Qu'il nous soit donc permis, en passant, de remercier publiquement ici l'homme charmant et courtois, qui s'est mis si galamment à notre disposition chaque fois que nous avons eu l'indiscrétion d'abuser ou de ses conseils, ou de son hospitalité.

Le Modèle honnête (eau-forte de Moreau le jeune, burin de Simonet) 1770. Cinq états. In-folio.

Dans son atelier un peintre à droite, assis dans un fauteuil près d'une toile qu'il était en train d'esquisser, se retourne émerveillé vers une jeune fille nue et confuse, assise à gauche sur un escabeau, qu'une vieille femme vient de lui dévoiler.

1877	Behague.	Avant toutes lettres, toute marge.	215 f.	»
1878	Roth.	Etat d'eau-forte pure.	399	»
1880	Mahérault.	Etat d'eau-forte pure, marge.	1510	»
—	—	La même, état terminé.	170	»
1887.	Jacquinot.	Avant toutes lettres, avant les armes, quatrième état.	82	»
—	—	Avec la lettre et A. P. D. R., dernier état.	15	»
1889	Decloux.	Avec la lettre.	65	»
1890	Destailleur.	Premier état, eau-forte pure, seulement à la pointe à droite : *J.-M. Moreau le jeune, S. 1770*.	320	»
—	—	Avant toutes lettres, avant les armes, toute marge.	660	»

1891	Kinnen.	Premier état.	135 f.	»
—	—	Avant toutes lettres, avant les armes, toute marge.	100	»
—	—	Dernier état.	41	»
1891	Bayard.	Premier état, eau-forte pure.	201	»
—	—	Deuxième état, avant toutes lettres, avec le titre, avant la dédicace et avant les armes.	295	»
—	—	Quatrième état, le titre en capitales grises.	140	»
—	—	Cinquième et dernier état.	51	»
1892	Wogram.	Épreuve avec marge.	27	»

La gouache originale fut exposée au Salon de 1769; elle figura à la vente de la danseuse Testard, où elle fut retirée à 1750 livres. Elle est actuellement chez M. Groult.

Le Fruit de l'amour secret (par Voyez Junior).

Trois états. In-folio.

Une jeune femme qui vient d'accoucher, assise presque de face, ayant un tabouret sous les pieds, tourne le dos à un lit dont les rideaux sont fermés; elle tend la main à son amant assis à droite près de la croisée, et l'enveloppe d'un tendre regard; une amie, vue de dos, semble la consoler: à gauche une femme passe le nouveau-né emmaillotté à un homme qui entre par une porte à gauche. Au premier plan, toujours à gauche, on aperçoit un lit pliant sur lequel a eu lieu l'accouchement.

1877 Behague.   Avant toutes lettres,

		avant les armes, premier état; nombreuses traces de burin sur les marges [1].	360 f.	»
1881	Muhlbacher.	Toute première épreuve *d'un état non décrit*, avant toutes lettres, avant les armes, et *avant que l'expression* de la figure de la jeune accouchée ait été modifiée. Nombreux essais de burin sur les marges.	320	»
1881	Saint-Geniès.	Avant toutes lettres, et avec les armes.	170	»
—	—	La même, avec la lettre.	44	»
1885	Hocquart.	Épreuve de deuxième état, avant toutes lettres, avec les armes, toute marge.	155	»
1891	Kinnen.	Même état que la vente précédente.	355	»
1891	Bayard.	Même état que vente Kinnen, toute marge.	180	»
—	—	État terminé, toute marge.	41	»

La pièce est fort jolie, mais n'est recherchée cependant qu'en *épreuve d'état*. Le dessin original à la plume lavé d'encre de

---

[1]. Ces traces d'essais de burin sur les marges, faites très légèrement, dénotent toujours une épreuve *fleur de planche*; aussitôt que la planche s'avance ou plutôt au moment de la livrer pour le tirage définitif, le graveur nettoie les marges et les fait par conséquent disparaître.

chine, première pensée du Maître pour cette composition, fut adjugé 500 francs à la vente du comte de la Béraudière, en avril 1883. La gouache fut adjugée 895 francs à la vente Bécherel, en novembre 1883. Elle reparaît à la vente Mailand, sous le n° 4, et fut achetée par M. Henry Josse, chez qui elle se trouve actuellement ; il l'a fait figurer au Trocadéro, à l'exposition rétrospective en 1889, et la considère comme la plus belle gouache connue du Maître. Cette gouache nous est également signalée dans la collection du baron Edmond de Rothschild ; elle présente quelques différences avec la gravure. L'une des deux est sans doute une réplique [1] de l'autre ; nous ne nous permettons pas de trancher la question, nous nous bornons simplement à signaler le fait.

Le baron Edmond de Rothschild possède une autre gouache, *L'Enfant retrouvé*, qui n'a pas été gravée et qui doit être le pendant ; cette pièce a toute une odyssée, elle fut achetée par M. Charles Magne, de Marseille, 125 fr. il y a 17 ans, vendue par lui 5,000 francs à deux marchands de Paris qui la revendirent 10,000 francs, et, présentée plus tard au baron qui l'acheta ; elle est d'une conservation merveilleuse, signée et datée 1765.

Le Matin — Le Midi — Le Soir — La Nuit —

(par de Ghendt). Suite de 4 pièces. In-folio.

Le Matin. — Dans une chambre à coucher, un abbé entre par la porte à gauche et regarde une femme couchée sur un lit, demi-nue, sur le dos, la chemise relevée ; il cherche à masquer cette vue à l'aide du pan de son manteau, au jeune enfant qui entre avec lui.

Le Midi. — Dans un jardin, une jeune femme assise, la gorge nue, est à demi pâmée, renversée en arrière ; la main droite a abandonné le livre qu'elle lisait, tandis

---

1. Il ne faut pas confondre *la réplique* avec *la copie* : la première est faite par *l'artiste lui-même*, la seconde est faite par *un étranger* ; la réplique a presque la valeur de l'original, la copie n'en a aucune, quelque bien exécutée qu'elle soit.

que la gauche s'est glissée sous sa robe, entre ses jambes ; à droite, par terre, son ombrelle ouverte.

Le Soir. — Une jeune femme toute nue, prête à se mettre au lit, est en train de se faire essuyer par une de ses caméristes, quand soudain elle jette un cri d'effroi en apercevant un curieux qui la regarde par une porte entre-bâillée à droite, et vers laquelle sa seconde soubrette se précipite pour tirer la portière et la mettre ainsi à l'abri des regards indiscrets.

La Nuit. — Sous un bois, à la clarté de la lune, et près d'un socle à droite surmonté d'une statue de l'Amour, un doigt sur la bouche, un jeune homme vient de renverser à gauche sur le dos une jeune femme à la gorge demi-nue et aux jambes écartées.

Le Matin, trois états, **Le Midi**, deux états, **Le Soir**, trois états, **La Nuit**, trois états.

1877	BEHAGUE.	Les quatre pièces, avant la lettre et avec *la tablette blanche*. Le Matin et le Soir sont avant le changement[1].	705 f. »
1881	MUHLBACHER.	Les quatre pièces, état Behague.	495 »
1881	MAILAND.	Les quatre pièces, état d'eau-forte, avant	

---

1. Le changement consiste en ce que, dans *le Matin*, la chemise de la femme couchée ne recouvre *rien* ; dans *le Soir*, il n'existe pas de draperie sur les parties de la femme qui sont absolument nues ; particularités qui ont plus tard disparu. Cependant M. Bocher fait remarquer qu'au dernier état du *Matin*, le cuivre existant encore, on a retouché la planche et de *nouveau découvert* la femme.

		toutes lettres, *deux ne sont pas décrites*[1]. Dans le Soir, la jeune femme debout, qui va se coucher, a *un bonnet sur la tête;* particularité n'existant que dans les premières épreuves.	3200 f. »
1882	Dubois du Bais.	Les quatre pièces, avant toutes lettres; le Matin et le Soir, avant la draperie. La marge est petite.	510 »
1885	Hocquart.	Les quatre pièces, avant toutes lettres, avec les tablettes blanches seulement indiquées au trait. Le Matin et le Soir, avant les changements.	670 »
1887	Malinet.	Les quatres pièces, dernier état.	131 »
1890	Destailleur.	Les quatre pièces, état vente Hocquart.	600 »
—	—	Les mêmes épreuves terminées, anciennes.	200 »
1891	Kinnen.	Les quatres pièces, Matin et Soir avant la draperie, remargées.	245 »

1. Les deux pièces, dont les états d'eau-forte ne sont pas signalés par M. E. Bocher, sont *le Matin* et *le Midi*; cela porterait donc à quatre le nombre des états du premier, et à trois celui du second.

1891	Kinnen.	Le Soir, avant toutes lettres, avec la tablette indiquée au simple trait, et avant la draperie terminée.	75 f.	»
1891	Bayard.	Les quatre pièces, état vente Behague.	475	»
—	—	Les mêmes, avec la lettre.	67	»
—	—	Le Matin, avant la lettre, avec la chemise allongée, et avec la tablette blanche ; *état non décrit*.	125	»
—	—	Le Matin, eau-forte pure, avec le Soir.	200	»
1892	Baudet.	La Nuit, avant toutes lettres, marge.	150	»

Les quatre pièces existent en tirage moderne.

Les quatre gouaches originales sont chez M. G. Mühlbacher.

L'aquarelle originale du *Matin*, sur traits de plume, avec quelques changements, est actuellement dans la collection d'Edmond de Goncourt ; elle a passé sucessivement dans les cabinets Prault et Tondu.

De cette suite, la plus *rare* estampe est le *Midi*, dont l'intention est fort libre.

Le Bain (par N.-F. Regnault.) Deux états. Pièce en couleur. In-8°

Une jeune femme de profil à gauche sort de sa baignoire appuyant ses deux mains sur une camériste qui en aide une seconde à essuyer sa maîtresse avec un drap. Par terre à droite, un vase plat dans lequel est une éponge; à gauche un paravent complète le tableau.

1877	Behague.	Avec le Lever, sans marge.	199 f.	»
1880	Vasset.	Avec le Lever.	265	»
1881	Muhlbacher.	Avant toutes lettres.	385	»
1885	Hocquart.	Les deux pièces avec l'adresse du graveur.	360	»
1887	Aubin.	Les deux pièces; le Bain a toute sa marge.	495	»
1890	Destailleur.	Les deux pièces, avec l'adresse du graveur.	1050	»
1891	Bayard.	Les deux pièces.	321	»
—	—	Les mêmes, en réduction, ovale équarri.	2	50
1892	Wogram.	Le Bain, grande marge.	185	»
1892	Belenet.	Les deux, remargées.	405	»

Cette pièce est très recherchée. Le premier état porte l'adresse de Regnault, le second celle de Delalande; il y a des tirages postérieurs de cette pièce portant la date de 1731, qui est l'époque à laquelle Baudouin la dessina. Le pendant est *Le Lever*, dessiné et gravé par N.-F. Regnault. (Voir ce nom). Ces deux estampes ont été reproduites par M. Magnier.

Il existe de ces deux estampes de mauvaises copies coloriées ovale réduit, faites chez Aubert; sans valeur.

Le Catéchisme. — Dans une église, pleine de petites filles assises et de quelques jeunes hommes debout, un jeune abbé, assis à droite, interroge une fillette debout à gauche, de profil à droite; elle a les yeux modestement baissés, tenant son catéchisme entr'ouvert. A gauche, un jeune homme glisse un billet à une jeune fille.

Le Confessionnal. — Dans une église remplie de fidèles, un prêtre, vêtu de son surplis, sort brusquement de son confessionnal à gauche, le bras étendu vers deux jeunes seigneurs à droite, qui se retournent pour le regarder ; il semble leur reprocher d'écouter la confession. A quelque distance, en face du confessionnal, une femme à genoux sur une chaise, sous laquelle est un chien.

Pendants, par Moitte. *Trois états chaque.*
In-folio en travers.

1877	BEHAGUE.	Avant la lettre, grande marge.	410 f.	»
1881	MAILAND.	Avant la lettre.	280	»
1881	MUHLBACHER.	Avant la lettre.	495	»
—	—	Le Confessionnal, premier état, eau-forte pure[1], avant toutes lettres, et avant la bordure.	200	»
1882	TESSIER.	Épreuves de dernier état.	42	»
1889	VIGNÈRES.	Le Confessionnal, eau-forte pure.	67	»
1890	DESTAILLEUR.	Épreuves du dernier état.	27	»
1891	BAYARD.	Avant toutes lettres, marge.	360	»
—	—	Le Catéchisme, eau-forte pure.	100	»

1. État *non décrit* par M. E. Bocher, qui porterait alors à quatre le nombre d'états de cette estampe et de son pendant, que nous voyons passer dans cet état à la vente Bayard.

Ces deux pièces ne portent de titre dans aucun de leurs états ; on les a ainsi dénommées parce que les deux gouaches de Baudouin, d'après lesquelles elles ont été gravées, figuraient, la première à l'Exposition du Louvre en 1763, sous la rubrique : *Un Prêtre catéchisant de jeunes filles*, et la deuxième en 1765, sous celle de : *Un Confessionnal*.

La gouache originale du *Confessionnal*, légèrement restaurée, provenant de chez le comte Welles de Lavalette, est actuellement chez M. H. Josse ; celle du *Catéchisme*, chez le baron Edmond de Rothschild.

Ces deux estampes, cependant assez jolies, sont peu appréciées ; l'amateur ne les recherche qu'en *épreuve d'état*.

Perrette ou la jeune Laitière (par H. Guttenberg). Trois états.

Marton ou la jeune Bouquetière (par N. Ponce), 1776. Deux états.

Jusque dans la moindre chose (par Masquelier). Quatre états.

Sa taille est ravissante (par Lebeau), 1776. Quatre états.

Suite de quatre pièces in-4°.

Perrette. — Une main sur son pot au lait, à mi-jambes, et vue de face, la jolie laitière tient dans l'autre main le ruban qui est passé à l'anse de son pot. Sous le titre, vers commençant par ces mots :

Voilà, voilà, la petite laitière...

Marton. — A mi-jambes et de face, une jeune fille tient d'une main une corbeille de fleurs qu'elle a sur la tête, tandis que son autre main tient une rose dont elle respire le parfum. Sous le titre, vers commençant par ces mots :

Je vends des bouquets...

Jusque dans la moindre chose. — Assise de trois quarts à droite, une jeune fille, un livre ouvert sur les genoux, effeuille une rose. Sous le titre, vers commençant par ces mots :

Jusques dans la moindre chose...

Sa taille est ravissante. — A mi-jambes et en corset, une jeune femme, la tête enveloppée d'une fanchon, a les deux mains sur sa poitrine. Sous le titre, vers commençant par ces mots :

Sa taille est ravissante...

1878	Roth.	Perrette, avant les vers dans la tablette ombrée, marge.	121 f. »
—	—	Marton, avec la lettre.	37 »
—	—	Jusques..., avant les vers dans la tablette ombrée, *état non décrit*.	125 »
1879	B. de Vedreuil.	Marton, marge vierge.	44 »
—	—	Sa taille..., avec la lettre.	19 »
1881	Muhlbacher.	Perrette, avant toutes lettres.	280 »
—	—	Marton, avant toutes lettres, seulement le nom des artistes à la pointe.	280 »
—	—	Jusques..., premier état, eau-forte avant toutes	

		lettres, avec le cartouche blanc.	185 f.	»
1881	MUHLBACHER.	La même, avant la lettre.	220	»
—	—	Sa taille..., tout premier état *non décrit,* avant toutes lettres et avec la mention: *Fait par Le Beau, graveur de Mgr le duc de Chartres, 1776;* sous le trait carré à droite, mais *avant* le nom de: Baudouin, gravé à gauche au burin, sous le trait carré.	400	»
1885	HOCQUART.	Marton, avant toutes lettres.	101	»
—	—	Jusques..., avant toutes lettres, marge.	130	»
1889	DECLOUX.	Perrette, avant toutes lettres.	165	»
—	—	Marton, avec la lettre, grande marge.	95	»
—	—	Jusques..., état Mühlbacher, avec le cartouche blanc.	253	»
—	—	La même, avec la lettre, grande marge.	61	»
—	—	Sa taille..., avec la lettre, grande marge.	100	»
1891	KINNEN.	Perrette, avant la lettre.	155	»
—	—	Marton, avec la lettre.	40	»
—	—	Jusques..., état Mühlba-		

		cher, avec le cartouche blanc.	115 f.	»
1891	Kinnen.	La même, avec la lettre, grande marge.	50	»
—	—	Sa taille…, avec la lettre, grande marge.	47	»
1891	Bayard.	Perrette, avant la lettre.	110	»
—	—	La même, avec la lettre.	65	»
—	—	Marton, avec la lettre.	46	»
—	—	La même, copie en couleur de forme ovale.	28	»
—	—	Jusques…, avant la lettre, marge.	100	»
—	—	La même, avec la lettre.	51	»
—	—	Sa taille…, avec la lettre.	61	»

Cette suite de quatre pièces est charmante. La copie en couleur de *Marton* est, croyons-nous, en contre-partie. Le pendant de *Sa taille est ravissante* est *Roxelane*, d'après Dugoure, également gravé par Le Beau.

Les Amours champêtres, 1767 (par P.-L. Choffard). Quatre états.

Les Amants surpris, 1767 (par P.-L. Choffard). Quatre états.

Marchez tout doux, parlez tout bas, 1782 (par P.-L. Choffard). Trois états.

Le Jardinier galant, 1778 (par Helmann). Trois états [1]. *Suite de quatre pièces. Petit in-folio.*

---

[1]. Il y a *quatre* états, M. E. Bocher ayant omis un avant-dernier état avec Baudouin, écrit *Baudoin* sous le trait carré à gauche, et quinze vingts, écrit *quinze vingt* dans l'adresse.

Les Amours champêtres. — A la porte d'une ferme à gauche, deux femmes, l'une assise sur un banc, ayant laissé tomber son fuseau, l'autre debout à sa gauche, près d'elle, un doigt sur la bouche, regardent deux colombes qui se becquettent. Au-dessus d'elles, à une croisée, un jeune gars les surveille.

Les Amants surpris. — Dans une chambre de ferme, une fille, les vêtements en désordre, laissant voir un des seins complètement nu, pleure la tête dans sa main, sous la verte semonce que lui adresse sa mère vue de profil, les poings sur les hanches, tandis que par une porte entr'ouverte s'échappe l'amoureux qui, dans sa précipitation, a laissé par terre son chapeau.

Marchez tout doux... — Dans une chambre de ferme, une jeune et jolie villageoise, debout en chemise, les seins nus, introduit furtivement dans sa chambre, en le faisant passer par la croisée à droite, un jeune gars coiffé d'un chapeau et tenant ses souliers dans sa main droite; à gauche, par une porte entrebâillée, on aperçoit, couchés dans leur lit et dormant profondément, les parents de la fille.

Le Jardinier galant. — Assis près d'un puits sur un banc de bois, un jeune garçon, de trois quarts à gauche, embrasse une fillette et lui prend tendrement les mains ; derrière eux à droite, en haut d'un perron, une autre fille contemple la scène d'un air jaloux.

1877 Behague.	Les Amours champêtres, dernier état.	61 f.	»
— —	Les Amants surpris, par Harleston ; toute marge.	35	»
— —	Le Jardinier galant, pre-		

	mier état eau-forte, avant toutes lettres, l'encadrement n'est pas terminé, et la *tablette inférieure*, qui a la forme d'un ruban, *est blanche*.	455 f.	»
1877 Behague.	La même, avec la lettre, troisième état, grande marge.	99	»
— —	Marchez..., avant toutes lettres, avec la tablette blanche.	505	»
1881 Muhlbacher.	Les Amours champêtres, premier état, eau-forte pure, avant toutes lettres et avant les armes, encadrement et tablette indiqués au trait; toute marge.	225	»
— —	La même, avant toutes lettres, non entièrement terminée par Harleston.	115	»
— —	Les Amants surpris, premier état, le même que : Les Amours champêtres.	350	»
— —	Le Jardinier galant, premier état, eau-forte pure, sans aucune lettre.	245	»

1884	MUHLBACHER.	Marchez..., dernier état.	58 f.	»
1885	HOCQUART.	Les Amants surpris, avant toutes lettres, avec les armes, deuxième état.	50	»
1887	MALINET.	Les Amours... et Les Amants..., dernier état.	22	»
—	—	Le Jardinier galant, avec la lettre, marge.	31	»
—	—	Marchez..., dernier état.	50	»
1889	DECLOUX.	Le Jardinier galant, grande marge.	61	»
1890	DESTAILLEUR.	Les Amants surpris, grande marge.	18	»
—	—	Le Jardinier galant, grande marge.	75	»
1891	KINNEN.	La même, avec la lettre.	40	»
—	—	Marchez..., dernier état.	50	»
1891	BAYARD.	Les Amours... et Les Amants...	20	»
—	—	Les mêmes, en réduction et en contrepartie, pièces non citées par M. E. Bocher.	9	»
—	—	Les Amants surpris, avant toutes lettres.	35	»
—	—	Le Jardinier galant, eau-forte pure.	116	»
—	—	La même, avec la lettre, toute marge.	73	»
—	—	Marchez..., avant toutes		

		lettres, avec la tablette blanche, avec les armes, deuxième état.	340 f. »
1891	Bayard.	La même, dernier état, toute marge.	120 »
—	—	La même, *réduction* en contre-partie, *par Metz*.	20 »
1892	Bardin.	Le Jardinier galant, grande marge.	70 . »

Les trois pièces de cette suite, gravées par Choffard, n'ont de titre dans aucun de leurs états. Les deux, gravées par Harleston, portent la rubrique sous lesquelles nous les avons désignées, c'est-à-dire, *Les Amants surpris* et *Les Amours champêtres* ; cette dernière, lorsqu'elle est gravée par Choffard, est dédiée à Monsieur Trudaine de Montigny ; et à Monsieur le marquis de Reinach, lorsqu'elle l'est par Harleston. M. Bocher en signale une mauvaise copie en contre-partie et en manière noire, portant le titre *L'Innocence*, à Augsbourg, chez J.-J. Haid et fils.

La gouache originale des *Amants surpris* figura au Salon de 1765, sous le titre : *Une Fille querellée par sa mère*.

La gouache originale du *Jardinier galant* fut adjugée 5,500 francs à la vente Bérend, en décembre 1889 ; elle était signée et datée 1768 ; elle avait passé successivement par les cabinets du marquis de Bonnières, Brun-Neergaard (dispersé en 1814), et provenait, cette fois, de la collection Alexandre Delaherche de Beauvais.

Marchez tout doux..... prend quelquefois le titre de : *Les Rendez-vous bourgeois ou villageois*. La réduction in-4° en couleur, faite par Metz, est charmante, c'est une imitation de lavis, la rubrique est *L'Éveillé* ; cette petite estampe est assez rare, elle avait passé à la vente Michelot, en 1881, où elle fut adjugée 60 francs. L'estampe *Marchez tout doux* est *très inégale* de beauté et de tirage ; nous signalons cette particularité aux collectionneurs.

Le Goûter (par Bonnet). En couleur. Petit in-folio. Un état.

Dans la campagne, une jeune femme de profil à droite, tenant un éventail fermé à la main, et coiffée d'un chapeau à larges bords, est assise près d'une table, faisant face à un jeune seigneur également assis près d'elle : un jeune nègre, coiffé d'un turban, leur offre des glaces sur un plateau. Près de la jeune femme, une petite fille à genoux et vue de dos ; à droite au premier plan, par terre, la poupée de l'enfant.

1881	Mailand.	Avec la lettre.	58 f.	»
1882	Dubois du Bais.	Les quatre pièces.	200	»
1887	Aubin.	Les quatre pièces.	470	»
1889	Decloux.	Les quatre pièces.	451	»
1891	Kinnen.	Les quatre pièces, remargées.	220	»
1891	Bayard.	Avec la lettre.	58	»

Cette pièce fait partie d'une suite de trois autres : *Le Déjeuner, Le Dîner* et *Le Souper*, gravées également par Bonnet, mais d'après J.-B. Huet (voir ce nom). Nous possédons du *Goûter* et du *Déjeuner* deux épreuves d'une éblouissante fraîcheur ; elles ont leur marge *vierge* et sont absolument *avant toutes lettres*, sans les numéros et même *sans les noms des artistes;* cet état est d'une *insigne rareté*, sinon *unique*.

Nous les avons trouvées en Bretagne, chez notre sœur, au grenier, dans une armoire contenant de vieux rouleaux de papier à tapisser ; il y avait en plus : *L'Amant écouté, La Bonté maternelle* et deux superbes exemplaires de *L'Indiscrétion* et de *L'Aveu difficile*, dont nous raconterons plus loin l'odyssée (voyez Lavereince).

Il existe un *Goûter* gravé par Janinet, très supérieur, paraît-il, à celui de Bonnet ; il fut vendu le 26 février 1883, par MM. Danlos fils et Delisle, et adjugé 405 francs.

Le graveur Bonnet, dont l'œuvre dépasse plus de mille pièces, avait aussi un commerce d'estampes. Son catalogue imprimé à l'époque, vers 1781, est *introuvable;* nous ne connaissons à le posséder que M. Georges Duplessis, du département des Estampes, qui a bien voulu nous en donner gracieusement communication; c'est une petite plaquette de 40 pages, dont le texte est encadré d'un double filet, qui contient une liste de 1,054 numéros avec les prix de vente; ces prix variaient de 12 livres à 6 sous; la plupart du temps le graveur ne mentionne pas le nom de l'artiste d'après lequel il a gravé ses estampes. Sa boutique était située : *A Paris, rue Saint-Jacques, au coin de celle de la Parcheminerie; au Magasin Anglais.*

Il imprimait quelquefois aussi en or les encadrements de ses gravures, comme par exemple: *The Woman Taking Coffee. The Milk Woman.* Il se servit de ce procédé pour la première fois le 16 novembre 1774 ; l'effet en est assez joli.

Son genre de reproduction en manière de pastel, aux deux crayons, le noir rehaussé de blanc sur papier bleu, était vraiment très curieux, et arrivait à donner la sensation de l'original reproduit; il se servait de plusieurs planches et saupoudrait très probablement ses blancs pour leur donner plus de rehaut, plus de vigueur; un autre artiste cependant lui était supérieur, suivant nous, c'était Demarteau dont l'œuvre bien moins considérable ne comptait guère qu'environ 600 pièces.

La vente de Bonnet eut lieu le 7 novembre 1793.

Signalons en passant, gravé par Bonnet, d'après Dubois de Sainte-Marie, une rarissime et intéressante pièce: *La Toilette de la petite maîtresse,* adjugée 349 francs à la vente Mühlbacher, que l'on considère quelquefois comme le pendant de : *Le premier Pas à la fortune.*

Les deux dessins originaux (?) de ces pièces, crayon noir rehaussé de blanc sur papier bleuté, furent adjugés 300 francs à la vente Baudet, en mars 1892.

L'Épouse indiscrète, 1771 (par N. de Launay).

Cinq états. In-folio.

Dans une chambre à coucher, éclairée par une fenêtre,

à droite le mari a renversé la soubrette sur le lit qu'elle est en train de faire, et commence à la lutiner ; sa femme à droite, blottie derrière un amas de matelas, assiste à cette scène.

1877	Behague.	Avant la dédicace, avec le titre et les armes : troisième état.	300 f.	»
1878	Roth.	Même état, grande marge.	399	»
—	—	Quatrième état, avec la dédicace, les armes et la lettre.	155	»
1880	Wasset.	Premier état, eau-forte, sans aucune lettre.	1100	»
—	—	Avec la lettre.	65	»
1881	Muhlbacher.	Premier état, eau-forte pure.	500	»
—	—	Deuxième état, avant la lettre, avant les armes et quelques légers travaux, avant la dédicace.	500	»
—	—	Troisième état, avant la dédicace, avec les armes et la lettre.	240	»
1881	Mailand.	Premier état, marge.	670	»
—	—	Avec la lettre.	57	»
1885	Hocquart.	Epreuve de troisième état, marge.	225	»
1887	Aubin.	Avec la lettre.	66	»
1889	Decloux.	Même état.	79	»
1890	Destailleur.	Etat *non décrit* inter-		

		médiaire entre le deuxième et le troisième, avant toutes lettres, non terminé.	145 f.	»
1890	Destailleur.	Avant la dédicace.	155	»
—	—	Avec la lettre, grande marge.	59	»
1891	Kinnen.	Avec la Sentinelle en défaut, marge vierge.	205	»
1891	Bayard.	Avant la dédicace, marge.	150	»

La gouache originale est actuellement dans la collection d'Edmond de Goncourt, où nous l'avons admirée. C'est par erreur que, dans *La Maison d'un Artiste*, du célèbre collectionneur, la gravure est indiquée comme étant de Simonet ; c'est bien par de Launay qu'il faut lire. — Existe en tirage récent sur papier teinté.

Dans le troisième état, avec les armes et les noms des artistes, le titre n'est pas *Épouse indiscrète*, mais bien *Les Indiscrets*.

Cette estampe existe en tirage moderne.

La Sentinelle en défaut, 1771 (par N. de Launay).

Quatre états. In-folio.

Chez des paysans, par une porte entr'ouverte à gauche, un jeune gars pieds nus se faufile sous les couvertures que lui soulève une jeune fille demi-nue : à gauche, derrière un rideau, on entrevoit dormant profondément une vieille femme de trois quarts à droite.

1878	Roth.	Avant la dédicace, grande marge.	219	»
1879	Michel.	Premier état, eau-forte pure.	300	»

1881	Muhlbacher.	Premier état, grande marge.	190 f.	»
—	—	Deuxième état, avant la dédicace, mais avec les armes.	90	»
1881	Mailand.	Premier état, marge.	236	»
1885	Hocquart.	Avant toutes lettres, seulement les noms des artistes, grande marge.	230	»
1890	Destailleur.	Dernier état.	18	»
—	—	Le dessin lavis de sépia, première pensée.	26	»
1891	Kinnen.	Avec l'Épouse indiscrète, marge vierge.	205	»
1891	Bayard.	Premier état, eau-forte pure.	116	»
—	—	Avant la lettre, avant la dédicace, marge.	82	»
—	—	Dernier état, marge.	26	»

Existe en tirage moderne. — Une estampe de même rubrique existe d'après Lavereince (voir ce nom). M. Bocher en signale une réduction ovale au pointillé, gravée dans le même sens.

Le Curieux (par Malœuvre). Six états. Petit in-folio.

Dans un riche intérieur de l'époque, à droite une jeune femme demi-couchée sur un canapé, relève complètement ses jupes, tandis qu'une soubrette à gauche s'approche d'elle, une seringue à la main ; un carlin appuie ses pattes de devant sur le canapé ; à gauche encore, une porte vitrée laisse entrevoir, par le rideau levé, la tête d'un personnage à rabat, curieux de voir la scène.

1877	Behague.	Premier état, eau-forte pure ; le personnage qui regarde derrière la porte vitrée a un *habit boutonné*, et non *un rabat*.	435 f.	»
—	—	Deuxième état, avant toutes lettres et avant l'encadrement.	320	»
1878	Roth.	Quatrième état, au bas à droite : *Chez l'auteur, rue des Mathurins*, et à gauche : *Tiré du cabinet de M. Langlier*.	72	»
1880	Vasset.	Deuxième état.	290	»
1881	Muhlbacher.	Premier état, le même que vente Behague.	280	»
—	—	Troisième état, avec l'encadrement, les noms des artistes, mais avant la lettre.	255	»
1885	Hocquart.	Epreuve avec toute sa marge.	106	»
—	—	La même sans marge.	41	»
1887	Aubin.	Quatrième état.	125	»
1889	Decloux.	Premier état, le même que vente Behague.	281	»
—	—	Avant la lettre, mais avec l'encadrement.	205	»
1891	Kinnen.	Avant la lettre, grande marge.	185	»

1891	KINNEN.	Avec la lettre, grande marge.	63 f.	»
1891	BAYARD.	Premier état, eau-forte pure.	230	»
—	—	Deuxième état.	107	»
—	—	Sans désignation d'état avec la lettre.	52	»

Il existe un méchant pastiche, allemand croyons-nous, horriblement rendu en couleur, même format et en contre-partie, signé : *gravé par Bonnet, 1782*, dont Bonnet ne revendiquerait certes pas la paternité.

La gouache originale s'est vendue en 1870, dans la collection San-Donato ; elle est actuellement chez le baron Edmond de Rothschild.

Cette estampe, connue aussi sous le nom du *Remède*, existe en tirage moderne ; les épreuves qui proviennent du cuivre très usé portent le nom *déposé* sous l'inscription : *Chez l'auteur, rue des Mathurins* ; et encore, dans un tirage postérieur et dernier, les mots : *A Paris chez Le Loutre*, placés sous l'inscription : *Tiré du cabinet de M. Langlier.*

Le Danger du tête-à-tête (par Simonet). Trois états.

Petit in-folio.

Dans un très riche intérieur Louis XV, un jeune homme, à droite, est à genoux aux pieds d'une femme, la gorge découverte, assise à gauche et regardant à droite, près d'une cheminée ; il a les mains jointes et une posture suppliante ; la femme l'écarte de la main gauche.

1877	BEHAGUE.	Même état, grande marge.	305	»
1880	MAHERAULT.	Troisième état, toute marge.	90	»
1881	MUHLBACHER.	Deuxième état, avant		

		toutes lettres, avec les armes, l'encadrement ornementé.	250 f.	»
1885	Hocquart.	Deuxième état, toute marge.	350	»
1887	Aubin.	Avec la lettre, grande marge.	90	»
1889	Decloux.	Même état, toute marge.	142	»
1890	Destailleur.	Deuxième état.	510	»
1891	Bayard.	Même état.	320	»
—	—	Avec la lettre, toute marge.	92	»

Le poète Anacréon (par N. de Launay). Cinq états. Petit in-folio en travers.

Pièce bien médiocre et bien délaissée des amateurs ; on se demande qui a pu la payer 350 francs à la vente Roth, quand, treize ans plus tard, à la vente Bayard, où pourtant les estampes ne se donnaient pas, elle a péniblement atteint le prix de 11 fr.!!! Dans ces deux ventes la pièce était en premier état, eau-forte pure : à cette dernière vente, un exemplaire avant la dédicace, toute marge, a été adjugé 32 francs, et un autre avec la lettre, 12 francs.

La pièce existe en tirage moderne, ainsi que son pendant *La gayeté de Silène*, d'après N. Bertin.

Le Désir amoureux (par Mixelle). Deux états. Petit in-folio ovale en couleur.

Une jeune femme assise au pied d'un arbre, entourée d'Amours et de colombes, jette un livre au milieu des flammes ; à gauche des colombes se becquettent.

1881	Muhlbacher.	Premier état, avant toutes lettres, avec		

		les têtes des deux amants vues à gauche dans une éclaircie, têtes qui plus tard ont été effacées pour faire place aux deux colombes qui se becquettent.	150 f.	»
1882	Dubois du Bais.	Premier état.	280	»
—	—	La même, en dernier état.	30	»
1887	Aubin.	Premier état.	120	»
1889	Decloux.	Premier état.	492	»
1891	Bayard.	Epreuve de dernier état.	210	»

Cette pièce est vraiment bien insignifiante et n'est recherchée que comme rareté en premier état.

L'agréable Négligé (par Janinet.) En couleur, in-4° ovale équarri. Un état. Ou :

Le léger Vêtement (par Chevillet). Trois états. Même format en noir.

Jeune femme décolletée assise et accoudée de profil à droite, tenant une guirlande de roses, un rang de perles sur la poitrine.

1877	Behague.	Avant toutes lettres, par Chevillet.	275	»
1881	Muhlbacher.	Avant la lettre, par Chevillet.	110	»
—	—	Epreuve de Janinet.	35	»
1887	Aubin.	La même par Janinet.	65	»

1887	Aubin.	Avant la lettre, par Chevillet.	65 f.	»
1889	Decloux	Celle de Janinet.	44	»
1889	Vignères.	Avant toutes lettres, par Chevillet, marge. Premier état, *non décrit*, ajoute le catalogue.	220	»
1890	Destailleur.	Epreuve par Chevillet, avant toutes lettres.	145	»
1891	Bayard.	Epreuve de Chevillet, avant toutes lettres, avec les noms des artistes seulement.	296	»
—	—	La même avec la lettre, toute marge.	103	»
—	—	Celle gravée par Janinet.	63	»
1892	Wogram.	Avec L'aimable Paysanne, par Janinet, avant toutes lettres.	200	»

L'agréable Négligé a pour pendant *L'aimable Paysanne*, d'après Saint-Quentin, également gravé par Janinet.

Il existe une réduction du *Léger Vêtement* qui se vendait *chez Crépy*, sous la rubrique *La jeune Flore*, pièce rare, mais sans valeur.

Quest là ! — **Ji vais** (par L. Marin). Coloriée.

Petit in-4° en travers.

Très mauvaises petites pièces coloriées au pouce, qui ne valent pas la peine d'une description. Elles représentent une jeune femme à demi nue : le sujet seul, un peu décolleté, les fait rechercher d'une certaine catégorie d'amateurs.

| 1881 | Wasset. | Les deux pièces. | 50 f. » |
| 1891 | Bayard. | Ji vais, épreuve de premier état; sous le trait carré à droite on lit : *Le Marin sculp.*, au lieu de *L. Marin sculp.* | 48 » |

Le graveur L. Marin n'était autre que Bonnet; du reste, ces pièces portent les nos de son catalogue 823 et 824.

Le Rendez-vous, 1771 (par Bonnet). Imitation de pastel. Deux états. Petit in-folio.

N'ayant jamais rencontré cette pièce dans des conditions à en pouvoir prendre la description, nous nous permettons de l'emprunter à l'ouvrage de M. E. Bocher; ce dont nos lecteurs ne se plaindront certainement pas.

« Un jeune homme à droite, en train de caresser la poitrine d'une jeune fille, qu'il tient par l'épaule.

« Ce sont les deux mêmes têtes que celles que l'on voit dans l'estampe intitulée : *Les Soins tardifs*. Ici les personnages sont à mi-corps. A gauche, sur une tablette, un chandelier, avec un pot et un verre. »

1872	Roth.	Avec la lettre.	90 »
1880	Wasset.	Avant toutes lettres.	70 »
1881	Muhlbacher.	Avec la lettre.	50 »
1889	Decloux.	Deux épreuves; la seconde, montée en dessin, plus chargée de couleur, imite le pastel.	76 »
1891	Bayard.	Avant toutes lettres.	42 »
—	—	Avec la lettre.	20 »

Bonnet a gravé une fort jolie petite pièce, *très rare*, que nous avons vue chez M. Louis Valentin ; elle a pour titre *La Méfiance*. Elle représente une jeune femme, assise de profil à gauche, le chapeau sur la tête et écrivant ; un jeune homme s'avance derrière elle pour la surprendre. Nous ne savons d'après qui elle a été gravée, et n'avons pas eu connaissance qu'elle ait passé en vente publique.

Les Plaisirs réunis (par Briceau). Un état. Sanguine.

In-4° en travers.

Au pied d'un arbre dans la campagne, un satyre serre amoureusement la taille d'une nymphe languissamment couchée entre ses jambes : il tient une coupe, de la main droite, et elle, une grappe de raisin, de la main gauche.

Cette pièce est de *toute rareté*, ce qui n'a pas empêché que, vu sa mince valeur artistique, elle ait été adjugée en épreuve *ancienne* 3 malheureux francs à la vente Bayard, encore y avait-il avec elle une autre pièce. M. Bocher l'a fait reproduire par le procédé Durand, en tête de son fascicule de Baudouin.

On lui donne quelquefois pour pendant *Le Réveil dangereux*, d'après Eisen. Ne pas confondre *Les Plaisirs réunis* avec la *Réunion des plaisirs* représentant une jeune femme à mi-corps, de profil à droite, la gorge nue, assise devant une table sur laquelle est une bouteille, des cartes et des pièces d'argent ; elle porte, de la main gauche, un verre à ses lèvres, et montre deux cartes qu'elle tient dans la droite. Cette pièce a été adjugée 210 francs, avant toutes lettres, à la vente Mühlbacher, et 86, avec la lettre, à celle de Decloux ; elle est d'après Le Clerc, gravée par Janinet. — M. Magnier l'a reproduite.

La Rencontre dangereuse (par Leveau). Quatre états.

In-folio.

Au pied d'un arbre, sur la lisière d'un champ de blé, un jeune paysan à droite, le chapeau sur la tête, est en train de lutiner une jeune villageoise, qui a un panier passé au bras gauche ; à terre un bâton.

1877	BEHAGUE.	Avant la lettre.	280 f.	»
1881	MUHLBACHER.	Premier état, eau-forte, avant toutes lettres et avant les armes.	190	»
1887	AUBIN.	État d'eau-forte, grande marge.	105	»
1891	BAYARD.	Même état que vente Aubin.	70	»
—	—	Avec la lettre, toute marge.	105	»

Tout l'œuvre gravé de Baudouin est particulièrement intéressant et se recommande aux collectionneurs; il personnifie l'École française dans une de ses plus délicates expressions.

BEAUBLÉ (à Paris, chez)

Les Modes passées, présentes et futures.

1890	DESTAILLEUR.	En épreuve coloriée.	81	»
—	—	Imprimé en noir.	16	»

Ces pièces sont surtout curieuses au point de vue des costumes.

BEAULIER (d'après)

?

La Toilette du matin — La Toilette du soir (par Bonnet). Sanguine. In-folio.

1877	BEHAGUE.	Sans désignation d'état.	30	»
1881	MICHELOT.	Sans désignation d'état.	19	»

BENARD (Jean-Baptiste, d'après)
1740-?

Les pièces suivantes, gravées d'après lui, sont absolument sans intérêt, à l'exception de la première, qui représente la Du Barry en homme, servie par son nègre Zamore et sa camériste ; scène se passant à la campagne, valant de 10 à 25 francs :

Le Repos de chasse (par Moitte). In-folio.
Le Gage de l'amitié (par Danzel). Pièce en travers.
La Reconnaissance du berger (par Danzel). Pièce en travers.
Une Nourrice berçant un enfant. — *Une Nourrice ramenant un enfant à sa mère.* — *La Batteuse de beurre.* — *La Ménagère.* — *Le Bénédicité.* — *La Fileuse* : suite de six pièces par Duflos.

BENAZECH[1] (Charles, par et d'après)
1767-1794

Le Couronnement de la rosière. — A gauche deux couples dansant ; sous un berceau de feuillage, la rosière agenouillée sur un coussin est couronnée par le curé ; dans le fond, sur la terrasse, une jeune dame l'ombrelle à la main, entourée de jeunes seigneurs, une table au bas de la terrasse ; à droite du curé, la mère tenant son livre de messe ; vers la droite, groupe de six paysans, dont trois sont assis ; tout à fait sur le devant, un petit chien gambadant.

1. Artiste né à Londres.

Le Prix d'agriculture. — Au troisième plan, le fond, vers la droite, laisse apercevoir un long mur avec porte armoriée ; un peu en avant, un obélisque surmonté d'une petite croix, une boutique avec deux débitants. Sur la gauche, occupant presque toute la pièce, une église de campagne à portique gothique ; six arbres ombragent cette scène ; assistance nombreuse présidée par le bailli ; sa femme debout donne *la Médaille du mérite agricole*[1] *!!!* à un laboureur dont la tête est ceinte d'une couronne de roses. Tout à gauche, un villageois semblant être fort entreprenant. A droite, un gamin enguirlande une charrue, une mère allaite son enfant, et une bergère fait boire son âne en détournant la tête du côté opposé au joueur de biniou.

Pendants, petit in-folio en travers et en couleur, gravés par le Maître, qui a cherché à s'assimiler le faire de de Bucourt, tout en conservant une respectueuse distance.

1881	Michelot.	Avec la lettre.	70 f. »
1887	Aubin.	Avec la lettre.	75 »
1890	Destailleur.	Avec la lettre.	88 »

Ces deux pièces sont assez jolies.

Schiavonetti a gravé en couleur d'après le Maître : *La Séparation de Louis XVI et sa famille au Temple, le 29 Septembre 1792*, adjugé 35 francs à la vente Behague. Il existe encore et on en fait des tirages modernes ; deux pendants d'après le Maître et gravés par Ingouf le jeune : *Le Retour du laboureur, La Liberté des braconniers,* pièces sans valeur.

---

1. Tant il est vrai de dire qu'il n'y a rien de nouveau sous le soleil !

BERTIN (N)
1668-1736

La gayeté de Silène (par N. de Launay).

1890 Destailleur. Etat d'eau-forte, toute marge. 51 f. »

BIGG (W. d'après)
École anglaise[1].

A Lady and her children releiving a poor cottager (par J.-R. Smith). En couleur.

Une jeune femme allant de gauche à droite avec ses enfants, donne l'aumône à une pauvre femme assise à droite; un enfant est endormi sur ses genoux.

Cette pièce *adorable* peut rivaliser avec n'importe quelle estampe de notre école, elle est d'une douceur de ton infinie et est fort recherchée; elle vaut dans les 200 francs.

---

1. Les plus belles pièces de l'École anglaise que nous allons signaler n'étant pas assez nombreuses pour être groupées à part, nous les inscrirons simplement à leur ordre alphabétique, au fur et à mesure qu'elles se présenteront, n'en voulant pas faire une étude spéciale dans ce volume qui ne doit traiter exclusivement que l'École française. Nous nous étonnons que les Anglais, si patriotes et si fiers à juste titre de leurs artistes, n'aient jamais rien écrit sur leur intéressante École.

Il y a là une lacune à combler; nous serions, pour notre part, très heureux de tenter ce travail, si amateurs ou marchands voulaient bien nous en faciliter la tâche en nous donnant en communication quelques portefeuilles où se trouveraient réunies les pièces capitales de leurs meilleurs artistes.

BILCOQ (Marie-Marc-Antonie, d'après)
1755-1838

La Consultation appréhendée — Le Retour de la consultation (par Leveau). In-folio en travers.

Pièces sans valeur. Existent en tirage moderne.

BINET (Louis, d'après)
1744-1800

La Nourrice élégante (par Boignet).
Le Plaisir de la pêche (par Dugast).
La Solitude agréable (par Dugast).
Le Chasseur (par Boignet).

Pièces peu intéressantes, et sans valeur ; cependant, à la vente Behague, l'eau-forte du *Chasseur* s'est payée 73 francs ! Binet a dessiné *La faible Résistance* ou *Le Verrou*, d'après Fragonard ; Le Beau l'a gravé dans un ovale équarri, en 1785.

BOILLY (Louis-Léopold, d'après)
1761-1845

La Comparaison des petits pieds. — Deux jeunes femmes, l'une assise, l'autre debout, les seins nus, relèvent leur jupe, pour comparer la petitesse de leurs pieds ; derrière elles, un homme à genoux et rampant se dissimule, tâchant d'en voir davantage.

L'Amant favorisé. — Dans une chambre à coucher Louis XVI, une jeune et fort jolie femme, la gorge nue, la tête coiffée d'un coquet bonnet, se précipite vers une porte à gauche, sur laquelle elle appuie les deux mains, favorisant la fuite du galant qu'elle regarde amoureusement s'esquiver par l'autre porte, emportant à demi vêtu, sous son bras, ses vêtements et ses souliers. Le lit défait en dira plus que notre prose.

Pendants par Chaponnier, *au pointillé. In-folio.*

1877	Behague.	Avant la lettre.	50 f.	»
1879	Michel.	Avec la lettre.	36	»
1881	Muhlbacher.	Avant la lettre.	95	»
—	—	En épreuves coloriées au pouce.	100	»
1885	Hocquart.	La Comparaison, seule avec : On la tire aujourd'hui, Ça ira. 3 petits pièces rondes, pour dessus de boîtes, en couleur, par de Goüy.	35	»
1889	Decloux.	Les deux pièces en réduction, publiées chez Fillon et Valmont ; marge.	236	»
1891	Kinnen.	L'Amant, épreuve coloriée.	35	»
—	—	La même en réduction.	40	»
1891	Bayard.	Les deux en réduction.	110	»

| 1892 | Bardin. | La Comparaison, grande marge. | 26 f. | » |

Ces deux pièces sont charmantes, principalement *L'Amant favorisé*.

Les premières épreuves de Boilly portent son adresse : *à Paris chez l'auteur rue Saint-Severin n° 108* ; il faut donc les rechercher de préférence.

La plupart des pièces se trouvent en noir et coloriées ; Chaponnier se faisait très souvent imprimer par Bussand.

On la tire aujourd'hui (par S. Tresca). Grand in-folio.

A gauche, près d'une porte entre-bâillée, une jeune femme debout, la gorge demi-nue, entoure, de son bras droit, la taille d'un homme qui tient dans sa main droite une liasse de billets de loterie ; au fond, à droite, une autre femme assise et se peignant devant une glace.

1877	Behague.	Avec la lettre, marge.	62	»
1881	Muhlbacher.	Epreuve coloriée.	31	»
1881	Berthier.	Avec la lettre, marge.	11	»
1882	Dubois du Bais.	Avant la lettre, toute marge.	24	»
1887	Aubin.	Avant la lettre.	62	»
1891	Kinnen.	Épreuve coloriée au pouce.	100	»

Fort jolie pièce, dont M. Henri Béraldi possède une épreuve d'une beauté et d'une fraîcheur absolument exceptionnelles.

Le Prélude de Nina (par Chaponnier). Grand in-folio en noir et coloriée.

Une délicieuse jeune femme décolletée, assise devant un clavecin, se retourne vers son accompagnateur, un jeune homme tenant un violon, qui, se penchant sur le clavecin pour prendre le ton, en profite pour baiser, sur la bouche, sa compagne. A gauche, dans le fond, un lit, et, près du lit, un fauteuil sur lequel le musicien a jeté son manteau, sa canne et son chapeau.

1877	Behague.	Avant la lettre, marge.	37 f.	»
1881	Muhlbacher.	Même état.	45	»
1881	Mailand.	Avant la lettre, marge.	41	»
1887	Aubin.	Avant la lettre, épreuve coloriée, grande marge.	70	»
1889	Decloux.	Avant la lettre.	105	»
1891	Kinnen.	Avant la lettre.	49	»
—	—	Epreuve coloriée, en réduction ronde, par de Goüy.	68	»
1891	Bayard.	Avant la lettre.	26	»

Cette pièce, une des meilleures de l'œuvre, n'est pas payée le prix qu'elle vaut ; au point de vue artistique, sans être une merveille, elle est supérieure à vingt autres que l'on paie carrément le double et le triple, comme par exemple : *Jamais d'accord* et *Le Serin chéri*, de Lavereince, deux piteuses pièces, gravées par Legrand, un artiste de dixième catégorie, qui s'adjugent couramment 200 francs dans les ventes. Pourquoi ? Mystère ! C'est un pli qui est pris, une cote qui crée des précédents : ça suffit. *Le Prélude de Nina*, gravé en bistre, réduction ronde, par de Goüy, est assez rare.

La douce Résistance (par Tresca). In-folio.

Dans un intérieur Louis XVI, un jeune homme, costume Directoire, presse dans ses bras une jeune fille qui, une guitare à la main, repousse faiblement ses étreintes ; près d'eux un pupitre renversé, au fond une porte vitrée par laquelle une servante curieuse regarde ces ébats amoureux.

1881	Muhlbacher.	Avant toutes lettres, seulement les noms des artistes à la pointe.	31 f.	»
1881	Berthier.	Avec la lettre.	11	»
1891	Kinnen.	Epreuve coloriée au pouce.	145	»
1892	Baudet.	Etat vente Mühlbacher.	46	»
1892	Belenet.	Avec sa marge.	25	»

Pièce très gracieuse. Cette estampe a également été gravée par Schroler, et, en réduction ronde, par de Goüy. Le tableau original a été adjugé 4.100 francs, à la vente Laurent-Richard, en mai 1886.

Honni soit qui mal y pense, 1792 (par J. Bonnefoy). Grand in-folio.

Une jeune fille très laide est assise sur un lit, la gorge demi-nue, pendant que l'homme qui est couché près d'elle lui passe la main sous les jupes ; ce qui n'empêche pas la donzelle de baisser modestement les yeux.

| 1878 | Roth. | Avant la lettre, marge. | 60 | » |
| 1882 | Dubois du Bais. | Avec : Il dort; 2 pièces. | 10 | » |

Existe en tirage moderne.

La Serinette (par Honoré). Grand in-folio.

Une femme en peignoir blanc, assise au milieu de l'estampe, indique, de l'index droit, une serinette ouverte, posée sur une table carrée. Debout derrière elle, une autre femme écoute, la main gauche appuyée sur le dossier de la chaise. Au fond, à droite, une armoire, un chapeau, une boîte carrée et un manteau posés sur une table.

1878	Roth.	Avec la lettre, marge.	18 f.	»
1879	Michel.	Avant la lettre.	37	»
1889	Decloux.	Avant la lettre, marge.	81	»
1891	Bayard.	Même état que la vente précédente.	50	»

Cette pièce est *rare*. Honoré a aussi gravé *La Surprise*, de Boilly, dont le dessin original, crayon noir relevé de blanc, figurait à l'Exposition centennale de 1889.

La Cocarde nationale (par A. Legrand). In-folio colorié.

Une jeune femme debout, les seins demi-nus, encadre de sa main droite, en souriant, le menton d'un jeune militaire assis près d'elle, sur un fauteuil, la tête coiffée d'un tricorne à plumet surmonté d'une large cocarde aux trois couleurs ; près d'eux, sur un fauteuil, est posée une guitare. Au-dessus du titre *La Cocarde nationale*, on lit en tout petits caractères : *Ah ! qu'il est gentil!* rubrique sous laquelle, du reste, on désigne souvent cette estampe.

1878	Roth.	Avec le pendant : Ah ! qu'elle est gentille! grande marge.	40	»
1881	Muhlbacher.	Avant toutes lettres, en noir.	76	»
—	—	Avant toutes lettres, coloriée.	50	»

Cette estampe, très ordinaire, est cependant assez recherchée, à cause de sa *rareté*.

La Marche incroyable (par Bonnefoy). In-folio en travers.

Nombreux personnages, merveilleux, incroyables, tricoteuses, allant et venant; au dernier plan, de gauche à droite, un cabriolet dont le cheval rue; à gauche de l'estampe, un garde de profil à gauche, fumant sa pipe; à droite, un marchand de coco.

1881	MUHLBACHER.	Avec toute sa marge.	80 f.	»
1881	SAINT-GENIÈS.	Avec la lettre.	50	»
1882	DUBOIS DU BAIS.	Avec la lettre.	11	»
1890	DESTAILLEUR.	Avec la lettre.	19	»
1892	BAUDET.	Épreuve encadrée.	60	»

Cette estampe est *fort rare* en *ancienne épreuve*. Elle existe en tirage moderne, car le cuivre est la propriété de M. Laroche-Delattre (ancienne maison Castiaux), de Lille; il vend l'exemplaire 30 francs, et en fait des tirages sur chine. On désigne quelquefois cette pièce sous la rubrique: *Les Marchands d'argent.* Une épreuve en couleur, sous la rubrique: *La March incroyable,* gravée par J. Nixon, passa en vente le 14 janvier 1889; est-ce la même composition? Nous ne pouvons le préciser, ne l'ayant jamais vue.

Jamais, au dix-huitième siècle, il n'a été tiré d'épreuves sur *chine* ou sur *japon,* ceci est *un critérium*: c'est dire aux amateurs de rejeter impitoyablement comme épreuves modernes les estampes ainsi imprimées.

On ne se servait, au siècle passé, que de papier pâte ou vélin, de vergé ou de papier de Hollande, et, chose curieuse à signaler, nous n'avons jamais remarqué de filigranes dans ces papiers, alors que le siècle précédent en était si prodigue.

Souvent une même estampe était imprimée sur des papiers de sortes différentes, comme par exemple *Le Bal paré* et *Le Concert,* que l'on rencontre sur papier fort et rugueux et sur demi-fin de Hollande.

Coucou (par A.-M. de Goüy).

| 1891 | BAYARD. | Petite réduction, en couleur, de forme ronde. | 75 | » |
| 1892 | BAUDET. | Même condition. | 60 | » |

Les pièces que nous venons de mentionner sont les plus intéressantes; il en existe encore un grand nombre, tout à fait de second plan, parmi lesquelles nous signalerons les suivantes :

L'Amant poète — *L'Amant musicien* (par Levilly). — *Ça a été* (par Texier). — *Ça ira* (par Mathias). — *L'Amour couronné* (par Cazenave). — *Le Nid de fauvettes* (par Monsaldy). — *La Jardinière* — *La Jarretière* — *Le Cadeau délicat* (par Tresca). — *La Crainte mal fondée* — *La Tourterelle chérie* (par Allais). — *Poussez ferme* — *Ah! qu'il est sot!* — *Que n'y est-il encore!* — *La Leçon d'union conjugale* — *Défends-moi* — *Tu saurais ma pensée* — *L'Amant préféré* (par Petit). — *L'Étude du dessin* — *La Rose prise* (par Cazenave). — *Nous étions deux, nous voilà trois* — *Prends ce biscuit* (par Vidal). — *Le Libéral* — *L'Ultra* — *Jean qui pleure* — *Jean qui rit* (par Melle Hulot). — *Le Portrait* — *Le Bouquet chéri* (par Chaponnier). — *Il dort* (par Texier). — *Le Cadeau* (par Bonnefoy). — *Ah! qu'elle est gentille!* — *Voilà ma mère, nous sommes perdus* — *Jouir, par surprise, n'alarme pas la pudeur* (?) — *La Précaution* — *L'Intention* — *La Solitude* — *Constancy* (par Morland). — *La Séparation douloureuse* (par Noël). — *Les Femmes se battent* — *Les Hommes se disputent* (par Bance). — *Ah! comme il y viendra!* — *La Leçon de musique*[1] (par Clavareau). — *Tu ment*[2] (*sic*) (par Petit). Etc., etc.

Beaucoup de ces pièces sont grivoises ou d'intention très libre; un grand nombre existent en tirage moderne.

---

1. La toile originale qui a figuré à l'exposition de Watteau, à Lille, en mars-avril 1889, appartient à M. Lucien Rouzé; le dessin qui a figuré à la centennale, en 1889, est à Mme Boilly.
2. Cette pièce très ordinaire est *rare*.

BOREL (Antoine, d'après)

1743-?

L'Innocence en danger, 1792 (par Huot). In-folio en travers.

Un jeune paysan arrivant à Paris, un petit paquet sous le bras, est appréhendé de chaque côté par deux femmes, la jeune en chapeau Directoire, la plus âgée en bonnet ; elles semblent lui faire des propositions qui ne sont rien moins qu'honnêtes. Derrière elles, un jeune dragon admire la beauté de celle en chapeau ; tout à droite, un vieil homme lorgne la scène, pendant qu'un jeune filou cherche à lui faire sa tabatière.

1877	Behague.	Avant la dédicace, toute marge.	76 f.	»
1881	Michelot.	Avec la lettre, toute marge.	35	»
1881	Saint-Geniès.	Avant la dédicace, grande marge.	66	»
1887	Malinet.	Avec la lettre.	21	»
1889	Decloux.	Avant la dédicace, marge.	40	»
1890	Destailleur.	Avant la dédicace, toute marge.	40	»
1891	Bayard.	Même état que vente précédente.	120	»

Le Don intéressé. — Dans la campagne, à gauche, un jeune homme, à genoux, offre une branche de roses à une jeune femme debout, coiffée d'un chapeau, les yeux modestement baissés. Une autre jeune femme, assise près d'une table, la pousse doucement dans les bras du galant.

La Morale inutile. — Dans la campagne, assise sur un banc, ayant derrière elle une statue de l'Amour, une jeune femme regarde un livre que lui montre une vieille à l'air sévère, pendant qu'un jeune homme, à droite, penché entre les branches d'un arbre, lui passe un billet.

Pendants par E. Voysard. *Petit in-folio.*

1877	Behague.	Epreuves avec marge.	34 f.	»
1878	Roth.	Même condition.	120	»
1881	Saint-Geniès.	Sans désignation.	23	»

Au bas de ces pièces se trouvent deux vers de Guichard.

Le dessin original de *La Morale inutile* à l'aquarelle, signé, passa dans une vente anonyme du 18 mars 1890, et fut adjugé 400 francs.

L'Abandon voluptueux (par Dennel). Petit in-folio.

1877	Behague.	Avant toutes lettres.	38	»
1881	Michelot.	Avant toutes lettres.	20	»
1889	Decloux.	Même état.	72	»
1891	Bayard.	Avec La Comparaison du bouton de rose, avant toutes lettres.	170 .	»

Existe en tirage moderne; pièce bien ordinaire à laquelle on donne quelquefois pour pendant: *La Comparaison du bouton de rose*, d'après Saint-Aubin.

L'Indiscret (par Dequevauviller). Petit in-folio.

Dans une chambre à coucher, une jeune femme complètement nue se rejette précipitamment à droite dans un lit formant alcôve, cherchant à tirer sur elle le rideau, tandis que sa soubrette tout émue jette un drap sur la tête d'un personnage qui s'était brusquement introduit par une porte à gauche, pour surprendre sa maîtresse à son coucher; un king charles s'élance en aboyant sur l'importun visiteur.

1877	Behague.	Avec l'adresse de Bance.	49 f.	»
1878	Roth.	Premier état, eau-forte, avant toutes lettres, seulement A. P. D. R. au milieu du trait carré à la pointe sèche ; et avant le changement dans *l'expression du visage* de la jeune femme couchée, et dans *le ciel du lit* qui plus tard a été élevé.	65	»
1880	Wasset.	Premier état.	305	»
—	—	La même, avec la première adresse, celle du graveur.	55	»
1881	Muhlbacher.	Premier état, comme vente Roth.	195	»
—	—	La même, avec l'adresse du graveur.	160	»
1887	Malinet.	Même état que la vente précédente, marge.	38	»
1889	Decloux.	Même état.	100	»
1891	Kinnen.	État vente Roth.	82	»

1892 Belenet. Avec l'adresse du graveur, grande marge. 30 f. »

Existe en tirage moderne. — Le pendant est *Le Contre-Temps*, d'après Lavereince.

La Correction inutile (par François). Sanguine. Petit in-folio.

Pièce assez rare, adjugée 13 francs à la vente Michelot, en 1881. François fut *l'inventeur* de la gravure en manière ou imitation de crayon, vers 1758 ; procédé employé plus tard, par Demarteau, avec une rare perfection, pastichant souvent les dessins de Boucher, jusqu'à produire l'illusion des originaux.

Vous avez la clef... mais il a trouvé la serrure. — Une jeune fille, la gorge demi-nue, est surprise couchée avec un jeune gars, par leurs parents qui entrent par une porte à gauche, que tient entre-bâillée une servante ; la mère tient à la main une clef ; une croisée encore ouverte permet de voir l'échelle qui a servi au galant pour s'introduire. A gauche, un petit chien joue avec les souliers de l'amoureux.

La Faute est faite, permettez qu'il la répare. — Une jeune femme se dirige vers la gauche, la main droite sur les yeux ; un jeune homme est à genoux, aux pieds d'une vieille femme assise entre deux personnes : il semble implorer son pardon ; à terre son tricorne.

Pendants, par Anselin. *In-folio en travers.*

1877	Behague.	La Faute, avant toutes lettres.	34	»
—	—	Vous avez, avec la lettre, grande marge.	159	»
1881	Saint-Geniès.	Vous avez, sans dédicace.	25	»

1881	Saint-Geniès.	La Faute, avant la dédicace.	32 f.	»
1887	Aubin.	Vous avez, avant la dédicace, grande marge.	50	»
—	—	La Faute, avec la lettre.	22	»
1890	Destailleur.	Vous avez, avant la dédicace.	19	»
—	—	La Faute, avant la dédicace.	21	»
1891	Bayard.	Les deux pièces, grande marge.	83	»

L'aquarelle gouachée originale de *Vous avez la clef...* fut adjugée 380 francs à la vente Bérend, en décembre 1889.

Il était temps (par Hémery). In-folio.

Trois jeunes femmes armées de seringue et d'une cruche font irruption dans une chambre où se trouve couchée une jolie fille avec un vieux galant dont on aperçoit la perruque sur le dos d'une chaise à gauche. La fille sort précipitamment du lit.

1881	Muhlbacher.	Avant la lettre, grande marge.	67	»
1887	Aubin.	Avec la lettre.	18	»
1890	Destailleur.	Avant la lettre, toute marge.	45	»

J'y passerai (par R. de Launay). Petit in-folio en travers.

A droite, une porte entr'ouverte par laquelle un jeune gars vient, en rampant, vers une jeune femme, couchée en chemise sur son lit, le sein gauche découvert. On aperçoit à travers la porte entr'ouverte, à gauche, un lit vide.

1881	Saint-Geniès.	Avec la lettre.	11 f.	»
1887	Jacquinot.	Avant la dédicace.	115	»
1892	Belenet.	Avec : La Cachette découverte.	25	»

Existe en tirage moderne. — Cette estampe est assez jolie ; on lui donne quelquefois pour pendant *La Cachette découverte*, de Fragonard.

La Bascule. — Dans un site rustique au fond duquel on aperçoit des montagnes, se meuvent de nombreux personnages ; à gauche, une bascule et une jeune femme, tombée les jambes en l'air, est relevée par un jeune homme ; à droite de l'estampe, sur le premier plan, un groupe assis de quatre personnages, dont l'un tourne le dos et joue de la guitare.

Le Charlatan. — Sur un quai, de profil à gauche, un charlatan debout, coiffé d'un tricorne à plume, ayant devant lui une petite table pliante chargée de fioles et de gobelets, débite son boniment à la foule qui l'entoure ; devant lui, debout à une certaine distance, une jeune femme glisse par derrière son dos un billet doux à un jeune seigneur ; toujours à gauche, une barque s'approche du quai, ayant à son bord une dame tenant une ombrelle ouverte.

Pendants en couleur par Aug. Léveillé, *1785. In-folio en travers.*

1877	Behague.	La Bascule, avant le nom du graveur.	160	»
1879	B. de Vedreuil.	Les deux avec la lettre.	480	»
1881	Muhlbacher.	Les deux avec la lettre.	495	»

1887	Aubin.	Épreuves avec la lettre.	400 f.	»
1887	Jacob.	La Bascule.	100	»
1889	Decloux.	La même, avant le nom du graveur, marge.	310	»
1891	Kinnen.	La Bascule.	135	»
1891	Bayard.	La même, avant toutes lettres, avant la bordure.	302	»
1892	Baudet.	La Bascule.	170	»

Ces deux pièces sont fort jolies et fort recherchées. A la vente Richard Lion, en avril 1886, les deux dessins originaux à l'aquarelle gouachée, et signés, furent adjugés 3350 francs; ils sont actuellement dans la collection de M. G. Mühlbacher, où nous avons eu le plaisir de les voir, au milieu d'autres merveilleuses pièces, remarquables entre toutes par leur authenticité et leur conservation exceptionnelle; nous avons été reçu de la façon la plus courtoise par le fils du célèbre collectionneur, et nous remercions ici très sincèrement ces messieurs des précieux renseignements qu'ils ont bien voulu nous communiquer.

Dans un riche intérieur, deux jeunes femmes couchées se fouettent avec des roses.

Cette pièce porte à la pointe, sous le trait carré, à droite : *Borel inv. et del.*, et à gauche : *A. Giraud le jeune, aqua forti.*; elle fut, à l'état d'eau-forte, adjugée 1260 francs à la vente Behague, et 600 francs à celle de Wasset. Ces pièces, comme les trois suivantes, n'ayant jamais été terminées, on ne leur connaît pas de rubriques.

Dans un riche intérieur, jeune femme en déshabillé galant, prenant un bain de pieds, est surprise ainsi par une dame déguisée en homme, qui lui présente une lettre.

Même inscription que sous la pièce précédente.

1877	Behague.	Eau-forte.	1090 f.	»
1881	Muhlbacher.	Avec la précédente.	910	»

Dans un riche intérieur, société nombreuse d'hommes et de femmes galantes occupés à jouer.

Dans ce même intérieur, un magistrat opère une descente de police; hommes et femmes dont plusieurs, en chemise, se lamentent.

A la vente Behague, ces *deux* pièces qui se font pendants, furent adjugées 1,090 francs, et seulement 390 francs à celle de Bayard; elles sont de Ransonnette et non de Borel. La première, état d'eau-forte, avec les têtes plus terminées et très modelées par un travail très serré au pointillé, fut adjugée 200 francs à la vente Baudet, en 1892; elle provenait, croyons-nous, de la collection du comte J. de la Béraudière; — quatre pièces *fort rares.*

L'Innocence poursuivie par L'Amour — L'Amour puni (par Avril). Deux pièces faisant pendants.

1881	Muhlbacher.	Avant toutes lettres, et avant la draperie.	90	»
1891	Bayard.	Même état.	80	»

Le Bourgeois maltraité. — Dans une chambre, un dragon saisit par la taille la femme du bourgeois, et, l'épée nue, se précipite sur le mari, culbutant chaise et table.

Le Paysan mécontent. — Près d'un mur, sous une treille, autour d'une table où l'on boit, debout, à droite, un dragon se penche pour embrasser la femme d'un fermier, assise et prête à boire. A gauche, le paysan se lève et se découvre, indigné.

Pendants en couleur, par J.-B. Morret. *In-4°*.

1881	Muhlbacher.	Sans désignation d'état.	135 f.	»
1887	Aubin.	Même condition.	250	»
1889	Decloux.	Même condition.	232	»
—	—	Les Engeoleurs.	29	»

Ces deux pièces sont *rares* et fort jolies. — *Les Engeoleurs* ne sont autres que la pièce du *Paysan mécontent*, gravée en noir et en contre-partie, sans nom de graveur.

Il a encore été gravé, d'après le Maître, les pièces suivantes, de moindre importance :

La Circassienne à l'encan — Le Bain interrompu (par Léveillé). — *Le double Engagement* (?) — *Il a cueilli ma rose* (par Regnault). — *Le voilà fait, 1790* (par Huot); c'est une vue du jardin du Palais-Royal ; cette pièce, assez recherchée, fut adjugée 51 francs, vente Saint-Geniès, avec la lettre, et 141 francs avant toutes lettres, vente Decloux.

BOSIO (D.-S. d'après)

?

La Bouillotte (?) Pièce coloriée. In-folio en travers.

De nombreux personnages, réunis autour d'une table, jouent à la bouillotte ; en face de la cheminée, à gauche, une jeune femme, debout, arrange ses cheveux devant la glace, pendant qu'un des invités lui prend la taille en lui montrant du doigt la pendule.

1877	Behague.	Toute marge.	155 f.	»
1881	Muhlbacher.	Avec la lettre.	85	»
1880	Wasset.	Epreuve en noir.	36	»
—	—	La même coloriée.	80	»
1886	Cuzko.	Avec belle marge.	85	»
1887	Aubin.	Avec la lettre.	185	»
1889	Decloux.	Même état.	165	»
1891	Kinnen.	Même état.	110	»

Pièce très curieuse et recherchée ; n'existe pas, croyons-nous en avant lettre.

Le Bal de l'Opéra. Pièce coloriée. In-folio en travers.

Le titre en dit autant qu'une description, dont nous nous abstiendrons par conséquent.

1877	Behague.	Avec toute sa marge.	130	»
1881	Muhlbacher.	Avec la lettre.	115	»
1891	Kinnen.	Même état.	152	»
1892	Baudet.	Épreuve coloriée.	75	»

Le Bal de société (?) Pièce coloriée. In-folio en travers.

Deux salles de bal séparées par une colonnade ; à gauche, trois musiciens sur une estrade presque cachée par une des colonnes. Dans la salle du fond, des danseurs exécutent un quadrille ; à droite et au-dessous des musiciens, on voit des spectateurs. Au premier plan, à gauche, un grand monsieur, dont on voit la pipe, demande une danse à une dame ; à droite, toujours au premier plan, trois personnages font un tour de salle, le plus éloigné a une figure horrible ; très à droite, quatre jeunes filles assises; au-dessous d'elles, un Arlequin parle à une dame assise.

1877	Behague.	Épreuve avec toute marge.	216 f.	»
1881	Muhlbacher.	Avec la lettre.	160	»
1882	Dubois du Bais.	Avant toutes lettres, marge. *Rarissime*.	350	»
1887	Aubin.	Avec la lettre.	190	»
1890	Destailleur.	Eau-forte, marge.	30	»

L'Escamoteur (par Ruotte). Pièce coloriée. In-folio en travers.

Un escamoteur de profil, à gauche, debout devant une petite table ronde chargée d'instruments de physique amusante, appuie sa baguette sur la table en même temps qu'il fait examiner le fond de son gobelet à un enfant. La salle est pleine de personnages.

1875	Ollivier.	Avec la lettre.	81	»
1876	Herzog.	Même état.	100	»
1880	Wasset.	Avec la lettre.	46	»

La Lanterne magique (?) Pièce coloriée. In-folio en travers.

| 1867 | Jacquinot. | Avec la lettre, marge. | 75 | » |

Cette pièce est de beaucoup *la plus rare* de ces cinq estampes qui peuvent être considérées comme formant *suite*.

Les Invisibles — **La Poule** (par ?). Pièces coloriées. In-folio.

| 1881 | Muhlbacher. | Même état. | 140 | » |

1882 Dubois du Bais. Pièces avec marge. 121 f. »

Pièces satiriques sur les modes exagérées de l'époque, publiées en 1806.

Le Lever des ouvrières en linge — Le Coucher des ouvrières en linge (par ?)

Pièces coloriées au pointillé. Petit in-folio en travers.

1881	Muhlbacher.	Même état.	59	»
1890	Destailleur.	Épreuves avec marge.	48	»
1891	Kinnen.	Avec la lettre.	98	»
1891	Bayard.	Même état.	22	»

Le Sultan parisien ou l'Embarras du choix.
Le Logeur ou les Effets des vertus hospitalières à Paris.

Pièces coloriées (par ?).

1882 Dubois du Bais. Même état. 100 »

Pièces assez rares.

On possède encore d'après le Maître :

La Main-chaude — Le Volant — Les Quatre Coins — Les Oubliés — Le Cache-Cache — Monture propre des dames — Le Sérail ou le Turc à Paris — Le Jardin du tribunat — Un Concert sous le Directoire, etc.

BOUCHARDON (Edme, d'après)
1698-1762

Les cinq Sens — L'Amour corrigé — L'Amour s'envolant — Jupiter et Léda.

Pièces gravées par Fessard, sans aucune valeur.

BOUCHER (François, par et d'après)
1703-1770

La Bouquetière galante (par Tilliard). Petit in-folio.

Dans un jardin, au milieu de buissons de roses légèrement esquissés, une charmante jeune fille debout, la taille élancée, et coiffée d'un petit bonnet, porte devant elle, attachée à sa ceinture, une corbeille de fleurs à demi-recouverte par son tablier retroussé; les bras sont demi-nus, et l'un d'eux s'avance pour offrir un bouquet. Le corsage de la robe ouvert en carré laisse entrevoir la poitrine.

1877	Behague.	Avec la lettre, marge.	250 f.	»
1889	Decloux.	Même état.	605	»

Cette pièce, d'une *insigne rareté*, est l'estampe la plus recherchée du Maître; elle est, du reste, fort jolie. L'eau-forte avait été gravée par Mme Louise de Montigny, née Ledaulceur. Le dessin en couleur, à la vente Herzog, fut adjugé 160 francs, et l'estampe, 96 francs. M. Louis Valentin en possède un fort bel exemplaire.

Le Départ du courrier. — Jeune berger confiant son message à une colombe; à ses pieds, son chien; sur le tertre où il est assis, sa gourde et sa cornemuse; à la gauche de l'estampe, deux moutons; sur sa tête, berceau de feuillages; tout à fait à droite, deux colombes.

L'Arrivée du courrier. — Jeune fille tournée à droite, la main gauche appuyée sur un arbre touffu; son mouton, à ses pieds, reçoit le message qu'une colombe lui apporte; fond de paysage, mare. Le chien devant elle, à droite, aperçoit la colombe et semble japper d'impatience. Aux pieds de la jeune fille, à gauche, un panier de fleurs et son rouet.

Pendants par Beauvarlet. *Petit in-folio ovale, équarri.*

1877	Didot.	Avec la lettre.	62 f.	»
1877	Behague.	Avant toutes lettres.	260	»
1877	Aubin.	Avant toutes lettres.	150	»
1891	Kinnen.	Même état, marge.	201	»

Ces deux pièces charmantes existent en tirage moderne. On compte trois états :

1er état. — Eau-forte pure.
2e état. — Avant toutes lettres et avant la dédicace.
3e état. — La lettre, la dédicace et quatre vers.

La Toilette de Vénus, 1783 (par Janinet). Pièce en couleur. In-folio.

La déesse nue est assise de face, la tête légèrement penchée à droite, une colombe entre ses bras, une autre à ses pieds. Elle est entourée de trois Amours, dont l'un est occupé à arranger sa coiffure; un brûle-parfums et autres ustensiles de toilette embellissent la composition.

1877	Behague.	Avant toutes lettres.	500	»
1881	Mailand.	Sans désignation d'état.	195	»
1887	Aubin.	Avant la lettre.	210	»
1887	Malinet.	Sans état désigné.	151	»
1889	Decloux.	Avant la suppression d'un des Amours qui joue dans les cheveux, toute marge.	630	»
1890	Destailleur.	Etat vente Decloux.	370	»
1892	Baudet.	Avant toutes lettres; encadrée.	665	»
1892	Wogram.	Avant toutes lettres.	260	»

L'état le plus *recherché* est celui où les *trois Amours existent*, et, chose bizarre, c'est le plus commun ; l'autre qui lui est *antérieur*, où l'Amour qui *peigne* n'existe pas, est bien plus *rare* ; il semble cependant que le goût du collectionneur aurait dû se porter vers celui-là !

Cette estampe existe encore gravée par Duflos, adjugée 39 francs, vente Michelot, et par Demarteau, adjugée 72 francs, vente Decloux.

C'est le portrait de la marquise de Pompadour que Boucher a représentée sous les traits de Vénus ; le tableau original qui ornait la salle de bains de la marquise, œuvre merveilleuse d'exécution et de couleur, appartenait au comte Jacques de la Béraudière ; il passa en vente à la salle Drouot, le 20 mai 1885, et fut adjugé 133,000 francs ; il était signé en bas : *F. Boucher, 1751.*

L'œuvre gravé de Boucher est très considérable, mais bien peu recherché des collectionneurs ; c'est vraiment bien fadasse, toujours un peu la même chose, sujets mythologiques et champêtres ; et, en l'absence du merveilleux coloris du Maître, le poisson ne passe guère, quand la sauce n'est plus là ! Et puis ces pièces courent les rues, beaucoup de cuivres existant encore. Nous devons cependant faire quelques exceptions et dire que Demarteau et Bonnet ont rendu d'une façon souvent très séduisante certains dessins du Maître ; on fait aussi généralement dans les ventes assez bon accueil à *La Voluptueuse, La Dormeuse, Le Réveil*, ainsi qu'à *L'Amour rendant hommage à sa mère*, pièce ovale *très rare*, gravée par Janinet, adjugée 210 fr. avant toutes lettres à la vente Kinnen.

Il y a aussi *Le Livre d'écrans*, suite de douze pièces publiées chez Huquier, adjugé 720 francs à la vente Destailleur, suite *rare* et *recherchée*.

Boucher a gravé lui-même l'eau-forte de quelques-unes de ses planches ; voici les principales :

Les Grâces au tombeau de Watteau — Andromède — La Petite reposée — La Troupe italienne — Le petit Montreur de marmotte — Portrait de Watteau — Vénus et Cupidon — La Blanchisseuse — Les petits Buveurs de lait, etc...

Voici également en grande partie les autres estampes gravées d'après le Maître :

La Bouquetière (par Carmontelle). — *Les Amusements de campagne* (par Daullé[1]). — *L'Attention dangereuse* (par Dennel). — *L'Amour ramène Aminthe dans les bras de Silvie — Silvie guérit Philis de la piqûre d'une abeille* (par Lempereur). — *La Baigneuse surprise* (par Daullé). — *La belle Villageoise* (par Soubeyran). — *La belle Cuisinière* (par Aveline). — *Les Charmes du printemps — Les Plaisirs de l'été — Les Délices de l'automne — Les Amusements de l'hiver* (par Daullé). — *La Chasse — La Pêche* (par Beauvarlet). — *Les deux Confidentes* (par J. Ouvrier). — *La Dormeuse* (par Michel). — *La Voluptueuse* (par Poletnich). — *Les Douceurs de l'été* (par Moitte). — *L'Enlèvement d'Europe*[2] (par Aveline). — *Erigone vaincue* (par Cl. Duflos). — *Les Grâces au bain* (par Ryland). — *L'Hymen et l'Amour* (par Beauvarlet). — *La jeune Bergère* (par Voyez). — *Jupiter et Léda* (par Ryland). — *La Marchande d'œufs — La Marchande d'oiseaux — La Souffleuse de savon — La Vendangeuse* (par Daullé). — *La Marchande de mode* (par G. Gaillard). — *Le Matin — Le Midi — L'Après-dîner — Le Soir* (par Petit). — *La Naissance d'Adonis — La Mort d'Adonis* (par Scotin et Auber). — *La Toilette pastorale* (par Duflos). — *La Naissance de Bacchus* (par Aveline). — *Naissance et triomphe de Vénus* (par Daullé). — *Les Nymphes au bain* (par Ouvrier). — *L'Oiseau chéri* (par Daullé). — *Le Déjeuné* (par Lépicié). — *Le Peintre* (par M^{ie} Igonet). — *Le Retour de la chasse de Diane* (par Duflos). — *Le Réveil* (par P.-C. Lévesque). — *La Naissance de Vénus* (par Duflos). — *Vénus entrant au bain — Vénus sortant du bain* (par Michel). — *Vénus et les Amours* (par Gaillard). — *Vénus se préparant au jugement de Pâris* (par Lorrain). — *Vénus sur les eaux* (par Lempereur). — *Vertumne et Pomone* (par A. de Saint-Aubin). — *Votre accord n'a rien qui m'étonne* (par Aveline). — *Vulcain présentant à Vénus des armes pour Énée* (par Danzel). — *Mme Favart en montreuse d'ours* (par Le Bas). — *L'Amour prie Vénus de lui rendre les armes* (par Bonnet). — *Jeune*

---

[1]. Daullé a été un des principaux graveurs de Boucher ; c'était, en somme, un assez pauvre interprète.

[2]. La toile originale fut adjugée 8200 francs à la vente Philippe-Georges, d'Ay, en juin 1891.

femme nue sur un lit (par Demarteau). — *Vénus sur un lit de repos* (par Bonnet). — *Les Plaisirs de l'Ile enchantée* (par ?). — *La Fontaine de l'amour* (par Aveline). — *L'Amour moissonneur* — *L'Amour vendangeur* — *L'Amour nageur* — *L'Amour oiseleur* (par Aveline, Fessard, Renée Lépicié). — *L'Amour désarmé* (par Fessard). — *L'Amour enchaîné par les Grâces* (par Beauvarlet). — *La Bascule* (par Beauvarlet). — *La Bergère prévoyante* (par Aliamet). — *Les quatre Éléments* (par Daullé). — *Jupiter et Calisto* (par R. Gaillard). — *La Muse Clio* — *La Muse Erato*[1] (par Daullé). — *Pensent-ils à ce mouton?* (par Mme Jourdan). — *La Poésie lyrique* — *La Poésie épique* — *La Poésie pastorale* — *La Poésie satirique* (par Cl. Duflos). — *Le Trait dangereux* (par Poletnich). — *Le Pêcheur* (par Chedel). — *La Bergère attentive* (par Elluin). — *Le Ménage ambulant* (par L. Binet). — *Les Amants surpris* — *L'agréable Leçon* (par Gaillard). — *Vénus couchée tenant sa colombe* (par Bonnet). — *Le Mariage de Psyché et de l'Amour* (par Beauvarlet). — *Vénus et l'Amour* (par Demarteau). — *Vénus appuyée sur une colonne, un cœur à la main*[2] (par Demarteau). — *Vénus et Adonis* (par Massard). — *La Confidence* (par Miger). — *L'Obéissance récompensée* (par Gaillard). — *Quos ego*[3] (par Tilliard). — *Le Sommeil* (par Huquier). — *Le Château de cartes* (par Liotard). — *Le Pasteur galant* (par Laurent). — *Pensent-ils au raisin*[4] (par Le Bas). *Les Nourrices* (par Janinet). — *Le Panier mystérieux* (par Gaillard). — *Le Sommeil d'Annette* (par Demarteau). — *La Pipée* (par Demarteau). — *Danaë* (par Bonnet). — *Le Colin-Maillard* (par Beauvarlet). — *Amour, tu fais des jaloux* (par Janinet), etc., etc.

Le catalogue de la vente Malinet était particulièrement riche en estampes de Boucher, il en contenait près de 300.

---

1. La toile originale ayant appartenu à la Pompadour fut adjugée 21525 francs à Londres, en juin 1892, à la vente Hollingwood Magniac.
2. *Très rare, avant la feuille de vigne;* adjugé 200 francs, vente Herzog.
3. C'est Neptune apaisant les flots ; le dessin original au crayon noir et bistre, rehaussé de blanc, signé et daté 1783, à la vente du comte de la Béraudière en avril 1883, fut adjugé 620 francs.
4. Le tableau original est actuellement au Musée de Stockholm.

CONTES DE LA FONTAINE (Illustration pour les)

Le Calendrier des vieillards — La Courtisane amoureuse — Le Fleuve Scamandre — Le Magnifique.

Quatre pièces in-folio, gravées par de Larmessin, qu'il faut avoir *avec l'adresse du graveur*, c'est-à-dire avant celle de Buldet. Chaque estampe vaut en moyenne une vingtaine de francs. En mai 1883, à la vente du baron de Beurnonville, *Le Fleuve Scamandre* a été adjugé 1600 francs ; cette toile originale était signée et datée 1763.

BOUNIEU (Michel-Honoré, d'après)
1740-1814

L'Innocence sous la garde de la fidélité (par Ponce).

Petit in-folio en travers.

| 1881 | Michelot. | Etat dans lequel l'enfant qui dort et qui est Louis XVI porte une *décoration*. | 5 f. | » |
| 1882 | De Launay. | Avant toutes lettres, eau-forte. | 200 | » |

La Confidence (par Jubier). En couleur, in-folio en travers.

Une jeune femme assise, une plume d'oie à la main, et en train d'écrire, montre sa lettre à un jeune homme à gauche.

| 1881 | Michelot. | Avec la lettre. | 26 | » |

| 1891 | Kinnen. | Avec La Méfiance. | 47f. | » |

Cette pièce est fort jolie et fort *rare*.

Les Revers de la fortune (par Marin).

| 1892 | Baudet. | Épreuve en couleur. | 15 | » |

BRETON (à Paris chez Mme)

Le Matin — Le Midi — Le Soir — La Nuit. — Pièces ovales avec écoinçons ombrés.

| 1889 | Decloux. | Les épreuves coloriées. | 83 | » |
| 1891 | Kinnen. | Même état. | 72 | » |

Estampes peu communes.

CANOT (Ph. O. d'après)
Florissait vers 1740

Le Maître de danse — Le Souhait de la bonne année au grand papa — Le Gâteau des Rois.

Trois pièces in-folio sans valeur, gravées par Le Bas.

CAQUET (Jean-Gabriel par)
1749-1802

La Soirée du Palais-Royal. In-folio.

| 1881 | Michelot. | Avec la lettre. | 12 | » |

1890	Destailleur.	Avant l'adresse de Caquet et d'Alibert.	79 f.	»
—	—	Après l'adresse d'Alibert; mais avant les mots : *ou rue Fromenteau*.	50	»
—	—	Sans désignation d'état.	48	»
1892	Bardin.	Toute marge.	50	»

On suppose que Caquet a gravé cette pièce d'après Vincent ; assez rare.

CARESME (Jacques-Philippe, d'après)
1734-1796

L'agréable Exemple. — Un jeune homme dans la campagne, à genoux près d'une jeune femme, lui prend le bras et lui désigne à droite dans un arbre deux pigeons amoureux *leur montrant l'exemple*.

L'agréable Surprise. — Une jeune femme dans la campagne regarde un portrait dans un médaillon ; à droite, arrive son amoureux qui, ravi, la contemple.

Pendants en couleur par Jubier.

1889	Decloux.	Sans désignation d'état.	48	»

Ces deux pièces sont assez gentilles.

La Bacchante enyvrée. — Deux bacchantes et un satyre ivres sont couchés sur des draperies : le satyre retient le bras de celle couchée à ses pieds, l'autre bacchante prend une grappe à côté d'elle ; près de deux pommes, tout à fait à droite, en avant de la scène, un brûle-parfum avec bas-relief.

Le Satyre amoureux. — Scène analogue, deux bacchantes et un satyre; celles-ci ont, avec des ceps de vigne, attaché les bras du satyre ainsi que ses pieds, et lui font alors mille provocantes agaceries; à leurs pieds, une amphore et un plat; à droite, une statue de faune; derrière le groupe, un autel ou brûle-parfum à quatre têtes de bouc et un trépied.

Pendants in-4° en travers, en couleur, par Janinet.

1891	BAYARD.	Avant toutes lettres,	227 f. »
—	—	La Bacchante, seule; avec marge.	40 »

Ces pièces sont rares. Nous connaissons trois états de *La Bacchante enyvrée* :

1er état. Avant toutes lettres et avant les figures d'une bacchante et d'un satyre sur les nuages à droite.
2e — Avant la lettre;
3e — Avec la lettre.

La petite Thérèse (par Couché). Petit in-folio.

Jeune fille, la gorge nue entourée d'une collerette, s'enfuie en courant à travers une vigne; elle est rattrapée par un jeune garçon coiffé d'un chapeau, qui la saisit par le bras et par la jupe.

1877	BEHAGUE.	En bistre, la figure et les mains en rouge.	27 »
1878	ROTH.	Avec les armes, mais avant la dédicace : deuxième état.	30 »
—	—	Avec les armes et la dé-	

		dicace, troisième état, petite marge.	21 f.	»
1881	Muhlbacher.	Premier état, eau-forte pure, avant toutes lettres, seulement A. P. D. R. à la pointe sous le trait carré.	210	»
—	—	Avec les mains et les visages en rouge.	40	»
1891	Kinnen.	Avant la dédicace.	60	»

Pièce *très rare*, mais bien insignifiante. Le pendant est *La Fuite à dessein*, d'après Fragonard. (Voir ce nom).

Honni soit qui mal y pense. — Jeune femme assise dans un fauteuil, la tête légèrement renversée, presque de face, la gorge nue ; sur ses genoux un livre ouvert : *L'Art d'aimer*, sur lequel elle pose sa main droite, tandis que l'autre s'égare sous sa jupe.

Honni soit qui mal y voit. — Homme assis dans un fauteuil de face, ayant une corbeille de cerises sur ses genoux ; il a mis à cheval sur son index gauche deux cerises.

Pendants par Hubert, *1775-1777. Petit in-folio ovale équarri.*

1882	Dubois du Bais.	Sans désignation d'état.	17	»
1887	Malinet.	Avec la lettre.	6	»
1891	Kinnen.	Épreuves avec grande marge.	76	»
1891	Bayard.	Qui mal y pense, avant toutes lettres.	33	»

1892 Belenet.   Épreuves toute marge.   40 f. »
Pièces à intention équivoque. Existent en tirage moderne.

Ont été encore gravées d'après le Maître :
Les Amants satisfaits, en couleur (par Phelipeaux). — *Le Satyre impatient, 1780,* en couleur (par Anselin). — *L'Innocence instruite par l'Amour* (par Les Campions). — *Les Plaisirs bachiques* (par Bonnet). — *La Colombe chérie* (par Flipart). — *La tendre Éducation* (par Elluin). — *La joyeuse Orgie* (par Hémery). — *L'Espagnolette* (par Flipart). — *L'Aveugle trompé* — *L'Aveugle détrompé* — *Les Plaisirs champêtres* (par Wossenick). — *La Philosophie charitable* (par Voyez major). — *Les Plaisirs du bain* (par Jubier). — *La Bacchante fouettée* (?) — *Bacchus préside à la fête* (par Janinet). — *Le Culte systématique* (par Janinet). — *Le Réveil du carlin* (par Carrée). — *L'Offrande à Priape* (par Janinet). — *Pan et Styrinx* — *Jupiter et Antiope* (par Briceau). Ces deux dernières pièces publiées à Londres, en 1787.

Beaucoup de ces pièces ont une tendance fortement accentuée à la grivoiserie.

CARMONTELLE (Louis, d'après)
1717-1806.

La malheureuse famille Calas, 1765 (par Delafosse).
Petit in-folio.

Pas de deux, dansé à l'Opéra par Damberval et Melle Allard (par Tilliard). Petit in-folio.

Pièces secondaires, sans valeur.

CAZENAVE

?

Le Nid d'amour (gravé par sa femme). Pièce coloriée. In-folio.

Dans la campagne, deux jeunes femmes regardent à droite, dans les branches, un nid dans lequel sont blottis trois petits Amours ; à gauche, un homme vu à mi-corps les épie.

Gentille petite pièce valant de 10 à 15 francs.

CHALLE (Michel-Ange, d'après)
1718-1778.

Les Appas multipliés (par Dennel). In-folio.

Jeune femme debout, la jambe gauche repliée sur un canapé, complètement nue devant une grande glace, arrange sa coiffure en voyant ses formes se refléter dans la psyché qui est sur sa table de toilette, à gauche.

1877	Behague.	Avant toutes lettres.	70 f.	»
1881	Michelot.	Même état que Behague.	25	»
1891	Bayard.	Avant toutes lettres.	100	»
—	—	Epreuve sans marge.	20	»

La gouache originale, ou tout au moins une copie de l'époque, se trouve à Nantes, chez M. Étienne Étiennez ; elle est de conservation parfaite ; il y a quelques petites différences dans les détails avec la gravure. — Il existe encore genre Bonnet, sans nom d'artiste, une reproduction de cette estampe sous la rubrique : *La belle Toilette*.

Le Modèle bien disposé (par Chaponnier). In-folio.

Un peintre, la palette et les pinceaux dans la main gauche, se précipite amoureusement sur son modèle, une jeune femme assise et complètement nue, qu'il embrasse sur la bouche ; à droite, sur un chevalet, la toile qui servira à reproduire les traits du modèle.

1877	Behague.	Avant la lettre.	60 f.	»
1881	Muhlbacher.	Avec la lettre, toute marge.	50	»
1885	Hocquart.	Réduction en couleur par de Goüy, pour couvercle de boîte, mais en *contre-partie*.	11	»
1887	Aubin.	Avant la lettre, coloriée, grande marge.	160	»
—	—	Même état, mais en noir.	38	»
1891	Kinnen.	Avant la lettre.	82	»
1891	Bayard.	Etat vente Kinnen.	45	»

Cette estampe est fort gracieuse.

The officious waiting woman (par Chaponnier).
In-folio en travers.

Dans un intérieur Louis XVI, une très jolie femme, la tête tournée vers la droite, est couchée à plat ventre sur son lit, la chemise complètement relevée, les bras appuyés sur son oreiller, attend que sa gentille soubrette lui administre le lavement qu'elle tient à la main gauche, tandis que de la droite elle fait signe de ne pas bouger au jeune homme qui entre sur la pointe des pieds, par la porte à gauche.

1877	Behague.	Avant la lettre et avant le nom du peintre, tirée en bistre, les figures et les chairs seules coloriées [1].	409 f.	»
—	—	Avant la lettre, en noir.	82	»
—	—	La même sans désignation d'état.	200	»
1880	Wasset.	Avec la lettre.	37	»
1881	Muhlbacher.	Avec la lettre, en noir, toute marge.	41	»
—	—	Avec la lettre, coloriée.	76	»
1889	Decloux.	Avant la lettre, grande marge.	165	»
1890	Destailleur.	Avant la lettre.	110	»
1891	Kinnen.	Épreuve coloriée.	110	»
1891	Bayard.	État Behague, vendu 409 francs.	155	»
—	—	Avec la lettre.	52	»
1892	Baudet.	Épreuve encadrée.	102	»

Cette pièce, quoique légèrement décolletée, est fort gracieuse. Elle existe aussi avec titre anglais et français gravée par *Mce. Re Vallet V... n... ce*; un exemplaire fut adjugé 23 francs à la vente Tessier de Marseille, en 1882. — Il en a été fait une charmante et *assez rare* réduction, par de Goüy, sous la bizarre rubrique *Chu-u-u*; elle fut adjugée, à la vente Decloux, 85 francs. *The officious waiting woman* est souvent désignée sous la rubrique : *La Soubrette officieuse* ou *La Femme de chambre complaisante*, traduction littérale, du reste, du titre anglais.

Le Curieux, d'après Baudouin, et surtout *Le Contre-temps*, d'après Lavereince, sont trois estampes qui ont beaucoup d'analogie entre elles.

1. Excessivement *rare* en cet état.

Le Panier renversé (par L. Buisson). Pièce coloriée. In-folio ovale.

1880	Wasset.	Avec la lettre.	25 f.	»
1881	Muhlbacher.	Avant toutes lettres, grande marge.	70	»
1882	Dubois du Bais.	Avec la lettre.	12	»
—	—	Avant toutes lettres, marge.	46	»
—	—	La même, mais gravée par Ruotte.	8	»
1887	Aubin.	Avant toutes lettres.	51	»
—	—	Avec la lettre.	20	»
1890	Destailleur.	Avant toutes lettres, toute marge.	62	»

Pièce médiocre, recherchée seulement avant toutes lettres ; il en existe des tirages en bistre.

La Ruelle (par Malapeau). In-folio.

Une jeune femme, sortant à moitié nue de son lit, est lutinée par un jeune homme qu'elle repousse mollement, quand, d'une main, il lui prend le sein gauche, en cherchant à lui enlever sa chemise.

1877	Behague.	Avant toutes lettres, avant *la chemise ral-longée,* toute marge.	309	»
1881	Muhlbacher.	Même état que Behague.	210	»
1887	Jacquinot.	Toute marge.	50	»
1889	Decloux.	Toute marge, avec la lettre.	99	»
1891	Bayard.	Etat Behague.	130	»
—	—	Avec la lettre.	32	»

La Comparaison (par Bouillard et Dupreel). In-folio en travers.

Dans un parc, sous de frais ombrages, trois femmes, dont deux assises et une debout, sont en train d'examiner à distance et placées sur une sorte de piédestal circulaire, au milieu de l'eau, trois de leurs compagnes tournant le dos et qui, complètement nues, cherchent à faire pâlir *la Vénus Callipyge*: cinq autres attendent leur tour, pensant éclipser leurs rivales.

1881	Muhlbacher.	Même état.	56 f.	»
1887	Malinet.	Même état.	67	»
1889	Vignères.	Même état.	40	»

Pièce de composition fort gracieuse. Existe en tirage moderne.

L'Amant surpris. — Dans la campagne, au milieu d'une végétation luxuriante, un jeune homme assis de face, occupé à lire des lettres, est surpris par derrière par une jeune femme coiffée d'un chapeau, qui lui met les mains sur les yeux. A droite, une colonne surmontée d'une statue.

Les Espiègles. — Près d'une cascade, au milieu de rochers, à droite, deux jeunes femmes de face, complètement nues, viennent de prendre leur bain ; elles sont assises et lisent. Pendant ce temps, deux jeunes gamins sont en train de leur dérober leurs vêtements à l'aide d'une ligne munie d'un hameçon ; ils ont déjà réussi à accrocher un soulier qu'ils enlèvent.

Pendants, in-folio en couleur, par Descourtis.

| 1881 | Saint-Geniès. | Avant la lettre. | 305 | » |

1881	Muhlbacher.	Avant toutes lettres, seulement les noms des artistes à la pointe.	310 f.	»
1887	Aubin.	Etat vente Mühlbacher.	410	»
1889	Decloux.	Avec la lettre.	255	»
1891	Bayard.	Avec la lettre.	245	»

Ces pièces sont recherchées. *L'Amant surpris* est de beaucoup supérieur à l'autre. L'artiste, élève de Janinet, était un graveur de valeur qui a très peu produit : on connaît de lui à peine une vingtaine de pièces, sur lesquelles *six* seulement sont recherchées.

Ces deux estampes ont été reproduites par M. Magnier, et ce sont de ses meilleures.

A ce sujet, nous nous permettrons de mettre les collectionneurs en garde contre les *contrefaçons*[1] qui à l'heure actuelle *inondent le marché français*. Il est bien entendu que nous n'appelons pas contrefacteurs ceux qui, à l'exemple de MM. Magnier, Gosselin ou Henri Lemoine, reproduisent ces gravures en toute honnêteté commerciale, c'est-à-dire en *les annonçant et en les signant* ; non certes, nous le disons bien haut, leur parfaite honorabilité à cet égard n'est pas en cause. Ceux dont nous voulons parler, ce sont des marchands brocanteurs de dixième catégorie, qui s'emparent de ces pièces, les *truquent* en effaçant les noms à la pierre ponce, au grattoir ou autrement, les rognent au trait

---

1. Le sujet a été traité de main de maître par notre ami et presque compatriote Paul Eudel, dans son intéressant volume *Le Truquage*. — Collectionneur érudit, écrivain plein de charme et d'originalité, Paul Eudel a été, pendant huit années consécutives, le spirituel chroniqueur attitré de l'hôtel Drouot ; pourquoi, endormi sur ses lauriers, n'a-t-il pas continué une série si brillamment commencée ? C'est un gros reproche que nous lui adressons du fond de notre vieille et tranquille province, où il nous faisait assister, par ses écrits si colorés, à ces luttes d'art, dont, hélas ! pauvres déshérités, nous n'avons jamais même un pâle reflet ! C'est notre ami qui nous a mis le pied dans l'étrier, qui nous a présenté, et c'est à lui que nous devons nombre de relations charmantes dans le monde des amateurs et des artistes : ces choses-là ne s'oublient jamais ; qu'il soit donc assuré de **tout notre dévouement et de toute notre gratitude.**

carré, pour faire disparaître la signature qui révélerait leur origine, leur modernité, et les livrent encadrés au public comme gravures anciennes, après leur avoir fait subir un culottage factice que seules peuvent donner les années.

Ici, nous émettrons un vœu qui couperait court, pour l'avenir au moins, à cette fraude gigantesque, à laquelle, bien *inconsciemment,* mais bien malheureusement, prêtent eux-mêmes la main les honorables reproducteurs. Ce serait de les voir frapper d'un *timbre sec* tout exemplaire sortant de leur presse ; ce timbrage se ferait *à cheval sur le trait carré,* soit au milieu, soit au coin de l'estampe, de manière à ne pouvoir le faire disparaître sans endommager profondément la gravure ; ce signe *indélébile,* ou mieux encore le *millésime filigrané* dans le papier employé au tirage serait, suivant nous, le plus sûr moyen d'enrayer la contrefaçon.

Toutes, ou à peu près toutes, les estampes du XVIIIe siècle ayant une certaine valeur pécuniaire ont été pastichées ; il faut donc être très prudent et très circonspect dans ses achats, quand il s'agit principalement de pièces dans les grands prix ; les plus malins s'y trompent, et il n'est pas d'amateur ou de marchand, s'il est sincère, qui n'avouera s'être laissé *rouler.*

La question de *garantie sur facture* est illusoire et ne signifie *absolument* rien. Qu'un marchand vous la donne, et qu'un mois plus tard, je suppose, vous veniez lui rapporter la pièce en lui prouvant qu'elle est fausse, il vous répondra tout simplement : « Oui, monsieur, je vous ai effectivement vendu un *Couché de la mariée,* mais ce n'était pas celui-là ; j'en suis désolé, mais je ne *reconnais pas là mon exemplaire.* » Vous serez *refait* de vos deux ou trois cents francs, ou plus, et l'affaire sera close.

Il faut donc, quand vous vous rendrez acquéreur d'une estampe, exiger du vendeur une garantie indéniable ; vous l'obligerez donc à mettre au crayon, au verso de la pièce : *Je soussigné... certifie que le présent exemplaire est ancien. Daté et signé.* Avec cela et une facture acquittée, d'autre part, attestant le prix vendu, vous aurez en mains toutes les pièces pour sortir victorieux, si plus tard quelques difficultés survenaient.

Ces précautions sont évidemment superflues avec un marchand dont vous connaissez la parfaite honorablité, mais elles sont loin de l'être avec le premier venu, surtout avec le brocanteur des villes d'eaux, par exemple, qui, toujours, est censé avoir des moutons à cinq pattes !!!

Un œil exercé reconnaîtra, le plus souvent, une contrefaçon d'épreuve en couleur, mais il pourra très bien, qu'on me passe le mot, n'y voir que du feu, pour certains burins noirs imprimés souvent sur *papier du temps*, arraché à la garde de volumes *contemporains* de la gravure, la photographie et ses procédés venant dans ce cas apporter leur puissant auxiliaire.

Qu'on suive notre conseil, il est sage : on évitera ainsi l'ennui et l'humiliation d'avoir payé quelques billets de mille un chiffon de papier ne valant pas un louis.

C'est surtout au collectionneur de province que nous nous adressons, lui qui n'a pas sous la main, comme son confrère de Paris, des moyens de contrôle immédiats.

Le Portrait chéri (par Bonnet). In-4°.

Une jeune femme dont le corsage laisse voir les seins complètement nus, coiffée d'un chapeau à plume, est étendue sur un canapé ; elle embrasse un médaillon qu'elle tient de la main droite, la gauche tient une lettre ; une rose est posée sur un guéridon ; à gauche et sous le canapé, un carlin.

1887	Aubin.	Avec la lettre.	60 f.	»
1889	Decloux.	Même état.	43	»
1890	Destailleur.	Même état.	22	»

Pièce sans valeur artistique, mais *rare*.

Le Souvenir agréable (par Vidal). Petit in-folio ovale équarri en travers.

Jeune femme demi-nue sur un lit, de profil, à droite ; un chat lui passe entre les jambes.

1882	Dubois du Bais.	La même imprimée en noir, marge.	5f.	»
1889	Decloux.	Épreuve en bistre.	40	»
1891	Bayard.	Sans description de couleur.	90	»

A pour pendant *Le Repos interrompu*, gravé par le même.

L'Adroite confidente — Le Choix naturel (par Vionnet).

1877	Behague.	L'Adroite confidente, grande marge.	60	»
1891	Bayard.	Les deux pièces.	31	»

La Défaite — La Conviction (par G. Marchand). Petit in-folio.

1887	Aubin.	Très grande marge.	31	»
1887	Jacquinot.	Épreuves avec la lettre.	8	»

La Pantoufle — Finissez (par Marchand). Petit ovale équarri.

1881	Muhlbacher.	Avant toutes lettres.	135	»
1891	Bayard.	Même état que vente précédente.	150	»
—	—	Finissez, avant toutes lettres, avec un changement dans les expressions.	52	»

Méchantes pièces, recherchées seulement en épreuves d'état,

et aussi à cause de leur goût fortement égrillard. On en fait d'horribles pastiches coloriés, attribués faussement à Baudouin, et indiqués gravés par Bonnet, 1783; à rejeter, bien entendu.

Le Pèlerinage à Saint-Nicolas (par Mathieu).

1877	BEHAGUE.	Avant toutes lettres.	42f. »
1891	BAYARD.	Même état avec marge.	13 »

Ont encore été gravées d'après le Maître les pièces suivantes, qui sont sans grande valeur :

La Lanterne magique d'amour (par Alix). — *L'adroite Confidente* (par Vionnet). — *Le Bouquet impromptu* (par A. Legrand). — *Quand l'hymen dort, l'amour veille* (par Mauclerc). — *La Familiarité dangereuse* (par Dennel). — *Le Baiser donné* — *Le Baiser refusé* (par Bonnet). — *Jupiter et Léda* (par J.-B. Tilliard). — *Les Désirs de l'amour* — *Les Plaisirs de l'hymen* — *Les Amants trahis par leur ombre* (par Wogts). — *Histoire de Paul et Virginie* (par Descourtis), suite de six pièces coloriées, adjugées 200 francs avant toutes lettres à la vente Kinnen. — *Les Amants surpris par un garde-chasse*, pièce assez rare ; 40 francs, vente Bayard.

CONTES DE LA FONTAINE (Illustration pour les)

La Gageure des trois commères — Le Cuvier — Le Bât — Le Gascon puni — La Servante justifiée — Le Poirier enchanté (par Bonnefoy).

Pièces fort médiocres et de petit prix. Lindor de Toulouse a également gravé *Le Bât*. Les dessins originaux de *La Gageure* et du *Cuvier* ont été adjugés 350 francs à la vente Sieurin, en 1879; ils étaient au crayon et à l'encre de Chine.

CHALLIOU (à Paris chez)

Le Billet rendu — L'Amant pressant.

1889	Decloux.	Avec toute leur marge.	160 f.	»
—	—	L'Amant pressant, avant toutes lettres, en bistre.	180	»
1892	Baudet.	L'Amant pressant, en couleur, sans marge.	17	»

La Curieuse aperçue — Le Moment dangereux

1881	Muhlbacher.	Le Moment dangereux.	59	»
1889	Decloux.	Les deux pièces.	120	»
1892	Baudet.	Le Moment dangereux ; encadré.	70	»

La Fille engageante — L'Instant passé.

| 1881 | Muhlbacher. | L'Instant passé. | 27 | » |
| 1889 | Decloux. | Épreuves avec toute marge. | 135 | » |

Ces petites pièces, de forme ronde et en couleur, sont assez *rares*, et d'allures légèrement dévergondées.

CHARDIN (Jean-Baptiste-Siméon, d'après)
1699-1779

Dame cachetant une lettre (par E. Fessard). Petit in-folio. Trois états.

Une jeune femme, de profil à gauche, s'apprête à cacheter une lettre avec un bâton de cire ; un domestique, de l'autre côté de la table, lui fait face et va allumer une bougie. Un lévrier complète le tableau.

1877	Didot.	Troisième état, l'adresse du graveur a été remplacée par celle de Joullain, avec les six vers.	76 f. »
1877	Behague.	Premier état, eau-forte pure, avant toutes lettres.	360 »
1881	Muhlbacher.	État vente Didot.	280 »
1884	Clément de Ris.	État vente Didot.	260 »
—	—	La même, reproduite en contre-partie.	8 »
1887	Malinet.	Deuxième état, avec les vers et l'adresse du graveur.	92 »
1890	Destailleur.	Deuxième état.	90 »
1891	Bayard.	Même état que Malinet, marge.	180 »

Cette pièce est *fort recherchée;* elle ne porte de titre dans aucun de ses états. Le tableau figurait au Salon de 1732, sous la rubrique : *Une femme occupée à cacheter une lettre.*

La Bonne éducation, 1749 (par Le Bas). Petit in-folio en travers. Deux états.

Une fillette debout, les mains croisées, est en train de réciter sa leçon à sa mère, assise dans un fauteuil. La mère est de profil, à gauche ; une croisée à droite.

1877	Behague.	Premier état, avant les armes et la lettre.	199 »

1877	Behague.	Deuxième état, avec la lettre et les armes.	50 f.	»
1881	Muhlbacher.	Deuxième état.	40	»
1881	Tessier.	Deuxième état.	11	»
1890	Destailleur.	Deuxième état, toute marge.	80	»

L'Étude du dessin (par Le Bas). Petit in-folio en travers. Deux états.

Devant lui, posée sur un petit meuble, une statuette de Mercure, qu'un jeune homme assis de profil, à gauche, est en train de copier. Derrière lui, regardant son dessin, un personnage s'appuie sur le dossier de sa chaise.

1877	Didot.	Deuxième état *non décrit*, avec les noms des artistes sous le trait carré ; à gauche : *Chardin pinxit, 1749* ; à droite : *Le Bas, sculp.* L'adresse diffère aussi de celle décrite par M. Bocher.	60	»
1877	Behague.	Premier état, avant toutes lettres et avant les armes, grande marge.	401	»
—	—	Deuxième état, les armes et la lettre.	225	»
1884	Clément de Ris.	État Didot.	85	»
1890	Destailleur.	Épreuve de premier état.	165	»

Pièce rare et recherchée.

Jeu de l'Oye. — Enfant coiffé d'un tricorne appuyé sur une table, un jeton à la main, joue au jeu de l'Oie ; près de lui, un petit camarade, nu-tête, l'examine ; une jeune fille enfin, tenant à la main le cornet pour jouer, complète le tableau.

Les Tours de cartes. — De profil à gauche et coiffé d'un tricorne, un homme assis devant une table exécute, les cartes à la main, un tour devant un petit garçon et une fillette.

Pendants gravés par Surugues fils, *en 1745 et 1744. Petit in-folio en travers. Deux états.*

1881	Berthier.	Avec la lettre.	112 f.	»
1884	Clément de Ris.	Les Tours de cartes.	127	»
1890	Destailleur.	Les mêmes, toute marge.	51	»
—	—	La même, mais avec quatre portées de musique et les quatre vers mis ainsi en musique.	60	»
1891	Bayard.	Épreuves à toute marge.	190	»

Pièces recherchées. — M. Bocher signale le tableau *Les Tours de cartes* comme étant actuellement chez M. Moitessier.

Le Toton, 1742 (par Lepicié). Petit in-folio en travers. Deux états.

Sur une table chargée de livres et d'un encrier, on voit tourner un toton qu'examine avec attention un garçonnet, de profil à droite. Quatre vers en dessous du titre.

1878	Roth.	Avec la lettre.	47	»

1890	Destailleur.	Premier état, avec la date *1742*, après *Lepicié sculpsit*, et la *première adresse*, celle du graveur, remplacée plus tard par celle de Vve Chereau.	52 f. »
1891	Bayard.	Même état.	45 »

Le tableau original a figuré au Salon de 1738.

La Maîtresse d'école, 1740 (par Lepicié). Petit in-folio en travers. Trois états.

Une grande jeune fille coiffée d'un bonnet, de profil à droite, à gauche de l'estampe, montre les lettres de l'alphabet à un enfant qui est près d'elle. Quatre vers en dessous du titre.

1881	Muhlbacher.	Deuxième état, c'est-à-dire ; la lettre, les quatre vers, la date de 1740 et l'adresse de Surugue.	116 »
1881	Mailand.	Même état que Mühlbacher.	34 »
1890	Destailleur.	Deuxième état.	15 »

Cette pièce a été regravée en contre-partie par Duflos.

Voici les autres pièces gravées d'après Chardin, qui sont moins intéressantes que les quelques-unes que nous venons de décrire; du reste, il faut bien le dire, l'œuvre gravé du Maître présente un intérêt très secondaire, à part quelques *rares* pièces ;

aussi ne voit-on jamais amateurs ou marchands s'emballer sur une estampe de Chardin : l'accueil est froid, et le prix s'en ressent.

La Blanchisseuse — *La Fontaine*[1] (par C.-N. Cochin). — *Le Peintre*[2] — *L'Antiquaire* (par Surugue fils).— *L'Ouvrière en tapisserie* — *Le Dessinateur* (par Flipart). — *La Petite fille à la raquette* (par Lépicié). — *L'Inclination de l'âge* (par Surugue fils). — *Le Bénédicité*[3] (par Lépicié). — *La Ménagerie* (par Dupin aîné). — *Le Souffleur* (par Lépicié). — *La bonne Mère* (par Martin Weiss). — *Simple dans mes plaisirs*[4] (par Cochin). — *L'Œconome* (par Le Bas). — *La Ratisseuse* (par Lépicié). — *Les Osselets* — *Les Bulles de savon* (par Lépicié). — *Le Faiseur de château de cartes* — *Dame prenant son thé* (par Fillœul). — *Les Amusements de la vie privée* (par Surugue). — *L'Aveugle* (par Surugue). — *La Gouvernante* (par Lépicié). — *La Mère laborieuse* (par Lépicié). — *Le Négligé ou la toilette du matin* (par Le Bas). *Le Flûteur*[5] (par Couché). — *La Serinette*[6] (par L. Cars). — *L'Écureuse*[7] — *Le Garçon cabartier*[8] (par C.-N. Cochin). — *L'Instant de la méditation* (par Surugue).

1. A la vente du baron de Schwiter, en mai 1886, la toile originale fut adjugée 6000 francs ; elle avait figuré au Salon de 1737 et avait passé dans la collection Eudoxe Marcille, qui est mort en novembre 1890.
2. L'esquisse originale, collection Lacaze, a figuré chez Petit, en 1860, sous la rubrique *Le Singe peintre*.
3. La toile à Eudoxe Marcille, répétition amplifiée du tableau du Louvre, figura chez Petit, en 1860 ; un autre avec changement fut au Salon de 1761 et appartenait à M. Fortier, notaire. — La gravure existe en contre-partie gravée par L. Simon en manière noire, sous la rubrique *The Grace*.
4. Ou *La Petite fille aux cerises*.
5. N'est qu'attribué à Chardin.
6. L'original, appartenant au duc de Morny, figurait, en 1860, chez Petit ; à sa vente, en 1865, il fut adjugé 7,100 francs ; il avait passé successivement par les cabinets de Vandières, marquis de Ménard et comte d'Houdetot ; à cette exposition Petit figurait une répétition appartenant à M. Lacaze.
7-8. Les deux originaux à la vente C. Marcille, en 1876, furent adjugés, le premier, 23,200 francs, et le second, 6,100. *L'Écureuse* avait figuré au Salon de 1757, appartenant au comte de Vence.

CHARLIER (d'après)

Florissait en 1780.

Vénus en réflexion (par Janinet). Pièce ovale en couleur.

Vénus, accoudée sur un lit de repos, semble méditer, pendant que l'Amour, assis près d'elle, retire doucement une flèche de son carquois ; à droite, dans un nuage, un autre Amour les regarde.

1891	Kinnen.	Avant toutes lettres.	170 f.	»

Cette pièce est *très rare;* nous en avons vu une superbe épreuve avant toutes lettres et *retouchée* par l'artiste, chez M. Louis Valentin, un jour que nous faisions l'inventaire de ses richesses.

Vénus désarmant l'Amour (par Janinet). Pièce ovale en couleur.

Vénus, assise sur un lit de repos, vient de s'emparer de la flèche de l'Amour qui est à droite, près d'elle ; celui-ci cherche à la reprendre : près d'eux, une corbeille de fleurs et deux pigeons qui se becquettent.

1878	Roth.	Épreuves avant toutes lettres.	54	»
1889	Decloux.	Même état, marge.	190	»
1891	Kinnen.	Avant toutes lettres.	170	»

Pièce *rare*.

Vénus sur les eaux (par Janinet). Pièce en couleur ovale.

1889	Decloux.	Avant toutes lettres, marge.	170 f. »

Un tendre engagement va plus loin qu'on ne pense (par Elluin).

1878	Roth.	Épreuve à petite marge.	21 »
1887	Aubin.	Avec le pendant, avant toutes lettres.	95 »
—	—	Les mêmes, avec la lettre.	45 »
1890	Destailleur.	Les deux, avant la lettre, grande marge.	105 »

Le pendant, d'après Dugoure, même graveur, est : *Achève ton ouvrage, n'oublie pas la dernière.*

Le Sommeil de Vénus — Le Réveil de Vénus (par Janinet). Pièce en couleur ovale.

1878	Roth.	*Le Réveil,* avant toutes lettres.	53 »
1887	Aubin.	Les deux, avant toutes lettres.	46 »

Le Repos de Diane (par Jubier). — *L'Emplette inutile* (par N. de Launay) sont encore d'après le Maître et valent une vingtaine de francs. — *Le Sommeil de Diane* (par Janinet) s'est payé 160 francs à la vente Decloux, épreuve toute marge, et 42 francs avant toutes lettres à la vente Aubin.

CHEREAU (à Paris chez)
1742-1794

L'Amusement utile.

Jeune femme assise dans un parc, coiffée d'un large chapeau et lisant.

1889	DECLOUX.	Pièce ovale en couleur.	67 f.	»

Estampe *rare*.

Le Matin — Le Midi — Le Soir — La Nuit. Suite de quatre pièces.

1881	MUHLBACHER.	Sans aucune désignation.	73	»

Ces pièces, qui portent deux vers au bas, sont assez jolies.

CHEVAUX (d'après)
?

Les deux Sœurs — Les deux Amies (par Motey). En couleur.

1881	MUHLBACHER.	Sans désignation d'état.	190	»
1889	DECLOUX.	Sans désignation d'état.	170	»
—	—	*Les deux Sœurs*, avant toutes lettres et avant le numéro.	85	»

1891 BAYARD. *Les deux Amies.* 45 f. »

Ces deux pièces ont été publiées chez Bonnet. Elles sont *rares*, mais tellement libres d'allure, *Les deux Amies* surtout, qu'il les faudrait décrire en latin : or, nous nous le rappelons si peu, que nous croyons plus prudent de nous abstenir ; du reste, quand paraîtra ce volume, le latin aura probablement vécu... pour ce qu'il servait !

Le Secours urgent — Le Traître découvert (?) En couleur.

1881	MUHLBACHER.	Le Secours urgent.	95	»
1889	DECLOUX.	Les deux.	149	»

La Savonneuse — La Souricière (?)

1889 DECLOUX. Les deux. 155 »

Le bon Accord — La bonne Ruse (?) Pièces rondes.

1889 DECLOUX. Les deux. 40 »

L'Entreprenant — Le joli Nid (?) Pièces rondes.

1889 DECLOUX. Les deux : l'une est gravée par Mlle Legrand. 62 »

Pièces presque toutes publiées chez Bonnet.
Chevaux était un artiste très adonné au genre grivois.

COCHIN père (Charles-Nicolas, par et d'après)
1688-1754

COCHIN fils (Charles-Nicolas, par et d'après)
1715-1790

L'œuvre des Cochin est généralement fort peu recherché par les amateurs collectionneurs ; nous ne nous y attarderons donc pas, notre but étant spécialement défini dans le signalement des pièces principales qui peuvent contribuer à la formation d'un brillant portefeuille d'essence vraie XVIIIe siècle ; eh bien ! nous allons peut-être dire là un gros mot, émettre une idée bien paradoxale, mais ces artistes, par leur genre, par leur conception, n'ont pas eu le don d'attirer l'attention des collectionneurs ; quoique contemporains de Maîtres recherchés, ils font bande à part, et, je le répète, leur œuvre ne constitue pas pour nous ce qu'on est convenu d'appeler *L'École française du XVIIIe siècle*; c'est plutôt le reflet du siècle précédent.

Voici cependant quelques pièces, appartenant à Cochin fils, qui peuvent paraître intéressantes.

Cérémonie du mariage du Dauphin de France avec Marie-Thérèse, infante d'Espagne, dans la chapelle du château de Versailles, le 23 février 1745. In-folio, gravé en 1746.

1877	BEHAGUE.	Eau-forte, toute marge.	155 f.	»
—	—	Avec la lettre, marge.	21	»

Dessiné et gravé par Cochin fils.

Décoration de la salle de spectacle construite dans le manège pour le dit mariage. In-folio gravé en 1746.

1877	BEHAGUE.	Eau-forte, toute marge.	201 f. »
—	—	Avec la lettre.	32 »

Dessiné et gravé par Cochin fils.

Décoration du bal paré, donné par le Roy, le 24 février 1745, dans la grande salle du manège couvert, laquelle fut changée en 16 heures. In-folio gravé en 1746.

1877	BEHAGUE.	Avec la lettre, toute marge.	25 »

Dessiné par Cochin fils, *gravé par* Cochin père.

Décoration du bal masqué dans la galerie de Versailles, dans la nuit du 25-26 février 1745. In-folio en travers.

1877	BEHAGUE.	Avec la lettre, toute marge.	55 »
1881	MUHLBACHER.	Même état.	20 »

Dessiné par Cochin fils, *gravé par* Cochin père.

Il existe encore beaucoup de reproductions de fêtes, de pompes funèbres, etc... dont les planches existent à la Chalcographie du Louvre, pièces certainement intéressantes au point de vue *historique*, mais peu pour nous au point de vue artistique.

Le Tailleur pour femmes, 1737 (par le Maître).

| 1881 | MAILAND. | Eau-forte, avant toutes lettres. | 59 f. » |

Le Jeu de comète (par M.... ?)

| 1877 | BEHAGUE. | Avec la lettre. | 48 » |
| 1881 | MAILAND. | Même état. | 17 » |

Les Chats angola de Mme la marquise du Deffant.
Petit in-folio en travers.

| 1881 | MAILAND. | Avec les quatre vers. | 41 » |

Pièce dessinée et gravée par le Maître *en 1746.*

La petite Charrière en couches (par Saint-Non).

| 1889 | VIGNÈRES. | Sans désignation d'état. | 10 » |

Pièce assez *rare*.

On possède d'après le Maître, gravées par divers :
La charmante Catin — *La Bataille de Fontenoy* — *Le Chanteur de cantiques* — *L'Enfance du Maître* — *Lycurgue blessé dans une sédition*, pièce à la sanguine, par Demarteau. Le tout sans grande valeur; il faut en excepter deux cependant : *Allégorie sur la convalescence de Mme de Pompadour*, adjugée 150 francs à la vente Wasset, et *La Foire de Guibray*, d'après Chauvel, grand in-folio gravé par Cochin, pièce *excessivement rare*, adjugée 115 francs à la vente Soleil, en 1872, et 100 francs à la vente A.-F. Didot.

M. H. Silvy, le très aimable conservateur du cabinet de M. le baron Edmond de Rothschild, a bien voulu nous en communiquer une épreuve : nous profitons de la circonstance pour le remercier ici de l'extrême bienveillance avec laquelle il a répondu à nos demandes et des consultations pleines d'érudition et de savoir qu'il a bien voulu nous donner, nous aidant lui-même dans nos recherches en mettant à notre disposition, autorisé par son gracieux possesseur, une des plus riches collections du monde; c'est une véritable bonne fortune pour un travailleur de rencontrer tant d'aménité et de complaisance; aussi nous en montrons-nous profondément reconnaissant.

L'estampe en question représente : un vaste champ de foire, sur lequel s'élèvent de vastes bâtiments rectangulaires ; on y voit circuler des chevaux, des bestiaux et de nombreux personnages ; des saltimbanques font la parade devant leurs baraquements.

Il a existé une planche refaite, actuellement perdue, avec laquelle on a tiré *quelques épreuves* seulement, devenues très rares aujourd'hui.

A la vente Destailleur, 27 estampes in-4°, avec huit vers, dessinées pour les *Contes de la Fontaine*, par Cochin fils, en 1735, pour un vitrier nommé Célis, et gravées par divers, furent adjugées 355 francs : elles étaient reliées en un volume cartonné et en premier état, c'est-à-dire, avant que les compositions *n'aient été cintrées par le haut*.

COLSON (F.-G. d'après)

?

L'Action — Le Repos (par N. Dupuis).

1877	Behague.	Épreuves avec une grande marge.	20 f.	»
1890	Destailleur.	Le Repos, grande marge.	21	»

L'original du *Repos* se trouve actuellement au musée de Dijon.

COMBEAU (à Paris, chez)

Duel de Melle la chevalière d'Eon de Beaumont avec M. de Saint-Georges, le 9 avril 1787. In-folio en travers.

1882   Dubois du Bais. Sans désignation.   30 f. »
1889   Decloux.   En couleur et marge.   170 »

Cette estampe, d'après Rowlandson, porte la rubrique anglaise suivante :

The Assaut, or fencing match, which took place at Carlton House, on the 9th of april 1787, between Mademoiselle la chevalière d'Éon de Beaumont and Monsieur de Saint-George. In the presence of his Royal Highness the prince of Wales, several of the nobility and many and eminent fencing masters of London.

Cette pièce est, croyons-nous, gravée par Rosamberg.

COSTUMES

Quoique ce genre appartienne à une collection tout à fait spéciale, nous donnerons les principales publications sur la matière, ce qui, croyons-nous, ne manquera pas d'intéresser une certaine catégorie d'amateurs.

Gallerie des modes et costumes français.

Ouvrage commencé en l'année 1778, dessiné d'après nature par Leclerc, Desrais, Martin, Simonet, Watteau fils et de Saint-Aubin ; gravés par Dupin, Voysard, Patas, Leroy, Pelicier, Baquoy et Lebeau, et colorié avec le plus grand soin par Mme Lebeau. A Paris, chez les sieurs Esnauts et Rapilly. 2 volumes in-folio.

Cet exemplaire est ainsi composé :

1er volume. — Frontispice, introduction (4 pages); texte explicatif (40 pages), 96 planches; privilège (1 page).

2e volume. — Titre avec la date de 1781 et avertissement (4 pages) ; texte explicatif (48 pages), 96 planches ; soit 192 planches coloriées dans les deux volumes, représentant 144 coiffures et 156 figures de costumes de modes de l'époque.

Dans le tome premier, on remarque Louis XVI, la Reine Marie-Antoinette, le comte et la comtesse d'Artois, le comte et la comtesse de Provence, etc.

| 1889 | Decloux. | Les deux volumes, reliés en veau. | 5700 f. » |
| 1890 | Destailleur. | Exemplaire, incomplet de 6 planches dans la 1re partie et de 52 dans la 2e. | 3770 » |

Ce volume est *rarissime*; on avait même longtemps cru que le texte n'existait pas. Un exemplaire, auquel il manquait 8 planches, relié par Chambolle-Duru, fut adjugé en 1880, à la vente de livres Behague, 6900 francs.

Desrais (d'après C.-L.)

Suite des nouvelles modes françaises, depuis 1778 jusqu'à ce jour, dessinées d'après nature par C.-L. Desrais. (Costumes d'hommes).

Suite des nouvelles... (Costumes de femmes).

116 COSTUMES

1890 Destailleur.   Les 24 estampes in-8°
                    grandes marges, re-
                    liées.   555 f.   »

Suite rare.

Vernet (d'après H.)

Incroyables et Merveilleuses, suite de trente-trois pièces numérotées, gravées par Gatine.

1889 Decloux.   Presque toutes, à toute
                    marge.   340   »
1890 Destailleur.   Relié en un volume in-
                    folio.   345   »

Cette suite est coloriée et *très rare* à rencontrer complète.

Buisson (à Paris, chez).

Cabinet des modes, ou les modes nouvelles, décrites d'une manière claire et précise, et représentées par des planches en taille douce enluminées.

Ouvrage qui donne une connaissance exacte et prompte, tant des habillements et parures nouvelles des personnes de l'un et de l'autre sexe, que des nouveaux meubles de toute espèce, des nouvelles décorations, embellissements d'appartements, nouvelles formes de voitures, bijoux, ouvrages d'orfèvrerie, et généralement de tout ce que la mode offre de singulier, d'agréable ou d'intéressant dans tous les genres. A Paris, chez Buisson, libraire, 1785. Sept volumes in-8°, veau marbré, figures gravées par Duhamel, d'après Desrais, Defraine, Charpentier, etc...

1890 Destailleur.   Exemplaire complet.   2600   »

Ce livre fut commencé le 15 novembre 1785, et continué jusqu'au 20 février 1793 ; il contient en tout trois cent cinquante-quatre planches, dont beaucoup sont avec deux ou trois sujets sur la même planche. — *Rarissime* à l'état complet comme il se trouve ici.

Desnos (à Paris chez).

Recueil général de coëffures de différents goûts, où l'on voit la manière dont se coëffaient les femmes sous différents règnes, à commencer en 1589 jusqu'en 1778, etc...

1890 Destailleur.   Un volume in-8°, sans
                        date.   267 f. »

Lamesangère (Journal des Dames et des Modes par P. de).

Paris, chez l'auteur, 1796-1838 (Costume parisien). — 67 volumes in-8° cartonnés, figures en couleur.

1890 Destailleur.   Suite de trois mille cinq
                        cents planches.   2500 »

La suite n'est pas absolument complète ; aussi avait-on eu le soin de noter les numéros manquants en tête de chaque volume.

COURTIN (Jacques, d'après)
1677-1752

Pièces sans valeur, par conséquent peu recherchées ; nous signalerons seulement pour mémoire :

Les Jeux naïfs (par M. Aubert). — *De deux galants qui te*

rendent hommage — *Iris accorde sa voix* (par J. Haussard).
— *Ce petit écureuil est la parfaite image* — *J'écouterai peut-être un jeune adorateur* (par de Poilly). — *L'Amour médecin* (par C. Mathey).

COYPEL (Antoine, d'après)
1661-1722

Pièces peu recherchées ; pour mémoire nous noterons :
Satyre terrassé par deux Amours (du Maître). — *Bacchus et Ariane* (par Duflos). — *Pan vaincu par les Amours* (?)

COYPEL (Charles, d'après)
1694-1753

Également fort peu recherchées, nous noterons cependant :
L'Amour prédicateur — *L'Amour de village* — *L'Amour de ville* — *La Veuve* (par Lepicié). — *Le Printemps* — *L'Été* — *L'Automne* — *L'Hiver* (par Ravenet). — *La Chiquenaude* (par Surugue fils). — *Vénus sur les eaux* (par Desplace). — *La Folie pare la décrépitude des ajustements de la jeunesse* (par Surugue). — *La Jeunesse sous les habillements de la décrépitude, 1751* (par Renée Lépicié). — *L'Amour enseignant l'art d'aimer* — *Testament de Mme Deshoulières en faveur de son chat* (par le comte de Caylus). — *La Diseuse de bonne aventure* (?) — *Le Négligé galant* (par Salvator Carmona).

CRÉPY (Louis, à Paris chez)
1790-?

A bon chat, bon rat — La Suivante commode (?)

1877	BEHAGUE.	Sans désignation d'état.	75 f.	»
1887.	AUBIN.	La seconde pièce, avec *Le Départ pour la chasse*, marge.	50	»

Le Départ de la chasse — Le Retour de la chasse (?)

1890 DESTAILLEUR. Avec la lettre. 26 »

Publiées encore chez Crépy :

Qui des deux aura la pomme — Le Matin — Le Midi — L'Après-dîner — Le Soir — L'Enfance — La Jeunesse — L'Age viril — La Vieillesse. — Toutes pièces sans valeur.

DAGOTY (Le chevalier Louis-Charles, par)
Né vers 1740.

Trait de bienfaisance de la Reine Marie-Antoinette,
1774 (du Maître). In-folio en travers.

1877	BEHAGUE.	Sans désignation d'état.	280	»
1892	BARDIN.	Même condition.	90	»

Cette pièce en manière noire est de *toute rareté* ; malgré nos actives recherches, nous n'avons pu nous en procurer un exemplaire. Dans leur savant ouvrage *Les Graveurs du XVIIIe siècle*,

MM. le baron R. Portalis et H. Béraldi signalent cette estampe et reproduisent la légende, qui, croyons-nous, se trouve au bas et que voici : *Le 13 octobre 1774, un cerf poursuivi par la chasse du Roy, se rua sur le nommé P. Grimpier et le blessa dangereusement. La Reine, pour lors Madame la Dauphine, fut au devant de ce malheureux, le combla de ses bienfaits, et lui fit donner tous les secours nécessaires.*

DANLOUX (Henri-Pierre, d'après)
1745-1809

La Surprise agréable (par P.-H. Jouxis).

1881	Muhlbacher.	Avant toutes lettres.	50 f.	»
1887	Malinet.	Avant la dédicace, marge.	19	»

Ah! si je te tenais — Je t'en ratisse (par Beljambe). In-4°.

Pièces faisant pendants, sans aucune valeur ; elles existent gravées en contre-partie.

DAVESNES (d'après)
?

Les Prunes. — Jeune femme à mi-corps vue de face et regardant à gauche ; elle est accoudée et tient sur l'index de sa main droite deux prunes à cheval.

Les Cerises. — Jeune femme assise de trois quarts à droite, devant une table sur laquelle est une corbeille pleine de cerises ; elle regarde de face et tient deux cerises entre ses mains.

Pendant en couleur par Vidal. *Ie-folio ovale.*

1877	BEHAGUE.	Les Prunes, état d'eau-forte.	61 f. »
1881	MUHLBACHER.	Les Cerises, état d'eau-forte.	100 »
—	—	Les deux pièces en couleur.	85 »
1888	MARCELIN.	Les mêmes en couleur.	122 »
1889	DECLOUX.	Épreuves en couleur.	165 »
—	—	Les Prunes, avant toutes lettres [1], au burin, épreuve non terminée.	125 »
1890	DESTAILLEUR.	Les Prunes.	125 »
1891	KINNEN.	La même épreuve, mais en couleur.	100 »
—	—	La même, mais en noir ; dans la tablette du bas existe un médaillon dans lequel on voit l'Amour couché et endormi ; avant toutes lettres.	60 »

Ces pièces, bien médiocres, sont à sous-entendu graveleux.

Elles ont été toutes deux reproduites par M. Magnier.

---

[1]. Dans cet état, qui est *très rare*, le sein *droit* est plus *découvert* que dans l'épreuve terminée en couleur.

L'Amant regretté (par Voyez junior). Petit in-folio.

1890	Destailleur.	Avant toutes lettres.	85 f.	»

Cette pièce est fort *rare* ; nous croyons, sans toutefois l'affirmer, que le cuivre existe encore.

DAYES (d'après E.)
École anglaise.

The Promenade in St-James Park, 1793 (par Soiron).
In-folio en travers.

1887	Aubin.	Imprimé en bistre.	310	»
1891	Kinnen.	Sans désignation d'état.	300	»
1892	Baudet.	Avec *An Airing in Hyde Park*, par Gaugain, 1793 ; les deux pièces encadrées.	1305	»

Ces deux pièces sont *rares* et curieuses au point de vue des costumes de l'époque.

DEBUCOURT (Louis-Philibert, par)
1755-1832

La Promenade publique, 1792. — Dans une allée de marronniers une foule nombreuse de personnages allant et venant ; au deuxième plan, presque au milieu de l'estampe, un gandin nonchalamment étendu sur quatre chaises, de gauche à droite ; assis autour d'une table, à gauche, un groupe d'hommes devisant ; à droite, un personnage de profil à droite, saluant de la main gauche et tombant à la renverse par suite de la rupture de la chaise sur laquelle il était assis; sur le tout premier plan, au milieu de l'estampe, une table ronde avec une carafe, près d'elle deux chaises, celle de droite est renversée, et sur celle de gauche est une rose oubliée.

Pièce en couleur. Grand in-folio en travers.

1877	Behague.	Toute première épreuve, *avant toutes lettres,* avant *D. B. et le chiffre 92,* à la droite du bas de l'estampe, en dedans du trait carré.	900 f.	»
1881	Muhlbacher.	*Avant la lettre,* grande marge.	1380	»
1881	Michelot.	Avec la lettre.	660	»
1882	Dubois du Bais.	Avec la lettre.	830	»
1883	Becherel.	Avec la lettre.	410	»
1885	Hocquart.	Avec la lettre.	665	»
1887	Carrier-Belleuse.	Avec la lettre.	725	»
1887	Aubin.	Avec la lettre.	1105	»
1887	Jacob.	Avec la lettre.	400	»
1887	Jacquinot.	Grande marge, encadrée.	725	»
1888	Marcelin.	Avec la lettre, épreuve de la *copie* encadrée[1].	420!!	»

1. On se demande vraiment quel a bien pu être *le naïf* qui s'est donné le luxe de pousser à pareil prix un méchant pastiche, couramment coté 50 francs!

1889	Decloux.	État de la vente Behague ; encadrée [1].	5700 f.	»
1890	Destailleur.	État vente Behague.	6300	»
—	—	Épreuve *en noir ; seule* épreuve *connue* [2], ajoute le catalogue.	5000	»
—	—	La même en couleur, avec la lettre.	900	»
1891	Kinnen.	État vente Behague.	5000	»
1892	Baudet.	Avant la lettre, marge ; encadrée.	2465	»
1892	Wogram.	Troisième état ; encadrée, grande marge.	630	»

Cette pièce, *très recherchée*, a quatre états :

1er état. — Avant toutes lettres.
2e état. — Avant la lettre ; avec les mots : *Peint et gravé par De Bucourt*, sous le trait carré, à gauche, et avec les initiales *D. B.* et la date *92*, dans le bas de la gravure, à droite.
3e état. — Avec la lettre et l'adresse de Debucourt.
4e état. — Avec la lettre, mais l'adresse de Depeuille.

Cette estampe, grand in-folio en travers, est plus grande de dimensions que les deux qui suivent et dont la réunion forme une sorte de suite connue sous la rubrique des *Trois Promenades* [3].

La Promenade publique a été reproduite par M. Magnier. Elle a été depuis souvent pastichée et réduite, mais ces contrefaçons

---

1. Cette épreuve fut achetée par l'intermédiaire de M. Balloy, pour un amateur *masqué* que notre discrétion nous empêche de nommer, dont la vente a eu lieu, du reste, depuis.
2. L'acquéreur était M. Gentien.
3. M. Audéoud a fait don, en 1885, à la ville de Paris, de plusieurs pièces en couleur, de fraîcheur et de tirage exceptionnels ; elles figurent au Palais de l'Industrie, au Musée des Arts décoratifs.

sont tellement grossières qu'elles ne peuvent donner le change à l'œil, même le moins expérimenté, d'un collectionneur.

A la vente Kinnen, une pièce, format in-4°, sous la rubrique *Promenade dans un jardin public*, non terminée, le fond et la plupart des personnages au trait ; sur le devant, un groupe de deux jeunes femmes debout, causant avec un jeune homme, sont un peu plus terminées à l'aquatinte, fut adjugée 399 francs ; de toute rareté, sinon *unique*, ajoute le catalogue ; se trouve actuellement chez Paulme.

La Promenade de la gallerie du Palais-Royal, 1787.

De nombreux personnages vont et viennent dans la galerie ; presque au milieu de l'estampe, on remarque une jeune femme en cheveux, un immense manchon à la main, suivie d'un garçonnet porteur d'une grosse boîte ronde sous le bras. On aperçoit, suspendu dans la galerie à gauche, un réverbère de forme ovoïde.

Pièce en couleur. Grand in-folio en travers.

1877	BEHAGUE.	Avec la lettre.	530 f.	»
1881	MUHLBACHER.	Avec la lettre.	1575	»
1881	SAINT-GENIÈS.	Avec la lettre.	295	»
1885	HOCQUART.	Épreuve de deuxième état.	1000	»
1887	CARRIER-BELLEUSE.	Avec la lettre.	325	»
1887	AUBIN.	Avec la lettre, épreuve remarquable.	1787	»
1887	JACQUINOT.	Épreuve encadrée.	325	»
1888	MARCELIN.	Épreuve encadrée.	1270	»
1888	BONNARDOT.	Épreuve doublée.	425	»
1889	DECLOUX.	Deuxième état, remargée.	1500	»
1890	DESTAILLEUR.	Avec la lettre.	1100	»

1891   K<small>INNEN</small>.   Premier état.   1500 f. »
1892   B<small>AUDET</small>.   Premier état ; encadrée. 1510 »
1892   W<small>OGRAM</small>.   Épreuve de deuxième état ; doublée.   800 »

Cette pièce, absolument remarquable, était imprimée par Chapuy [1] ; elle a trois états :

1er état. — Avant les inscriptions sous le trait carré, avant l'adresse au-dessous du titre et *avant* que dans l'estampe *les boutiques soient numérotées.*

2e état. — Avec l'adresse ; il n'y a de numéros que sur les boutiques du fond, à gauche.

3e état. — Avec les numéros sur toutes les boutiques ; 162-163-164-165-166.

Cette estampe porte aussi le titre anglais : *The Palais-Royal gallery's Walk*, gravé sur la même ligne que le titre français ; on la désigne aussi quelquefois sous la rubrique : *La Galerie de bois.*

A la cinquième vente Jacquinot, un tableau sous la dénomination *Galerie du Palais-Royal*, signé Debucourt 98, mesurant 32 centimètres de haut sur 40 centimètres de large, fut adjugé 150 francs.

La Promenade du jardin du Palais-Royal, 1787.

On aperçoit le café de la Rotonde avec ses tentes et de nombreux personnages allant et venant ; au premier plan, au milieu de l'estampe, une jeune femme debout, une canne à la main, coiffée d'un immense chapeau, la tête légèrement penchée, regarde de profil à gauche : un homme à droite, coiffé d'un tricorne, prend une femme par la taille ;

---

[1]. Chapuy et Blin, qui demeura place Maubert, n° 17, et rue des Noyers, n° 18, étaient les deux plus célèbres imprimeurs en couleur de l'époque ; presque toutes les estampes sortaient de leurs ateliers.

à gauche, un petit garçon, dont le chapeau est tombé, accourt vers sa mère qui est debout, de profil à droite.

Pièce en couleur. In-folio en travers.

1877	Behague.	Avec la lettre.	600 f.	»
1881	Muhlbacher.	Avec la lettre.	1300	»
—	—	La même, en réduction.	200	»
1881	Michelot.	Épreuve provenant de la vente Behague.	575	»
1882	Dubois du Bais.	Avec la lettre.	780	»
1885	Hocquart.	Épreuve avec restauration légère.	655	»
1887	Carrier-Belleuse.	Avant la lettre.	500	»
1887	Aubin.	Avec la lettre.	675	»
1887	Jacquinot.	Avant la lettre, marge. Encadrée.	500	»
—	—	Avec la lettre. Encadrée.	205	»
1889	Decloux.	Avec la lettre.	1800	»
—	—	Épreuve en réduction.	270	»
1890	Destailleur.	Avec la lettre.	705	»
—	—	État d'eau-forte, avant quelques changements dans la coiffure de la femme assise près de la table sur laquelle elle s'appuie.	105	»
1891	Kinnen.	Avec la lettre.	705	»

Cette estampe, imprimée par Landié, porte également le titre anglais : *The Palais-Royal garden Walk,* gravé sur la même ligne que le titre français. On *l'attribue* à Debucourt, d'aucuns la croient plutôt de Desrais ; quoi qu'il en soit, il semble étrange qu'on n'ait pu encore en établir la paternité d'une façon irrécusable, quand on songe que ces deux artistes sont presque des contemporains et qu'il doit certainement exister encore à Paris des personnes leur ayant serré la main, ou ayant vécu dans leur intimité.

Cette pièce est la plus rare des *Trois Promenades*, et cependant c'est celle payée le moins cher.

La réduction in-8° signalée à la vente Mühlbacher, sans nom d'artiste, n'est pas commune.

Heur et malheur ou la cruche cassée, 1787. — Dans la campagne, près d'une fontaine, sur le mur de laquelle une jeune fille debout est accoudée, un jeune gars est à genoux, la regarde et saisit la cruche fêlée qu'elle tient dans sa main gauche. Près de la bergère, un mouton à gauche ; tout à droite, par terre, un râteau et l'habit de l'amoureux.

L'Escalade ou les adieux du matin, 1787. — Sur le devant d'une ferme, un jeune gars, un chapeau à large bord sur la tête, est debout à gauche, près du mur qu'il va franchir, et sur lequel il appuie sa main droite, pendant qu'il enlace du bras gauche la taille d'une jeune et robuste campagnarde qu'il baise sur la bouche ; cette dernière, la gorge nue et la jupe écourtée, donne de la main gauche un morceau de pain au chien de la ferme pour l'empêcher d'aboyer ; au fond, à droite et à gauche, des arbres et un chat couché sur une poutre transversale.

Pendants en couleur. Petit in-folio.

1877 Behague.	L'Escalade, *avant toutes lettres*, seulement de Bucourt tracé à la pointe ; grande marge.	4950 f. »
— —	Heur et malheur, *avant toutes lettres*.	860 »

1881	Muhlbacher.	L'Escalade, avec la lettre.	500 f.	»
—	—	Heur et malheur, avec la lettre; petite marge.	390	»
1885	Hocquart.	Épreuves avec petite marge.	1030	»
1887	Aubin.	Épreuves avec la lettre.	1255	»
1889	Decloux.	Épreuves *avant toutes lettres*, seulement le nom de l'artiste à la pointe, en bas à gauche.	5500	»
1889	Berend.	Épreuves avec la lettre.	1225	»
1890	Destailleur.	Même condition.	1280	»
1891	Kinnen.	Même condition.	1250	»
1892	Baudet.	Épreuves encadrées.	1185	»

Ces deux estampes sont très remarquables; *L'Escalade* surtout est de beaucoup supérieure. Ces deux pièces, d'une fraîcheur exceptionnelle, se trouvent aux Arts décoratifs, Palais de l'Industrie, elles sont montées en dessin pour dissimuler la marge qui, malheureusement, leur fait défaut.

Ces pièces ont été reproduites par M. Magnier, et M. Henry Lemoine a fait regraver *L'Escalade*; il en a fait tirer des deux états, *avant* et *avec* la lettre, il a même fait imprimer quelques exemplaires de deuxième état sur satin.

Le Compliment ou la matinée du jour de l'an 1787.

Un grand-père et une grand'mère, assis à gauche l'un près de l'autre, dans un fauteuil, écoutent d'un air attentif le compliment de circonstance que leur petit-fils, accompagné de sa sœur et de ses parents, va leur débiter; à gauche, dans un placard, on aperçoit des jeux, et, au fond de la pièce, un vieux serviteur portant un plateau chargé d'une collation. Un petit chien gambadant devant le petit garçon complète la scène.

Les Bouquets ou la fête de la grand'maman, 1788.

Une vieille grand'mère, assise de profil à gauche, tricote ; elle interrompt son ouvrage, pour prendre dans ses bras sa petite-fille, qui lui apporte un bouquet. Le grand-père, penché sur le dos du fauteuil, considère la scène en souriant ; à gauche, les parents de la fillette, et son petit frère, le chapeau sur la tête, attend son tour ; à droite, une autre jeune femme, debout et de profil à gauche, pose sa main sur celle du grand-père, sur le dossier du fauteuil où est assise la grand'mère.

Pendants en couleur. Petit in-folio ovale équarri.

1877	Behague.	Épreuves de deuxième état.	500 f. »
1881	Muhlbacher.	Le Compliment, en premier état ; Les Bouquets, en deuxième état.	3000 »
1881	Berthier.	Épreuves avec la marge du cuivre.	260 »
1887	Aubin.	Épreuves avec très grande marge.	710 »
1889	Decloux.	Avec la lettre, marge.	680 »
1889	Berend.	Avec la lettre.	450 »
1890	Destailleur.	Épreuves de deuxième état [1].	1400 »

1. L'acquéreur était M. Gentien.

1891	KINNEN.	Épreuves avec la lettre.	400 f.	»
1892	BAUDET.	Épreuves encadrées.	590	»
1892	WOGRAM.	Épreuves, mauvais état.	350	»

Ces deux charmantes estampes ont été reproduites par M. Magnier, nous devons même dire que ce sont celles qu'il a le mieux réussies. Voici leurs trois états, pour la première :

1er état. — Avant l'adresse, avant le nom du Maître, tracé à la pointe, et avant que le troisième jouet, *le petit cheval*, n'ait été ajouté aux deux autres que l'on aperçoit dans le placard entr'ouvert.

2e état. — Avant l'adresse, et avec le nom du Maître, tracé à la pointe.

3e état. — Avec l'adresse et avec la lettre.

Pour la seconde :

1er état. — Avant toutes lettres et avant la bordure ; épreuve d'essai en noir.

2e état. — Avant l'adresse et avec le nom du Maître, tracé à la pointe, imprimée en couleur.

3e état. — Avec l'adresse et le nom gravé.

Les tirages en *noir* sont de *toute rareté*.

Il ne faut pas confondre la première pièce que nous venons de décrire avec une autre de titre presque similaire : *Les Compliments du jour de l'an*, d'après Huet, gravé par Bonnet, que nous aurons occasion de signaler à son lieu et place.

Le Menuet de la mariée, 1786. — A la campagne, au milieu de paysans et d'invités, la jeune mariée esquisse un pas avec le vieux bailli, pendant que son époux, debout à droite près de son père, contemple la scène en souriant d'un air béat.

La Noce au château, 1787. — En plein air, au bas de l'escalier du château, le marié, à gauche, esquisse un pas avec la châtelaine, coiffée d'un chapeau bonnette, pendant que sa jeune femme, assise, passe son bras sous celui de son père ; derrière eux, des musiciens ; à droite et à gauche, fermiers et fermières. Au fond à gauche, près de la grille, on aperçoit un carrosse.

Pendants en couleur. Petit in-folio.

1877	Behague.	Épreuves de deuxième état.	3505 f.	»
1879	Michel.	Le Menuet, avec la lettre.	220	»
1881	Muhlbacher.	Le Menuet, épreuve de premier état.	1960	»
—	—	La Noce, deuxième état, grande marge.	1605	»
—	—	La Noce, avant toutes lettres, en noir.	500	»
1881	Michelot.	Le Menuet, avec la lettre, grande marge.	560	»
—	—	La Noce, avec la lettre.	680	»
1884	Virot [1].	La Noce, avec la lettre.	590	»
1885	Hocquart.	Les deux pièces, rognées au trait carré et découpées autour des armoiries ; très bien remargées et superbes d'épreuves.	1900	»
1887	Aubin.	Avec la lettre.	1400	»
1887	Malinet.	Le Menuet, avec la lettre.	536	»

---

1. Ce n'était pas une vente composée exclusivement d'estampes, mais principalement de mobiliers et d'objets d'art.

1889	Bérend.	Avec la lettre.	900 f.	»
1890	Destailleur.	Le Menuet, épreuve avant toutes lettres, le nom du Maître à la pointe.	1410	»
—	—	La même estampe, imprimée en noir.	340	»
1891	Kinnen.	Épreuves avec la lettre.	1305	»
1892	Baudet.	Épreuves encadrées.	1600	»
1892	Wogram.	Le Menuet de la mariée ; toute marge, encadrée.	590	»

Ces pièces ont chacune trois états :

1er état. — Avant toutes lettres et avant les armes ; seulement, très finement tracée à la pointe, sous le trait carré, l'inscription : *Peint et gravé par De Bucourt, peintre du Roi, 1786.*

2e état. — Avant toutes lettres, mais avec les armes et le nom du Maître, à la pointe.

3e état. — Avec la lettre, les armes et le nom gravé.

Ces pièces sont *très recherchées*. — *La Gazette des Beaux-Arts*, du 1er mars 1889, a donné en réduction une reproduction du *Menuet, en épreuve d'essai en noir*, pièce excessivement curieuse, loin d'être terminée et partie esquissée au trait ; l'original appartenait à M. Mühlbacher ; ces épreuves en *noir* sont *rarissimes*.

Ces deux estampes ont été reproduites par M. Magnier, et *Le Menuet* l'a été par M. Henry Lemoine, mais tirée en noir seulement.

La Main, 1788. — Dans un parc, au bas de l'escalier, près d'une statue de l'Amour et d'un pot de fleurs renversé, une jeune femme assise, de trois quarts à droite, se laisse embrasser la main gauche par un jeune homme ;

l'autre main, pendant le long du corps, tient une rose. Au bas, des vers commençant par: *Quand on aime bien, l'on oublie...*

La Rose. — Dans un parc, près d'un banc de bois, un jeune homme de profil à gauche, à genoux près d'une femme à qui il a ravi sa rose ; derrière la jeune femme, à droite, une statue de l'Amour prêt à lancer une flèche. Au bas, des vers commençant par : *C'est l'âge qui touche à l'enfance...*

Pendants en couleur, gravés en 1788. Petit in-folio.

1877	BEHAGUE.	Épreuves à toute marge.	1900 f.	»
1881	MUHLBACHER.	Même état que vente Behague.	2200	»
1881	MICHELOT.	Épreuves avec petite marge.	436	»
1889	DECLOUX.	Épreuves d'une grande fraîcheur.	3500	»
1890	DESTAILLEUR.	Avec la lettre.	2300	»
1891	KINNEN.	Épreuves de premier état, avec le nom de l'artiste à la pointe.	3285	»

Pièces très recherchées; *La Main*, surtout, est adorable. On peut les voir, aux Arts décoratifs, en épreuves montées en dessin, avec passe-partout gris bleuté donnant beaucoup de relief à l'estampe.

Toutes deux reproduites par M. Magnier.

L'Oiseau ranimé, 1787. — Deux jeunes femmes, enfermées dans une chambre à coucher, cherchent à ranimer un malheureux petit oiseau. L'une d'elles se résout à dégrafer son corsage pour réchauffer le pauvret, et montre une gorge des plus opulentes.

A cette description, donnée par MM. le baron Roger Portalis et Henri Béraldi, nous nous permettrons d'ajouter, pour compléter le tableau, qu'à droite se trouvent un guéridon, une chaise sur laquelle est posé un chapeau, et un clavecin ouvert sur lequel est un cahier de musique.

Pièce en couleur. In-folio.

1881	Muhlbacher.	Premier état, la femme qui tient l'oiseau a les *seins découverts*.	1500 f.	»
1882	Dubois du Bais.	Premier état, épreuve sans marge.	405	»
1887	Aubin.	Premier état; sans marge, monté en dessin, épreuve très fraîche.	1800	»
1889	Decloux.	Épreuve de premier état.	2400	»
1892	Wogram.	Premier état, épreuve encadrée.	1850	»

Nous ne connaissons cette estampe qu'avec *les seins découverts*; cette mention ne constitue donc pas, suivant nous, une *particularité*, mais bien un état *courant*; l'état rare, si toutefois il existe, serait avec les *seins couverts*, mais, nous le répétons, nous ne l'avons jamais rencontré.

Cette pièce, *la plus rare* de l'œuvre, est absolument charmante; elle est d'un fondu et d'une douceur de ton remarquable; inutile d'ajouter qu'elle est *excessivement recherchée*; du reste les prix pratiqués parlent assez haut en sa faveur. Elle a été horriblement pastichée.

Les deux Baisers, 1786. — Un vieillard, assis de profil à gauche, les jambes croisées, un petit chien sur les genoux, regarde avec intérêt, placé devant lui sur un chevalet, un tableau le représentant embrassant sa jeune femme ; celle-ci, debout devant son vieux mari, glisse une lettre au jeune peintre, qui, penché en avant, lui baise la main droite ; une guitare debout, appuyée sur un fauteuil à droite, et au fond un paravent.

Pièce en couleur. Petit in-folio en travers.

1877	Behague.	Avec la lettre.	601 f.	»
1878	Róth.	Marge vierge, mais déchirée dans le haut.	705	»
1881	Muhlbacher.	Avant toutes lettres.	3000	»
1884	Virot.	Avec la lettre.	670	»
1885	Hocquart.	Avec la lettre.	740	»
1887	Aubin.	Avec la lettre.	920	»
1889	Decloux.	Avec la lettre.	2005	»
1890	Destailleur.	Avec la lettre.	1750	»
1891	Kinnen.	Avec la lettre.	1420	»

Cette pièce a trois états :

1er état. — Avant toutes lettres.

2e état. — Avant toutes lettres, seulement à droite, sous le trait carré, à la pointe : *Peint et gravé par De Bucourt, peintre du Roi, 1786.*

3e état. — Avec la lettre.

Cette estampe, une des plus charmantes et des plus recherchées de l'œuvre, a été gravée d'après le tableau de De Bucourt, *La feinte Caresse*, qui fut exposé au Salon de 1785.

On a fait d'affreuses contrefaçons du deuxième état, seulement l'inscription : *Peint et gravé, etc.*, est à *gauche*, sous le trait carré, au lieu d'être à *droite* comme dans l'original [1]; pastiches sans valeur, bien entendu.

---

1. M. Gosselin fils, 57, quai des Grands-Augustins, a reproduit cette pièce avec habileté, ainsi que les suivantes : *Frascati* (du Maître) — *La Bouillotte* — *Le Bal de l'Opéra* — *Le Bal de société* — *La Lanterne magique* (de Bosio). — *La Danse des chiens* (de Levachez). — *Assaut de la Chevalière d'Éon*

Almanach national dédié aux amis de la Constitution 1791. — L'Assemblée nationale, personnifiée sous les traits de Minerve assise dans une chaise curule, écrit les lois de la Constitution ; à ses pieds, le Contrat social ; au-dessus, dans l'encadrement, le portrait de Louis XVI, de profil à gauche ; en dessous, la tablette de l'almanach, et sous cette tablette à gauche, assise, une marchande de journaux et deux enfants ; à droite, un groupe de bourgeois, de soldats et d'étrangers.

Pièce en couleur. In-folio.

1877	Behague.	Avec la lettre.	211 f.	»
1880	Wasset.	Avant toutes lettres, en noir ; le portrait de Louis XVI a été enlevé et refait à la plume.	155	»
1881	Muhlbacher.	Premier tirage, avec le portrait de Louis XVI au milieu du haut de l'encadrement, qui, plus tard, a été remplacé.	350	»
1882	B. Fillon.	Même état que vente Mühlbacher.	435	»
1887	Aubin.	Même état.	399	»
1889	Decloux.	Même état, marge.	555	»

(de Rowlandson). — *La Promenade de Longchamps en 1802* (de Swebach). — *La Solliciteuse*, attribuée à Lavereince. — Nous remercions ici bien vivement MM. Gosselin père et fils de leur extrême complaisance, celui-ci mettant toujours à notre disposition sa vieille et solide expérience, celui-là, son infatigable activité pour nous procurer les pièces que nous n'avions pu rencontrer.

1890	Destailleur.	Épreuve en noir, avec les inscriptions tracées à la pointe.	80 f.	»
1891	Kinnen.	État vente Mühlbacher.	260	»
1892	Baudet.	Premier tirage avec le portrait de Louis XVI. Encadrée.	550	»

Cette estampe est recherchée et estimée des collectionneurs. On cite toujours, comme particularité de premier état : *avec le portrait de Louis XVI;* nous ne l'avons jamais rencontrée autrement ; elle existe cependant, paraît-il, en deuxième état avec le *portrait effacé,* le médaillon est alors *marbré,* croyons nous.

Les 14 pièces que nous venons de décrire constitueraient presque, à elles seules, tout l'œuvre de Debucourt ; ce sont les plus riches et les plus brillants fleurons de la couronne de l'incomparable et merveilleux peintre-graveur ; car, il faut bien qu'on le sache, les estampes de Debucourt sont infiniment supérieures, au point de vue artistique, à toutes les autres pièces en couleur de Janinet, Descourtis, Bonnet, etc. Ce sont de véritables *gravures originales,* car l'artiste était le propre interprète de ses conceptions si humoristes et si spirituelles; il y a donc, entre lui et ses confrères, l'abîme qui sépare le compositeur de l'exécutant.

On s'explique difficilement qu'un artiste si richement doué ait relativement si peu produit ; il y a chez lui trois périodes bien marquées : l'aurore, illuminée par les adorables pièces que nous venons de signaler; le déclin, avec encore quelques brillants reflets, caractérisé par *Frascati — La Bénédiction paternelle — La Rose mal défendue,* bien jolie pourtant celle-là, etc. ; et, enfin, la décadence où le peintre et l'artiste ont complètement disparu pour faire place au simple graveur interprète, signataire d'un tas de méchantes choses, telles que : *La Manie de la danse — Exercice de Franconi — Passez, payez — Le Gastronome affamé — La Marchande de saucisses, etc., etc.*

Mais, fermons la parenthèse et revenons à la nomenclature des autres pièces, qui, pour être moins intéressantes, c'est vrai, n'en constituent pas moins l'œuvre du Maître.

Frascati. — Le grand salon de cet établissement célèbre rempli d'une société élégante ; à droite et à gauche des consommateurs assis, et au milieu, des promeneurs qui circulent.

Pièce en couleur. In-folio.

1877	Behague.	Avec la lettre.	680 f.	»
1881	Muhlbacher.	*Avant toutes lettres*, marge.	1000	»
1881	Michelot.	Avec la lettre, en noir.	700	»
1881	Mailand.	Épreuve à toute marge.	910	»
1882	Dubois du Bais.	Épreuve à grande marge.	750	»
—	—	La même, mais en noir.	246	»
1888	Bonnardot.	Avec la lettre.	569	»
1890	Destailleur.	Même état.	500	»
1891	Kinnen.	Épreuve avec marge.	555	»
1892	Baudet.	Épreuve grande marge, encadrée.	810	»
1892	Wogram.	Épreuve en noir, encadrée, rognée de trois côtés.	150	»

Cette estampe a été obtenue par le Maître, à l'aide du *coloriage à la main*, et non en se servant de plusieurs planches, comme il le pratiquait d'ordinaire ; elle n'a, du reste, pas le même aspect.

Cette gravure semble un peu moins recherchée des amateurs depuis quelque temps, et le prix a sensiblement baissé. Les *épreuves d'essai*, en noir, sont assez *rares*, mais peu intéressantes.

Il y a deux états : *avant* et *avec* la lettre.

La Rose mal défendue, 1791. — Près d'un lit, un jeune homme essaie de prendre la rose qu'une jeune fille tient dans sa main droite : dans la lutte, un fauteuil renversé, à droite ; par terre, le chapeau et le gant de l'amoureux. Galante allégorie.

Pièce en couleur. In-folio.

1877	Behague.	Épreuve de premier état.	245 f.	»
—	—	La même en noir.	140	»
—	—	La même en noir, réduction in-4°, par Bonnemain, publiée chez Depeuille.	51	»
1881	Muhlbacher.	Avant toutes lettres, la femme *a les seins découverts* ; épreuve en noir.	330	»
—	—	La même, titre et nom tracés à la pointe ; en noir.	105	»
—	—	La même, épreuve en couleur.	220	»
—	—	La même, en réduction.	140	»
1882	Tessier.	Avec la lettre.	39	»
1885	Hocquart.	Avant la lettre, en noir.	80	»
—	—	La même, en réduction.	32	»
1888	Marcelin.	Avec la lettre.	285	»
1889	Decloux.	Premier état, avant les retouches, en noir.	160	»
—	—	La même, retouchée par l'artiste, en noir.	92	»
—	—	La même épreuve, en réduction, toute marge.	160	»
1891	Kinnen.	Sans désignation d'état.	95	»
—	—	Épreuve en réduction,		

		fleur de planche, toute marge.	60 f.	»
1891	BAYARD.	Avec la lettre.	115	»
1892	BAUDET.	Épreuve encadrée.	305	»

Jolie pièce; l'heure de la décadence n'était pas encore sonnée, puisque c'est en 1792 qu'il créa son chef-d'œuvre, mais le dernier : *La Promenade publique*.

Annette et Lubin, 1789. — Scène du 1er acte de l'Opéra de Favart, où l'on voit, à gauche, Lubin au pied d'Annette et son mouton, semblant implorer deux personnages à droite.

Pièce en couleur. Petit in-folio.

1877	BEHAGUE.	Même état.	241	»
1885	HOCQUART.	Avant toutes lettres, seulement la date, 1789, au-dessus du trait carré à gauche.	790	»
1887	AUBIN.	Même état.	510	»
1889	DECLOUX.	Même état.	705	»
1889	BÉREND.	Même état.	720	»
1890	DESTAILLEUR.	Avec la lettre.	360	»
1891	KINNEN.	Avec la lettre.	240	»

Cette estampe a été reproduite par M. Magnier.

La Croisée. — Large baie avec persienne; au fond, un meuble surmonté d'une pendule et d'une sonnette; l'homme à gauche, assis à la croisée, a le coude gauche appuyé sur une table; la femme à droite, en joli chapeau Directoire, tient un livre dans la main droite, et dans la gauche un éventail; sa petite fille lui embrasse la main, pendant que le petit garçon lui tend une rose.

Pièce en couleur. In-folio.

1880	Wasset.	Avec le titre *en lettres tracées*, et avant le nom de l'artiste.	149 f.	»
1881	Muhlbacher.	*Avant toutes lettres*, en noir grande marge; dans cet état, *le groupe du jeune garçon et de la fillette* a fait place à *un jeune homme prenant un billet*.	605	»
—	—	La même en noir, avec la lettre.	61	»
—	—	La même en couleur, avec la lettre.	152	»
1885	Hocquart.	Avec la lettre.	270	»
1887	Aubin.	Avec la *lettre grise*.	205	»
1889	Decloux.	Avec la lettre.	220	»
1891	Kinnen.	Avec la lettre.	155	»
1892	Baudet.	Épreuve encadrée.	85	»

La pièce est jolie; le dernier état porte l'adresse de Depeuille. Le 30 avril 1886, nous trouvant à la salle Drouot, nous avons vu vendre un exemplaire de cette estampe dans lequel la jeune femme avait le *sein gauche découvert*; vu l'état absolument *rarissime*, la pièce a été donnée, car on l'a adjugée 100 francs !

On considère quelquefois cette estampe comme le pendant de *La Rose mal défendue*.

L'Oiseau privé. — Une jeune femme assise à la campagne, le corps penché de trois quarts à gauche, une cage sur les genoux, une fleur dans la main droite. Un Amour à gauche lui décoche une flèche; une colombe, devant l'Amour, s'envole vers la cage ouverte.

Pièce en couleur. In-folio.

1880	VASSET.	Épreuve imprimée en noir.	33 f.	»
1881	MUHLBACHER.	En noir, avant l'adresse de Depeuille et avec *la lettre grise.*	158	»
1887	AUBIN.	Même état que vente Mühlbacher.	150	»
—	—	Avec la lettre, en couleur.	60	»
1889	DECLOUX.	Épreuve en noir, marge.	80	»

A droite, sous le trait carré on lit : *gravé au pinceau.*
Le pendant de cette pièce est *Pauvre Annette,* même prix, même valeur artistique.

La Bénédiction paternelle ou le départ de la mariée, 1795. In-folio en travers.

1882	DUBOIS DU BAIS.	Avant toutes lettres.	45	»

Pièce bien médiocre et fort peu recherchée; ce n'est pas une estampe en couleur, mais bien une aquatinte.

Lise poursuivie — Le Songe réalisé. In-folio.

1881	MUHLBACHER.	En noir, avant le nom et l'adresse de Debucourt.	270	»

1889 Decloux.   En noir, avec l'adresse
              de Debucourt.   410 f. »
1890 Destailleur. Lise poursuivie, le nom
              du graveur à la pointe.   100   »

Ces pièces sont de *toute rareté*.

Ils sont heureux. — Une famille est réunie dans un jardin, le grand-père tient le petit enfant à cheval sur sa jambe.

1889 Decloux.   Avant toutes lettres ;
              marge.   210   »

Pièce rare, en bistre. In-folio.

Humanité et bienfaisance du Roi (gravé par Guyot, en 1787).

Dans une cabane, le Roi Louis XVI donne une bourse à un jeune enfant ; un vieillard de la famille se prosterne devant l'illustre et généreux bienfaiteur.

Assez jolie pièce, adjugée 42 francs, à la vente Decloux. L'esquisse, nous apprend M. de Goncourt, a été dans la collection de M. Jacques de la Béraudière ; elle fut adjugée 805 francs à sa vente, en mai 1885.

Nous devons citer encore: *La Visite à la pension* — *La Porte enfoncée* ou *les Amants poursuivis* — *Suzette mal cachée* ou *les Amants découverts*, et *La Fille enlevée, 1785*, adjugée 45 francs, à la vente Raifé. Ces quatre pièces sont *rarissimes*.

Il est pris. — A l'extrémité d'un bateau, à droite, un pêcheur relève sa ligne au bout de laquelle est un poisson, tandis qu'à l'autre bout du bateau est une jeune fille renversée par un jeune gars, qui l'embrasse sur la bouche ;

la jeune fille tient dans sa main droite un poisson, qui prête à une grossière équivoque.

Elle est prise. — Dans la campagne, à gauche de l'estampe, un oiseleur, accroupi de profil à gauche, dégage de son filet un oiseau qui vient de s'y prendre ; au milieu de la composition, un jeune homme, allant de gauche à droite, saisit par la taille une jeune fille, qui lui tourne le dos, et qui porte sur la tête une cruche, dont l'eau s'échappe ; la main de la fille, qu'elle a mise derrière son dos, va s'égarer dans la culotte de l'homme.

Deux pièces faisant pendants, en couleur. Petit in-folio en travers.

1887	AUBIN.	*Avant* que le *poisson* que la jeune fille tient dans la main *ait été supprimé.*	240 f.	»
1889	DECLOUX.	Même état.	360	»
1891	BAYARD.	Même état.	340	»
1892	BAUDET.	Il est pris, *avec le poisson* ; toute marge.	204	»

Ces deux estampes sont sans aucune valeur artistique ; du reste, la seule recherchée est *Il est pris*, et encore faut-il l'avoir *avec le poisson*, parce que c'est l'état vraiment *rare*.

Le Juge ou la cruche cassée. — Dans un intérieur rustique, érigé en tribunal provisoire, on voit à droite une vieille femme furieuse (la mère de la jeune fille) tenant par le collet de sa chemise le jeune homme qui vient de casser la cruche de la pauvre enfant !!! qui, elle, ma foi, entre son père et sa mère, ne semble pas trop désolée du malheur. Le père montre de la main droite la cruche fêlée au jeune juge assisté d'un vieux qui, tous deux, sont assis devant eux. Au second plan, tout à fait à gauche de l'estampe, une porte ouverte près de laquelle on voit deux femmes causant et un homme, le chapeau sur la tête, enveloppé d'un manteau.

In-folio en travers.

1887	Aubin.	Avant la dédicace.	55 f.	»
1889	Decloux.	Même état que vente Aubin.	31	»
1889	Vignères.	Eau-forte, avant toutes lettres.	57	»
1892	Baudet.	Eau-forte pure, plus une autre épreuve d'état plus avancé; deux pièces.	100	»

Cette pièce, dont l'eau-forte est *attribuée*[1] bien gratuitement, ce nous semble, à Debucourt, a été terminée au burin par Leveau; elle est bien banale et peu digne d'attirer l'attention du collectionneur. Le cuivre, très usé, existe, et on en fait, par conséquent, des tirages modernes valant quarante sous l'exemplaire.

A la vente Raymond Sabatier, le tableau original fut adjugé 11800 francs; à la vente Papin, il avait atteint le prix de 16000 francs; nous le retrouvons à la vente de M. Laurent Richard, le tailleur collectionneur du boulevard, où, en mai 1886, il fut adjugé 10000 francs à M. P. Fould, croyons-nous.

Le pendant est *La Consultation redoutée* dont la toile originale, à cette même vente Laurent Richard, fut adjugée 4600 francs.

---

1. Par M. de Goncourt; et nous nous excusons humblement, vis-à-vis de l'éminent écrivain collectionneur, de nous trouver en contradiction avec lui.

La Réprimande. Pièce en manière noire.

Composition de quatre figures, dont le groupe principal représente une jeune mère réprimandant sa petite fille, debout devant elle.

1883 DE LA BÉRAUDIÈRE. Avant toutes lettres, toute marge. 159 f. »

Pièce de *toute rareté*.

Modes et manières du jour, an VIII et IX.

Suite de 52 pièces coloriées. In-8°

1. Le Prétexte[1].
2. Turcaret du jour prenant une leçon de tournure.
3. La Promenade.
4. Chaise vacante.
5. C'est en vain.
6. La petite Coquette.
7. La Rencontre.
8. Les Cerises.
9. L'Escarpolette.
10. A ce soir.
11. L'Agression.
12. La Correspondance furtive.
13. Il va l'apaiser.
14. La Phrase changée.
15. N'allez pas vous perdre.
16. Ah! quel vent.
17. Le Messager fidèle.

1. L'aquarelle gouachée se trouve dans la collection de M. de Goncourt.

18. La Robe déchirée.
19. L'Écolière craintive.
20. La Chute.
21. Elle le suit.
22. Le Billet doux.
23. La Réponse au billet.
24. Prends vite.
25. Retour de Longchamps.
26. Le Lilas.
27. Il va fleurir.
28. Elle est prête à cueillir.
29. Que lui conte-t-il ?
30. Ne laissai-je rien ?
31. Venez vous reposer.
32. La Lecture.
33. Le voilà.
34. Il a plu.
35. Il ne vient plus.
36. Oh ! qu'il fait saud !
37. Les deux Amies.
38. Adieu.
39. La Réflexion.
40. Tenez-vous droit.
41. Elle y pense.
42. Baisez maman.
43. M. N. et M***.
44. Les Apprêts du bal.
45. La Signature.
46. Elle le boude.
47. Elle ne m'a pas vu.
48. Plus posément.
49. La Solitude.
50. La Conversation mystérieuse.

51. **Lui a-t-il tout rendu?**
52. **Me trompe-t-il?**

Ces pièces se vendaient à l'époque 18 francs au Bureau du *Journal des Dames*.

Prises *isolément* ces pièces sont peu recherchées et sans valeur marchande, pour ainsi dire ; en *suite complète* elles valent un gros prix, constituant une sorte de *monument du costume*, témoins les ventes suivantes :

1878	Roth.	Quarante-sept pièces.	2150 f.	»
1880	Mahérault.	La suite complète, toute marge.	1300	»
1881	Wasset.	Trente et une pièces.	452	»
1881	Muhlbacher.	Quarante-neuf pièces.	630	»
1881	Michelot.	Collection complète, toute marge, montée sur onglets, dans une demi reliure maroquin.	2605	»
1887	Aubin.	La suite complète, la plupart à toute marge.	1610	»
1889	Decloux.	Trente-cinq pièces.	516	»
1890	Destailleur.	Collection complète, marge à peine ébarbée, reliure plein veau in-4°.	2450	»

A la vente Decloux, une collection de costumes dessinés d'après nature par C. Vernet, et gravés par Debucourt, ouvrage publié en livraisons, 1814 à 1818, chacune de six gravures coloriées : *Paris, chez Bance, et Londres, chez Bossange et Masson*, 1 vol. in-folio cartonné, non rogné, fut adjugé 2110 fr.

Voici enfin, pour clore l'œuvre, presque toutes les pièces de la décadence, d'après divers ; certes nous en oublions, mais le lecteur n'y perdra pas grand'chose, tant elles sont tristement banales et pauvrement exécutées.

Barrière de Charenton — Un Gourmand — Le Canal, 1810 — L'Empereur Alexandre Ier en pied, 1807 — Feu d'artifice de l'arc de triomphe de l'Étoile — Illumination de la cascade de Saint-Cloud — Courses du matin à la porte d'un riche, 1805 — La Fin des astronomes — Les Visites — La Mariée[1] *— La Femme et le Mari ou les époux à la mode — L'Orange*[2] *ou le moderne jugement de Pâris — La Coquette et ses filles ou une mère à la mode — Les petits Messieurs ou les adolescents du jour — Les Galants surannés — Jouis, tendre mère — Un Usurier — La jeune Femme — La Manie de la danse — Le Printemps ou les amants — L'Hyver ou le mari — Le Carnaval — Les Baisers à propos de bottes — Le Tailleur — Le Coiffeur — Que vas-tu faire? — Qu'as-tu fait? — Ne suis-je pas vu? — Lui répondrai-je? — La Marchande de galettes — Le Café ambulant — Minet aux aguets*[3] *— Droits de l'homme et du citoyen — La Main chaude — L'Incendie — L'Étoile du matin — L'Étoile du soir — L'Éclipse — La Comète — L'Astre nouveau — La Séparation pendant une nuit d'hyver — La Croix d'honneur — Le Soldat français — La Vivandière — Le Calendrier républicain, an III — Almanach national, 1799 — L'Héroïne de Saint-Milher — Le Cocher russe — Le Drochki — L'Unité — L'Égalité — La Liberté — La Fraternité — La Promenade sur l'eau — L'heureuse Famille — Une Soirée chez Mme Geoffrin — Les Goûts différents.*

1. Cette estampe, d'après Duval, est la *dernière* qu'ait gravée l'artiste.
2. Le jeune homme qui tient l'orange est le fils de Debucourt.
3. Pièce recherchée, valant une cinquantaine de francs avec la lettre et une centaine de francs avec la lettre *tracée* ; pas fameuse cependant.

D'après Carle Vernet :

Les Aveugles — Les Chevaux de bateaux — L'Enfant soldat ou les amusements de la famille — Le Grand-papa — L'Innocente du jour — Les Joueurs de boule — La Route de Saint-Cloud — La Route de Poissy — La Route du marché — La Route de poste — Les Anglaises à Paris — Anglais en habit habillé — La Bonne d'enfant à la promenade — Chacun son tour — Chasse au renard — Les Chiens ayant perdu la trace — Le Chiffonnier — Le Coup de vent — Le Courrier anglais — La Course anglaise — Le Goûter des Anglais — Les Amateurs de plafond au salon — Le Gastronome affamé — Le Gastronome sans argent — Il n'y a pas de fumée sans feu — Inutile précaution — Le Jour de barbe d'un charbonnier — La Marchande d'eau-de-vie — La Marchande de poissons — La Marchande de saucisses — Le Marchand de peaux de lapins — Le Modèle à barbe — La Partie de plaisir — Passez, payez — La Promenade au bois de Vincennes — La Promenade anglaise — Le Rempailleur de chaises — La Toilette d'un clerc de procureur — Calèche — La Route de Naples — Le Cosaque galant — Adieux d'un Russe à une Parisienne — Le Marchand de coco — Exercice de Franconi — Course de chevaux — La Perruque enlevée, etc., etc.

Nous devons mentionner encore, d'après C. Vernet et gravées par Debucourt, de grandes estampes en travers, sujets de courses ou de chasse, telles que : *Calèche se rendant au rendez-vous de chasse — Les Apprêts de la course*, etc... qui sont très recherchées et s'adjugent facilement de 4 à 500 francs dans les ventes, quand elles sont *avant la lettre*, seul état dans lequel elles sont appréciées.

En juin 1887, il s'est fait, par le ministère de Jules Bouillon, une vente anonyme, exclusivement composée d'estampes sur la chasse et les courses, vente intéressante, dont les 116 n[os] ont produit 17704 francs.

DELORME (A., d'après)
?

Nécessité n'a pas de loi (par Melle Papavoine). Petit in-folio.

Femme accroupie le long d'un mur, les jupes retroussées, se laissant aller à un pressant *petit* besoin.

Méchante pièce au pointillé, valant quelques francs; a été maintes fois pastichée.

DENY (à Paris chez)

Le Lacet raccourci — **La Trahison du miroir** (?)

1889	DECLOUX.	L'une en noir, l'autre en couleur.	59 f. »

DESCHAMPS (J.-B., d'après)
?

Le Négociant (par Le Bas) — **La Pupille** (par Lemire).

Pièces sans valeur; une quinzaine de francs l'une ou l'autre.

DESFOSSÉS (M., d'après)

?

La Reine Marie-Antoinette annonce à Mme de Bellegarde des juges et la liberté de son mari en mai 1778 (par Duclos 1779). In-folio en travers.

Dans le vestibule du château, la Reine debout, de profil à droite, reçoit madame de Bellegarde et son fils, qui, à genoux, saisit avec reconnaissance les mains de la Souveraine ; les dames et les seigneurs, à droite et à gauche, complètent ce tableau.

1877	BEHAGUE.	Avant la lettre.	100 f.	»
1888	ROTH [1].	Eau-forte pure, avant toutes lettres et avant la bordure.	129	»
—	—	La même épreuve terminée.	30	»
1890	DESTAILLEUR.	Avant la lettre, toute marge.	220	»
—	—	La même épreuve terminée.	56	»
1891	KINNEN.	Avant la lettre.	68	»

L'exemplaire de *souscription* était imprimé sur papier teinté bleu.

1. Il y avait eu une première vente Roth en 1878.

DESHAYES [1] (J.-B.-Henri, d'après)
1729-1765

Érigone vaincue (par P.-C. Levesque). Grand in-folio.

Sans valeur avec la lettre ; vaut de 20 à 30 francs en épreuves d'état, telles que : *avant la lettre* et *avant l'encadrement,* ou *avant la lettre,* mais *avec les armes.*

La Fidélité surveillante (par A.-F. Hemery). Petit in-folio.

La Résistance (par A.-B. Nicollet). In-4° en travers.

Encore deux pièces insignifiantes, assimilables à *Érigone vaincue,* comme prix et valeur artistique. — A la vente Walferdin, en 1880, a passé la toile originale de *La Fidélité surveillante.*

Ces deux estampes existent en tirage moderne.

DESRAIS (Claude-Louis, d'après)
1746-1816

La Promenade du boulevart Italien ou le Petit Coblentz, avril 1797 (par E. Voysard). In-4° colorié en travers.

Quinze personnages occupent le bas de l'estampe ; au milieu une femme assise, tournée à droite, tient un enfant sur

---

1. Gendre de Boucher et beau-frère de Baudouin.

ses genoux ; un autre enfant, dont on n'aperçoit que la tête et les épaules, la caresse. Devant elle, un petit chien, grimpé sur une chaise, aboie contre une merveilleuse qui tient un éventail. Dans le fond, à gauche, on aperçoit de trois quarts un cocher monté sur le siég ed'une voiture ; tout à fait à droite, sur un des magasins, on lit : *Café Petite Glacière*.

1877	Behague.	Avec la lettre.	101 f.	»
1880	Wasset.	Épreuve sans marge.	70	»
1881	Muhlbacher.	Avec la lettre, grande marge.	120	»
1889	Decloux.	Épreuve de premier état [1].	150	»
1890	Destailleur.	Avec la lettre, marge.	70	»

Pièce assez intéressante.

La Femme trompée — La Femme vengée
(par Mixelle). Bistre in-4°

1881	Muhlbacher.	La Femme vengée.	36	»
1889	Decloux.	La femme trompée.	81	»
—	—	La Femme vengée, au trait et coloriée, épreuve sans lettre.	40	»

Pendants. — Assez rares.

Dans un salon, un jeune homme et une jeune femme, assis sur un canapé, s'entretiennent de propos galants.

| 1876 | Herzog. | Eau-forte. | 62 | » |

---

[1]. Les épreuves de premier état sont *avant les feuilles et avant le cinquième arbre* à droite, elles sont *fort rares* ; il en a passé une autre à la 5ᵉ vente Jacquinot, en décembre 1887.

1880 Wasset.   Eau-forte, au bas, à
                  gauche : *C.-L. Des-*
                  rais del. 1781.   99 f. »

Le Mari complaisant — Le Mari galant (par Mixelle).

1889 Decloux.   Sans désignation d'état.   160 f. »

Ces pièces en couleur furent publiées chez Bonnet : elles sont *rares,* mais sans aucune valeur artistique ; nous nous étonnons de voir des amateurs les payer un pareil prix.

La Pudeur alarmée (par Mixelle).

1882 Dubois du Bais. Avec la lettre.   48   »
1887 Aubin.   Avec la lettre.   105   »
1889 Decloux.   Avec la lettre.   40   »

Cette pièce en couleur, assez rare, fut publiée à Londres, chez Vivarès, qui était éditeur et vendeur de Bonnet. La vente Vivarès eut lieu à Londres le 22 mai 1794.

Le Contrôleur des toilettes (par Mixelle).

1889 Decloux.   Sans désignation d'état.   171   »
1891 Kinnen.   Sans désignation d'état.   80   »

Pièce en couleur, assez jolie ; très rare.

Le Bouquet dangereux — Le Maître galant (par L.-S. Berthet). In-4°.

1877 Behague.   Épreuves avec marges.   151   »
1889 Decloux.   Le Bouquet.   81   »

| 1890 | Destailleur. | Avant l'adresse de Crépy, toute marge. | 120 f. | » |

Le Signal du bonheur (par Mixelle). — In-4° ovale en couleur.

| 1889 | Decloux. | Avec la lettre. | 50 | » |

Estampe *rare*.

Les Nouveaux époux (par Mixelle). In-4° en couleur.

Dans une chambre à coucher, entre un lit défait et un bidet, une jeune femme, coiffée d'un bonnet, est assise, complètement nue, dans un fauteuil, tenant dans la main droite un bouquet et, dans l'autre, la queue d'un chat qui vient de sauter sur ses genoux ; derrière elle une porte, par laquelle entre son mari, qui lui prend amoureusement la taille.

1881	Muhlbacher.	Avec le titre et A. P. D. R.	321	»
1887	Aubin.	Même état.	181	»
1889	Decloux.	Même état.	106	»

Cette pièce, *assez rare*, se paie relativement cher, vu sa pauvreté artistique ; c'est son genre spécial qui la fait rechercher. Elle se vendait chez Le Cœur et chez Chaillou. On l'attribue quelquefois à Sergent, mais à tort, croyons-nous ; elle ne porte, du reste, pas de noms d'artistes.

On possède encore du Maître :

La Blanchisseuse — Le Charbonnier — La Colonnade — Les trente deux Filles dans l'allée des Soupirs — La Fille qui se défend mal — La Curieuse anperçue (sic) —

Le Moment dangereux — *La Fille engageante* — *Le Billet rendu*, suite de 4 pièces rondes. — *La Chute favorable* — *Le Fossé du scrupule*, 2 pièces coloriées par Deny.

Toutes ces estampes sont fortement croustillantes, comme du reste le fait bien supposer leur rubrique.

Costumes et modes des années 1797-1799.

A la vente Destailleur, 144 dessins à la plume et lavis de sépia, ayant servi pour les premiers numéros gravés du *Costume Parisien*, publié par Lamesangère, en 1797, reliés en 2 volumes in-4°, demi-reliure cuir de Russie, furent adjugés 1299 francs.

Le nouveau Jeu du costume et des coiffures des dames, dédié au beau sexe.

| 1890 | Destailleur. | Sans désignation d'état. | 126 f. | » |
| 1891 | Kinnen. | Sans désignation d'état. | 151 | » |

Cette estampe représente la disposition du *Jeu de l'oye*.

DE TROY (J.-B., François)
1678-1752

Le Jeu du pied de bœuf (par C.-N. Cochin). In-folio.

1877	Behague.	Avant toutes lettres.	400	»
1880	Wasset.	Avec les vers.	28	»
1881	Michelot.	Avec les vers.	15	»
1881	Muhlbacher.	Premier état, eau-forte pure.	210	»

1881	MUHLBACHER.	Avant toutes lettres, grande marge.	150 f.	»
1890	DESTAILLEUR.	Avant toutes lettres, grande marge.	280	»
1891	BAYARD.	Avant toutes lettres.	245	»

Pièce qui n'est recherchée *qu'en épreuves d'état*. Existe imprimée aussi en manière noire, et publiée à Augsbourg, chez Haffner.

L'Amant sans gêne (par C.-N. Cochin). In-folio.

1877	BEHAGUE.	Avec la lettre.	50	»
1881	MUHLBACHER.	Eau-forte pure.	131	»
—	—	Avant toutes lettres.	130	»
1887	MALINET.	*Avant le jupon rallongé* sur le bout du pied et avec les vers en bas.	16	»

Fuyez Iris, ce séjour est à craindre (par C.-N. Cochin). In-folio.

1877	BEHAGUE.	Avant toutes lettres.	140	»
1881	MUHLBACHER.	Avant toutes lettres.	95	»
—	—	Eau-forte pure.	139	»

Le Retour du bal — La Toilette de bal (par Beauvarlet). In-folio en travers.

1877	BEHAGUE.	Avec la dédicace, qui est *effacée* dans les épreuves postérieures.	130	»

1881	MUHLBACHER.	Avec la mention : *Tirée du cabinet de monsieur Prousteau, etc.*, inscription qui a été effacée postérieurement ; toute marge.	170 f.	»
1881	MAILAND.	Avec la lettre.	40	»
1882	TESSIER.	Avec la lettre.	22	»

Ces deux estampes, absolument peu intéressantes, selon nous, ne sont recherchées qu'en *épreuves d'état*. — Existent en tirage moderne.

On possède encore, gravées d'après le Maître, les pièces suivantes, sans valeur :

L'aimable Accord (par E. Le Tournay). — *Pan et Styrinx* (par Henriquez). — *Suzanne et les vieillards*[1] (par L. Cars). — *Vénus se venge de Psyché* (par J. Avril). — *La Mort de Cléopâtre* (par Le Lorrain). — *Salmacis et Hermaphrodite* (par Daullé). — *Jupiter en pluie d'or* (par Levesque et Daullé). — *Triomphe de Galathée* (par Levasseur).

DICKINSON (W.)

École anglaise

The Garden of Carleton[2] — House with napolitan ballad singers[3].

1887	AUBIN.	Avant toutes lettres, en bistre.	400	»

1. La toile originale, signée et datée 1727, a passé à la vente Jules Burat, en avril 1885. — La planche existe à la Chalcographie.
2. Le jardin de Carleton.
3. La maison des chanteurs de ballade napolitains.

DOUBLET (d'après)

?

Le Baiser de l'amour. — Un jeune homme à droite tient par la taille une jeune fille à la gorge demi-nue; elle semble lutter mollement et a son bras gauche passé autour du cou du jeune homme.

Le Baiser de l'amitié. — Un frère et une sœur, les mains entrelacées, se regardent chastement. — Personnages à mi-corps.

Pendants en couleur petit in-folio ovale équarri, par Janinet.

1881	MUHLBACHER.	*Avant toutes lettres.*	380 f.	»
1880	MICHELOT.	Avec la lettre.	40	»
1887	AUBIN.	*Avant toutes lettres,* toute marge.	300	»

Pièces assez jolies, d'une grande douceur de ton.

Rosette et Colas (par J.-N. Boillet). Petit in-folio ovale équarri.

Un jeune garçon embrasse le sein droit, complètement nu, d'une jeune femme, dont le corps est rejeté en arrière; la main gauche de la jeune femme soutient la tête de l'amoureux. On ne voit dans l'estampe que la tête des deux amants.

1889 DECLOUX. Épreuve à toute marge. 66 »

C'est une fort *jolie* estampe, que l'on rencontre en sanguine ou coloriée. Au-dessous de l'ovale, il y a des notes de musique, la pièce ayant trait à l'acte V de *Rosette et Colas*.

Lucile (par J.-N. Boillet). Même format.

Un jeune gars à gauche tient par la taille, comme semble l'indiquer ce qu'en laisse voir la gravure, une jeune fille à demi-pâmée, la gorge nue et les yeux mi-clos.

1889 Decloux.   Épreuve en noir.   51 f. »

Ces deux pièces, tout à fait dans le goût de Fragonard, se font pendants.

DOYER (par et d'après)

?

A mi-corps, dans un encadrement de feuillage, un jeune homme et une jeune femme s'embrassent.

1877 Behague.   Sans désignation d'état.   99 »

Pièce *fort rare*, sans rubrique connue.

DROLLING (Martin, d'après)
1752-1817

Le Chapeau. — A gauche, tout penaud et fléchissant sur ses jambes, entre un jeune gars, le chapeau appuyé à la hauteur de la ceinture ; devant lui une jeune femme, l'air engageant, tient une cage entr'ouverte entre ses jambes. Au bas ces deux vers, soulignant l'allusion :

Profite du moment, ma cage étant ouverte,
Tu attends trop longtemps, cela me déconcerte.

Petit in-folio en couleur par Perdriau.

1887	Aubin.	Avec Le Vieillard, son pendant.	49 f.	»
1889	Decloux.	Sans désignation d'état.	25	»
1892	Baudet.	Avec Le Vieillard.	63	»

Petite pièce qui n'est pas très commune, mais sans grande valeur artistique cependant.

DROUAIS (François-Hubert, d'après)
1728-1775

Le Comte d'Artois enfant et Madame sur une chèvre

(par Beauvarlet). In-folio.

| 1877 | Behague. | Avant toutes lettres. | 101 | » |
| 1890 | Destailleur. | Avec la lettre, grande marge. | 41 | » |

Pièce ordinaire, qui a trois états :

1er état. — Avant toutes lettres.
2e état. — Avant toutes lettres, avec les armes.
3e état. — Avec la lettre, avec les armes.

Le petit Frère — La petite Sœur (par Hémery).

Très peu intéressantes, valant une quinzaine de francs chacune.

Le Château de cartes — Les Bulles de savon (par Adélaïde Boizot).

Sans valeur artistique, fort peu recherchées; à la vente Kinnen, *Le Château de cartes*, avant toutes lettres, a été cependant adjugé 50 francs.

DUCLOS (A.-J., d'après)
1783 ?

Le Bouquet déchiré — Le Délire (par Jeanne Deny).

1889	Decloux.	Sans désignation d'état.	270 f.	»
1892	Baudet.	Épreuves avec marges.	171	»

Ces deux pièces, que nous n'avons pas vues malheureusement assez longtemps pour être à même d'en faire la description, sont *fort rares*.

DUGOURE (d'après)
Vers 1760

Le Lever de la mariée (par Trière). In-folio.

Dans un riche intérieur Louis XVI, un lit à baldaquin dont une soubrette ouvre les rideaux; au milieu de l'estampe, la mariée assise ayant son père à droite et près de lui son gendre auquel il parle, pendant qu'à droite de la composition deux autres servantes arrangent des ustensiles sur la table de toilette. Entre la jeune mariée et la femme de chambre[1] de gauche, un chat ronronne.

1877	BEHAGUE.	Eau-forte pure.	399 f.	»
—	—	Eau-forte plus avancée.	370	»
—	—	Avant toutes lettres.	170	»
1878	ROTH.	Eau-forte pure.	400	»
—	—	Avant la lettre.	111	»
1881	MUHLBACHER.	Eau-forte pure, marge.	260	»
—	—	Avant toutes lettres, avec les noms des artistes ; toute marge.	221	»
1885	HOCQUART.	Avec la lettre, grande marge.	65	»
1887	AUBIN.	Avant toutes lettres, marge.	100	»
1890	DESTAILLEUR.	Eau-forte avancée.	76	»
—	—	Avant toutes lettres, grande marge	195	»
1890	BAYARD.	Eau-forte pure.	113	»
—	—	Eau-forte plus avancée.	100	»
—	—	Avant toutes lettres.	160	»
1892	BAUDET.	Avant toutes lettres, mais avec les armes. Encadrée.	142	»

Cette estampe est bien ordinaire, très sèche et très dure ; elle est cependant assez recherchée, comme servant de pendant au *Coucher de la mariée*, de Baudouin.

On a encore gravé, d'après le Maître, les insignifiantes pièces suivantes :

[1]. Cette femme de chambre, qui est debout, est fort mal dessinée, elle a au moins six pieds!! et pourrait faire concurrence au géant chinois Chang qu'exhibaient, l'an passé, les Folies-Bergère.

Roxelane — La Poule au pot — Achève ton ouvrage, n'oublie pas la dernière, qui a pour pendant, d'après Charlier, *Un tendre engagement va plus loin qu'on ne pense.*

On attribue aussi quelquefois à Dugoure une pièce intitulée *Le Séducteur.* (Voir Lavereince).

DUMÉNIL (Pierre, d'après)

?

Les pièces gravées d'après ce Maître sont absolument insignifiantes et sans aucune valeur. En voici quelques-unes pour mémoire :

Le Prêtre du catéchisme — La Dame de charité, (par Cl. Tournay). — *Le Cerf-volant — La Poupée et le Volant* (par de Favannes). — *Le Chantre à table — Le Cabaretier* (par Duflos). — *Le Traitant* (par Lucas).

DUPLESSI-BERTAUX (J., par et d'après)

1747-1813

Le Charlatan français — Le Charlatan allemand

(par Helman). Petit in-folio.

Pièces sans grand intérêt artistique, valant une douzaine de francs les deux avec la lettre, et de trente à cinquante avant la dédicace. Elles furent gravées en 1777.

Elleviou aux Champs-Élysées (Eau-forte du Maître).

1880	Wasset.	En épreuve coloriée.	75 f.	»
1881	Muhlbacher.	État d'eau-forte.	125	»

Vue intérieure des galeries de bois, au Palais-Royal (Eau-forte du Maître).

1880 Wasset. État d'eau-forte avant toutes lettres. 280 »

L'Instant de la gaîté — La Perte irréparable — La Réflexion tardive — La Chambrière instruite. In-8°.

1881	Muhlbacher.	Sans désignation d'état.	60	»
1881	Mailand.	Sans désignation d'état.	54	»
1889	Decloux.	Sans désignation d'état.	100	»

Ces pièces coloriées, assez libres, furent publiées en 1780, en Angleterre, par R. Sayer, Fleet street, London. Les dessins originaux de *L'Instant de la gaîté* et de *La Réflexion tardive* figurent dans la collection de M. le baron Pichon, à l'obligeance duquel nous devons ce renseignement.

Auvray a encore gravé, d'après le Maître : *La Marchande d'herbes — La Marchande de marrons.*

DUTAILLY (d'après)

?

Le Concert — Le Colin-maillard (par Guyot.) In-8° ovale en travers.

1877 Aubin. Le Colin-maillard, grande marge. 30 »

1889	Decloux.	Épreuves sans désignation d'état.	110 f.	»
1890	Destailleur.	Sans désignation d'état.	126	»
1891	Kinnen.	Sans désignation d'état.	165	»

Ces deux estampes en couleur sont *rares*.

La Promenade du matin (par Chaponnier).

1889	Decloux.	Avec une grande marge.	45	»
1891	Kinnen.	Épreuve coloriée.	45	»

EARLOM
École anglaise.

A Fruit piece — A Flower piece (d'après Van Huysum).

1891	Kinnen.	Avant la lettre, toute marge ; les deux.	360	»
—	—	Avec la lettre ; les deux.	115	»

Ces pièces sont gravées en manière noire.

Le Marché aux fruits — Le Marché aux légumes — Le Marché aux poissons — Le Marché au gibier.

1891	Kinnen.	Avant la lettre, marge.	520	»

Cette suite est connue sous la rubrique de : *Les quatre Marchés* ou *Les quatre Éléments* ; elles ont été gravées d'après Snyders et Long John, de 1775 à 1783.

EISEN père (François, d'après)
1700-1777

Le beau Commissaire. — A gauche une femme dodue, vue jusqu'à mi-jambes, s'adresse à un petit garçon qui se tient à droite de l'estampe et porte sous le bras un portefeuille ; elle lui fait la leçon en soulignant les mots d'un geste de la main gauche, en ayant l'air de lui recommander l'attention ; dans la main droite elle tient une plume et du papier. Derrière elle, une suivante non moins dodue ; la maîtresse est coiffée d'un chapeau bergère ; entre elle et le petit garçon, un jeune homme, un bâton dans la main gauche, pose la droite sur l'épaule du petit bonhomme et le met en arrestation. Dans un encadrement lapidaire, le titre et huit vers commençant par ces mots : *Écoutez-moi, beau commissaire...*

La jolie Charlatane. — Jeune femme à mi-jambe, coiffée d'une toque à plumes et tenant, de la main droite levée, un flacon. Devant elle, un coffret rempli de fioles. Elle porte en sautoir une chaîne formée de médailles attachées les unes aux autres. A droite, en arrière, un enfant, puis une femme ; à gauche, un autre enfant tenant une bouteille. Même encadrement et disposition et huit vers commençant par ces mots : *Sur les quays ou les boulevards...*

Pendants in-folio, par Halbou.

1877	Behague.	Avec la lettre, toute marge ; les deux.	21 f.	»
1881	Mailand.	Avec la lettre ; les deux.	38	»

1890	Destailleur.	Avec La Marchande de chansons.	57 f.	»

L'Amour en ribotte — Les Dragons de Vénus (par Halbou). In-folio.

1877	Behague.	Les deux.	135	»
1881	Muhlbacher.	Avant toutes lettres; les deux.	165	»
1887	Aubin.	L'Amour en ribotte, avant toutes lettres.	40	»
1887	Malinet.	Même pièce, même état.	44	»
1889	Decloux.	Les deux, marge.	80	»

Ces deux pièces, qui se font pendants, sont assez jolies.

On a encore gravé, d'après le Maître, les pièces suivantes, qui sont sans grand intérêt artistique et de médiocre importance : *La Folie du siècle* — *L'Escamoteur* (par Angélique Martinet). — *La Joueuse* (par C.-F. Macret). — *Les Amusements de la jeunesse* — *Le Lunetier* — *Le Déguisement enfantin* (par N. Dupuis). — *La Marchande de chansons* — *La Marchande de plaisirs* (par P.-L. Cor). — *L'Optique* — *L'Espièglerie* (par Henriquez). — *Le Plaisir malin* (par Halbou). — *L'Appât trompeur* (par Schwab). — *Le Réveil dangereux* (par Briceau), gravé à la sanguine.

EISEN fils (Charles, d'après)
1720-1778

Le Jour. — Une jeune femme debout, en grande toilette ; son fiancé lui baise la main ; à gauche, près de la toilette, de trois quarts à droite, une vieille femme assise, un éventail à la main ; au bas, on lit ces deux vers :

> *Égards, tendresses, soins, tout s'épuise en ce Jour.*
> *Bientôt l'Hymen languit et voit s'enfuir l'Amour.*

La Nuit. — Près d'un lit à gauche, une jeune femme en déshabillé, la gorge demi-nue, est assise devant sa toilette; près d'elle sa soubrette lui prodigue ses soins; à sa droite, son mari, et, derrière la psyché, une seconde camériste ramasse une robe : au bas, on lit ces deux piètres vers :

> *La Nuit du Mariage est bonne quand on s'aime.*
> *Autrement cette Nuit est la sottise même.*

Pendants gravés par Patas. *In-folio.*

1877	Behague.	Les deux, avant toutes lettres.	505 f.	»
1881	Muhlbacher.	Les deux, même état.	415	»
1887	Aubin.	Avant toutes lettres, toute marge; les deux.	1600	»
1889	Decloux.	Les deux, toute marge.	345	»
1890	Destailleur.	Le Jour, avant toutes lettres, marge.	270	»
—	—	La Nuit, avant la lettre.	300	»
—	—	Les deux pièces avec la lettre.	140	»
1891	Bayard.	Épreuves avec toute marge.	280	»
—	—	Le Jour, avant toutes lettres.	195	»

Ces deux pièces sont charmantes et *recherchées*. Le croquis original de *La Nuit,* avec quelques modifications et à la mine de plomb, dans la collection de M. de Goncourt ; un autre dessin du même sujet se trouve chez M. Mühlbacher.

L'Accord du mariage — Le Bouquet [1] (R. Gaillard). In-folio.

1878	Roth.	Le Bouquet, toute marge.	28 f.	»
—	—	L'Accord du mariage, toute marge.	59	»
1881	Muhlbacher.	L'Accord du mariage, état d'eau-forte, avant toutes lettres ; grande marge.	90	»
1887	Aubin.	Le Bouquet, grande marge.	21	»
1890	Destailleur.	L'Accord, toute marge.	29	»
—	—	Le Bouquet, toute marge.	35	»

L'Amour asiatique — L'Amour européen (par J. Basan). In-folio.

1878	Roth.	Épreuves avec la lettre.	69	»
1890	Destailleur.	L'Amour européen, grande marge.	60	»

Ces deux pièces sont assez jolies. Nous avons vu l'eau-forte

---

1. *Le Bouquet* a été aussi gravé par Daudet fils, mais en contre-partie, c'est-à-dire que *la mère* est dirigée *à gauche* dans cette épreuve ; le cuivre existe. — M. de Goncourt mentionne la même pièce, gravée en manière noire, par Fisher, mais avec le titre *La Fête de la maman*.

de *l'Amour européen*, gravée par Borgnet filius ; J. Basan n'aurait-il fait que terminer la planche ?

Dans un intérieur, un jeune homme, assis sur un lit défait, présente un bouquet à une jeune dame qui est assise devant sa toilette, laçant son corset.

Dans un intérieur, une jeune femme en grande toilette, assise dans un fauteuil, se penche vers un jeune homme qui lui presse tendrement les mains.

Ces deux pièces qui se font pendants furent adjugées, à la vente Behague, 320 francs ; elles étaient *avant toutes lettres* ; on ne leur connaît pas, croyons-nous, de rubrique.

Le Printems. — Un jeune seigneur et une jeune femme sont occupés à choisir des fleurs dans une corbeille que tient suspendue une jolie bouquetière debout, tournée de trois quarts à droite. A gauche, un petit garçon et une femme ayant sur le dos une hottée de fleurs ; à droite, une femme coiffée d'un chapeau rond et un âne chargé de plantes. Au fond, à droite et à gauche, des maisons.

L'Été. — Assis sous des arbres, sur un banc à gauche, près d'une fontaine où boit un chien, un jeune seigneur se penche amoureusement près d'une jeune femme qu'il évente ; sa gorge est légèrement découverte, elle est coiffée d'un chapeau. A droite, on aperçoit quatre paysannes occupées à couper le blé ; tout au fond, dans la campagne, un tertre sur lequel s'élève une chapelle.

L'Automne. — Auprès d'une large cuve, au-dessus de laquelle se penchent un homme et une femme qui vident un panier de raisins, se trouvent réunis à gauche une jeune femme et un chasseur avec ses chiens ; à droite, deux vendangeurs chargés de hottes pleines de raisins, et, au bas de la cuve, une jeune femme demi-couchée à laquelle un jeune homme prend la taille en se penchant sur elle.

L'Hiver. — Sur une prairie glacée, de nombreux patineurs ; celui de gauche est accroupi et rajuste son patin ; à droite, deux autres poussent de droite à gauche dans un traîneau une femme emmitouflée ; au deuxième plan, au milieu de l'estampe, un chien et un patineur tombé sur le dos ; au fond, une colline avec des arbres et une maisonnette.

Suite de quatre pièces gravées par de Longueil. *In-8º en travers.*

1877	BEHAGUE.	Avant toutes lettres.	225 f.	»
1881	MAILAND.	Épreuves avec la lettre.	36	»
1890	DESTAILLEUR.	Épreuves avant les numéros.	78	»

La plus jolie de cette suite est *Le Printems* ; elles sont connues sous la rubrique : *Les quatre Saisons.* Il faut les avoir avec l'adresse de Daumont. M. Panhard en donne cinq états, savoir :

1ᵉʳ état. — Eau-forte.
2ᵉ état. — Avant toutes lettres.
3ᵉ état. — Avec le titre, les noms des artistes, l'adresse de Daumont.
4ᵉ état. — Avec l'adresse de Crespy.
5ᵉ état. — Avec l'adresse de Pillet.

Le Matin — Le Midi — L'Après-midi — Le Soir (par de Longueil). In-4º en travers.

1877	BEHAGUE.	Le Matin, Le Midi, avant toutes lettres.	45	»

1880	Wasset.	Le Matin, état d'eau-forte, marge.	520 f.	»
—	—	Le Soir, même état et condition.	575	»
1881	Michelot.	Épreuves avec grande marge.	76	»
1887	Malinet.	Épreuves avec la lettre.	71	»
1890	Destailleur.	Épreuves avant le numéro, marge.	65	»

Ces pièces sont connues sous la rubrique : *Les Heures du jour;* elles sont assez recherchées.

Le Concert méchanique inventé par R. Richard, 1769 (par de Longueil). Petit in-folio.

1881	Michelot.	Deuxième état, grande marge.	41	»
—	—	Troisième état.	5	50
1881	Mailand.	Premier état, eau-forte.	160	»
—	—	Deuxième état.	110	»
—	—	Troisième état.	8	»
1887	Aubin.	Deuxième état.	30	»

Pièce bien ordinaire, recherchée seulement dans les deux premiers états. M. Panhard signale les états suivants :

1er état. — Avec le cartouche supérieur et la tablette inférieure blancs, sans les noms des artistes.

2e état. — Avec le *lustre allumé*, suspendu au-dessus du clavecin, et la tête du petit génie qui est sur le clavecin surmontée d'une *flamme.*

3e état. — Le lustre a disparu, ainsi que la flamme sur la tête du génie.

La jolie Fermière — La belle Nourrice (par de Longueil). In-4° en travers.

1881	Mailand.	Épreuves avec la lettre.	30 f. »
1890	Destailleur.	Épreuves avant les numéros.	22 »

Ces deux estampes sont souvent désignées sous une seule rubrique, *Les Beautés*. Il faut les avoir avec l'adresse de Daumont ; les épreuves portant celle de Crépy et celle de Pillet sont mauvaises, le cuivre commençant à s'user fortement.

Les Amusements champêtres — Le Bal champêtre — Les Plaisirs champêtres — Le Concert champêtre (par de Longueil). In-4° en travers.

1881	Mailand.	Épreuves avec la lettre.	12 »
1887	Aubin.	Manque Le Concert champêtre.	20 »
1880	Destailleur.	Épreuves avant les numéros, grande marge.	72 »

Ces quatre pièces sont connues sous la rubrique : *La Vie champêtre* ; elles étaient publiées : *A Paris, chés Daumont rue S. Martin. Avec Privilège du Roy.*

Le Bouquet bien reçu (eau-forte du Maître).

1878	Roth.	Eau-forte pure, avant toutes lettres, petite marge.	150 »
—	—	La même, gravée par Gaillard.	26 »

1890	Destailleur.	Épreuve gravée par Gaillard, toute marge.	35 f.	»

Le Tric-Trac (par Le Bas). In-folio.

1877	Behague.	Avec une grande marge.	70	»
1878	Roth.	Avec l'adresse du graveur.	39	»
—	—	Avec l'adresse de Buldet.	34	»
1881	Mailand.	Avec l'adresse du graveur.	31	»
—	—	Avec l'adresse de Buldet.	20	»
1890	Destailleur.	Épreuve avec toute sa marge.	40	»

Les Désirs satisfaits. — Dans un intérieur rustique, une jeune villageoise assise sur son lit, les vêtements en désordre, est occupée à remettre son sabot, tandis que le jeune homme, debout à droite, est en train, lui, de rajuster sa culotte; un troisième personnage, placé tout en haut, assiste à cette scène qui se passe de commentaire.

La Vertu sous la garde de la fidélité. — Dans un intérieur de cuisine villageoise, trois personnages : un jeune homme et une jeune fille sont assis devant l'âtre; la mère, à gauche, est appuyée contre la rampe d'un escalier; le jeune homme a la main gauche appuyée sur les genoux de la fille, qui, elle, lui passe la main sur le cou. Le chien qui est entre eux deux semble la défendre ; à gauche, un chat se chauffe près du feu.

Pendants gravés en 1772, le premier par Patas, *le second par* Le Beau. *In-folio.*

1877	Behague.	Épreuves avec grande marge.	90 f.	»
1881	Muhlbacher.	Avant la lettre, toute marge.	180	»
1881	Mailand.	Avec la lettre.	53	»
1890	Destailleur.	Avant la lettre, toute marge.	275	»
1891	Kinnen.	Avant la lettre.	250	»

Ces pièces sont *recherchées*.

Le Goût (par Bonnet). In-4°.

| 1889 | Decloux. | Sans désignation d'état. | 24 | » |

Pièce bien ordinaire, à allure équivoque, représentant une femme défaisant un boudin.

On a encore gravé d'après le Maître :

La Dame de Charité[1], 1773 (par Voyez major). — *Le petit Donneur d'avis* (par P. Tardieu). — *Le vieux Débauché* (par Voderf*[2]). — *La Vieille de bonne humeur*, 1757 — *La Cuisinière charitable* (par Chevillet). — *Le Sabot cassé* (par Patas). —*Hercule et Omphale* (Eau-forte du Maître). — *La Folie du siècle* (par M*me* Dupuis). — *Les premiers Aveux* (par Dorgez). — *Les Vivandiers et les Vivandières* (par Tardieu). — *Le Pasteur heureux* — *Le Berger imprudent* (par Gaillard). — *Le Bal chinois* (par François).

1. Le cuivre existe.
2. Voderf est l'anagramme de Fredou. Voici du reste les principaux anagrammes des graveurs du XVIII° siècle : Bonnet, *Tennob* — Legrand, *Denargle*; il signe quelquefois *Furcy* et *D'Furcy* — Les Campion, *Noipmacel* — Mariage, *Egairam* — N. Lemire, *Erimeln* — Naudet, *Teduan* — Ponce, *Nopec* — Huet, *Teuh*.

CONTES DE LA FONTAINE (Illustration pour les)

Le Cas de conscience (par J. Tardieu). In-folio en travers.

1881	MICHELOT.	Avec la lettre, grande marge.	44 f.	»

La Gageure des trois commères (par J. Tardieu). In-folio en travers.

1877	BEHAGUE.	Avant toutes lettres.	199	»
1881	MICHELOT.	Épreuve avec la lettre.	20	»

Le Gascon puni (par J. Tardieu). In-folio en travers.

1887	MALINET.	Avec la lettre.	31	»

Promettre est un et tenir c'est un autre (par L. Legrand).

1877	BEHAGUE.	Avant toutes lettres, les noms des artistes à la pointe.	530	»
1881	MICHELOT.	Épreuve avec la lettre.	18	»

Les dessins originaux d'Eisen pour l'édition des Fermiers Généraux, à la mine de plomb sur vélin, se trouvent actuellement chez Mgr le duc d'Aumale.

FAUVEL (d'après)

?

Le Philosophe (par Janinet). In-4°.

1891 BAYARD.   Avant la lettre.   40 f. »

Cette pièce en couleur est *fort rare*.

FORTIER

?

Promenade dans la galerie du Palais-Royal.

1881 MUHLBACHER.   État d'eau-forte.   41 »

Au fond à droite, dans l'estampe, on aperçoit le numéro 113.

Le Café politique an XII. In-folio.

1880 WASSET.   Épreuve d'eau-forte, marge.   21 »
1881 MICHELOT.   Même état.   15 »

Veux-tu monter, mon bel homme?... Je suis bien aimable, bien complaisante.

1882 DUBOIS DU BAIS. Sans désignation d'état.   19 »

Cette pièce est, croyons-nous, la même que *La Promenade dans la galerie du Palais-Royal*.

FOURNIER

?

Le Bouquet accepté (par F. Wolf). In-folio.

1887   Aubin.   Avec la lettre, épreuve coloriée.   28 f. »

L'Heure du berger (par Chaponnier). In-folio.

1891   Bayard.   Avant la lettre.   28 »

La Lettre désirée (par Chaponnier). In-folio.

1881   Muhlbacher.   Épreuve grande marge.   42 »
1891   Bayard.   Avec la lettre.   19 »

FRAGONARD [1] (Honoré, par et d'après)
1759-1806

L'Armoire, 1778 (eau-forte du Maître). In-folio en travers.

L'air furieux, la mère et le père de la fille, ce dernier muni d'un bâton, ouvrent brusquement la porte d'une ar-

---

[1]. Nous recommandons d'une façon très spéciale *Honoré Fragonard, sa vie, son œuvre*, par le baron Roger Portalis, Paris, J. Rothschild, 1889. C'est un ouvrage doublement précieux, tant par ses documents que par sa valeur artistique ; l'auteur, du reste, n'a-t-il pas déjà fait ses preuves avec les *Graveurs du XVIIIe siècle*, qu'il a publiés chez Morgand.

moire ; la fille en sort à gauche en pleurant, tandis que le gars, maintenant son chapeau contre lui à la hauteur de la ceinture, reste là tout penaud, avançant timidement le pied droit pour en sortir aussi ; à droite de l'estampe, un chien s'élançant, et des enfants près d'une porte entr'ouverte.

Cette pièce a trois états :
1er état. — Avant toutes lettres.
2e état. — Avant l'adresse.
3e état. — Avec l'adresse de Naudet.

1877	Behague.	Épreuve de deuxième état.	100 f.	»
1878	Roth.	Premier état.	98	»
1881	Saint-Geniès.	Sous la rubrique *La Cachette découverte* [1].	19	»
1881	Berthier.	Premier état.	96	»
1881	Muhlbacher.	Premier état, marge.	254	»
—	—	La même, *en manière de lavis*, avant toutes lettres et *avant le chapeau*, par Campion ; pièce *rarissime*.	121	»
—	—	Une réduction, eau-forte avant toutes lettres, toute marge, par R. de Launay.	150	»
1885	Hocquart.	Premier état.	85	»
1887	Jacquinot.	Avec le nom de Naudet écrit *Teduan*, ce qui est son anagramme.	23	»

1. Le cuivre existe et provient du fonds Jean.

1889	Vignères.	Une réduction gravée par Coron.	9 f. 50	
1890	Destailleur.	Avant l'adresse de Naudet.	85	»
1891	Bayard.	Premier état ; avant toutes lettres.	47	»
—	—	Avec l'adresse de Naudet, grande marge.	30	»
—	—	Avec le titre *La Cachette découverte*, par de Launay : eau-forte pure avant toutes lettres, toute marge.	61	»
—	—	Épreuve réduite, en manière de lavis, avec une autre épreuve petit in-folio en couleur dans laquelle le paysan qui était dans l'armoire a été remplacé par un *militaire* : 2 pièces.	24	»
1892	Baudet.	Avant l'adresse de Naudet, marge.	54	»

Le dessin original se trouve actuellement dans la collection du baron Edmond de Rothschild; il existe de légères variantes entre la gravure et le dessin.

Signalons encore une copie en réduction in-4°, genre lavis, par Guyot; dans cette épreuve fort rare *le chapeau n'existe pas*, l'estampe *est découverte*. — On donne quelquefois comme pendant à *L'Armoire*, *Le Verrou* ou encore *J'y passerai*, de Borel : nous n'en voyons pas la raison.

Les quatre Bacchanales (eaux-fortes du Maître). Petites pièces en travers.

1881	BERTHIER.	Les quatre pièces.	36 f.	»
1881	MAILAND.	Les mêmes.	40	»
1887	AUBIN.	Les épreuves sont montées en dessin.	26	»

Ces petites estampes, au bas desquelles on lit à droite : *Frago* tout court, sont des sujets de bas-reliefs antiques, peu intéressantes du reste, et quelquefois désignées sous la rubrique : *Les quatre Satyres*.

Les Hazards heureux de l'escarpolette (par N. de Launay). Grand in-folio.

Dans la campagne, une jeune femme, coiffée d'un chapeau, se balance entre deux grands arbres dans une escarpolette mise en mouvement par son vieux mari auquel elle tourne le dos, tandis qu'un jeune homme, l'amoureux sans doute, couché dans le feuillage, admire une jolie jambe que laisse entrevoir l'envolée de la jupe; une des mules s'échappe du pied. En face de la jeune femme, sur un socle, une statue.

Il existe de cette estampe six états :

1er état. — Eau-forte pure.
2e état. — Avant toutes lettres et avant les armes.
3e état. — Avant la dédicace, avec les armes, avec le titre; le mot *Escarpolette* écrit avec un *s* à la fin et le nom de l'artiste écrit *Fragonare*, à gauche, sous le trait carré.
4e état. — Avec la dédicace et avec *la faute* au mot *Escarpolette*.

5ᵉ état. — Avec la dédicace, mais sans la faute.
6ᵉ état. — La planche n'est plus *carrée* comme dans les cinq états précédents, mais transformée en un ovale équarri [1].

1877	BEHAGUE.	Épreuve de troisième état.	700 f.	»
1878	ROTH.	Avec la *faute* et la planche carrée, sans autre désignation d'état.	600	»
—	—	Épreuve de cinquième état.	326	»
—	—	Sixième état, marge vierge.	230	»
1880	WALFERDIN [2].	Sans désignation d'état.	615	»
1881	MUHLBACHER.	Eau-forte pure avant toutes lettres et avant *le fleuron* où se trouvent les initiales de Fragonard.	1000	»
—	—	Épreuve de troisième état.	700	»
1885	HOCQUART.	Avec *la faute*, sans autre désignation d'état.	495	»
1887	AUBIN.	Eau-forte pure.	425	»
—	—	Troisième état.	500	»
—	—	Dernier état, avec l'ovale équarri.	285	»
1889	DECLOUX.	Avec *la faute*, et avant l'initiale H, en avant du nom de Fragonard		

1. Elle a alors comme pendant : *La bonne Mère*.
2. Collection très remarquable, particulièrement riche en Fragonard.

		dans l'inscription du bas, à gauche.	700 f.	»
1889	Vignères.	Premier état, eau-forte pure.	220	»
1891	Kinnen.	Avec *la faute*, sans autre désignation d'état.	505	»
—	—	Sans la faute, et sans autre désignation d'état.	195	»
1891	Bayard.	Premier état, épreuve remargée.	151	»
—	—	Deuxième état.	265	»
—	—	Troisième état.	260	»
—	—	Sixième état, toute marge.	300	»

La toile originale *en travers*, première pensée du Maître, et très différente de la gravure, fut achetée en 1850 par madame la marquise de Crillon ; elle se trouve actuellement chez sa fille, madame la duchesse de Polignac, qui a bien voulu elle-même nous permettre de l'admirer, dans sa précieuse galerie de la place de la Concorde ; ce dont nous la remercions respectueusement ici ; à cette époque, le Louvre avait vivement désiré s'en rendre acquéreur.

En 1865, à la vente du duc de Morny, une réplique fut adjugée 30.200 francs ; elle avait été exposée, en 1860, chez Francis Petit, boulevard des Italiens. Sir Richard Wallace, ce noble ami de la France, dont la charité fut inépuisable dans la douloureuse période du siège de Paris, étant mort en 1891, cette toile, qui se trouvait dans sa riche galerie, est devenue la propriété de Lady Wallace [1].

Une autre réplique existe chez le baron Edmond de Rothschild, d'après laquelle, croit-on même, a été exécutée la gravure.

---

[1]. Dont nous tenons le renseignement et à laquelle nous adressons nos respectueux remerciements.

Cette très belle estampe se rencontre *toujours ployée;* sous verre, on s'en aperçoit difficilement, mais dans une épreuve désencadrée, en l'examinant avec soin, on remarquera un pli très visible à la hauteur du pied droit de la femme qui se balance, pli qu'on a essayé d'atténuer au redressage, mais qu'on n'a pas réussi à faire disparaître complètement, surtout dans la marge ; dans la partie gravée il est invisible, masqué qu'il est par les tailles. Cette particularité tient à ce que le papier dont on se servait au tirage était, vu son grand format, ployé d'avance.

Le cuivre original a été effacé vers 1834, pour faire place à une étude de David; le goût se portant vers cette horrible école, froide, impersonnelle et guindée, il y eut, de 1834 à 1847, une destruction presque complète de toutes les belles planches du XVIIIe siècle.

Le cuivre a été regravé fort joliment, nous devons le reconnaître, par M. Henry Lemoine, 17, rue Pigalle; l'estampe qu'on en obtient peut presque donner à l'œil la sensation de l'original : plusieurs, du reste, au début, s'y sont parfaitement laissé prendre.

Il en a tiré les états suivants, chez Salmon, 187, rue Saint-Jacques :

1° Avec le titre, sans dédicace.
2° Avec le titre, avec dédicace, avec la faute.
3° Avec le titre, avec dédicace, sans la faute.

M. Lemoine, qui est un délicat, n'en est, du reste, pas à son coup d'essai ; il a apporté un soin très particulier à ces reproductions et a encore fait regraver.

De Bucourt : *L'Escalade,* avant la lettre et avec la lettre, quelques tirages sur satin de ce dernier état ; ces épreuves en couleur sont tirées avec *plusieurs* planches.

Saint-Aubin (A. de) : *Le Bal paré — Le Concert* dans les états suivants :

1° Avant l'encadrement.
2° Avec l'encadrement, avant la lettre dans la draperie.
3° Avec l'encadrement, avec la lettre sur la draperie.

Saint-Aubin (A. de) : *La Baronne — La Marquise,* avant et avec la lettre.

Baudouin : *Le Carquois épuisé,* dans les états suivants :
1º Avant la lettre, avec les armes.
2º Avec la lettre, avec les armes.

Et enfin de ce Fragonard, qui nous occupe actuellement, il a reproduit en couleur *L'Amour* et *La Folie,* cette dernière, surtout, d'une façon *si merveilleuse* que, tirée sur papier de l'époque, il est presque *impossible de la distinguer de l'originale ;* hâtons-nous de dire que M. Henry Lemoine n'essaie pas de tromper ou de donner le change, car il a loyalement soin de graver au bas de cette estampe :

Imp. Geny-Gros. Paris. — Publié à Paris chez Henry Lemoine fils, éditeur, 17 rue Pigalle.

Il en a été tiré quelques épreuves sur satin. — Ces estampes sont également imprimées avec *plusieurs* planches ; ce qui leur donne un aspect fondu et transparent, qu'on ne peut obtenir par une *seule* encrée à la poupée.

La Fontaine d'amour. — Au milieu d'arbres, aux rameaux feuillus, un jeune homme et une jeune fille deminue s'élancent fiévreusement, la lèvre ardente, pour se désaltérer ensemble à la coupe que des Amours leur présentent et qu'ils viennent d'emplir à une fontaine placée à droite dans l'estampe.

Le Songe d'amour. — Sur un lit de repos, un guerrier étendu de gauche à droite, la tête reposant sur le bras droit replié ; autour de lui voltigent des Amours ; l'un d'eux, assis à gauche près de son casque, semble dormir, ayant entre ses jambes le glaive du guerrier ; sur des marches, au premier plan, deux chiens couchés.

Pièces in-folio faisant pendants, par N.-F. Regnault.

1877	Behague.	La Fontaine, avant la lettre, les noms des artistes à la pointe.	112 f.	»
—	—	Le Songe, même état.	289	»
1880	Walferdin.	La Fontaine, avec la lettre *ouverte*.	93	»
1881	Michelot.	La Fontaine, épreuve coloriée par Audebert, réduction en contre-partie ; grande marge.	47	»
1881	Muhlbacher.	La Fontaine, avant toutes lettres.	60	»
1887	Aubin.	La Fontaine, par Audebert.	45	»
1889	Decloux.	La Fontaine, état Behague.	150	»
1890	Destailleur.	Les deux pièces ; le Songe est avec la *lettre tracée* [1].	100	»
1891	Bayard.	Les deux pièces, état Behague.	98	»

Il existe de ces deux pièces deux méchantes reproductions sans valeur.

Le tableau original *La Fontaine d'amour* se trouve actuellement chez les héritiers de Sir Richard Wallace ; une répétition [2] existe chez madame Vve Paillard ; une esquisse de cette

---

1. Une épreuve avec la lettre *tracée* est généralement considérée comme une *avant lettre*.
2. Ou *réplique* ; ces deux expressions s'emploient communément l'une pour l'autre, et, malgré nos recherches et nos causeries avec des critiques et écrivains d'art érudits et sérieux, nous ne sommes jamais arrivés à pouvoir leur faire établir une différence ; pour être sincère, nous devons ce-

pièce fut adjugée 4050 francs à la vente Bérend, en décembre 1889, à M. Bernsteim, croyons-nous, qui l'exposa au Champ-de-Mars, en mai 1891, aux *Arts au début du siècle*.

La toile originale du *Songe d'amour* passa à la vente Marcille, en 1887 ; nous la retrouvons à la vente Burat, en avril 1885, où elle fut adjugée 3300 francs ; elle est actuellement dans la collection du marquis de Talleyrand.

L'Amour, 1777. — Le Dieu malin est personnifié par un enfant nu de profil à gauche, la tête penchée à droite, une flèche à la main dans un buisson de roses ; au-dessus de lui voltigent deux colombes.

La Folie. — S'élevant d'un buisson de roses, un enfant nu, les bras étendus, presque de face, agite une marotte d'où s'échappent des grelots : des colombes voltigent autour de lui.

Pendants, petit in-4° ovale en couleur, par Janinet.

1878	Roth.	Les deux pièces.	309 f. »
1880	Walferdin.	Les deux pièces.	140 »
1881	Muhlbacher.	Les deux pièces, avant toutes lettres, les noms des artistes à la pointe seulement.	565 »
1887	Aubin.	L'Amour, tiré en noir (très rare).	40 »
—	—	La Folie, grande marge.	145 »

pendant signaler la distinction qu'en fait M. Jules Adeline, dans son intéressant volume *Lexique des termes d'art*. Suivant lui, on dit : *répétition*, quand le sujet original est reproduit par l'artiste lui-même, *avec les mêmes dimensions*, et *réplique*, quand *les dimensions sont différentes* : quant à nous, nous le répétons, nous employons les deux termes indistinctement, en avouant cependant notre préférence pour *réplique*, qui nous paraît plus technique.

1890	Destailleur.	Les deux pièces.	420 f.	»
1891	Kinnen.	Les deux pièces, toute marge.	695	»
1891	Bayard.	Les deux pièces.	441	»

Ces deux pièces, qui sont assez recherchées, sont, suivant nous, très surpayées, et sont loin d'être parmi les meilleures pièces gravées par Janinet.

Les tableaux originaux, qui furent adjugés 427 livres à la vente du marquis de Véri, en 1785, sont probablement les mêmes, dit Portalis, qui se trouvent actuellement chez le baron Alphonse de Rothschild.

L'aquarelle originale de *La Folie*, signée Fragonard, a figuré à l'exposition de Francis Petit, en 1860, collection E. Marcille. Est-ce elle que nous retrouvons à la vente de la comtesse de Nadaillac, en 1887, et qui fut adjugée 810 francs ?

Il existe de *La Folie* une petite réduction en manière de lavis.

Le Verrou — Le Contrat (par Blot). Pendants petits in-folio en travers.

1877	Behague.	Le Contrat, avant la lettre et les noms des artistes à la pointe.	100	»
—	—	Le Verrou, avec la lettre.	21	»
1881	Muhlbacher.	Les deux pièces, avec le titre et les noms des artistes à la pointe, sans aucunes autres lettres.	106	»
1887	Aubin.	Le Verrou.	31	»
—	—	La même, en contre-partie, en bistre, les figures rouges, avant la		

		dédicace, par un anonyme[1].	66 f.	»
1890	Destailleur.	Les deux pièces, état Mühlbacher.	215	»
1891	Kinnen.	Le Verrou, réduction ronde en couleur par de Goüy.	50	»
1891	Bayard.	Le Verrou, avant la lettre, et les noms des artistes.	60	»
—	—	Le Contrat, même état.	51	»
1892	Baudet.	Le Verrou, par Mixelle, avant toutes lettres, en bistre.	75	»

Deux pièces sans grande valeur artistique. Il existe plusieurs *Verrou*, un in-4° gravé en contre-partie, en couleur, par Noipmacel, un autre; également en couleur, par Mixelle; et enfin un troisième, réduit de format, dessiné par Binet et gravé par Lebeau, en 1785, avec quelques légers changements; il a pour titre : *La faible Résistance ou le Verrou* ; c'est un ovale équarri. *Le Verrou et le Contrat* ont encore été gravés en couleur et en réduction par L. Guyot. *Le Verrou* a aussi été réduit, forme ronde, par de Goüy.

L'original du *Contrat* appartient au marquis d'Hautpoul; il a figuré à une exposition qui eu lieu au Corps législatif, en avril 1874, au profit de la colonisation de l'Algérie par les Alsaciens-Lorrains.

Quant au *Verrou*, le dessin original, plume et bistre, se vendit 800 livres à la vente Varanchon, 1777. Une première pensée de cette gravure, un dessin à la sépia, du Maître, signé à droite en toutes lettres, fut adjugé 4500 francs à la vente Walferdin; il est actuellement chez M. Henri Josse : c'est un des joyaux de la célèbre collection du sympathique et très aimable amateur qui a su amasser des merveilles en mobilier, éventails, miniatures,

[1]. Qui doit être, croyons-nous, Audebert ou Guyot.

bijoux, petits objets de femmes, etc..., dans son joli hôtel de l'avenue Hoche, dont il sait vous faire les honneurs avec une esquise urbanité.

Les cuivres de ces deux gravures existent encore : c'est dire qu'on en fait des tirages modernes ; il y a aussi des contrefaçons coloriées, format ovale, différentes de composition, genre imagerie, qui se vendaient *chez Deny, graveur, rue des Mathurins, etc...*, ayant pour titres : *Le Verrou ou la sûreté des amans* et *Les Regrets inutiles*, pièces sans aucune valeur marchande ou artistique.

On donne quelquefois au *Verrou* comme pendant : *Les Plaisirs interrompus*, gravé par Wille, qui existe en moderne.

La Curiosité — La Nature (par Gérard). Pendants in-4°.

1879 B. DE VEDREUIL. Deux pièces, toute marge, avec deux vers. 70 f. »

Pièces d'une *insigne rareté*, que n'a pas citées, croyons-nous, le baron Roger Portalis, et que nous n'avons jamais pu rencontrer.

La Chemise enlevée (par E. Guersant). Petit in-folio. ovale équarri.

Sur un lit, couchée de gauche à droite et vue de trois quarts, une jeune femme nue, à laquelle l'Amour, en s'envolant, essaie d'arracher la chemise; au pied du lit, renversé par terre, le flambeau de l'Amour.

1877	BEHAGUE.	Avec la lettre, grande marge.	550	»
1881	MICHELOT.	Avec la lettre.	175	»
1881	MUHLBACHER.	Avec la lettre, grande marge.	430	»

1882	Dubois du Bais.	Avec la lettre, grande marge.	230 f.	»
1887	Malinet.	Avec la lettre, très grande marge.	395	»
1889	Decloux.	Avec la lettre, marge.	155	»
1891	Bayard.	Avec la lettre.	225	»

Cette estampe présente ce cas *très particulier* et très rare, que nous ne l'avons jamais pu rencontrer en *épreuves d'état*, et qu'à notre connaissance, elle n'a jamais passé en vente publique autrement qu'avec la lettre.

La pièce est fort jolie et fort gracieuse, mais est recherchée surtout à cause du sujet, bien plus qu'à cause de sa valeur artistique.

La toile originale, peinte en 1781, qui appartenait à M. Lacaze, figurait à l'exposition de F. Petit, en 1860 ; elle se trouve actuellement au musée du Louvre; une réplique de ce tableau se trouve chez M. E. Récipon.

Barathier, en 1840, a reproduit cette gravure par la lithographie : la reproduction est en contre-partie.

Ma Chemise brûle, 1789 (par A. Legrand). Petit in-folio en travers.

Une jeune femme affolée, demi-nue, s'enfuit en relevant sa chemise dans laquelle le feu vient de prendre, vers une porte à gauche où deux femmes saisissent une cruche remplie d'eau pour éteindre ce commencement d'incendie ; dans un lit, à droite, une autre femme, les seins complètement nus, soulève le rideau et suit la scène des yeux ; un chat sur un fauteuil, un chien dans le lit de la femme couchée complètent le tableau.

1877	Behague.	Avant toutes lettres.	141	»
—	—	Avec la lettre, coloriée.	100	»

1881	Muhlbacher.	Avant toutes lettres.	125 f.	»
—	—	Avec la lettre, coloriée.	155	»
1887	Aubin.	Épreuve coloriée.	105	»
1889	Decloux.	Premier état, *avant l'inscription*[1] sur le cartouche, et au-dessus, la date du 1er novembre 1788, avec l'adresse de Bonnet; épreuve coloriée.	180	»
—	—	Avec l'inscription et les tailles sur le cartouche; au-dessus on lit la date : 1er janvier 1789; le nom d'Augustin Legrand est substitué à celui de L.-D. Furcy; l'adresse de Bonnet est effacée: on lit à gauche le nom de l'imprimeur, à droite l'adresse du graveur Legrand.	160	»
1891	Kinnen.	Avant toutes lettres, coloriée.	105	»
1891	Bayard.	Même état, marge.	70	»
—	—	La même coloriée.	95	»
1892	Baudet.	Avant toutes lettres, coloriée et encadrée.	161	»
—	—	La même, coloriée, avec la lettre, encadrée.	76	»

---

[1]. L'inscription est : *A Mlle Amable Irène des F. S^{t} H ;* ce premier état est *fort rare*.

Bien moins jolie que la précédente, est cependant recherchée toujours à cause du sujet; le graveur Legrand était un très médiocre interprète.

Le dessin original se trouve actuellement dans la collection du marquis Ph. de Chennevières, de l'obligeance duquel nous tenons ce renseignement.

L'Innocence inspire la tendresse (par E. Voysard).

In-folio en travers.

1877	Behague.	Avant la dédicace.	25 f.	»
1890	Destailleur.	Même état, très grande marge.	30	»
1891	Bayard.	Avant la dédicace.	11	»
—	—	Avant toutes lettres.	8	»

Cette estampe existe en tirage moderne.

Le Verre d'eau. — Dans une alcôve, une jeune femme couchée demi-nue sur son lit; à gauche, deux autres femmes soulèvent les rideaux : l'une d'elles, munie d'un verre d'eau, s'apprête à le jeter sur ce que nous n'osons nommer, et que nous montre la femme qui est au lit.

Le Pot au lait. — Perrette tombée à plat ventre, de droite à gauche, son pot à lait brisé, et ses jupes retroussées, voit dans l'horizon s'envoler sur un nuage moutons, couvées, etc., pendant que deux bergers, placés devant elle, se rient de son malheur.

Pendants, par N. Ponce, *petits in-folio ovales équarris en travers.*

1877	Behague.	Le Verre d'eau, grande marge.	52	»
—	—	Le Pot au lait, grande marge.	30	»

1878	Roth.	Le Verre d'eau, premier état, eau-forte pure, avant le changement; l'ovale n'est pas équarri.	275 f.	»
1880	Wasset.	La même, avant la lettre, grande marge.	32	»
1887	Aubin.	La même, avec la lettre.	51	»
1891	Bayard.	La même, état vente Roth.	40	»
—	—	La même, avant toutes lettres.	71	»
—	—	La même, avec la lettre.	19	»
—	—	Le Pot au lait.	41	»

Voici les états du *Verre d'eau* :

1er état. — Eau-forte pure, avec l'encadrement, avant les noms des artistes et avec la tablette blanche. On voit très distinctement, dans *cet état* seulement, les *parties* de la femme.

2e état. — État terminé, mais avant l'adresse.

3e état. — A Paris, chez Ponce, rue Saint-Hyacinthe, n° 19. A. P. D. R.[1]

Voici également les états du *Pot au lait* :

1er état. — Eau-forte pure, sans aucune lettre, avec la tablette blanche.

2e état. — Le titre, la tablette ombrée, les noms des artistes et A. P. D. R.

3e état. — Dans la tablette : *à Paris, chez N. Ponce, etc.*

1. Ces quatre lettres veulent dire, chacun le sait : *Avec Privilège du Roi* ; on recherche de préférence les pièces qui portent *cette mention*, parce que généralement on croit que ces lettres n'existent plus au *dernier état*, et que, partant, la planche n'est pas encore très usée ; c'est une erreur, beaucoup de pièces les ont encore à leur dernier état : ce n'est donc pas un criterium.

Il existe un état d'eau-forte pure au Département des Estampes, où les parties de la femme sont complètement *découvertes* dans *Le Verre d'eau*. Le tableau original se trouve actuellement dans la collection de M. G. Mühlbacher.

La Gimblette (par Bertony). Petit in-folio en travers.

Une jeune femme demi-nue, de droite à gauche, sur son lit et sur le dos, les jambes en l'air et demi-ployées, balance un petit épagneul qu'elle tient assis sur le bout de ses pieds.

1878	Roth.	Premier état, avant le changement, avant toutes lettres.	180 f.	»
1881	Muhlbacher.	Avant toutes lettres, avant les armes et la draperie, essais de burin sur les marges.	121	»
—	—	Avant toutes lettres, mais avec la draperie; les marges ont été nettoyées.	100	»
1891	Kinnen.	État première vente Mühlbacher.	107	»
1891	Bayard.	État vente Kinnen.	96	»

Cette *ravissante inconvenance,* comme l'appelle spirituellement M. Portalis, existe en tirage moderne, et il en a été fait de nombreuses et mauvaises contrefaçons. La toile originale, adjugée 7000 francs à la vente Walferdin [1], est actuellement chez M. Poidatz ; une réplique, chez M. Cédron. — L. Guyot a gravé cette estampe en couleur dans la forme in-18 ronde et l'a fait publier à Londres, le 8 mai 1783, par M. Picot, sous la ru-

---

1. Une répétition, à la même vente, adjugée 1010 francs.

brique : *New Thought*. Un autre artiste, Hémery, l'a aussi gravé, nous apprend M. Portalis.

Spirat adhuc amor... (par le comte de Paroy). In-4º en travers.

Cette petite pièce, en aquatinte, est l'œuvre d'un artiste amateur ; elle est, suivant nous, d'une médiocre valeur artistique et vaut de 10 à 15 francs.

Discussion de jeu au cabaret (par Campion). In-8º en travers.

1878	Roth.	Épreuve à l'état d'eau-forte.	26 f. »

Cette petite pièce que nous mentionnions dans notre première publication et dont M. le baron Roger Portalis nous a gracieusement donné acte dans son *Fragonard*, est, il faut croire, d'une *insigne rareté* : nous l'avons recherchée en vain ; nous eussions, du reste, bien pu nous en dispenser, car, quand M. Portalis a passé quelque part, il n'y a plus rien à glaner après lui, tant sont sérieuses et profondes ses investigations.

Les Pétards — Les Jets d'eau (par Auvray). Petit in-folio.

1877	Behague.	Les deux pièces, toute marge.	181 »
1880	Wasset.	Les deux pièces, premier état, avant les vers sur la tablette.	160 »
1881	Michelot.	Les deux pièces, plus les mêmes sujets ré-	

		duits, sous la rubrique : *La Nuit de noce.*	14 f.	»
1881	MUHLBACHER.	Les deux pièces, avant les vers et avant les draperies.	200	»
1887	MALINET.	Les deux pièces, grande marge.	35	»
1891	KINNEN.	Les deux pièces, état Mühlbacher.	120	»

Ces estampes existent en tirage moderne et également en contre-partie ; dans cet état, elles portent la mention : *à Paris chez Alibert*. En somme, ces pièces sont mal gravées et ne sont recherchées qu'en épreuves d'état. Nous n'en avons pas donné la description, ainsi que de beaucoup d'autres, parce que, malgré notre désir de renseigner, nous sommes un peu limité par la grosseur du volume, et nous ne voudrions pas arriver à mettre aux mains du chercheur un livre peu maniable atteignant les dimensions d'un Bottin.

Un très beau dessin à la sépia, première pensée des *Jets d'eau*, fut adjugé 510 francs à la vente Behague.

La Coquette fixée (par Couché et Dambrun). In-folio.

1877	BEHAGUE.	Avant toutes lettres.	159	»
—	—	Avec la lettre, toute marge.	51	»
—	—	La même, mais en bistre ; les figures et les mains en rouge.	59	»
1881	MICHELOT.	Avec la lettre.	30	»
1881	MUHLBACHER.	Avant la dédicace.	180	»
1881	MAILAND.	Eau-forte, grande marge.	305	»

1889	DECLOUX.	État Mühlbacher.	215 f.	»
1891	KINNEN.	Même état.	130	»
1891	BAYARD.	Avant toutes lettres, marge.	85	»

Pièce bien ordinaire. C'est Couché qui a commencé la planche à l'eau-forte.

L'Amour en sentinelle, 1777 (par Miger). In-folio ovale équarri.

Pièce sans grand intérêt, valant, suivant état et conditions, de 15 à 25 francs. Cette gravure fut exposée au Salon de 1779.

Les Baignets (par N. de Launay). Petit in-folio ovale, équarri en travers.

Devant une cheminée, et entourée d'enfants, une jeune femme, à droite, remue dans une poêle à frire, à l'aide d'une cuillère, des beignets; un chien est assis près d'elle, de profil à droite.

1877	BEHAGUE.	Avant la dédicace.	59	»
1880	MICHELOT.	Avec la lettre.	30	»
1890	DESTAILLEUR.	Avec la lettre.	31	»
1891	BAYARD.	Avant la dédicace.	41	»
—	—	Avec la lettre.	34	»

Le dessin original à la sépia exposé chez F^{cis} Petit, en 1860, appartenait à M. Walferdin; à sa vente, il fut adjugé 1540 francs; nous le retrouvons à la vente de M. Richard Lion, en 1886, où il fut adjugé 2000 francs. C'est dans le dernier état que le mot est écrit correctement *Beignets*.

Le petit Prédicateur (par N. de Launay). Même format.

Un petit enfant de gauche à droite, une poupée sous le bras, monté sur un coffre, étend son bras gauche comme pour prêcher; il est retenu par derrière sur ce coffre.

1877	Behague.	Avant la dédicace.	199 f.	»
1887	Aubin.	Même état, marge.	80	»
1890	Destailleur.	Avec la dédicace.	41	»
1891	Bayard.	État Behague, toute marge.	91	»
—	—	Avec la lettre.	26	»

Il existe de cette estampe, et en contre-partie, une lithographie de Gillaux.

L'Éducation fait tout (par N. de Launay). Même format.

Une jeune fille, entourée de petits enfants, fait tenir debout contre le mur deux chiens, l'un coiffé d'un large chapeau, l'autre enveloppé d'un manteau.

1877	Behague.	Avant la dédicace, toute marge.	370	»
1878	Roth.	Eau-forte pure, avant toutes lettres; la place des armes est en blanc.	290	»
—	—	État Behague.	161	»
1890	Destailleur.	Avec la dédicace, grande marge.	29	»
1891	Bayard.	Eau-forte pure; état Roth.	52	»
—	—	Avec la lettre.	40	»

On donne quelquefois comme pendant *L'heureuse Fécondité*.

La gravure a figuré au Salon de 1791. — Le dessin original à la sépia, appartenant à M. Walferdin, fut vendu 3000 francs, en 1880.

Dites donc s'il vous plaît (par N. de Launay). Même format.

Dans un intérieur rustique, un joli enfant en chemise fait face à sa mère, jeune femme assise et à la gorge nue, qui tient sur ses genoux un énorme pain rond déjà entamé ; quatre autres bambins complètent le tableau.

1890	Destailleur.	Avec la dédicace.	31 f.	»
1891	Bayard.	Avant la dédicace, toute marge.	76	»

Le dessin original à la sépia, signé en toutes lettres, fut adjugé 660 francs à la vente Walferdin; il est actuellement chez le comte de Pourtalès. A la vente Camille Marcille, en mars 1876, un autre dessin, mais différent, fut payé 1160 francs. Mais le dessin au bistre, d'après lequel de Launay a fait sa gravure, est actuellement chez M. Edmond de Goncourt, qui l'a acheté à la vente Villot, en 1859, la somme de 142 francs !

Les quatres petites pièces que nous venons de décrire forment *une suite*; elles sont fort jolies et fort gracieuses et gravées d'une façon très remarquable par cet habile artiste qui s'appelle Nicolas de Launay. Les cuivres existent chez M. Gosselin : c'est dire qu'on en fait des tirages modernes.

Nous avons eu l'occasion de voir *Dites donc s'il vous plaît*, gravé en couleur dans la manière de Gautier-Dagoty ; le format était bien plus grand ; cette pièce rare et curieuse fut vendue par M. Jules Bouillon, en février 1888, la somme de 80 francs, et achetée, croyons-nous, par M. Paulme [1].

---

1. Au moment où nous écrivons ces lignes, nous apprenons la mort du sympathique marchand d'estampes de la rue Royale ; il y a quelques mois à peine, nous avions encore recours à son obligeance habituelle et feuil-

La fuite à dessein (par Macret et Couché), 1783.

Petit in-folio.

Jeune fille s'enfuyant dans la campagne, de droite à gauche, les bras étendus en avant, pour échapper à la poursuite d'un jeune gars que la déclivité du terrain, sans doute, ne permet que d'apercevoir à mi-corps, à droite.

1877	Behague.	Avec la lettre, grande marge.	99 f.	»
—	—	La même, en bistre, la figure et les mains sont rouges.	31	»
1881	Berthier.	Avant la dédicace.	46	»
1881	Muhlbacher.	Eau-forte, avant toutes lettres ; toute marge.	345	»
—	—	Avant la lettre, avant les armes.	175	»
1881	Saint-Geniès.	Même état.	155	»
1887	Jacquinot.	Avant la lettre.	84	»
1889	Decloux.	Avant la dédicace.	95	»
1890	Destailleur.	Avant la lettre.	175	»
1891	Bayard.	Avec la lettre.	60	»

Fort jolie pièce, très finement gravée ; la toile originale fut adjugée 22000 francs à la vente Marcille, en 1876 ; elle se trouve actuellement à Vienne, chez le baron Albert de Rothschild ; une réplique chez Mme la vicomtesse d'Harcourt.

letions, chez lui, ses cartons, où sont passées les plus belles pièces de notre École française ; nous envoyons à son fils, M. Marius Paulme, l'expression de notre douloureuse condoléance et le remercions de vouloir bien nous continuer le précieux concours que nous prêtait si obligeamment son regretté père.

Joseph Paulme, mort le 28 janvier 1892, s'occupait d'estampes depuis 1863, mais, il ne s'établit réellement marchand qu'en 1876.

Le pendant est *La petite Thérèse*, d'après Caresme, gravé par Couché également.

Les deux Sœurs (par Vidal). In-folio.

Pièce assez insignifiante, valant de 15 à 20 francs avec la lettre, le double avant la lettre.

Le Baiser dangereux — Le Refus inutile
(par F. Flipart). In-folio ovale équarri.

Pièces qui ne sont pas très communes, valant l'une dans les 15 à 20 francs.

L'agréable Illusion — Le Réveil (par Mixelle). Pièces en couleur, ovales.

| 1881 | Muhlbacher. | Les deux pièces, la seconde remargée. | 101 f. | » |
| 1889 | Decloux. | Les deux pièces, la seconde sans marge. | 130 | » |

Ces deux estampes sont *très rares*.

Le joli Chien (chez A. Legrand). Petit in-folio ovale.

Une femme couchée sur le dos dans un grand lit à rideaux, la chemise retroussée à la hauteur des reins, montre un gâteau à un petit chien qui se tient en équilibre sur sa jambe gauche, laissant voir ainsi tout ce qu'il est possible de montrer !

| 1889 | Decloux. | Toute marge. | 18 | » |

Cette estampe assez rare n'est qu'une réminiscence de *la Gimblette*.

La Culbute (par Charpentier). Petit in-folio en travers.

Dans un intérieur rustique, un peintre assis à gauche est renversé, ainsi que son tableau et son chevalet, par la brusque irruption d'un jeune gars qui se précipite sur une fille qu'il bouscule et qu'il enlace, tandis qu'en haut, à gauche, une femme contemple ce spectacle.

1877	Behague.	Avec la lettre.	40 f.	»
1881	Muhlbacher.	Avant toutes lettres.	42	»
1890	Destailleur.	Épreuve toute marge.	52	»
1891	Bayard.	Avec marge.	13	»
—	—	Épreuve en noir, marge.	18	»

Les tirages ordinaires sont en bistre et manière de lavis, c'est une sorte de fac-simile de dessin. — Le dessin original, en bistre, se trouve actuellement dans la collection de Goncourt ; il a figuré, sous le n° 588, à l'exposition de l'école des Beaux-Arts, en mai-juin 1879.

L'heureux Moment (par Marchand). Petit in-folio en travers.

Sur un lit très bas, une jeune femme assise, la toilette en désordre, la gorge demi-nue, le coude gauche appuyé sur un oreiller, retourne la tête de droite à gauche, les yeux mi-clos, pour baiser sur la bouche un amoureux à moitié caché derrière le lit, qui lui prend la taille.

| 1890 | Destailleur. | Épreuve avec toute sa marge. | 80 | » |

Cette pièce est absolument jolie et assez rare. M. Henri Béraldi en possède une merveilleuse épreuve avant toutes lettres, à la *marge vierge*.

L'Amour caressant Psyché qui le repousse [1] (?)

Cette pièce, sans nom de graveur, existe à la Bibliothèque Nationale ; elle est peut-être même de la main du Maître lui-même. Le dessin original se trouve dans la collection du baron Edmond de Rothschild.

La Résistance inutile — Il a cueilli ma rose (par Vidal). In-folio en travers.

Pièces rares ; dernièrement *La Résistance inutile* fut adjugée 36 francs à la vente Bayard ; de Goncourt la décrit : « Jeune fille repoussant à coups d'oreiller un Amour blotti dans sa couverture au pied de son lit. »

Annette à 15 ans — Annette à 20 ans (par Godefroy). In-4° en travers.

Pièces bien insignifiantes et sans valeur.

L'Occasion (par Regnault).

Dans une chambre envahie par la fumée d'un poêle, se trouvent une mère de famille et ses enfants ; la fille aînée et son amoureux se dressent pour se donner un baiser ; dans un coin le père dort ; un chien complète le tableau.

Cette estampe est de *toute rareté;* le dessin original, qui appartient à M. du Sommerard, a figuré, sous le numéro 578, en mai-juin 1879, à l'exposition des dessins à l'École des Beaux-Arts.

---

1. Rubrique donnée à cette pièce par M. le baron R. Portalis.

Le premier Pas de l'enfance — L'Enfant chéri (par Vidal).

Ces deux grands in-folio en travers sont très faibles au point de vue artistique, et valent environ 15 à 20 francs chaque ; ils sont gravés en manière d'aquatinte.

Le Chiffre d'amour (par N. de Launay). In-folio.

Une jeune femme debout, de profil à droite, grave un S sur l'écorce d'un arbre ; près d'elle, sur un banc de pierre à droite, un chien assis la regarde ; par terre, une lettre ouverte.

1877	Behague.	Avec la lettre, marge.	50 f.	»
1887	Malinet.	Même état.	52	»
1891	Bayard.	Même état, grande marge.	72	»

Cette estampe existe en tirage moderne. — Le tableau original sur bois a appartenu au duc de Morny, et fut vendu 35000 francs sous la rubrique *Le Souvenir*; il avait figuré en 1860 chez Petit et se trouve actuellement chez les héritiers de Sir Richard Wallace. Cette estampe a été lithographiée par Gillaux.

Les deux Baisers (par Marchand). Deux pièces in-folio.

1877	Behague.	Avec grande marge.	72	»
1881	Muhlbacher.	Avec la première adresse *rue Mazarine*.	86	»
1887	Aubin.	Même état, grande marge.	151	»

Ne pas les confondre avec ceux de de Bucourt, avec lesquels ils n'ont, du reste, aucun rapport.

La bonne Mère, 1779 (par N. de Launay). Grand in-folio ovale équarri.

Une mère, donnant des soins à ses enfants, est assise sur un banc dans un parc; sur le berceau, placé à gauche, est couché un gros bébé; la mère pose sa main droite sur la tête de sa fille et, de la gauche, trempe un linge dans un plat d'étain pour la débarbouiller. Un petit garçon, à droite, dont on ne voit que la moitié du corps et qui se cache la figure avec son chapeau, verse de l'eau dans le plat; un chat, placé derrière elle, sur le mur, se frotte contre son épaule; au fond de la composition, un paysage.

Le Serment d'amour (par J. Mathieu). Même format.

Un jeune homme, enlaçant amoureusement la taille d'une jeune fille, et l'embrassant sur la bouche, étend la main, ainsi que sa compagne, sur une pierre que soutiennent deux Amours et qui porte l'inscription : *Serment d'aimer toute la vie.* La scène se passe près d'un arbre au feuillage touffu.

Pièces faisant pendants.

1877	BEHAGUE.	Les deux pièces.	66 f.	»
1878	ROTH.	Le Serment.	36	»
—	—	La bonne Mère.	35	»
1880	WALFERDIN.	Le Serment.	26	»
1881	MAILAND.	La bonne Mère, avec une autre épreuve ronde en réduction, en contre-partie, par Audebert.	41	»
1881	MUHLBACHER.	La bonne Mère, eau-		

		forte, avant l'encadrement.	161 f.	»
1881	MUHLBACHER.	Les deux, avec le titre, le fleuron, sans aucunes lettres.	165	»
1887	AUBIN.	La bonne Mère, épreuve ronde en contre-partie, coloriée au pouce et réduite, par Audebert; toute marge.	125	»
—	—	Les deux pièces, toute marge.	170	»
1890	DESTAILLEUR.	Les deux pièces.	125	»
1891	BAYARD.	Les deux pièces.	70	»

Voici les états que nous connaissons de *La bonne Mère* :

1er état. — Eau-forte pure.
2e état. — Avant la dédicace et les armes.
3e état. — Le titre, les armes et la dédicace.

Les cuivres de ces deux estampes existent. — Nous avons eu occasion de voir, chez M. Paulme, une épreuve *en couleur* avant toutes lettres de *La bonne Mère*; il existait quelques changements avec celle de de Launay, elle était de format in-folio ovale en travers, gravée dans le goût de Dagoty. La toile originale se trouve chez le baron Edmond de Beurnonville; elle fut exposée, en 1878, au pavillon de Flore ; la gravure figurait au Salon de 1779.

La toile originale du *Serment d'amour* passa à la vente Saint, en 1846, puis à la vente Horsin-Déon, en 1868, et fut adjugée 18000 francs ; nous la retrouvons à la vente du prince Narischkine, en 1883, où le baron Ferdinand de Rothschild l'acquit pour 42000 francs; une réplique, croyons-nous, provenant du château de Chambaudoin (Loiret), fut vendue 900 francs, le 22 janvier 1891, par M. Lasquin; elle n'était pas, paraît-il, en entier de la main du Maître, et avait été achevée postérieurement. Une première pensée de cette composition, dessin à la sépia, figure dans la collection Groult.

La toile originale de *La bonne Mère*, appartenant à M. le baron d'Aubigny, figurait à l'exposition des *Cent chefs-d'œuvre*, galerie G. Petit, en juin 1892.

L'Amour ingénieux 1788 — Télémaque et Eucharis
(par Legrand Furcy).

Pièces coloriées in-4° ovale, sans valeur.

L'Inspiration favorable (par L. Halbou). In-folio ovale équarri.

Une jeune femme, vue à mi-corps, la gorge découverte, assise devant une table, regarde à droite un petit Amour qui, derrière elle, appuyant ses mains sur ses épaules, essaie de substituer une flèche à la plume que tient la jeune femme pour écrire. Dans le cartouche qui est sur la tablette, un petit Amour de profil à gauche, tenant une lettre d'une main et une colombe sur l'autre.

1878	Roth.	Avec la lettre, grande marge.	67 f. »
1879	Michel.	Avec la lettre.	10 »
1889	Vignères.	Avec la lettre.	10 »
1890	Destailleur.	Avec *le Messager fidèle*.	25 »

Cette pièce est très finement gravée; elle a pour pendant *Le Messager fidèle*, d'après Lallié, également par Halbou. Il existe de ces estampes des tirages modernes. M. Portalis nous signale une estampe, ayant pour rubrique *Sapho*, gravée au pointillé par Mlle Papavoine, qui ne serait autre que la contre-partie de *l'Inspiration favorable*, avec les seins plus découverts.

La Bascule. — Dans la campagne, une jeune femme assise à gauche, sur une planche soulevée par le contrepoids que font à l'autre bout deux enfants et un homme coiffé d'un chapeau.

Le Colin-Maillard. — Dans la campagne, à l'entrée d'une ferme, une jeune fille de face, coiffée d'un chapeau, la gorge demi-nue, les yeux bandés et les bras étendus en avant ; derrière elle, un jeune gars lui chatouille malicieusement le nez avec un brin de paille : à droite, près de la fille, deux tout jeunes enfants.

Pendants in-folio par Beauvarlet, *1760.*

1877	Behague.	Le Colin-Maillard, avant toutes lettres, grande marge..	120 f.	»
1878	Roth.	Les deux pièces, avec la lettre.	125	»
1881	Michelot.	Les mêmes, toute marge.	69	»
1887	Malinet.	Les mêmes.	37	»
1890	Destailleur.	Le Colin-Maillard, avant toutes lettres, marge.	410	»
1891	Bayard.	Les deux pièces.	51	»

L'original du *Colin-Maillard*, actuellement chez M. le comte de Sinety. On trouve quelquefois ces deux estampes avec le nom de *Boucher*, sur certaines épreuves et avant la date de 1760.

La Déclaration. — Sous des colonnades et au pied d'une statue de l'Amour, à gauche, un jeune homme, à genoux, baise la main d'une jeune femme accompagnée d'une amie.

Le Serment. — Sous des colonnades entourées de feuillages deux couples : celui de gauche, un jeune homme et une jeune femme debout, se tenant par la taille ; celui de droite, assis près d'un socle que surmonte une statue de Vénus et de l'Amour, le jeune homme, tenant la main droite de la femme dans la sienne, la regarde tendrement.

Pendants in-folio par Bervic.

1877	BEHAGUE.	Des deux pièces avant toutes lettres.	305 f.	»
1890	DESTAILLEUR.	La déclaration, avant toutes lettres.	150	»
—	—	Les deux pièces, avant toutes lettres.	1050	»
1891	BAYARD.	Les deux pièces, même état.	280	»

Ces estampes existent en tirage moderne. — L'original de *La Déclaration* se trouve actuellement chez M. Déglise. Ces deux pièces sont *rares* en épreuves anciennes et ne sont recherchées qu'en *épreuves d'état*.

Le Sacrifice de la rose (par H. Gérard). Grand in-folio.

L'Amour vient embraser, à l'aide d'une torche, une rose qu'une jeune fille demi-nue vient déposer sur un piédestal ; autour, deux Amours.

1878	ROTH.	Avant toutes lettres, seulement Gérard à la pointe sèche.	60	»
1881	MAILAND.	Avec la lettre.	11	»
1881	MICHELOT.	Avec la lettre.	20	»

Séduisante composition qu'on a comparée au *souffle de sainte Thérèse, dans une image de Parny!*

Le dessin au lavis, rehaussé d'aquarelle, a figuré chez Petit, en 1860; il appartenait à M. Eudoxe Marcille; nous le retrouvons à l'Exposition centennale, en 1889; nous croyons que ce dessin, très poussé et signé, à gauche, en toutes lettres, fut adjugé 2600 francs à la vente Walferdin. Le tableau original, peinture sur bois, à la vente du comte Daupias, en mai 1892, fut adjugé 6000 francs; il provenait d'une vente A... (avril 1892), où il fut adjugé (?). Il existe des répliques avec variantes de cette composition, chez Mme veuve Paillard et chez le comte de Ganay. A la vente Walferdin, le tableau original avait été adjugé 8000 francs; le même sujet avec variante, à la même vente, 4100 francs; cette composition est la même que celle du dessin vendu 2600 francs.

L'heureuse Fécondité (par N. de Launay). Petit in-folio ovale équarri, en travers.

Jeune femme, assise de profil à droite, tenant un enfant demi-nu sur ses genoux, regarde son mari qui, en même temps qu'un âne, passe la tête en face d'elle par la fenêtre; autour d'elle, d'autres enfants et un chien couché, avec lequel l'un d'eux joue.

1877	BEHAGUE.	Avec la lettre.	22 f.	»
1878	ROTH.	Avant la dédicace, toute marge.	190	»
—	—	Avant la lettre.	50	»
1880	WALFERDIN.	État d'eau-forte.	200	»
1890	DESTAILLEUR.	Avec la lettre.	21	»

L'estampe existe en tirage moderne. — La gravure figura au Salon de 1777. C'est une réduction de *La Famille du fermier.*

S'il m'étoit aussi fidel (par Dennel). In-folio.

1879	M. DE NANCY.	Avant toutes lettres, marge.	34	»

1881	LE FILLEUL.	Même état.	19 f.	»
1882	DUBOIS DU BAIS.	Avec la lettre, toute marge.	35	»
1889	DECLOUX.	Avant toutes lettres.	86	»

Il existe de cette pièce une réduction en travers, en aquatinte, avec quelques légères variantes, faite par Saint-Non, en 1776. Le dessin original de Fragonard, bistre rehaussé de gouache, dans la collection de Goncourt.

La Famille du fermier, 1791 (par Romanet). In-folio en travers.

1877	BEHAGUE.	Avant la lettre.	99	»
1878	ROTH.	Avant la lettre.	59	»
—	—	Épreuve portant : *Beauvarlet direxit*, ce qui caractérise le premier état.	25	»
1891	KINNEN.	Avant toutes lettres.	57	»
1891	BAYARD.	Eau-forte pure.	50	»
—	—	Eau-forte très avancée[1].	50	»
—	—	Avant toutes lettres, grande marge.	51	»

Cette pièce est la même composition que *L'heureuse Fécondité*, mais dans un format plus grand. La planche a été commencée à l'eau-forte, par Marillier.

Le Baiser à la dérobée (par N.-F. Regnault). In-folio au pointillé en travers.

Une jeune fille, assise à sa table de travail, se lève pres-

---

1. Nous avons eu occasion de voir cet état chez M. Louis Valentin; l'estampe est ainsi très particulièrement intéressante.

tement pour tendre sa joue à un jeune homme qui, par une porte à droite, entre et vient y déposer un baiser. A gauche, par une autre porte entrebâillée, on aperçoit d'autres ouvrières assises et travaillant.

1877	BEHAGUE.	Avant toutes lettres, seulement le nom du graveur à la pointe ; grande marge.	149 f.	»
—	—	La même, même état, mais coloriée.	96	»
1879	MICHEL.	Avec la lettre.	26	»
1882	CORNEILLAN.	Avant la lettre, sans marge.	68	»
1887	MALINET.	État Behague en noir.	151	»
1891	BAYARD.	Même état.	240	»
—	—	La même, épreuve coloriée, même état.	36	»

Le cuivre existe. — M. Magnier l'a également reproduite. L'épreuve coloriée, quoique assez rare, est peu recherchée.

L'heureuse Famille (par J.-G. Huck).

Cette pièce, signalée par M. Portalis, nous est complètement inconnue, ainsi que le nom du graveur. La toile originale passa à la vente Secrétan, en juillet 1889; mise sur table à 25000 francs, elle fut adjugée à M. Tedesco 45500 francs.

CONTES DE LA FONTAINE (Illustration pour les)

Nous renvoyons à M. le baron Portalis pour les nombreux et minutieux détails relatifs à ces illustrations.

Contentons-nous de donner les quelques renseignements suivants qui, tout sommaires qu'ils vont être, ne laisseront pas, croyons-nous, d'intéresser le lecteur.

L'éditeur, P. Didot, devait publier, en 1795, en deux volumes in-4°, 80 dessins du Maître ; cette promesse ne reçut malheureusement pas sa complète exécution, il n'y eut qu'un volume de livré au public, et 20 dessins, gravés d'après Fragonard, Mallet et Touzé.

Cinquante-sept dessins seulement furent exécutés par Fragonard, pour le duc de Choiseul, disent les uns, pour le fermier général Bergeret, affirment les autres, et reliés en deux volumes in-folio, maroquin rouge, dos orné, dentelle à la grecque sur les plats, doublés de tabis, tranche dorée ; ce manuscrit, qui ne renferme que *Les Contes*, pour lesquels Fragonard a fait ces merveilleux dessins à la sépia, est actuellement dans la bibliothèque de M. Henri Béraldi, qui l'acheta, à Morgand, 50000 francs ; il provenait de la bibliothèque de M. E. Paillet. A quelque temps de là, comme nous complimentions M. Morgand sur cette grosse dernière affaire : « J'ai offert 20000 francs de bénéfice à M. Béraldi s'il voulait me rétrocéder mon volume, nous dit-il, mais le possesseur a décliné mon offre !! » — Nous engageons vivement le lecteur à se procurer le catalogue Morgand, n° 20 ; c'est un précieux bulletin bibliographique, rédigé avec la haute compétence qui caractérise le savant libraire, que nous avons consulté bien souvent et près duquel nous avons toujours trouvé le plus courtois accueil, ce dont nous sommes heureux de le remercier ici, ainsi que M. Edouard Rahir, son bras droit, dont les connaissances techniques, servies par une mémoire merveilleuse, nous ont évité bien des recherches, bien des pertes de temps.

En 1880, à la vente Walferdin, nous trouvons 48 dessins de compositions différentes, encadrés par séries de quatre ; ils furent adjugés 10500 francs. Quarante-deux étaient dessinés à la pierre noire et les six autres à l'encre, lavés de sépia ; ils mesuraient 20 centimètres de hauteur, sur 13 centimètres de largeur. En mai 1888, à la vente Feuillet de Conches, nous retrouvons 44 de ces dessins, qui furent adjugés 7000 francs à M. le baron Roger Portalis.

Nous ne reprendrons pas les prix obtenus pour ces différentes compositions gravées, dans les ventes Behague, Wasset, Mühlbacher, etc. Nous renvoyons, pour cela, à notre première publication ; mentionnons cependant la vente Sieurin, en 1879, où une suite de 83 pièces, plus deux titres, destinés à orner l'édition Didot, fut adjugée 20000 francs à Morgand, pour compte de M. Louis Rœderer.

Nous ne pouvons passer sous silence la suite complète des 62 figures, à l'état d'eau-forte, pour illustrer *Les Contes*, par Honoré Fragonard, et gravées par Martial, in-4°, tirage in-folio sur papier de Hollande ; publiée chez P. Rouquette, en 1880. Cette intéressante publication, épuisée quelques jours après son apparition, est devenue *fort rare* aujourd'hui ; elle fait le plus grand honneur à l'intelligent éditeur, qui ne compte plus ses succès ; il vient, du reste, de se retirer des affaires, passant la main à son fils Alexis, qui va continuer ses brillantes traditions.

1887	Aubin.	Joconde [1] (3° planche), par Trière, avant la lettre.	21 f. »
—	—	Le Cocu battu et content, par Delignon, en couleur, sans marge.	100 »
—	—	Le Savetier, par Dambrun, avant la lettre, toute marge.	30 »
—	—	Le Paysan qui a offensé son seigneur, avant la lettre ; avec La Gageure des trois commères [2] (3° planche), tirage postérieur.	20 »
—	—	Le Calendrier des vieillards, par Dambrun,	

1. La Joconde a trois planches ou scènes :
La 1re, le Départ. — La 2e, le Lit. — La 3e, le Pardon.
2. La Gageure des trois commères a trois planches ou scènes :
La 1re, la Servante. — La 2e, le Poirier. — La 3e, le Fil.

		en couleur, sans marge.	100 f. »
1887	AUBIN	On ne s'avise jamais de tout, par Patas, eau-forte avancée, avec une grande marge.	115 »
—	—	La même, avant la lettre, toute marge.	30 »
—	—	La Fiancée du roi de Garbe[1] (1re planche) avant la lettre, grande marge.	23 »
—	—	La même, (2e planche), état d'eau-forte.	215 »
—	—	La même, (3e planche), avant toutes lettres, non terminée, toute marge.	200 »
—	—	La Coupe enchantée, avant la lettre, toute marge.	24 »
—	—	Le Magnifique, par Tilliard, eau-forte, toute marge.	225 »
—	—	Belphégor, par Duclos et Patas, avant la lettre, toute marge.	20 »
—	—	La Clochette, par Dambrun, eau-forte remargée.	80 »

1. La Fiancée du Roi de Garbe a trois planches ou scènes : La 1re, la Cassette. — La 2e, le Chevalier. — La 3e, l'Arbre.

1877	AUBIN	Le Glouton, par Simonet, avant la lettre; le Baiser rendu ¹, par Lingée, avant la lettre; deux pièces toute marge.	52 f.	»
1889	VIGNÈRES.	Fleuron du titre, par Choffard, édition Didot, toute marge.	92	»
—	—	Joconde, 3ᵉ planche, avant toutes lettres, toute marge.	15	»
—	—	Le Mari confesseur ², eau-forte pure, toute marge.	100	»
—	—	Le Gascon puni, eau-forte, marge.	55	»
—	—	Le Paysan et son seigneur ³, eau-forte pure, toute marge.	132	»
—	—	La même, avant toutes lettres, grande marge.	11	»
—	—	La Fiancée du roi de Garbe, 2ᵉ planche, avant toutes lettres.	13	»
		Le Paté d'anguilles, eau-forte pure, grande marge.	160	»

1. *Le Baiser rendu* est la deuxième planche, *le Baiser prêté* étant la première.
2. Le dessin original, à la sépia, actuellement dans la collection Louis Rœderer.
3. Cette pièce existe coloriée; elle fut vendue par Durel, en juin 1887, à la vente H. C., 95 francs; elle est assez rare.

1889	Vignères.	Matrone d'Ephèse, avant la lettre, les noms des artistes à la pointe.	13 f.	»
—	—	Le Glouton, avant la lettre.	6	»
—	—	Le Baiser rendu, eau-forte pure, marge.	205	»
—	—	La même, avant toutes lettres, toute marge.	21	»
—	—	Les deux Amis ; deux épreuves, eau-forte et avant toutes lettres.	490	»
—	—	Sœur Jane ; eau-forte pure, grande marge.	399	»
—	—	Le Muletier ; eau-forte pure, toute marge.	265	»
1891	Kinnen.	Treize pièces, avant la lettre, marge.	260	»

Les dessins originaux, aquarellés du *Poirier enchanté* et de *La Jument du compère Pierre*, ont passé dans la collection Delbergue-Cormont.

FRAINE (J. de, d'après)

?

L'Acte d'humanité (par R. de Launay). In-4° en travers.

1877	Behague.	Épreuve avant la dédicace.	30	»

La pièce existe en tirage moderne.

FREUDEBERG (Sigismond, d'après)
1745-1801

Freudeberg, de son vrai nom Freudenberger, naquit à Berne en Suisse; dessinateur séduisant, ce fut à lui que s'adressa l'éditeur Prault pour la *première suite* d'un ouvrage qui prit le titre de :

Suite d'Estampes pour servir a l'histoire des mœurs et du costume des François dans le dix-huitième siècle. Année 1774. *A Paris, de l'impr. de Barbou, 1774,* in-fol. de 15 ff. de texte et 12 estampes. Ce titre est *le plus rare,* on le trouve plus communément avec l'adresse et l'année 1775. *A Paris, de l'impr. de Prault, 1775,* in-fol. de 15 ff. de texte et 12 estampes.

Voici quelques détails intéressants sur ces douze estampes, formant la première suite du *Monument du costume physique et moral.*

On les trouve isolées et fort *rarement* à l'état *d'eau-forte* et *d'avant lettres,* avec ou avant les cadres — avec la lettre et la tablette blanche — avec la lettre et la tablette ombrée — avec la lettre, la tablette ombrée, la légende et le numéro, lequel se trouve au bas, sous le milieu du trait carré, avec l'adresse : *A Paris, chez Buldet, rue de Gesvres.*

Nous verrons plus loin, à *Moreau le jeune,* les deux autres suites qui complètent la série ; le texte de ces trois séries est *attribué* à Restif de la Bretonne.

Voici ces douze pièces, que nous allons successivement passer en revue :

Le Lever.
Le Bain.
La Toilette.
L'Occupation.
La Visite inattendue.
La Promenade du matin.
Le Boudoir.

Les Confidences.
La Promenade du soir.
La Soirée d'hyver.
L'Évènement au bal.
Le Coucher.

Il existe de cette suite une très petite réduction assez rare, in-32, gravée en contre-partie et publiée dans l'Almanach de Gotha, 1776 ; elles portent des numéros et sont très mauvaises de tirage, les planches étant absolument éreintées. M. Rouquette a eu l'obligeance de nous envoyer en communication un petit volume in-8º contenant, sans texte, très délicatement remargées à plat, ces 12 petites pièces qui mesuraient 9 centimètres sur 5 ; elles ne portaient aucun nom d'artiste, étaient entourées d'un trait carré, avec le titre sur la tablette blanche, et n'avaient pas de numéros. Quoique médiocres, elles étaient cependant infiniment supérieures à celles de Gotha. Ces réductions ne reproduisaient pas toujours *in extenso*, si nous pouvons nous exprimer ainsi, l'original ; ainsi, par exemple, dans *Le Coucher* réduit on ne voit pas *l'écran* qui est près de la cheminée, à droite, dans l'original ; dans *L'Évènement au bal*, qui porte ici simplement pour titre *Le Bal, la table chargée de fruits* et *l'applique* qui est à droite ont disparu. Dans l'almanach, ces douze pièces font face chacune aux douze mois ; à la vente de la bibliothèque Destailleur, en 1891, ce petit volume fut adjugé 100 francs.

Mais revenons aux estampes originales et donnons leurs descriptions et les prix qu'elles ont atteints, en faisant remarquer, en passant, qu'elles sont *loin de valoir* les suites de Moreau.

Le Lever, 1774 (par Romanet). Petit in-folio.

Une jeune femme, couchée, se réveille en se frottant les yeux, pendant qu'une camériste, à droite, écarte les rideaux d'un lit à riche baldaquin, et qu'une autre, à gauche et à genoux, baise la main droite de sa maîtresse, qui pend hors du lit, et s'apprête à lui donner ses mules.

1879	Michel.	Avant le numéro.	111 f.	»
1881	Muhlbacher.	Avec la tablette blanche.	190	»
1881	Mailand.	Avec la lettre.	40	»
1887	Jacquinot.	Avant toutes lettres, seulement les noms des artistes.	182	»
1887	Malinet.	Avec la tablette blanche, c'est-à-dire même état que vente Jacquinot.	180	»
1891	Kinnen.	Même état que vente précédente.	75	»
1891	Bayard.	Épreuve avec la lettre, toute marge.	46	»

Le dessin original se trouve actuellement chez le baron Edmond de Rothschild. — En mai 1891, Morgand partait pour Berlin et achetait, en vente publique, au prix de 109,500 marks, soit, avec les frais, près de 150,000 francs, les dessins suivants :

Quatre Freudeberg : *La Promenade du soir* — *Le Lever* — *La Confidence* — *La Toilette.*

Dix Moreau le jeune : *La Partie de whish* — *Les Précautions* — *N'ayez pas peur, ma bonne amie* — *La Déclaration de grossesse* — *Les petits Parrains* — *L'Accord parfait* — *Le vrai Bonheur* — *La Rencontre au bois de Boulogne* — *Le Pari gagné* — *La Dame du palais de la Reine.*

Ces dessins, que nous avons eu la bonne fortune d'avoir entre les mains et d'examiner à notre aise, sont absolument remarquables et de la plus parfaite authenticité ; ils sont sur traits de plume, lavés de sépia. Les Moreau étaient signés et datés, les Freudeberg ne l'étaient pas, quelques-uns étaient légèrement tachés, et tous collés en plein sur de méchant papier.

Le Bain, 1774 (par Romanet). Petit in-folio.

Sous des draperies à baldaquin et dans une baignoire en

sopha, une jeune femme, vêtue d'un peignoir, laissant voir nu le sein gauche, est assise et appuyée sur le bras gauche ; sa servante lui apporte, sur un plateau, son chocolat et une lettre qu'elle tient à la main ; un petit chien suit, en gambadant, la soubrette.

1877	BEHAGUE.	Avant toutes lettres, seulement les noms des artistes à la pointe ; grande marge.	655 f.	»
1881	MUHLBACHER.	Même état.	480	»
—	—	La même, avec la tablette blanche, épreuve remargée.	81	»
1881	MAILAND.	Avant le numéro	61	»
1887	MALINET.	État Behague.	220	»
1891	BAYARD.	Avec la lettre.	42	»

Le dessin original, à la sépia, chez M. H. Josse ; il provenait de chez le prince de Ligne.

La Toilette, 1774 (par Voyez major). Petit in-folio.

Une jeune femme est assise presque de face devant sa toilette, tenant dans la main droite un livre qu'elle lit ; une soubrette est en train de la coiffer, pendant qu'un jeune marquis, assis à gauche, lui débite des compliments ; par terre, un chat joue avec un ruban.

1877	BEHAGUE.	Avant toutes lettres et *avant la bordure*.	605	»
1881	MUHLBACHER.	Même état.	500	»
—	—	Avec la tablette blanche.	230	»
1881	MICHELOT.	Avec la lettre, toute marge.	43	»

1889	Decloux.	Avant le numéro.	72 f.	»
1891	Bayard.	Avant le numéro, toute marge.	200	»
1892	Bardin.	Avec la tablette blanche.	100	»

Un dessin, première pensée peut-être de celui d'après lequel l'estampe a été gravée, lavé d'encre de chine et d'aquarelle, passa à la vente du comte Jacques de la Béraudière, en 1883, ainsi qu'un autre du Maître, *Le Repentir*. — *La Toilette*, retour de Berlin, actuellement chez le baron Edmond de Rothschild.

Il existe, croyons-nous, une petite pièce de même rubrique que *La Toilette*, mais différente cependant, gravée à l'eau-forte par le Maître, qui fut adjugée 155 francs à la vente Destailleur.

L'Occupation, 1774 (par Lingée). Petit in-folio.

Une jeune femme, assise les jambes croisées devant un métier à tapisserie, se penche vers un jeune homme assis à sa gauche, pendant que sa servante arrange un vase de fleurs posé sur un meuble et qu'un perroquet babille sur les barreaux de son perchoir.

1881	Muhlbacher.	Eau-forte pure, avant toutes lettres et *avant la bordure*; grande marge.	599	»
—	—	Avec la tablette blanche.	215	»
1881	Michelot.	Avec la lettre, grande marge.	50	»
1889	Decloux.	Avec la lettre.	30	»
1891	Bayard.	Avant le numéro, toute marge.	40	»
1892	Baudet.	Sans désignation d'état.	42	»

Le dessin original, sépia rehaussée de blanc, se trouve actuellement chez M. H. Josse, qui l'acheta, à la vente Mahérault, 5100 francs.

La Visite inattendue, 1774 (par Voyez major). Petit in-folio.

Une jeune femme debout, un ridicule au bras et un éventail à la main droite, se dégage des bras d'un jeune homme en lui montrant le bout de la robe sur laquelle s'est refermée une porte placée à droite, preuve flagrante de son infidélité envers elle ; près de la porte, un petit épagneul.

1877	BEHAGUE.	Avant toutes lettres et *avant la bordure.*	460 f.	»
1881	MUHLBACHER.	Même état.	400	»
1881	MAILAND.	Avec la lettre, marge.	60	»
1887	MALINET.	Avant le numéro.	130	»
1891	KINNEN.	Avant le numéro.	45	»
1891	BAYARD.	Avant le numéro, toute marge.	70	»

Le dessin original, sépia rehaussée de blanc, se trouve actuellement chez M. H. Josse, qui l'acheta, à la vente Mailand, 4550 francs.

La Promenade du matin, 1774 (par Lingée). Petit in-folio.

Deux jeunes femmes, munies de longues cannes et accompagnées de l'éternel épagneul, se promènent dans la campagne ; elles passent près d'une bouquetière, qui est en train de causer avec un jeune homme, à gauche, assis, les jambes croisées, sur une chaise de paille.

1881	Muhlbacher.	Eau-forte avancée, avant toutes lettres et *avant la bordure*.	400 f.	»
—	—	Avec la tablette blanche, toute marge.	290	»
1881	Michelot.	Avec la lettre, marge.	66	»
1887	Malinet.	Avant le numéro.	96	»
1891	Bayard.	Avant le numéro, grande marge.	107	»

Malgré nos recherches, il nous a été impossible de découvrir la collection où se trouve l'original, si toutefois il n'a pas été détruit. Cette estampe est, suivant nous, la plus jolie de la suite.

Le Boudoir, 1774 (par Malœuvre). Petit in-folio.

Une jeune femme, en déshabillé du matin, est nonchalamment assise sur une ottomane ; la tête penchée est soutenue par le bras gauche accoudé sur un coussin ; l'autre bras pendant le long du corps tient un livre demi-fermé ; à ses pieds, sur un tabouret, une mandoline et un cahier de musique ; à droite, une porte vitrée entr'ouverte permet d'apercevoir sa soubrette que lutine un amoureux.

1881	Muhlbacher.	Avec la tablette blanche.	240	»
—	—	Avant le numéro, toute marge.	200	»
1881	Mailand.	Avec la lettre.	27	»
1887	Malinet.	Avant le numéro.	40	»
1891	Kinnen.	Avec la tablette blanche.	76	»
—	—	Avant le numéro.	32	»
1891	Bayard.	Avant le numéro.	41	»
1892	Baudet.	Sans désignation d'état.	37	»

Le dessin original, bistre sur traits de plume, actuellement dans la collection de Goncourt, provenait de la vente Gigoux.

Les Confidences, 1774 (par Lingée). Petit in-folio.

Dans un riche intérieur Louis XVI, deux jeunes femmes assises sur un canapé, l'une près de l'autre et se regardant, se racontent leurs confidences; derrière elles, une grande glace; à gauche, une harpe et un tabouret, sur lequel est placé un cahier de musique, dont une des feuilles a glissé par terre.

1880	Mahérault.	Avant toutes lettres, réduction in-8°.	40 f.	»
1881	Muhlbacher.	Eau-forte pure, avant toutes lettres et *avant la bordure*, marge.	600	»
1881	Mailand.	Avec la lettre.	34	»
1882	Lefilleul.	État Mahérault.	28	»
1882	Kaminsky.	Avant le numéro.	24	»
1887	Malinet.	Même état.	40	»
1891	Bayard.	Même état.	41	»
—	—	Avec la lettre et le numéro.	18	»

Le dessin original, actuellement chez Mme la baronne Willie de Rothschild.

La Promenade du soir, 1774 (par Ingouf). Petit in-folio.

Dans un parc, un jeune seigneur, accompagné d'une levrette, offre galamment, chapeau bas, un bouquet à deux jeunes femmes en promenade.

1877	Behague.	Eau-forte, avant la lettre et avant la bordure.	605	»
1881	Muhlbacher.	Avec la tablette blanche, toute marge.	303	»

1881	Michelot.	Avec la lettre, marge.	45 f.	»
1887	Jacquinot.	Avant toutes lettres, les noms des artistes à la pointe.	240	»
1887	Malinet.	Avec la tablette blanche.	225	»
1891	Bayard.	Avant le nméro, toute marge.	123	»

Le dessin original actuellement chez Mme la baronne Willie de Rothschild.

La Soirée d'hyver, 1774 (par Ingouf junior).
Petit in-folio.

Dans un fauteuil à droite, une vieille femme, assise et renversée en arrière, un écran à la main gauche, semble vouloir prêcher la sagesse à un magistrat qui, debout près d'elle, le dos tourné à la cheminée, glisse furtivement une lettre à une femme assise près de lui et jouant avec un petit épagneul. Une applique à trois branches et deux bougies surmontées d'un abat-jour, placées sur une sorte de guéridon, éclairent cette scène.

1879	Michel.	Avant le numéro.	75	»
1880	Wasset.	Avant le numéro.	103	»
1881	Muhlbacher.	Eau-forte avancée, avant toutes lettres et avant la bordure.	400	»
—	—	Avant toutes lettres, restauration dans la tablette.	245	»
1881	Mailand.	Avec la lettre.	18	»
1881	Berthier.	Avant le numéro, remargée.	74	»
1882	Dubois du Bais.	Avec la lettre.	33	»

1891	Kinnen.	Avec la tablette blanche.	69 f.	»
1891	Bayard.	Avant le numéro.	57	»

Le dessin original, sépia rehaussée de blanc, chez M. H. Josse, qui l'acheta, à la vente Mailand, 2220 francs.

L'Événement au bal, 1774 (Duclos et Ingouf junior). Petit in-folio.

Près d'une colonne à droite et d'une portière enguirlandée de roses dans le haut, un jeune homme masqué, un genou en terre, près d'une jeune femme debout, croit lui baiser la main, quand c'est réellement celle d'une autre femme, cachée derrière la première, qui a furtivement glissé la sienne, soulevant son masque de la main droite, pour mieux voir l'effet qu'elle produit ; à droite, une table chargée de fruits.

1877	Behague.	Eau-forte pure, avant toutes lettres et avant la bordure.	950	»
1881	Muhlbacher.	Eau-forte, avant toutes lettres et avant la bordure ; grande marge.	300	»
—	—	Avec la tablette blanche.	195	»
1881	Mailand.	Eau-forte pure, état Mühlbacher.	240	»
—	—	Avec la lettre.	16	»
1887	Malinet.	Avant le numéro.	80	»
1889	Decloux.	Même état.	57	»
1891	Kinnen.	Avec la tablette blanche, marge.	130	»
1891	Bayard.	Avant le numéro.	43	»

1891 BAYARD Avec le numéro, toute marge. 40 f. »

Le dessin original, à la sépia, est dans la collection de M. H. Josse, qui l'acheta, en 1880, à la vente de la bibliothèque Behague, 1550 francs. — L'eau-forte fut commencée par Duclos et la planche terminée au burin par Ingouf junior.

Le Coucher, 1774 (par Duclos et Bosse). Petit in-folio.

Une jeune femme debout, de face, la gorge demi-nue, qu'une camériste déshabille, pendant qu'une autre soubrette est en train de bassiner son lit; un petit escabeau à deux marches est près du lit; une lettre et son enveloppe gisent à terre, près de la cheminée, où un gai feu flambe.

1881 MUHLBACHER. Eau-forte pure, avant toutes lettres et avant la bordure. 290 »
1881 MAILAND. Même état. 245 »
— — Avec la lettre, marge. 34 »
1881 BERTHIER. Avant le numéro, re-margée. 63 »
1887 MALINET. Avant le numéro. 121 »
1891 BAYARD. Avant le numéro. 82 »
— — Épreuve avec toute marge. 32 »

Le dessin original, bistre sur trait de plume, se trouve actuellement dans la collection de Goncourt; il a figuré à l'exposition des Beaux-Arts, en 1879, et provenait de la vente Gigoux.

Voici maintenant les prix obtenus par la réunion de ces douze pièces accompagnées de leur texte explicatif:

1877 BEHAGUE. Les douze pièces avec quinze feuilles de texte, titre compris;

		épreuves avant les numéros; texte et épreuves marges vierges.	2100 f.	»
1878	Roth.	Les douze pièces, avec les vers dans la tablette blanche et avant les numéros; toute marge.	7000	»
1881	Muhlbacher.	État de la vente Behague.	4000	»
1887	Aubin.	Les douze pièces avant les numéros.	1100	»
1890	Marquis.	Les trois suites ; Freudeberg et Moreau le jeune (1774-1783), reliure de toute fraîcheur, épreuves *hors ligne*.	14800	»
1891	Destailleur.	Les trois suites, en un volume avec le texte ; les estampes de Moreau sont avec le Privilège ; on a ajouté deux estampes de Freudeberg : *Les Mœurs du temps* et *L'heureuse Union*.	12000	»
1892	Muller.	Les trois suites, exemplaire *non rogné* : les Moreau sont *avec le Privilège*, les Freudeberg *avant les numéros*.	10200	»

Les Mœurs du temps (par Ingouf aîné). Petit in-folio.

Un jeune homme assis à gauche, de profil à droite, presse dans ses bras une jeune femme assise près d'une table sur laquelle elle est accoudée ; un chat est couché sous la table ; une femme, tenant un éventail, fait un geste d'indignation en entrant par une porte à gauche.

1877	BEHAGUE.	Avant la planche réduite ; grande marge.	410 f.	»
1881	MUHLBACHER.	Avant toutes lettres, et la tablette blanche.	295	»
—	—	La même, dans un autre état.	155	»
1882	DUBOIS DU BAIS.	Avant la planche réduite.	35	»

Le dessin original à la gouache fut adjugé en 1880, à la vente de livres Behague, 4000 francs ; il est actuellement chez M. H. Josse. Cette estampe, dans le second état, alors que le privilège et la bordure ont disparu, prend le titre de *La Surprise;* elle a été ajoutée et réduite, ainsi que *L'heureuse Union*, à l'édition de Neuwied-sur-le-Rhin du *Monument du costume*, de Moreau le jeune.

L'heureuse Union (par Bosse). Petit in-folio.

Dans un riche intérieur Louis XVI, une jeune femme est assise sur les genoux de son mari ; celui-ci lisse ses tresses de la main droite et la tient par la taille de l'autre main : ils sont sur un fauteuil ; à gauche, un livre sur le tapis ; devant la cheminée, garde-feu avec figures chinoises ; sur la cheminée, un vase de cristal avec des roses.

1877	BEHAGUE.	Avant la planche réduite.	105	»

1881	MUHLBACHER.	Même état.	52 f.	»
1881	MICHELOT.	Même état.	38	»
1889	VIGNÈRES.	Premier état, avant la planche réduite.	140	»

L'esquisse originale, à l'encre de chine, actuellement chez M. H. Paillet.

Cette estampe, au deuxième état, alors que la bordure et le privilège ont disparu et qu'elle a été réduite, prend pour rubrique *La Matinée* ; elle s'ajoute, comme nous venons de le dire, à l'édition de Moreau le jeune de Neuwied-sur-le-Rhin. Ces deux pièces sont charmantes.

Le Bouquet de la fermière (par S. Feigl). Petit in-folio.

Pièce *très rare*, adjugée 60 francs avant toutes lettres, à la vente Michelot, et 5 francs toute marge avec la lettre, vente Bayard.

Le Gage de la fidélité (par Voyez junior). Petit in-folio.

1890	DESTAILLEUR.	Épreuve avec grande marge.	17	»

La Complaisance maternelle (par de Launay). Petit in-folio ovale équarri.

1877	BEHAGUE.	Avant toutes lettres.	190	»
1881	MUHLBACHER.	Avant la dédicace.	42	»
1889	VIGNÈRES.	Avec la lettre.	14	»
1891	BAYARD.	Avant toutes lettres.	160	»
—	—	Avec la lettre.	25	»

La planche existe et on fait des tirages modernes, coloriés au pouce, sans valeur.

Cette estampe, assez jolie, compte trois états. Le *bel état* est : avec les armes, la lettre tracée, le nom des artistes à la pointe, mais avant la dédicace.

Les Époux curieux — L'Horoscope accompli (par N. Ponce). Petit in-folio en travers.

1877	Behague.	Les Époux curieux, avant toutes lettres, grande marge.	125 f. »
—	—	Les deux pièces, grande marge.	82 »
1878	Roth.	Les deux pièces, grande marge.	39 »
1889	Vignères.	L'Horoscope, eau-forte pure, avant la bordure.	45 »
1891	Bayard.	Les deux pièces, grande marge.	30 »

Les originaux, sous les rubriques *L'Horoscope* et *L'Horoscope réalisé*, passèrent à la vente San Donato, en 1880. — *L'Art* a reproduit ces deux pièces, interprétées par deux artistes de talent, MM. Le Rat et Milius. Les cuivres anciens existent encore.

La Félicité villageoise (par Delignon). Petit in-folio ovale équarri en travers.

La Gaieté conjugale (par N. Delaunay.) Même format.

Pièces sans grande valeur, valant de 10 à 15 francs avec la lettre, et 50 à 70 avant la dédicace. Existent en tirage moderne.

Départ du soldat suisse — Retour du soldat suisse (du Maître). In-4° en travers.

Estampes coloriées, adjugées 44 francs les deux, à la vente

Mailand ; pièces très ordinaires, qui ont atteint cependant 145 francs à la vente Destailleur.

La Confiance enfantine — La Crainte enfantine
(par Janinet). Petit in-folio.

Deux petites pièces en couleur bien anodines, bien naïves, valant, il y a une dizaine d'années, dans les 50 francs les deux, et adjugées maintenant :

1887	Aubin.	Les deux pièces.	215 f.	»
1887	Malinet.	Les deux pièces.	86	»
1890	Destailleur.	Les deux pièces.	200	»
1892	Baudet.	Les deux pièces.	140	»

La *rage* de l'estampe en couleur, tout simplement, car nous nous demandons vraiment ce qui peut les faire payer semblables prix.

Lison dormait (par Trière). In-folio.

Sans valeur artistique, dans les 12 à 15 francs ; à la vente Mühlbacher, une épreuve avant toutes lettres et avant la bordure, 52 francs.

Le Musicien ambulant (par Trière). — Le Soldat en semestre, 1777 (par Ingouf).

1878	Roth.	Épreuves avec une grande marge.	51	»
1881	Michelot.	Épreuves avant la lettre.	40	»
1882	De Launay.	Le Musicien..., eau-forte avant toutes lettres et avant la bordure.	310	»

238   FREUDEBERG

| 1882 | De Launay. | Le Soldat..., eau-forte avec les noms des artistes à la pointe. | 125 f. » |
| 1889 | Vignères. | Les deux pièces en eau-forte pure; marge. | 79 » |

Le Déjeuner (eau-forte du Maître). In-4°.

Petite pièce *très rare*, valant dans les 50 à 60 francs, croyons-nous.

Le petit Jour (par N. de Launay). Petit in-folio.

Dans un élégant intérieur Louis XVI, une jeune et jolie femme, coiffée d'un bonnet, en déshabillé, la gorge deminue, debout, adossée à une cheminée et regardant à droite, est en train de se faire habiller par sa camériste, pendant qu'un jeune seigneur, assis à droite dans un fauteuil, les jambes croisées, la bonbonnière dans la main droite, assiste à sa toilette et lui tient des propos galants. Un écran, placé derrière la jeune femme, la protège des ardeurs du feu, et, dans la glace placée sur la cheminée, on voit à droite se profiler le visage de la camériste.

| 1877 | Behague. | État d'eau-forte, avant toutes lettres et avant les armes; les panneaux du fond sont *décorés d'ornements*, effacés dans les états postérieurs. | 700 » |
| — | — | Avant la lettre, avec la | |

		tablette blanche et les noms des artistes tracés à la pointe.	480 f.	»
1880	WASSET.	Avec la lettre, toute marge.	200	»
1881	MUHLBACHER.	État d'eau-forte Behague.	710	»
—	—	Avant la dédicace.	481	»
1885	HOCQUART.	Avec la lettre, grande marge.	210	»
1887	AUBIN.	Toute marge.	176	»
1889	DECLOUX.	Avec la lettre.	157	»
1890	DESTAILLEUR.	Avec la lettre.	200	»
1891	KINNEN.	Épreuve avec grande marge.	195	»
1891	BAYARD.	Avec la lettre, grande marge.	200	»

Cette pièce est à coup sûr une des *plus jolies* estampes de l'École, si ce n'est la plus jolie; elle est *très recherchée* : le cuivre existe encore, mais la planche est complètement *riflée*[1]; nous avons eu occasion, en juin 1889, de voir chez Paulme une épreuve de cette gravure, coloriée au pouce : la pièce était fort laide et, ainsi maquillée, avait perdu toute sa valeur artistique. Le Département des Estampes en possède un bel état d'eau-forte.

Reynolds a regravé cette pièce en aquatinte, lui a donné comme titre *Le petit Lever* et l'a indiquée, sous le trait carré, comme étant de Moreau; deux erreurs que nous signalons en passant; reproduction sans valeur.

On donne quelquefois au *Petit Jour*, comme pendant, *L'heureux Moment*, de Lavereince.

1. Terme d'argot, de métier, qui signifie usée, éreintée.

La Toilette champêtre — La Propreté villageoise.
(Eau-forte du Maître). In-4°.

1881	MUHLBACHER.	La Toilette seule, signée et datée : *Sieg. Freudenberger fecit 1781*.	55 f.	»
1890	DESTAILLEUR.	Les deux pièces coloriées.	45	»

Ces estampes sont *assez rares*.

Le Retour des champs (par Carré). In-folio en travers.

1881	MICHELOT.	Épreuve coloriée, marge.	9	»
1882	DE LAUNAY.	État d'eau-forte, avant toutes lettres.	127	»

Cette pièce est *assez rare*.

La Leçon de clavecin — La Leçon de guitare (?)

1881	MUHLBACHER.	Pièces gravées au trait et coloriées.	400	»
1889	DECLOUX	Mêmes conditions.	310	»
1890	DESTAILLEUR.	Mêmes conditions.	160	»
—	—	La Leçon de clavecin, seule.	69	»
1892	BAUDET.	Épreuves coloriées, encadrées.	327	»

Ces deux estampes sont de toute *rareté*; nous en avons vu deux jolies épreuves chez M. Valentin ; elles ne sont *qu'attribuées* au Maître, dont elles rappellent, du reste, assez la manière.

La Marchande à la toilette (?). Petit in-folio.

Cette pièce, à trois personnages, n'est *qu'attribuée* à Freudeberg ; elle semblait devoir faire pendant à *Les Mœurs du temps* ; elle fut adjugée 90 francs à la vente Destailleur. Elle est, paraît-il, de toute rareté et même considérée comme *unique*, par Danlos et Jules Bouillon.

Dans un riche intérieur, un jeune homme en costume de lever, près d'un bureau, caresse le menton d'une jeune marchande, qui tient à la main un nœud de cheveux ; il lui montre un sac d'écus ; un ami qui entrait s'arrête surpris, en voyant cette scène.

1881 MUHLBACHER. Eau-forte non terminée.   200 f. »

Cette composition, qui est à trois personnages et de mêmes dimensions que *Les Mœurs du temps*, ne serait-elle pas la même que *La Marchande à la toilette*, mentionnée plus haut ? Nous ne serions pas éloigné de le croire.

On possède encore, gravés par Freudeberg lui-même :
Les petits Poulets — *La bonne Mère* : adjugés 43 francs, vente Destailleur ; et *La petite Fête improvisée* — *Les Chanteurs du mois de may*, adjugés 145 francs ; ces quatre pièces sont finement coloriées.

GARBIZZA (d'après)

?

Vue de la galerie du Palais-Royal (par Coqueret).
In-folio.

1890 DESTAILLEUR.   Une épreuve remargée.   42   »

Cette pièce est coloriée et assez rare; c'est un curieux document de l'époque.

GARNERAY[1] (F.-J., d'après)
1787-?

La Jarretière (par Michaud et Legrand). In-folio.

1877	BEHAGUE.	Avant toutes lettres, seulement les noms des artistes à la pointe.	56 f.	»
1881	MUHLBACHER.	Même état.	52	»
1891	BAYARD.	Même état, toute marge.	39	»

Mauvaise pièce sans valeur.

Le Roman. — Une jeune femme, coiffée d'un chapeau, est assise en face d'une cheminée, le bras gauche appuyé sur une table, lisant un roman. Entre ses jambes écartées, que laisse voir sa jupe relevée, un chat, la queue en l'air, gratte de sa patte la jambe gauche de sa maîtresse; près de la table, un fauteuil Louis XVI, sur lequel est un manchon, par terre; à gauche, un soufflet.

Le Matin. — Dans une chambre, une jeune femme, coiffée d'un bonnet, à cheval sur un bidet, de profil à gauche, est en train de faire sa toilette.

Pendants par Mixelle. *In-4°.*

---

[1]. On écrit aussi quelquefois Garneret.

1881	MUHLBACHER.	Les deux pièces; le Roman est *avant le jupon rallongé*.	210 f.	»
1881	MICHELOT.	Le Roman, seul.	70	»
—	—	Le Matin, seul.	100	»
1887	AUBIN.	Les deux pièces, état Mühlbacher.	200	»
1889	DECLOUX.	Le Roman, en noir.	85	»
1891	KINNEN.	La même, sans désignation d'état.	105	»
1892	BAUDET.	Les deux épreuves encadrées.	600	»
—	—	Le Roman, seul.	135	»
—	—	La même, eau-forte avant toutes lettres.	?	
—	—	La même, en couleur et encadrée.	?	

Ces pièces se trouvent *très rarement réunies*, quoique se faisant pendants; *Le Matin*, surtout, est *rarissime*; ces estampes, gravées en manière de lavis, se rencontrent aussi coloriées; elles sont très recherchées à cause du sujet, qui est passablement égrillard, mais d'une absolue pauvreté artistique.

GÉRARD[1] (Melle Marguerite, d'après)
1761-1837

Mosieur Fanfan jouant avec Monsieur Polichinelle et Compagnie. In-folio.

Un petit enfant en chemise court, suivi de deux chiens, emportant sous ses bras une poupée et un polichinelle.

[1]. Belle-sœur de Fragonard, et en même temps son élève.

Jolie pièce, adjugée 50 francs à la vente Guichardot, en 1875 ; cette estampe est certainement de Fragonard ; une copie en a été faite par Melle Gérard.

Les Regrets mérités (par N. de Launay). In-folio ovale équarri.

1877	Behague.	Avant toutes lettres, les noms des artistes à la pointe seulement ; toute marge.	98 f.	»
1878	Roth.	Avec la lettre, marge.	30	»
1887	Aubin.	Avant la lettre.	50	»
—	—	Avec la lettre, toute marge.	21	»
1890	Destailleur.	État vente Behague.	90	»

La gravure figurait au Salon de 1791. — Le cuivre existe et on en fait des tirages modernes. — Cette estampe n'est guère recherchée qu'en *épreuve d'état*.

L'œuvre de Melle Gérard est, en somme, peu intéressant, suivant nous ; aussi, sans nous y attarder, donnerons-nous comme mémoire les pièces suivantes, gravées par les artistes dont les noms suivent :

L'Art d'aimer — *Les premières Caresses du jour*[1] — *Le Bouquet inattendu* (par H. Gérard)[2]. — *Le Triomphe de Minette* (par Vidal). — *L'Élève intéressante* (par le même). — *Le Chat emmailloté, 1778*[3]. — *La première Leçon d'équitation*[4].

---

1. Le tableau original passa à la vente Camille Marcille, en mars 1876 ; le catalogue l'attribue à Fragonard.
2. Frère de Marguerite Gérard.
3. Première planche gravée par l'artiste, qui avait 18 ans, nous apprend le baron Portalis.
4. Le dessin original, à la sépia, figura chez Petit, en 1860.

GONZALÈS (d'après)

?

Les premières Leçons de l'amour-propre (par C. Macret).

Ce sont des enfants qui se regardent dans un miroir ; l'estampe porte aussi quelquefois la rubrique : *Les Prémices de l'amour-propre*.

Existe en tirage moderne.

1877	Behague.	Avant la lettre.	41 f. »
1878	Roth.	Même état.	112 »

GRAVELOT[1] (Hubert-François, d'après)
1699-1773

Le Concert (par Saint-Non). In-4°.

Dans un élégant intérieur Louis XV, brillamment éclairé, près d'une cheminée, deux élégantes jeunes femmes, assises dans des fauteuils, derrière lesquels se tiennent debout trois personnages, assistent attentives et charmées à un concert où figurent huit musiciens, sous la direction d'un gros chef d'orchestre debout devant un chevalet sur lequel est un cahier de musique ; la main qui tient un rouleau et la jambe demi-levée semblent accompagner la mesure.

---

1. De son vrai nom, Hubert Bourguignon, dit Gravelot.

1881	Muhlbacher.	Eau-forte, avant toutes lettres.	80 f.	»
1881	Mailand.	Même état.	37	»
1887	Aubin.	Avant toutes lettres.	40	»
1890	Destailleur.	Avant toutes lettres.	51	»
1891	Bayard.	Avant toutes lettres, et avant certains travaux dans les fonds.	36	»

Le dessin original, à la plume et au crayon noir lavé d'encre de chine, passa à la vente de la Béraudière, en 1883, et fut adjugé 1900 francs ; il est actuellement dans la collection de M. Mühlbacher.

Le Roi et le fermier (par Janinet). Pièce en bistre.

1880	Mahérault.	Avec la lettre, marge.	15	»
1881	Mailand.	Même état.	10	»

Le Distrait (par Fessard). Pièce en travers.

1880	Mahérault.	Eau-forte, avant toutes lettres.	155	»

Estampe *très rare*.

Le Lecteur (Eau-forte du Maître). In-folio.

1877	Behague.	Avec la lettre, marge.	20	»
1881	Mailand.	Eau-forte, avant toutes lettres, marge.	36	»
—	—	Épreuve terminée, par Gaillard.	11	»

On possède encore du Maître :

Fondation pour marier les filles, dont Moreau grava l'eau-forte, et *La petite Galerie du Palais*, gravée par N. Lemire, 1762.

Gravelot est surtout connu comme *vignettiste*; son portefeuille, se composant d'environ 1800 pièces, fut acquis par M. Emmanuel Bocher, le savant iconographe dont nous avons déjà parlé au commencement de ce volume.

GREUZE (Jean-Baptiste, d'après)
1725-1805

Les pièces du Maître *avec la lettre* sont peu recherchées des collectionneurs, à l'exception cependant de *La Philosophie endormie*, *La Cruche cassée* et *La Laitière*; toutes les autres, il faut les avoir *avant la lettre* : dans cet état seulement elles ont une valeur marchande.

On s'explique, du reste, facilement le peu d'intérêt que présentent des séries telles que : *La Dame bienfaisante — L'Offrande à l'Amour — La Tricoteuse endormie — La Paresseuse — Les Fermiers brûlés — L'Écureuse*, etc., etc... C'est vraiment par trop banal et par trop monotone pour jouir des honneurs du portefeuille : nous serons donc encore bref et ne nous appesantirons pas outre mesure sur ces estampes assez délaissées aujourd'hui, parmi lesquelles il y en a cependant, disons-le, de charmantes. Nous conseillerons, de préférence, d'acquérir les gravures qui portent à l'encre, *au verso*, les signatures de Greuze ou de ses collaborateurs et associés : Massard, Gaillard, Flipart et Levasseur; ce fait de l'apposition de leurs signatures est une garantie de belle épreuve; elles étaient choisies au début du tirage de la planche, alors que celle-ci n'était pas encore fatiguée et possédait toute sa fleur.

Puisque nous venons d'attirer l'attention du collectionneur sur le *verso* de l'estampe, nous en profiterons pour lui conseiller de ne jamais négliger d'y jeter un coup d'œil ; il y trouvera quelquefois des initiales ou monogrammes qui sont les marques des collectionneurs, possesseurs antérieurs de la gravure ; or, comme la plupart étaient des délicats et des connaisseurs, il sera certain de se rendre acquéreur d'une pièce présentant des caractères de beauté et d'authenticité particuliers ; la valeur en sera, de ce fait, augmentée et cotée *de provenance célèbre*, il la montrera avec orgueil à un confrère, en ne manquant pas d'ajouter : « Et elle sort de la collection Mühlbacher. »

Voici quelques-uns des principaux amateurs qui marquaient leurs estampes :

Behague, — un O surmonté d'une couronne comtale.
Bayard, — C.-B. dans un cercle.
Didot, — A.-F. D. dans un encadrement en frise.
Mühlbacher, — G. B. enlacés dans un rond.

Malinet avait également une marque ; nous regrettons de ne pouvoir la signaler, n'ayant pu nous la procurer.

La Philosophie endormie (Eau-forte de Moreau le jeune, burin d'Aliamet). In-folio.

Assise et renversée en arrière dans un fauteuil, le dos soutenu par un large oreiller, une jeune femme, coiffée d'un bonnet, est endormie, le bras droit appuyé sur une table chargée de livres ; sur ses genoux, son chien ; à ses pieds, un tambour à broder.

1877	F. Didot.	Avec une grande marge.	115 f.	»
1880	Mahérault.	Eau-forte avancée.	390	»
1881	Muhlbacher.	Eau-forte, avant toutes lettres, *le corsage est boutonné jusqu'au cou* ; dans les états postérieurs, il est entr'ouvert et laisse apercevoir la chemise.	400	»

1881	Murlbacher.	Avant la dédicace, marge.	265 f.	»
1881	Mailand.	Eau-forte état Mühlbacher, grande marge.	700	»
—	—	Avant la dédicace et l'adresse d'Aliamet.	120	»
1882	Lefilleul.	Avec la lettre, grande marge.	71	»
1881	Kinnen.	Avant la dédicace.	180	»
—	—	Avec la lettre, grande marge.	75	»
1891	Bayard.	Toute marge.	122	»

Cette pièce a quatre états. — C'est le portrait de Madame. Greuze; l'eau-forte fut exécutée par Moreau le jeune, en 1778. Jolie estampe recherchée.

La Cruche cassée (par J. Massard). In-folio ovale équarri.

1878	Roth.	Eau-forte pure.	450	»
—	—	Avec la lettre, marge vierge.	282	»
1881	Muhlbacher.	Avant toutes lettres, et avant la tablette non entièrement terminée.	1401	»
—	—	La même, signée au verso.	410	»
1881	Saint-Geniès.	Même condition.	186	»
1887	Aubin.	Même condition, toute marge.	300	»

1. La vente Marquis était surtout composée d'objets d'art et de haute curiosité, et non d'estampes.

1889	DECLOUX.	Avec la lettre, marge.	50 f.	»
1890	MARQUIS¹.	Avant la lettre.	855	»
1890	DESTAILLEUR.	Épreuve signée au verso.	165	»
1891	KINNEN.	Avant la lettre, grande marge.	1500	»
—	—	La même, signée au verso.	245	»
1891	BAYARD.	Avant toutes lettres, état Mühlbacher.	350	»
—	—	Épreuve signée Massard au verso, marge vierge.	200	»
—	—	La même, composition in-4° ovale, coloriée.	5	»

Cette estampe, trop populaire pour que nous en ayons donné la description, existe en tirage moderne. — L'originale, ou plutôt la tête de jeune fille qui servit de modèle, fut adjugée 10600, elle fut mise sur table à 20000 francs ; elle appartenait à M. Randon de Boisset. — L'estampe suivante lui sert quelquefois de pendant.

La Laitière (par Levasseur). In-folio.

Une jeune femme, la gorge légèrement découverte, coiffée d'un bonnet, la tête légèrement penchée à gauche, regarde de face ; le bras est appuyé sur le cou d'un cheval et dans sa main est une mesure à lait.

1877	BEHAGUE.	Avec la lettre.	95	»
1878	ROTH.	Avec la lettre, grande marge.	127	»
1881	MUHLBACHER.	Avant toutes lettres, avant la tablette et de légers travaux.	450	»

1881	Muhlbacher.	Avec le titre, les noms des artistes, sans aucune autre lettre, grande marge.	400 f. »
1887	Malinet.	Avant toutes lettres.	360 »
1890	Destailleur.	Avec la lettre.	140 »
1891	Kinnen.	Avant toutes lettres, grande marge.	1010 »

Cette estampe est absolument charmante et très recherchée; une légère critique de dessin peut cependant lui être adressée : le nez est par *trop pincé aux narines* ; elle a été reproduite en eau-forte dans : *L'Art au XVIIIe siècle*, par Ed. et J. de Goncourt, onze fascicules in-4°, publiés chez Dentu, de 1859 à 1875, ouvrage fort recherché dans cette édition et valant actuellement de 250 à 300 francs. — La gravure figura au Salon de 1783. — L'esquisse, première pensée, fut adjugée 410 francs à la vente Walferdin.

La toile originale actuellement chez Madame la baronne Nathaniel de Rothschild.

L'Oiseau mort (par J.-J. Flipart). In-folio ovale en travers.

Une jeune fille pleurant son oiseau qu'elle a mis sur le bord de sa cage ; elle appuie tristement sa tête dans sa main droite.

1877	Behague.	*Avant toutes lettres*, le cartouche est blanc et les armes qui y sont indiquées ne le sont qu'au trait; signée, au verso, Greuze et Flipart.	270 »
—	—	Avec la lettre, également signée.	34 »

1878	Roth.	Avec la lettre, toute marge.	45 f.	»
1881	Muhlbacher.	Eau-forte pure, avant toutes lettres, avant l'encadrement, bordure ovale, indiquée par un simple filet ; grande marge.	305	»
—	—	La même, signée au verso.	201	»
1887	Aubin.	Avec la lettre.	35	»
1887	Jacquinot.	Avec la lettre.	25	»
1891	Bayard.	État avant toutes lettres, vente Behague.	405	»
1892	Bardin.	Avec les signatures des artistes au verso ; grande marge.	35	»

Voici les différents états de cette estampe :

1er état. — Eau-forte.
2e état. — Avant toutes lettres, le cartouche blanc, les armes indiquées au trait. — État *rarissime*.
3e état. — État terminé, les noms des artistes et l'adresse de Greuze *rue de la Sorbonne*.

Cette pièce existe en tirage moderne. — La toile originale, qui figura au Salon de 1759, se trouve actuellement chez Madame la baronne Nathaniel de Rothschild.

La Voluptueuse (par Gaillard). In-folio ovale.

Une jeune fille, d'une expression charmante, fait un geste gracieux de la main gauche.

1877	Behague.	Avant toutes lettres, grande marge.	260	»

1877	F. Didot.	Avec la lettre.	32 f. »
1889	Decloux.	Même état.	52 »
1891	Bayard.	Même état.	45 »

Cette estampe, encore fort jolie, est le portrait de Mademoiselle Gabrielle Babuty, femme Greuze. — Elle existe en tirage moderne.

La Tricoteuse endormie (par Cl.-D. Jardinier). In-folio.

Une jeune fille en bonnet et à fichu rayé s'est endormie en tricotant; sa pelote de laine et son panier sont sur une table placée à sa gauche.

1877	Behague.	Avant toutes lettres, non entièrement terminée.	230 »
—	—	Avant toutes lettres, terminée : toute marge.	290 »
1878	Roth.	Avant la lettre.	72 »
1881	Mailand.	Avec la lettre.	11 »
1881	Berthier.	Avec la lettre, toute marge.	23 »
1890	Destailleur.	Grande marge.	61 »
1891	Bayard.	Avant toutes lettres, les noms des artistes à la pointe.	160 »
—	—	Avec la lettre, toute marge.	55 »

La gravure figura au Salon de 1765.

La Savonneuse (par Danzel). In-folio.

Une jeune fille, de gauche à droite, tête de trois quarts,

expression souriante, est assise sur un baquet avec une planche; devant elle une grande terrine dans laquelle elle rince son linge; sur un tabouret, à droite, est une bouilloire et un linge; derrière elle on voit une armoire, un panier en osier, une bassine à confitures, une corde avec un linge pendu, une bouilloire et un plat; ces deux derniers et la bassine sont sur l'armoire; la fille est coiffée d'un bonnet.

1877	Behague.	Avant toutes lettres.	195 f.	»
1878	Roth.	Avec la lettre, marge.	30	»
1887	Aubin.	Avec *Le Ramoneur*.	26	»

Existe en tirage moderne. — La toile originale, qui était au Salon de 1761, a figuré en avril 1874 à l'exposition des Alsaciens-Lorrains; elle appartient à Madame la comtesse de la Ferronnays.

La Vertu chancelante (par J. Massard). In-folio.

Une jeune fille, assise de face près de son lit défait, tient une montre dans sa main droite; près d'elle, à droite, une table avec une corbeille chargée de fleurs.

1877	Behague.	Avant toutes lettres, les noms des artistes à la pointe; signée au verso.	141	»
1878	Roth.	Eau-forte pure.	300	»
1881	Muhlbacher.	Eau-forte pure.	141	»
—	—	Signée au verso, avec la première adresse celle de Greuze.	50	»
1882	Dubois du Bais.	Avec la lettre.	28	»
1890	Destailleur.	Avant toutes lettres, signée.	81	»

1891   Bayard.   Même état et condition.   167 f.   »

Cette estampe fort gracieuse existe en tirage moderne. — La toile originale est en Angleterre, dans la galerie du baron L. de Rothschild.

La petite Fille au chien (par Porporati). In-folio ovale équarri.

Une petite fille en déshabillé du matin, un bonnet sur la tête, est assise, légèrement penchée en avant, sur une chaise de paille ; elle tient entre ses bras un carlin qui regarde à droite. Le bas tombé de la fillette laisse entrevoir son genou gauche.

1877	Behague.	Avec marge.	75	»
1878	Roth.	Avec l'adresse de la rue *Thibautodé*.	78	»
—	—	Avant toutes lettres, et la planche carrée.	15	»
—	—	La même réduite, par Ingouf.	7	»
1881	Mailand.	Avec l'adresse rue *Thibautodé*.	27	»
1890	Marquis.	Avant la lettre.	505	»
1891	Kinnen.	Avant toutes lettres, un peu de marge.	625	»

Cette estampe est, à coup sûr, une des plus jolies pièces de l'œuvre gravé de Greuze, Porporati étant un interprète de premier ordre qui a malheureusement peu produit. Dans la planche ovale équarrie, l'estampe ne porte aucun titre ; mais, dans la planche carrée, elle a comme rubrique : *L'Épagneul chéri* ; dans cet état la planche est infiniment moins bonne.

A la fin du XVIIIe siècle, un artiste nommé Barthe, a reproduit cette estampe en miniature. — La toile originale est actuellement en Angleterre, chez lord Dudley.

L'Enfant gâté, 1772 (par Malœuvre). — **La bonne Mère** (par Cars). In-folio.

1877	Behague.	Épreuves avant la lettre.	195 f. »
1887	Malinet.	L'Enfant gâté, avant la lettre.	48 »
1890	Destailleur.	Épreuves avant la lettre.	146 »

Ces deux pièces existent en tirage moderne. — *La bonne Mère* porte aussi le titre *La vrai* (sic) *Mère*; sous cette rubrique, Voyez a gravé *le buste de la mère*; il y a deux états : l'un avec le titre *gravé*, l'autre avec le titre *imprimé*.

La toile originale de *L'Enfant gâté*, propriété du duc de Praslin, figura au Salon de 1765. — La toile originale de *La bonne Mère* est actuellement dans la collection du marquis de Laborde.

Le Paralytique servi par ses enfants — **L'Accordée de village** (par Flipart). In-folio en travers.

Pièces valant une vingtaine de francs l'une, fort peu recherchées; existent en tirage moderne; ont aussi été gravées en couleur par Alix.

La très remarquable esquisse originale du *Paralytique*, lavis et sépia, signée en bas à droite J.-B. Greuze, appartenant à Walferdin, fut exposée en 1860 chez F. Petit; elle fut acquise plus tard par le comte de la Béraudière, car nous la retrouvons à sa vente, en mai 1885, où elle fut adjugée 10000 francs, mise sur table à 6000 francs; elle est actuellement dans la collection de M. H. Josse; elle figura au Champ-de-Mars en 1889. — Le tableau est au musée de l'Ermitage, à Saint-Pétersbourg.

La toile originale de *L'Accordée de village*, qui figura à l'exposition au profit de la colonisation de l'Algérie par les Alsaciens-Lorrains, en avril 1874, au palais de la Présidence du Corps Législatif, appartient à Mgr le duc d'Aumale. L'esquisse originale au lavis, qui figura, sous le n° 569, aux *Dessins des maîtres anciens*, en mai-juin 1879, à l'école des Beaux-Arts et qui reparaît à la Centennale, en 1889, appartient à Madame la baronne Nathaniel de Rothschild ; elle fut un moment, croyons-nous, chez feu M. Duthuit.

Un pastel, étude pour *L'Accordée de village*, appartient à Madame la baronne de Clamecy. A la vente Simon, en 1862, un dessin à l'encre de chine très largement fait, première pensée du tableau, fut adjugé 660 francs.

La Pelotonneuse (par L. Cars). In-folio.

| 1887 | MALINET. | Épreuve grande marge. | 40 f. | » |

La toile originale fut adjugée à la vente du duc de Morny 91500 francs ; elle avait figuré à l'exposition de F. Petit, en 1860, et provenait de la vente de la collection Choiseul, qui eut lieu en 1772, ayant passé successivement par les cabinets du marquis de Blondel, et La Live de Jully.

Le tendre Désir (par Carmona). In-folio ovale.

Buste de femme tourné de trois quarts à gauche, les yeux levés au ciel ; le mouvement de l'épaule indique que le bras est levé. Le sein gauche est découvert.

1878	ROTH.	Avant la dédicace.	65	»
—	—	Avec l'adresse de Massard.	34	»
1889	DECLOUX.	Avant toutes lettres.	180	»
—	—	La même, avec les armoiries changées.	51	»
1891	KINNEN.	Avant la dédicace, toute marge.	400	»

Dans les *premières* épreuves, les armes indiquées sont celles du marquis de Véri ; dans les épreuves postérieures, ces armoiries sont changées. — La pièce existe en tirage moderne.

Voici, pour en terminer, les autres estampes moins intéressantes qui constituent l'œuvre gravé du Maître :

La Dame bienfaisante[1] (par Massard). — *Le Malheur imprévu*[2] (par R. Delaunay). — *Annette — Lubin* (par L. Binet). — *Ne l'éveille*[3] *pas* (par Cars et Cl. Jardinier). — *L'Offrande à l'Amour*[4] (par Macret). — *Vieillard lisant avec une loupe*, très rare (par Coron). — *Le petit Garçon au chien de Terre-Neuve* (par Schultz). — *Le Baiser envoyé* (par ?) — *Le petit Boudeur* (par C. Guttemberg). — *La Paresseuse*[5] (par Moitte). — *La Fille grondée* (par Letellier). — *La Servante congédiée* (par Voyez major). — *Le Ramoneur* (par le même). — *La Belle-mère*[6] — *La Veuve et son Curé* (par Levasseur). — *Le Baiser envoyé*[7] — *La Privation sensible* (par Simonet). — *Les Fermiers brûlés* (par La Live de Jully). — *L'Écolier distrait* (par Beljambe). — *La Mère en courroux — Le Repentir* (par Moitte). — *La Marchande de marrons — L'Écureuse* (par Beauvarlet). — *La première Leçon d'amour* (par Voyez major). — *La bonne Éducation — La Paix du ménage* (par Ingouf). — *La Grand'maman* (par Binet). — *Les Soins maternels* (par Beauvarlet). *Le Bénédicité* (par Laurent). — *Le Gâteau des Rois*[8] (par Flipart). — *Les Œufs cassés* (par Moitte). — *Le Testament déchiré*[9] (par Levasseur). — *La Malédiction paternelle*[10] (par Gaillard.

---

1. Existe en tirage moderne ; le dessin original, au crayon noir et à la sanguine fondus et estompés, provenant de la vente Hope, est actuellement dans la collection de Goncourt.
2. L'original actuellement chez Lady Wallace.
3. Quelquefois désigné sous la rubrique *Le Silence*, a été gravé en manière noire par Haid, d'Augsbourg.
4. La planche existe ; la toile originale actuellement chez Lady Wallace.
5. La toile originale figura au Salon de 1759.
6. A la vente G. Mühlbacher, en mai 1887, le dessin original, lavis d'encre de chine, relevé de gouache, fut adjugé 4150 francs ; cette pièce était de très belle qualité.
7. La toile originale actuellement chez le baron Alfred de Rothschild, à Londres.
8. La gravure a figuré au Salon de 1777. — Existe en tirage moderne.
9. La gravure a figuré au Salon de 1789.
10. Un dessin à la plume et lavis, étude pour ce tableau, passa à la vente Marmontel, en mai 1868.

— *Le Fils puni* (par le même). — *La Mère bien-aimée*[1] (par Massard, 1775). — *Le Donneur de sérénade*[2] (par Moitte). — *Les Sevreuses*[3] (par Tilliard et Ingouf). — *La petite Nannette* (par Beljambe). — *Le Retour de Nourrice*[4] (par Hubert). — *Le Geste napolitain*[5] (par Moitte). — *Les Enfants surpris* (par Elluin). — *La Frileuse* — *La Fleuriste* (par Moitte). — *L'Éducation d'un jeune Savoyard* (par J. Aliamet). — *La jeune Nourrice* (par Moitte). — *La Lecture de la Bible* (par Martenasie). — *La Marchande de harengs* (par Mme Beauvarlet). — *La petite Boudeuse*, sanguine (par Bonnet). — *Le petit Polisson* (par Levasseur). — *Le doux Regard de Collette* — *Le doux Regard de Colin* (par Dennel). — *La petite Liseuse* (par Marie Boizot). — *L'Amour* (par Henriquez). — *La petite Sœur* (par Hauer).

Nous devons mentionner encore une estampe de la plus grande *rareté*, qui n'a jamais été publiée ni terminée ; on peut la désigner sous la rubrique : *Jeune fille donnant à manger à une tourterelle* ; elle passa à la vente Baudet, où elle fut adjugée 132 francs ; elle est gravée par Beauvarlet ; c'est une pièce ovale dans un encadrement ornementé.

Nous signalerons aussi une curieuse et rare pièce ovale en couleur, gravée d'après le Maître, par L. Marin[6], ayant pour rubrique : *The pretty nosegay Girl* (La jolie Bouquetière); elle fut adjugée 110 francs à la vente du comte L. de Belenet, en double état : avec la lettre, et avant toute lettre et *avant l'encadrement*.

---

1. Existe en tirage moderne. La toile originale figura au Salon de 1769.
2. La gravure figura au Salon de 1765.
3. Existe en tirage moderne.
4. Existe en tirage moderne ; la planche est archi-usée.
5. La toile originale figura au Salon de 1757 ; elle est actuellement chez lord Dudley.
6. Et non pas Marius, comme le note à tort le catalogue ; on se rappelle que Marin n'était autre que Bonnet.

GRIMOUD (Nicolas, d'après)

?

D'après ce Maître, les quelques pièces suivantes qui sont sans valeur :

La jeune Studieuse — La jeune Laborieuse (par G.-R. Levillain). — *La Musicienne — Le Buveur* (par Henriquez). — *La fausse Apparence — Le double Portrait* (par Martin).

GUÉRAIN (d'après)

?

Le Trente-et-un ou la maison de prêt sur nantissement (par J. Darcis).

1889	Decloux.	Épreuve en noir, marge.	80 f.	»
1890	Destailleur.	Épreuve coloriée, marge.	41	»

GUINET (d'après)

?

Histoire de Paul et Virginie (par Petit). In-folio.

1891	Bayard.	Suite de quatre pièces, avant la lettre.	35	»

HALLÉ (Noël, d'après)
1711-1781

D'après le Maître, quelques pièces insignifiantes, telles que :

Le Voleur adroit — Le Pauvre dans son réduit — Le doux Sommeil — Le doux Repos. Quatre estampes gravées par J.-A. Patour.

HARRIET & NAUDET (d'après)
?

Le Thé parisien ou le Suprême Bon Ton au commencement du XIXe siècle.

Le Sérail parisien ou le Bon Ton en 1802.

Pendants gravés par Godefroy *et* Blanchard.

1890   DESTAILLEUR.   Les deux épreuves tirées en bistre.   50 f. »

Ces pièces sont *rares*.

Le dessin original du *Thé parisien*, au crayon noir, rehaussé de blanc, provenant de la collection Girodet, fut adjugé 120 fr., à la vente J. de la Béraudière, en 1883.

HEILHMANN (Jean-Gaspard, d'après)
1710-1760

Le bon Exemple — Mademoiselle sa sœur

(par Chevillet). In-folio.

Pièces faisant pendants et fort peu intéressantes ; les collectionneurs eux-mêmes en ont fait justice, et ceux qui les ont payées le prix fantastique de 240 francs avant toutes lettres, à la vente Behague, en donnent à grand'peine aujourd'hui et en rechignant 40 à la vente Bayard.

HILAIRE (J.-B., d'après)
Florissait en 1780.

L'Esclave heureux (par J. Mathieu). In-folio.

Complètement nue, de profil à gauche, une jeune femme est couchée sur un lit, les jambes croisées, le dos soutenu par des oreillers, tenant enchaîné sur ses mains qu'elle élève un petit oiseau ; sur le devant du lit, un petit chien ; dans la ruelle, une cage.

1880	Wasset.	Avant toutes lettres.	40 f. »
—	—	Avec la lettre, grande marge.	12 »
1881	Muhlbacher.	Avant toutes lettres et avant la draperie.	49 »
1889	Decloux.	Même état.	85 »
1889	Vignères.	Même état.	40 »
1891	Bayard.	Même état, marge.	69 »

Pièce bien ordinaire.

HOIN (Claude, d'après)
1750-1817

L'Écueil de la sagesse. — Dans un grenier ou dans une

grange, un jeune gars, à genoux et en chemise, contemple une jeune femme demi-nue, couchée et endormie.

Le Prélude amoureux. — Dans un grenier, le soir, la fenêtre ouverte, un jeune homme et une jeune femme s'embrassent; celle-ci est en déshabillé sur son lit, le garçon, qui a ôté ses souliers, la tient de la main gauche par l'épaule; au fond, à gauche, une échelle et un linge séchant sur une corde; à droite, un baquet à laver.

Pendants gravés par de Monchy. *Petit in-folio.*

1877	Behague.	Le Prélude amoureux, grande marge.	40 f.	»
1881	Michelot.	L'Écueil de la sagesse marge.	12	»
1881	Muhlbacher.	Le Prélude amoureux, avant la lettre, marge.	73	»
1887	Aubin.	La même estampe, même état, toute marge.	60	»
1889	Decloux.	L'Écueil..., avant la lettre.	80	»
1890	Destailleur.	Les deux pièces, avant la lettre, toute marge.	230	»
1891	Kinnen.	Le Prélude..., avant la lettre.	76	»
1891	Bayard.	Le Prélude..., toute marge.	26	»
—	—	L'Écueil..., avant la lettre.	38	»

L'Écueil de la sagesse existe en tirage moderne.

Janinet a gravé d'après Hoin *Nina*; c'est du portrait; nous renvoyons donc aux *Françaises du XVIIIe siècle*, page 76.

HUET[1] (Jean-Baptiste, d'après)
1745-1811

L'Amant écouté. — Un jeune homme de profil à droite est à genoux aux pieds d'une femme assise et tenant une rose à la main, il lui déclare sa flamme : à droite, une table chargée de fruits, d'une cafetière et de tasses ; aux pieds de la femme, une corbeille de fleurs.

L'Éventail cassé. — Une jeune femme assise sur un canapé, aux prises avec un galant par trop entreprenant, lui casse son éventail sur la tête, son chapeau est à ses pieds : à gauche, un métier à tapisserie et un nécessaire pendu.

Pendants en couleur, par Bonnet. *Petit in-folio.*

1877	BEHAGUE.	Avant toutes lettres.	120 f.	»
—	—	Les mêmes avec la lettre.	88	»
1878	ROTH.	Épreuves avec la lettre.	41	»
1881	MUHLBACHER.	Avant toutes lettres.	152	»
1882	DUBOIS DU BAIS.	Épreuves avec la lettre.	70	»
1887	AUBIN.	Épreuves avec la lettre.	215	»
—	—	En bistre, les figures en couleur ; les deux.	82	»
1889	DECLOUX.	Épreuves avant toutes lettres.	330	»
—	—	Épreuves en bistre, légèrement teintées en couleur.	130	»

1. Une intéressante étude sur l'artiste, par M. C. Gabillot, vient de paraître à la *Librairie de l'Art*.

1890	Destailleur.	L'Amant, seul avant toutes lettres.	95 f.	»
1891	Kinnen.	Épreuves avant toutes lettres.	250	»
—	—	En bistre, légèrement teintées de couleur.	79	»
1891	Bayard.	Épreuves avant toutes lettres.	221	»
1892	Belenet.	Épreuves avant la lettre, mais rognées.	80	»

Ces pièces sont assez jolies ; on commence à les rechercher davantage et leur valeur augmente sensiblement, comme on peut facilement s'en convaincre par l'échelle des prix pratiqués dans les ventes publiques de ces dernières années.

A la deuxième vente Decloux, en décembre 1889, une épreuve de la planche préparée de *L'Amant écouté*, gravée au trait et portant à gauche, au-dessus du trait carré : *C.-L. Desrois, del., 1781*, avec grande marge, fut adjugée 40 francs ; c'est une pièce *très rare*.

Ces deux pièces ont été reproduites par M. Magnier ; il en existe encore beaucoup d'autres contrefaçons très mauvaises.

Le Cœur a publié en réduction coloriée ces deux estampes sous la rubrique : *La Colère feinte — L'heureuse Distraction* ; elles sont sans valeur.

M. Mühlbacher possède les deux peintures originales : *L'Amant pressant* et *L'Éventail cassé*, de Huet, peintes sur feuille de cuivre.

L'Amant pressant. — Un jeune homme prenant la taille d'une jeune femme assise sur un canapé, qui se défend mollement ; sur une table, à gauche, un bouquet ; derrière eux, l'Amour, tenant une flèche de la main droite et une couronne de la main gauche, semble joyeux ; tout à fait à droite, une mandoline appuyée contre une table à pieds tors.

La Déclaration. — Jeune femme, assise sur un canapé, pendant que son amoureux lui prend la taille, cherche à lire dans son regard s'il dit la vérité ; à ses pieds, un chien et un fichu posé près de la psyché.

Pendants en couleur par Legrand. *Petit in-folio.*

1877	BEHAGUE.	Épreuves grande marge.	80 f.	»
1878	ROTH.	Sans désignation d'état.	33	»
1882	DUBOIS DU BAIS.	Avec la lettre.	55	»
1887	AUBIN.	La Déclaration, seule.	39	»
1891	BAYARD.	Épreuves bistre et sanguine.	52	»

Ces épreuves ne sont vraiment jolies et intéressantes qu'avec *toutes leurs couleurs,* et non en noir ou en bistre relevé de sanguine. — Elles ont été très souvent pastichées.

Ce qui est bon à prendre est bon à garder

(par Chaponnier). In-folio.

1877	BEHAGUE.	Avant toutes lettres, grande marge.	60	»
1880	WASSET.	Avant la lettre, grande marge.	45	»
1881	MUHLBACHER.	Même état.	25	»
1887	AUBIN.	Même état.	16	»
1891	KINNEN.	Même état.	28	»

Pièce fort peu intéressante, représentant une femme complètement nue, sur un lit; elle tient une bourse et, distraite, semble peu prêter l'oreille aux paroles d'un jeune seigneur assis près d'elle.

Nous croyons que cette estampe est aussi quelquefois désignée sous la rubrique : *Les Offres séduisantes* ; la peinture originale sur cuivre, signée : *J.-B. Huet, 1776*, a passé en vente en 1887 ; elle appartenait au baron R. Portalis, et fut adjugée 540 francs.

Les Bergères au bain (par Demarteau)[1]. Petit in-folio en couleur.

1877 Behague.   Avec la lettre, grande
                      marge.   50 f. »

Le Déjeuner. — Dans la campagne, près d'une tente, un jeune abbé, debout, verse de l'eau sur la robe d'une jeune femme à gauche, assise de profil à droite et légèrement penchée ; cette dernière étend le devant de sa robe, aidée par un jeune seigneur assis près d'elle ; un gamin, cause sans doute de la tache qu'on cherche à enlever, pleure ; à gauche, un petit chien ; à droite, deux autres femmes tiennent un plateau qu'elles vont poser sur une petite table ronde.

Le Goûter. — *(Voir Baudouin)*.

Le Dîner. — Un jeune abbé, assis à table et entouré de plusieurs personnages, semble s'être cruellement brûlé en mangeant son potage ; une dame lui présente un verre d'eau.

Le Souper. — Joyeuse compagnie autour d'une table, les uns debout, les autres assis ; la jeune femme de droite,

---

1. Demarteau a été un des principaux interprètes du Maître.

qui est debout, porte son verre à ses lèvres, pendant qu'un homme en habit rouge lui prend la taille.

Suite de quatre pièces en couleur gravées par Bonnet. *Petit in-folio.*

1877	Behague.	Le Déjeuner et le Dîner, grande marge.	150 f.	»
1881	Saint-Geniès.	Le Dîner et le Souper.	44	»
1881	Michelot.	Le Déjeuner, marge.	50	»
—	—	Le Goûter, marge.	120	»
—	—	Le Dîner, marge.	58	»
—	—	Le Souper, marge.	88	»
1882	Dubois du Bais.	Les quatre pièces.	200	»
1890	Destailleur.	Le Dîner et Le Souper.	210	»
1891	Bayard.	Le Déjeuner.	84	»

Ces quatre pièces sont *très rares* à trouver *réunies*. Le Goûter n'est pas de Huet, mais de Baudouin ; c'est de beaucoup la plus jolie et la plus recherchée.

La Brodeuse au tambour — La Raccommodeuse de dentelle (Bonnet direxit).

1889	Decloux.	Épreuves, toute marge.	60	»

Dans un intérieur, deux femmes, étendues sur un canapé, dorment l'une près de l'autre (?)

1877	Behague.	Sans désignation d'état.	115	»

La belle Cachette — L'heureux Chat (par Bonnet).
Petit in-folio en couleur.

1882	Dubois du Bais.	Avec la lettre.	47	»
1887	Aubin.	La belle Cachette, avant		

		la retouche, grande marge.	37 f.	»
1887	AUBIN.	L'heureux Chat, même état.	31	»
1889	DECLOUX.	La belle Cachette, avec *La belle Toilette*; avant les noms des artistes.	80	»
1889	VIGNÈRES.	Épreuves toute marge.	138	»
1891	KINNEN.	La belle Cachette, avant les noms des artistes, avant la draperie terminée et le numéro.	51	»

L'Amant couronné (par B.-A. Patron). In-4° ovale.

1889	DECLOUX.	Publié chez Bonnet.	101	»

Cette petite pièce en couleur est *rare*.

La Chute inattendue (par J. Morret).

Pièce sans valeur. Le dessin original lavé de bistre sous traits de plume, signé et daté 1785, fut adjugé 100 francs, à la vente Herzog, en 1876.

The Sump — The Balance (par Tennob).
In-4° en couleur.

1887	AUBIN.	The Balance, avant le numéro, grande marge.	25	»
1889	DECLOUX.	Épreuves, même état; toute marge.	43	»

1889	Vignères.	Épreuves, sans désignation d'état.	65 f.	»
1891	Bayard.	Épreuves, sans désignation d'état.	40	»

Ces deux pièces furent publiées à Londres, le 30 janvier 1787.

Le Berger galant — Le Berger entreprenant
(par Demarteau).

1891	Kinnen.	Épreuves avec la lettre.	199	»

La Jarretière (par Bonnet). In-4° en couleurs.

Jeune femme assise, demi-nue, de profil à droite, en train de mettre sa jarretière à la jambe gauche qu'elle appuie sur un fauteuil ; près d'elle, un chien jappant et un valet lui apportant une tasse sur sa soucoupe.

1877	Behague.	Premier état, avant l'ornementation des panneaux du fond, sans marge.	60	»
1887	Aubin.	Avec la lettre.	42	»
1881	Decloux.	Épreuve toute marge.	80	»
1891	Bayard.	État Behague, sans marge.	30	»
1892	Bardin.	Grande marge.	37	»

Pièce bien mauvaise ; encore une que le sujet, tout banal qu'il soit, fait rechercher.

Les Compliments du jour de l'An. — Une jeune femme est assise sur un lit, la gorge nue, un petit enfant sur ses genoux ; près du lit, à gauche, un berceau ; une autre jeune femme entrant de gauche à droite, tenant un enfant par la main, se dirige vers le lit ; à droite, une troisième jeune femme debout, et, assis près d'elle, dans un fauteuil, de profil à gauche, un homme coiffé d'un foulard, causant avec une petite fille.

Les Présents du jour de l'An. — Scène à neuf personnages : une jeune femme, coiffée d'un large chapeau-bonnet, se dirige de gauche à droite, suivie de deux jeunes filles et d'un petit garçon à sa droite, ayant son chapeau à la main, vers un groupe de quatre personnages assis à droite de l'estampe ; la jeune femme entrant a un plateau chargé de présents, que lui prend des mains un jeune homme pour les offrir à ceux qui sont assis.

Pendants. Petit in-folio en couleur, en travers, par Bonnet.

Ces pièces sont assez *rares*, et valent environ 80 à 100 francs les deux ; à la vente Wogram, en 1892, elles furent adjugées 120 francs.

Les Sentiments de la nation (par Janinet). In-folio.

Ce sont les portraits de Marie-Antoinette, de Louis XVI et du Dauphin. Voir *Les Françaises du XVIIIe siècle*, page 226.

Voici encore quelques pièces de médiocre valeur et ne méritant pas de mention spéciale, gravées d'après le Maître par divers ; nous nous contenterons seulement d'en donner les rubriques :

L'Accord maternel — L'Amour curieux — Le Repas des vendangeurs — Le Pâtre — Pygmalion amoureux de sa statue — Vénus enflammée par l'Amour — L'Oiseau captif — L'Amour prie Vénus — La petite Gourmande — Le Coq secouru — Les Colombes — Le Miroir de Vénus — Jupiter et

Danaé — L'Espoir heureux — La Bergère satisfaite — Le Printemps — L'Été — L'Automne — L'Hiver — Les Adieux du fermier — Le Départ d'une foire — Le Mouton chéri — Le Mouton innocent — Jupiter et Io — La Recherche des appâts — Les Lapins — Les Moutons — La Main-chaude — La Bergère — La Basse-cour — Le Silence de Vénus — Les Laveuses — Les Pêcheurs — Donne-m'en, ma sœur — Ah! voyons, mon frère — La Brouette — La Conversation — Diane au bain — Thétis écoute Protée — L'Amour couronné — Les Grâces essayant les flèches de l'Amour[1] *— Le petit Fermier — La petite Fermière — Le Point d'honneur — Le petit Sabot — Le Matin — Le Midi — L'Après-dîner — Le Soir*[2] *— Le But — L'Enfantillage — Le Maître de dessin — Le Maître de musique, etc., etc.*

CONTES DE LA FONTAINE (Illustration pour les)

1882	Dubois du Bais.	La Clochette, Joconde, Les Rémois, La Servante justifiée.	400 f.	»
1889	Decloux.	La Clochette.	100	»
—	—	Joconde.	82	»
—	—	Les Rémois.	234	»
—	—	La Servante justifiée.	161	»

Ces quatre pièces en couleur, de format in-4°, sont *excessivement rares*; elles sont gravées par Bonnet, mais, chose curieuse à noter, elles ne trouvent preneur qu'en ventes publiques.

---

1. Les deux originaux à la plume, lavés d'aquarelle, signés et datés 1785, furent adjugés en 1889, à la vente Bérend, 2700 francs, ainsi que les originaux de *Le petit Fermier* et *La petite Fermière*, signés et datés 1787, qui le furent pour 1450 francs à la même vente.
2. Les quatre originaux figuraient au Salon de 1773.

IMBERT (F., d'après)

?

La Curieuse (par C.-F. Letellier). In-folio — **Le Bilboquet** (par Melle Papavoine). Grand in-4º en travers — **Le Passe-temps** (par la même).

Toutes pièces assez décolletées et nulles au point de vue artistique ; valant environ de 20 à 30 francs l'une.

INCROYABLES (pièces sur les)

Un nombre considérable d'estampes existent sur les Incroyables, Merveilleuses, etc. ; intéressantes au point de vue des mœurs du temps, elles sont presque toujours nulles au point de vue artistique, et leur valeur marchande varie entre 5 francs et 40 fr.
Voici quelques-unes des plus connues et des plus recherchées :

Le Départ des remplacés.
Première Réquisition des deux genres.
Les Incroyables au Péron.
Café des Incroyables, 1797.
Faites la paix.
Les Croyables au tripot.
Les Merveilleuses.
L'Anglomane.
Point de convention.
Ah ! qu'il est donc drôle !

L'Anarchiste.

Quel est le plus ridicule ?

Dis donc, ma lorgnette te fait peur.

Aristide et Brise-Scellé revenant de travailler la marchandise.

La Science du jour.

Merlan à frire, à frire.

La Pièce curieuse.

Ce que j'étais, ce que je suis.

Ce que je devrais être.

Le Riche du jour ou le prêteur sur gages.

Je les trompe tous les deux.

Tiens, c'est mon valet Lafleur.

Etc., etc.

Un volume extrêmement intéressant dans l'espèce est : *Le bon Genre* ; il se compose d'un texte et de 115 caricatures coloriées. La première édition fut publiée vers 1820 (s. d.). Pierre de la Mésangère utilisa ces planches dans deux éditions postérieures, 1827 et 1828.

Voici quelques prix atteints dans les ventes de ces dernières années par ce volume :

1880, vente Behague [1], 1150 francs.

1881, vente Michelot, 1180 francs.

1885, vente R. Lion, 1200 francs.

1886, vente Dugoujon, 1785 francs.

1890, vente Marquis, 1745 francs.

---

1. A la vente de la bibliothèque.

JANINET (François)
1752-1814

Les œuvres gravées par Janinet se trouvent aux noms des Maîtres d'après lesquels elles ont été gravées; nous ferons exception pour *Les trois Grâces*, exécutées d'après un Maître ancien, Antoine Pelligrini.

Les trois Grâces (par Janinet). In-folio.

1877	Behague.	Avant la lettre et *avant la guirlande de fleurs.*	50 f.	»
1880	Wasset.	Même état.	40	»
1881	Michelot.	Deuxième état, avec la lettre et la guirlande.	12	»
1887	Aubin.	État Behague, toute marge.	32	»
1891	Kinnen.	Avant toutes lettres, et avant quelques travaux sur le terrain, notamment *la touffe d'herbe* à gauche.	90	»
—	—	État vente Behague.	30	»
1891	Bayard.	En noir, avant toutes lettres.	27	»
—	—	En couleur, avant la lettre.	25	»

Cette pièce, trop connue pour que nous en donnions la description, quoique assez jolie, est peu recherchée des amateurs. Elle est, du reste, assez inégale de tirage et si quelques-unes sont *briquetées*, pour nous servir de l'expression de M. Portalis, il y en a d'autres qui sont bien venues et assez séduisantes d'aspect.

A une vente faite par Roblin, le 23 novembre 1891, nous avons eu l'occasion de voir une épreuve d'essai, *en bleu*, avant la lettre, mais avec la guirlande. Cette pièce, avec une autre avant la lettre, a été adjugée 52 francs.

Janinet a aussi gravé : *Henri IV jouant avec ses enfants*. Cette scène, popularisée par les reproductions de toutes sortes, se passait à Fontainebleau, en 1604.

JAZET (J.-P.-M., par)
1788-1871

La Promenade au Jardin Turc (d'après J.-J. de B².).

In-folio en travers.

A gauche de l'estampe, de vastes bâtiments aux murs élevés et une terrasse plantée d'arbres, sur laquelle s'élève à droite un pavillon chinois ; nombreux personnages ; au bas des murs de cette terrasse, d'autres personnages assis, allant et venant ; tout à fait à gauche, une petite voiture, dans laquelle se trouvent deux enfants, traînée de gauche à droite, puis un portail à grille, au fronton duquel on lit en lettres gothiques : *Jardin Turc ;* c'est par ce portail qu'on montait, sans doute, sur la terrasse. Au bas de l'estampe, à gauche : *A Paris chez Rolland, place des Victoires, n° 10.*

1877	Behague.	Avec la lettre, toute marge.	260 f.	»
1881	Muhlbacher.	Avec la lettre.	305	»
1887	Aubin.	Même état.	300	»
1888	Marcelin.	Épreuve coloriée.	200	»
1889	Decloux.	Même état.	420	»

1890	Destailleur.	Même état.	250 f.	»
1891	Kinnen.	Épreuve avec grande marge.	310	»

Cette pièce est très recherchée ; malheureusement, et chose bien bizarre, (puisque le graveur n'est mort qu'en 1871), on n'a jamais pu savoir qui l'avait peinte ou dessinée ; nous avons écrit à M. Jazet fils, qui n'a pu nous donner aucun renseignement à cet égard ; il se rappelle simplement avoir vu, dans les cartons de son père, cette estampe *à l'état d'eau-forte.*

On en a attribué la paternité à Debucourt, parce qu'il était l'oncle de Jazet ; rien n'est moins certain ; encore moins, par exemple, à J.-J. de Boissieu, dont les trois initiales avaient semblé établir quelques corrélations ; nous préférerions Debucourt ou Desrais ; quoi qu'il en soit, nous croyons que ce mystère ne sera pas éclairci de sitôt.

JEAN (à Paris, chez)

Le Jeu de loto, quine. Pièce coloriée.

1881	Muhlbacher.	Avec *Le Jeu de roulette* et *Le Trente et un*.	145	»

La Promenade à dessein, dans le foyer de la Montausier. Pièce coloriée.

1881	Muhlbacher.	Avec la lettre.	100	»

Le Pavillon de la paix dans le jardin du Tribunat au Palais-Royal. Pièce coloriée.

1881	Muhlbacher.	Avec *Les Adieux des Anglais*.	95	»

Ces pièces sont *rares* ; elles ont été publiées en 1802.

JEAURAT (Étienne, d'après)
1697-1789

Les estampes gravées d'après ce Maître sont fort peu recherchées ; nous en donnerons rapidement la nomenclature, préférant, nous le répétons, nous étendre longuement sur des pièces plus dignes de l'attention du collectionneur. Toutes ces gravures, à moins de conditions exceptionnelles, valent environ une vingtaine de francs.,

L'Accouchée, 1744 — *La Relevée* (par Lépicié). — *L'Amour du vin* (par Surugue fils). — *Le Carnaval des rues de Paris* — *L'Enfance chimiste, 1766* (par Madeleine Igonet). — *La Coëffeuse, 1750* (par Sornique). — *La Couturière, 1749* (par Sornique). — *La Coquette* — *La Dévote* — *L'Économe* — *La Sçavante* (par Aubert). — *L'Exemple des mères*[1] (par Lucas). — *Le Garçon jardinier* (par N. Dufour). — *Le joli Dormir* (par Claire Tournay). — *La Place des Halles*[2] — *La Place Maubert* (par Aliamet). — *Les quatre Éléments* (suite de quatre pièces, par Lépicié). — *Le Remède* (par Aliamet). — *La Servante congédiée* (par Balechou). — *Le Transport des filles de joie à l'hôpital* (par Levasseur). — *Vénus et Adonis* (par R. Gaillard). — *La Jeunesse* — *La Vieillesse* (par Lépicié). — *Le Déménagement d'un peintre* — *L'Enlèvement de police* (par Duflos). — *Le Sultan galant* — *La Sultane favorite* (par Halbou). — *Diane au bain* (par Dupin). — *L'opérateur Barri* (par Balechou). — *Le Matin* — *Le Midi* — *L'Après-dîner* — *Le Soir* (par Balechou). — *L'Amour petit-maître* — *L'Amour coquet*

---

1. Très rare en épreuve *ancienne*.
2. Le dessin original, sur papier bleu, à la pierre d'Italie rehaussée de craie, portant la marque du chevalier Damery, actuellement dans la collection de M. de Goncourt, ainsi que celui du *Transport des filles de joie à l'hôpital* et du *Déménagement d'un peintre*.

(par E. Jeaurat). — *Le Goûté* (par Balechou). — *Hercule et Omphale* (par E. Fessard). — *Le Mari jaloux* (par Balechou). — *Le Fiacre* (par Pasquier). — *Les Citrons de Javotte* (par C. Levasseur). — *Le Berger constant* (par N. Dufour). — *L'Éplucheuse de salade* (par Beauvarlet).

JOLLAIN (N.-R., d'après)

?

Le Bain — La Toilette (par Bonnet). Petit in-folio colorié.

1881	Saint-Geniès.	Épreuves avec la lettre.	35 f.	»
1882	Dubois du Bais.	Même état.	25	»
1891	Kinnen.	Même état.	41	»

Pièces absolument sans valeur, ainsi que *La Nymphe Érigone*, du Maître, gravée par Muller.

KIMLI (d'après)

La Nouvelle affligeante.

1889	Destailleur.	Avant toutes lettres.	26	»

LAFFITE (d'après)
1770-1828

Les Mois républicains (par Tresca).

Pièces sans valeur, représentant douze bustes de femmes.

LA FONTAINE (Illustrations pour les contes de)

Nous ne rappelons ici que pour mémoire les titres de ces compositions qui figurent déjà dans ce volume, classées aux noms des différents Maîtres qui les ont créées.

Boucher (d'après)

Le Calendrier des vieillards.
La Courtisane amoureuse.
Le Fleuve Scamandre.
Le Magnifique.

Toutes pièces gravées par N. de Larmessin.

Challe (M.-A., d'après)

Le Gascon puni.
Le Poirier enchanté.
La Servante congédiée.
Le Bât.

Toutes pièces gravées par J. Bonnefoy; les deux dernières l'ont été aussi par Lindor de Toulouse.

Coypel [1] (Ch., d'après)

La Matrone d'Éphèse, par Desplaces.

Eisen (Ch., d'après)

Promettre est un, et tenir c'est un autre, par Legrand.
La Gageure des trois commères, par Tardieu.
Le Cas de conscience, par Tardieu.
Le Gascon puni, par Tardieu.

Fragonard (H., d'après)

Le Cocu battu et content, par Delignon.
Le Mari confesseur, par Tilliard.
Le Savetier, par Dambrun.
Le Paysan qui a offensé son seigneur, par Lingée.
La Coupe enchantée, par Dupreel.
A Femme avare galant escroc, par Aliamet.
On ne s'avise jamais de tout, par Patas.
Le Gascon puni, par Halbou.
Le Pâté d'anguilles, par Patas.
Belphegor, eau-forte de Duclos, 1794, burin de Patas.
Joconde (*Le Lit*), par Lingée.
Joconde (*Le Pardon*), par Trière.
Joconde (*Le Départ*), par ?

---

1. Nous commettons peut-être une erreur en faisant cette attribution, la note que nous avons prise manquant de précision ; les éléments nous font défaut pour l'affirmer.

Le Calendrier des vieillards, par Dambrun.

La Fiancée du roi de Garbes *(La Cassette)*, par L. Petit.

La Fiancée du roi de Garbes *(Le Chevalier)*, par ?

La Fiancée du roi de Garbes *(L'Arbre)*, par ?

Le Faucon, par Tilliard.

Le Magnifique, par Tilliard.

La Matrone d'Éphèse, par Delignon.

Le Glouton, par Simonet.

Le Baiser prêté[1], par Malbeste.

Le Baiser rendu, par Malbeste.

Les deux Amis, par ?

Sœur Jeanne, par Patas.

La Gageure des trois commères *(La Servante)*, par Trière.

La Gageure des trois commères *(Le Poirier)*, par ?

La Gageure des trois commères *(Le Fil)*, par ?

Alix malade, par ?

Imitation d'Anacréon *(Portrait d'Iris)*, par ?

Imitation d'Anacréon *(L'Amour mouillé)*, par ?

La Clochette, par ?

Le Juge de Mesle, par ?

Le Diable en enfer, par ?

Le Muletier, par ?

Le petit Chien qui secoue de l'argent et des pierreries, par ?

Féronde, par ?

Parmi ces pièces, il y en a six absolument *rarissimes*. Ce sont : *Les deux Amis — Alix malade — Le Portrait d'Iris — L'Amour mouillé — Le petit Chien — Féronde.*

---

1. Cette pièce est d'après Touzé.

Huet (J.-B., d'après)

La Clochette.
Joconde.
Les Rémois.
La Servante justifiée.

Toutes pièces gravées par Bonnet.

Lancret (N., d'après)

A Femme avare galant escroc.
Les deux Amis.
Le Faucon.
Le Gascon puni.
Nicaise.
On ne s'avise jamais de tout.
Les Oies du frère Philippe.
Le Pâté d'anguilles.
Le petit Chien qui secoue de l'argent et des pierreries.
Les Rémois.
La Servante justifiée.
Les Troqueurs.

Toutes pièces gravées par N. de Larmessin [1].

Laurin (d'après)

L'Anneau de Hans Carvel, par Aveline.
La Chose impossible, par Sornique.

[1]. Certaines pièces sont gravées par Schmidt sous le nom de Larmessin.

Le Clerc (d'après)

Le Faiseur d'oreilles et le racommodeur de moules.
Le Rossignol.

Deux pièces gravées par N. de Larmessin.

Lemesle (d'après)

Le Cuvier [1].
La Clochette.

Deux pièces gravées par P. Filleul.

Pater (J.-B., d'après)

Les Aveux indiscrets.
Le Baiser donné.
Le Baiser rendu.
Le Cocu battu et content.
La Courtisane amoureuse.
Le Glouton.
La Matrone d'Éphèse.
Le Savetier.

Toutes pièces gravées par P. Filleul.

Ramberg (H., par et d'après)

La Jument du compère Pierre.
Le Paysan qui cherche son veau.

1. A été gravé en contre-partie par Seinvork

Le Poirier enchanté.
Le Rossignol.
Les Lunettes.
Joconde.

On rencontre souvent ces pièces coloriées.

Saint-Aubin (Gabriel de, par)

On ne s'avise jamais de tout.
Frère Luce.

Subleyras (d'après)

Le Frère Luce, par Elluin[1] et par Le Bas.
Le Faucon, par Elluin.
L'Ermite, par Pierre.
La Courtisane amoureuse, par Pierre.

Vleughel (d'après)

Le Villageois qui cherche son veau, par Legrand.
La Jument du compère Pierre, par Legrand.
Le Frère Luce, par de Larmessin.
Le Bât[2], par Legrand.

Voici quelques prix d'adjudication de ces pièces :
Vente Behague, un lot de 38 pièces, 3500 francs.
Vente Dubois du Bais, environ 26 pièces, 411 francs.
Vente Martin, un lot de 96 pièces, 4000 francs.
Vente Bayard, un lot de 38 pièces, 1160 francs.

1. Elluin était un merveilleux graveur de vignettes.
2. Le même sujet existe au pointillé colorié.

LAGRENÉE (Jean-Jacques de, d'après)

L'Offrande à l'Amour (par Janinet). In-4° en travers en couleur.

Dans la campagne, le torse demi-nu, de profil à gauche, une jeune femme, à la physionomie douce, est agenouillée devant une statue de l'Amour ; elle lui offre une guirlande de roses, qu'elle prend dans une corbeille qui est derrière elle ; en contre-bas, viennent à droite deux autres femmes, ses compagnes.

Cette pièce est fort gracieuse et on la rencontre assez rarement ; elle vaut, croyons-nous, une cinquantaine de francs.

L'Oiseau privé (par Janinet). In-folio en couleur.

Sous son chapeau, un jeune gars de campagne est censé tenir sur ses genoux un petit oiseau qu'examinent des petites filles avec curiosité.

1877	Behague.	Avant toutes lettres, toute marge.	125 f.	»
1882	Dubois du Bais.	Même état, mais *en noir*.	20	»
1887	Aubin.	Même état.	45	»
1891	Kinnen.	Même état, grande marge.	170	»
1891	Bayard.	Même état, toute marge.	170	»

Cette pièce, à sous-entendu grivois, est fort belle ; on ne la rencontre *qu'avant toutes lettres* : elle n'est pas signée, mais elle est bien certainement de Janinet.

Voici quelques autres pièces d'après le Maître, de fort peu de valeur :

La Peinture chérie des Grâces (par Dennel). — *Suzanne et les Vieillards* (par Helmann). — *Tirésias aveuglé par les appâts de Minerve* (par Dennel). — *L'Éducation de l'Amour* [1] (par Bouillard). — *Punition de l'Amour* (par le même). — *La Tourterelle* (par Fessard). — *Bacchus et Ariane* (par Voyez major). — *L'Occasion favorable* [2] (par Levasseur). — *Sacrifice au dieu Pan* (?)

LALLIÉ (Étienne, d'après)

?

Le Messager fidèle — L'Inspiration favorable

(par Halbou).

1890 Destailleur.   Les deux pièces.   25 f. »

L'Inspiration favorable est de Fragonard. — Ces deux estampes existent en tirage moderne.

LAMBERT (F., d'après)

1760-?

Le Larcin toléré — L'Age agréable (par Levasseur).

In-folio ovale équarri.

1877 Behague.   Épreuves avec la lettre.   60 »

---

[1]. Le cuivre existe, ainsi que ceux de *La Punition de l'Amour* et *Bacchus et Ariane*.
[2]. La gravure figurait au Salon de 1779.

1877	Behague,	L'Age agréable, avant la dédicace.	37 f.	»
1881	Muhlbacher.	Épreuves avant la dédicace; marge.	250	»
—	—	Le Larcin toléré; avant toutes lettres.	13	»
1887	Malinet.	Le Larcin seul.	40	»

LANCRET (Nicolas, d'après)

1690-1743

L'œuvre gravé de Lancret, à part 15 à 18 pièces, est très délaissé des collectionneurs; il détonne un peu, il faut le dire, par sa sécheresse et sa froideur, dans ce XVIIIe siècle si pimpant, si jeune et si amoureux, et quand, dans un carton qu'on feuillette, on passe brusquement de l'œuvre des Baudouin, des Fragonard... à celui du Maître en question, on ne peut s'empêcher d'établir des points de comparaison qui sont loin d'être à l'avantage de ce dernier; il fait pourtant partie du quatuor d'artistes Watteau, Lancret, Pater, Boucher, qu'on est convenu d'appeler : *Les Peintres des fêtes galantes*. Ce que nous reprochons à l'artiste, c'est son manque de personnalité, son guindé; quoi qu'il en soit, il n'est pas sans valeur, et, nous ayant laissé de précieux documents sur son époque, il mérite, à ce titre, de n'être pas oublié.

Le Printemps (par B. Audran). Trois états.
L'Été (par Scotin). Deux états.
L'Automne (par N. Tardieu). Un état.
L'Hiver (par Lebas). Deux états.

Suite de quatre pièces, dites *Les quatre Saisons*. In-folio.

1877	Behague.	En premier état, avant l'adresse de Crespy; toute marge.	105 f.	»
—	—	Les quatre mêmes pièces; L'Automne, écrit *Autonne*; et Le Printemps est avant les mots : *Les 4 sujets du cabinet de M. La Faye*; c'est-à-dire en deuxième état.	166	»
1877	F. Didot.	Les quatre pièces.	105	»
1878	Roth.	Les mêmes, petite marge.	90	»
1890	Destailleur.	Les quatre pièces, Automne est avec la faute.	165	»
1891	Bayard.	Les mêmes, gravées par de Larmessin.	71	»
—	—	Les mêmes, par les quatre graveurs.	85	»

Ces pièces sont assez recherchées. Celles gravées par de Larmessin sont en largeur et moins appréciées.

La toile originale de *L'Hyver*, sous le titre *Les Plaisirs de l'hyver*, passa à la vente Secrétan, en juillet 1889; mise sur table à 35000 francs, elle fut adjugée 34200 francs; elle avait figuré, en 1883, à l'exposition des *Cent chefs-d'œuvre*.

Quant à *L'Automne*, l'originale se trouve actuellement chez le baron Edmond de Rothschild.

Ces quatre gravures figuraient au Salon de 1745.

L'Enfance — L'Adolescence — La Jeunesse — La Vieillesse (par de Larmessin). Un état chaque. In-folio en travers.

1877	BEHAGUE.	Les quatre pièces; La Vieillesse, en premier état, c'est-à-dire avec l'adresse du graveur plus tard remplacée par celle de Gaillard.	71 f.	»
1878	ROTH.	Les quatre pièces, grande marge.	90	»
1881	MAILAND.	Les quatre pièces.	50	»
1887	AUBIN.	Les mêmes pièces, toute marge.	126	»
1891	KINNEN.	Les mêmes, La Vieillesse est en premier état : marge.	52	»

Pièces assez recherchées, dites aussi *Les quatre Ages de la vie*.

Le Matin (un état) — **Le Midi** (deux états) — **L'Après-Dîner** (deux états) — **La Soirée** (deux états). In-folio en travers, par de Larmessin.

1877	BEHAGUE.	Les quatre pièces, en premier état, avant l'adresse de Crépy qui fut plus tard ajoutée à celle de Larmessin.	100	»
1881	MAILAND.	Même état et condition; marge.	109	»
1887	AUBIN	Même état et condition.	156	»
1891	BAYARD.	Même état et condition.	53	»

Pièces assez recherchées, dites aussi *Les quatre Heures du jour*.

Le Jeu de cache-cache Mitoulas (par de Larmessin). Trois états.

Le Jeu des quatre coins (par le même). Trois états.

Le Jeu de pied de bœuf (par le même). Deux états.

Le Jeu du colin-maillard (par C.-N. Cochin). Trois états.

Suite de quatre pièces. In-folio en travers.

1877	F. Didot.	Les quatre pièces.	110 f.	»
1890	Destailleur.	Colin - Maillard, état d'*eau-forte pure*; petite marge.	150	»
1891	Bayard.	Les deux premiers; avec l'adresse du graveur.	41	»
—	—	Le Colin-Maillard, 2e état avec l'adresse du graveur.	41	»
—	—	Le Jeu de pied de bœuf, marge.	20	»

Pièces assez recherchées. La toile originale du *Colin-Maillard*, qui se trouvait dans la collection Narischkine, fut vendue en 1883.

Le Repas italien (par Le Bas). Deux états. In-folio en travers.

Dans la campagne, de nombreux personnages prenant leur repas ; à gauche, une femme se balance dans une escarpolette que met en mouvement un jeune homme en la tirant ; à droite, debout, le pied sur un panier de vin, un musicien accorde sa mandoline. Au bas, six vers de M. Moraine.

1877	Behague.	Épreuve avec marge.	98	»

1879	MICHEL.	Sans désignation d'état.	24 f.	»
1881	MICHELOT.	Même condition.	41	»
1881	MAILAND.	Même condition.	45	»
1887	MALINET.	Premier état, *non décrit*, c'est-à-dire avant le nom de M. Moraine, inscrit à la pointe sèche, sous les vers, en bas à droite.	90	»

Estampe très recherchée et *peu commune*, que l'on considère comme la pièce *capitale* du Maître.

On voit, par les prix *très minimes* (à part quelques exceptions d'état), pratiqués sur les pièces les plus recherchées du Maître, combien l'amateur a peu d'intérêt à s'attarder sur une œuvre qui lui ferait si peu d'honneur à posséder; nous en finirons donc promptement, en donnant purement et simplement les titres de ces estampes, qui peuvent valoir, l'une dans l'autre, à moins de conditions exceptionnelles, dans les 20 à 25 francs la pièce.

Les Agréments de la campagne[1], par Joullain. — Trois états. — In-folio.

L'Amant indiscret — La Femme commode, par Dupin. — Un état. — In-folio.

Les Amours du boccage, par de Larmessin. — Un état. — In-folio en travers.

Le Berger indécis, par J. Tardieu. — Un état. — In-folio.

Les Charmes de la conversation, par Petit. — Deux états. — In-folio en travers.

Le Concert pastoral, par Joullain. — Un état. — In-folio en travers.

---

[1]. La toile originale actuellement chez madame la vicomtesse de Courval.

La Conversation galante [1], par Le Bas. — Trois états. — In-folio.

Dans cette aimable solitude — *Par une tendre chansonnette*, pendants par N. Cochin. — Cinq états. — In-folio.

La Partie de plaisir, par P.-E. Moitte. — In-folio.

Les gentilles Baigneuses, par P.-E. Moitte. — In-folio.

La Coquette du village, par de Larmessin. — Deux états. — In-folio.

La Terre, par C.-N. Cochin. — Deux états. — In-folio.

L'Eau, par Desplaces. — Un état. — In-folio.

L'Air, par Tardieu. — Deux états. — In-folio.

Le Feu, par Audran. — Deux états. — In-folio.

Le Glorieux [2] — *Le Philosophe* [3], par C. Dupuis. — Deux états. — In-folio en travers.

Veux-tu d'une inhumaine emporter la tendresse? — Deux états.

Que le cœur d'un amant... — Un état.

D'un baiser que Tircis... — Un état.

Trop indolent Tircis... — Un état (suite de 4 pièces in-folio, par Silvestre).

La belle Grecque [4] — *Le Turc amoureux* [5], par Schmidt. — Deux états. — In-folio.

Le Théâtre italien [6], par Schmidt. — Petit in-folio.

---

1. Il existe de J.-B. Pater une toile portant la même rubrique, mais absolument différente de composition ; elle passa à la vente Narischkine ; ne pas les confondre l'une avec l'autre. — L'estampe de Lancret existe à la Chalcographie du Louvre.

2-3. Les deux tableaux originaux, actuellement au musée de l'Ermitage, à Saint-Pétersbourg, figuraient à l'exposition de l'Académie, en 1739.

4-5. Les deux tableaux originaux à la vente de la Béraudière, le 20 mai 1885, furent adjugés 18300 francs ; ils se trouvent actuellement chez Madame la vicomtesse de Courval.

6. La toile au Louvre, galerie La Caze ; elle avait figuré, en 1860, chez Petit.

La Belle complaisante — L'Amusement du petit maître, par de Favannes. — Un état. — In-folio en travers.

L'Oiseleur — Le Bouquet, par ?.
La belle Femme de chambre[1] par ?.
La Joye du théâtre, par Crépy.
La Balançoire[2], par un anonyme.

CONTES DE LA FONTAINE (Illustration pour les)

A femme avare galant escroc (par de Larmessin).
Quatre états. In-folio en travers.

1877	F. Didot.	Avant l'adresse de Buldet.	25 f.	»
1878	Roth.	Même état, marge vierge.	30	»
1881	Mailand.	Avant l'adresse de Buldet, marge.	34	»
1885	Beurnonville.	Même état.	45	»

Les deux amis (par de Larmessin). Deux états. In-folio en travers.

1878	Roth.	Avant l'adresse de Buldet, *marge vierge*.	91	»
1881	Mailand.	Même état, marge.	46	»
1885	Beurnonville.	Même état.	48	»

---

1. N'est *pas décrite* dans le catalogue Bocher ; passa à la vente Malinet, où elle fut adjugée 14 francs, et 12 à la vente Kiunen ; pièce à trois personnages.

2. Pièce de *toute rareté*, non décrite dans le catalogue Bocher, qui fut adjugée 60 francs, à la vente de la Béraudière, en février 1883.

La toile originale se trouve actuellement chez madame la duchesse de Polignac ; elle fut achetée, en 1858, par sa mère, madame la marquise de Crillon, croyons-nous.

Le Faucon (par de Larmessin). Quatre états. In-folio en travers.

1878	Roth.	Avant l'adresse de Buldet.	33 f.	»
1881	Mailand.	Même état.	17	»
1881	Michelot.	Épreuve gravée par Schmidt.	14	»

Il a été tiré de cette pièce douze épreuves de premier état, avec le nom de G.-F. Schmidt, au lieu de celui de Larmessin.

Le tableau original sur cuivre, qui a appartenu au prince Radziwill, devint la propriété du baron Edmond de Beurnonville, qui le fit figurer au musée des Arts décoratifs, aux Tuileries, en 1878.

Le Gascon puni (par de Larmessin). Deux états. In-folio en travers.

1877	F. Didot.	Avant l'adresse de Buldet.	17	»
1881	Mailand.	Même état.	31	»
1887	Malinet.	Même état, avec une grande marge.	36	»

Le tableau original figurait à l'Exposition de l'Académie, en 1738 ; il se trouve actuellement au musée du Loûvre, salle La Caze. Il fut exposé, en 1860, chez Francis Petit.

Nicaise (par de Larmessin). Trois états. In-folio en travers.

| 1881 | Michelot. | Sans désignation d'état. | 16 | » |

1882	Dubois du Bais.	Avant l'adresse de Buldet.	27 f.	»
1885	Beurnonville.	Même état.	39	»
1887	Malinet.	État intermédiaire entre le premier et le second, le nom de Schmidt remplacé par celui de Larmessin, mais avant la planche retouchée.	48	»
— —		La même, avant l'adresse de Buldet, marge.	30	»

Le tableau sur cuivre, provenant des collections Radziwill et Odiot, a appartenu au baron Ed. de Beurnonville; il a figuré aux Arts décoratifs, en 1878.

On ne s'avise jamais de tout (par de Larmessin). Deux états. In-folio en travers.

1882	Dubois du Bais.	Avant l'adresse de Buldet.	30	»
1887	Malinet.	Même état, grande marge.	25	»

Les Oyes du frère Philippe (par de Larmessin).

1878	Roth.	Avant l'adresse de Buldet, marge vierge.	56	»
1881	Mailand.	Même état, grande marge.	39	»
1887	Malinet.	Même état, marge.	12	»

Le Pâté d'anguilles (par de Larmessin). Deux états. In-folio en travers.

1877	F. Didot.	Avant l'adresse de Buldet.	38 f.	»
1878	Roth.	Même état, toute marge.	57	»
1887	Malinet.	Même état.	24	»

Le petit Chien qui secoue de l'argent et des pierreries (par de Larmessin). Deux états. In-folio en travers.

| 1878 | Roth. | Avant l'adresse de Buldet, marge *vierge*. | 46 | » |
| 1887 | Malinet. | Avant l'adresse de Buldet. | 28 | » |

Il existe de cette estampe une copie publiée en Allemagne, chez Hertli.

Les Rémois (par de Larmessin). Deux états. In-folio en travers.

| 1878 | Roth. | Avant l'adresse de Buldet, marge *vierge*. | 70 | » |
| 1887 | Malinet. | Même état, grande marge. | 16 | » |

Le dessin aux trois crayons fut adjugé 100 francs à la vente Destailleur.

La Servante justifiée (par de Larmessin). Deux états. In-folio en travers.

| 1878 | Roth. | Avant l'adresse de Buldet, marge *vierge*. | 216 | » |

1881	Michelot.	Épreuve avec toute sa marge.	29 f.	»
1882	Dubois du Bais.	Avant l'adresse de Buldet.	12	»
1887	Malinet.	Avant l'adresse de Buldet, grande marge.	36	»

Les Troqueurs (par de Larmessin). Deux états. In-folio en travers.

1878	Roth.	Avant l'adresse de Buldet, toute marge.	33	»
1880	Wasset.	Même état.	15	»
1881	Michelot.	Avant l'adresse de Buldet, marge *vierge*.	47	»
1887	Malinet.	Avant l'adresse de Buldet.	9	»

Ces douze estampes qui portent toutes au bas quatre vers, sont assez belles, quoique un peu sèches et dures de burin; il faut toujours les avoir avant l'adresse de Buldet, c'est-à-dire, avec l'adresse du graveur : *A Paris chez de Larmessin graveur du Roy rue des Noyers à la 4me porte, etc.*

LAURIN (d'après)
1715-1760

CONTES DE LA FONTAINE (Illustration pour les)

L'Anneau de Hans Carvel (par Aveline). In-folio en travers.

1880	Mahérault.	Avec La Chose impossible, marge.	30	»

1882	Dubois du Bais.	Sans désignation d'état.	17 f. »
1887	Malinet.	Avant l'adresse de Buldet, grande marge.	30 »

La Chose impossible (par Sornique). In-folio en travers.

1887	Malinet.	Avant l'adresse de Buldet, grande marge.	30 »

LAVEREINCE [1] (Nicolas, d'après)
1737-1807

L'Aveu difficile, 1787 (par Janinet). Trois états. In-folio en couleur.

A gauche et assise devant sa table de toilette, une jeune femme, coiffée d'un large chapeau, le sein droit complètement nu, se retourne de trois quarts à droite vers une de ses amies qui, debout près d'elle, la tête basse et le corsage délacé, tient dans sa main gauche une rose *flétrie* [2]. A ses pieds, un king charles et à gauche une guitare sur un fauteuil.

---

1. Célèbre peintre à la gouache, Suédois, dont le vrai nom était Lafrensen : il fut francisé et on le trouve écrit des différentes manières suivantes : *Lavrence, Laureince, Lavereince, Lavreince, Laverins, La Vrince, Lavrins, Lawrince, Lavereince, Lawrence, Lavreinse, Lauwerens.*
2. Transparente allusion, pénible constatation pour la pauvrette, quand on se reporte aux années précédentes où toutes deux elles *comparaient* orgueilleusement les troublantes richesses de leur corsage !

1877	BEHAGUE.	Avant toutes lettres, seulement *Janinet 1787*, à la pointe sous le trait carré : deuxième état.	505 f.	»
1878	ROTH.	Même état que la vente Behague, grande marge.	505	»
1881	SAINT-GENIÈS.	Épreuve également de deuxième état.	160	»
1881	MAILAND.	Avec la lettre, épreuve rognée.	81	»
1881	MUHLBACHER.	Avant toutes lettres ; la jeune femme qui est debout a sa robe *lilas*[1], tandis que dans toutes les épreuves connues jusqu'à ce jour, elle est *bleue*.	3000	»
—	—	Épreuve de deuxième état.	1090	»
1885	HOCQUART.	Épreuve de deuxième état ; un peu passée.	320	»
—	—	La même avec la lettre.	120	»
1885	DE LA BÉRAUDIÈRE.	Avec la Comparaison.	260	»

[1]. Cette épreuve, paraît-il, provenait du *portefeuille même* de Janinet ; elle fut trouvée en Alsace, nous apprend le baron Roger Portalis. On semble, par le haut prix d'adjudication, attacher une importance toute particulière à cette *robe lilas* ; ce n'est, suivant nous, qu'une *curiosité d'impression* ; il est très probable qu'il n'y a là qu'une *épreuve d'essai*, ayant pour but de chercher *la mise au ton de la planche*. Souvent, du reste, il arrivait qu'au renouvellement des couleurs, c'est-à-dire quand l'imprimeur était obligé de refaire ses encres épuisées par le tirage, des différences de nuances se produisaient ; nous avons eu l'occasion souvent d'en faire la remarque sur diverses épreuves en couleur de la même estampe.

1887	Aubin.	Épreuve de deuxième état.	420 f.	»
—	—	La même avec la lettre.	175	»
1887	Jacob.	Avec L'Indiscrétion [1], deux pièces encadrées.	320	»
1889	Decloux.	Premier état, avant toutes lettres, *avant le troisième pied du fauteuil, dont l'ombre portée se voit sur le parquet.*	2045	»
—	—	La même en réduction, d'après Brion, gravée par J.-B. Chapuy, sous la rubrique *La Réponce embarrassante*, grande marge.	120	»
1891	Kinnen.	État vente Decloux, avec la *marge vierge.*	4550	»
—	—	La même en réduction, par Chapuy, marge.	80	»
1891	Bayard.	Épreuve de deuxième état.	1410	»
—	—	La même avec la lettre.	250	»
1892	Baudet.	Épreuve encadrée.	305	»
—	—	La même également encadrée.	255	»
1892	Wogram.	Épreuve avec marge.	275	»

Cette estampe et les deux suivantes qui forment *une suite*, ont été reproduites par M. Magnier.

---

1. Le catalogue désignait cette estampe sous la rubrique *La Lettre.*

L'Indiscrétion (par Janinet). Trois états[1]. In-folio en couleur.

Dans un intérieur Louis XVI, près d'un lit à baldaquin, deux jeunes femmes, l'une assise à gauche en négligé du matin, les cheveux épars sur le dos, de profil à droite, essaie de reprendre des mains de son amie, debout, coiffée d'un chapeau à larges bords et orné de plumes, une lettre que cette dernière vient de lui dérober. A gauche, près de la femme assise, une petite table dont le tiroir est ouvert et sur laquelle est un bouquet de roses.

1877	Behague.	Deuxième état, avant toutes lettres, seulement à droite le nom de F. Janinet à la pointe au-dessous du trait carré; marge.	455 f. »
1878	Roth.	Avant la lettre, mais on voit *le pied* de la femme qui est assise; on lit F. Janinet à la pointe, sous le trait carré.	299 »
1881	Muhlbacher.	*Toute première épreuve* avant toutes lettres, seulement F. Janinet sculp. à la pointe, mais avant que le *pied* et *les boucles de cheveux de la femme*	

---

1. M. Bocher signale trois états; on pourrait en ajouter un quatrième, si l'on compte celui qui a passé à la vente Bayard.

		assise aient été dessinés ; toute marge.	1500 f.	»
1881	Mailand.	Avec la lettre.	130	»
1882	Dubois du Bais.	Avec la lettre.	200	»
1885	Hocquart.	Même état que vente Mühlbacher.	800	»
—	—	Avec la lettre.	200	»
1887	Aubin.	Avec la lettre.	289	»
1887	Malinet.	Avec la lettre.	255	»
1889	Decloux.	Etat vente Mühlbacher, toute marge.	1905	»
—	—	Même état, mais l'épreuve est remargée.	435	»
1891	Kinnen.	Même état que vente Mühlbacher, *marge vierge*.	2000	»
1891	Bayard.	Avant toutes lettres, seulement le nom du graveur, grande marge.	1300	»
—	—	*État non cité*, avant toutes lettres, avant *le pied dessiné* et avant l'impression en couleur (épreuve d'essai, suivant nous).	351	»
—	—	Avec la lettre.	250	»
1892	Wogram.	Épreuve avec la lettre, sans marge, encadrée.	135	»
1892	Baudet.	Avant toutes lettres, seulement les noms des artistes à la pointe, encadrée.	560	»

1892 Baudet. La même également encadrée, dans un autre
état. 250 f. »

Les deux exemplaires *L'Aveu difficile* et *L'Indiscrétion* (trouvés par nous dans un grenier[1]), qui figuraient à la vente Decloux, avaient été achetés pour son compte, par l'intermédiaire de M. Adolphe Meyer, à une vente composée faite par Vignères, en 1883, et adjugés 1085 francs ; six ans plus tard, *ces deux mêmes exemplaires* se vendaient 4050 francs !! Qu'on vienne, après cela, nous dire que l'argent du collectionneur est mal placé, et ne pas qualifier les estampes, de valeurs de père de famille !!

La Comparaison, 1786 (par Janinet). Deux états. In-folio en couleur.

Deux jeunes femmes devant une table de toilette, l'une debout, l'autre assise, sont en train de comparer leur gorge nue. Celle qui est debout, à droite, est coiffée d'un chapeau à large bord orné de plumes ; devant elle est un fauteuil sur lequel est jetée une jupe à laquelle tient encore le corset ; à gauche, deux cartons, dont l'un, entr'ouvert, laisse apercevoir des fleurs.

1877	Behague.	Avant toutes lettres, marge.	585	»
1878	Roth.	Avec la lettre, très grande marge.	205	»
1881	Saint-Geniès.	Avant toutes lettres.	200	»
1881	Muhlbacher.	Avant toutes lettres.	610	»
—	—	La même, réduite en partie, par Chapuy[2].	150	»

1. Voir page 43.
2. Les *expressions* sont différentes, et il existe quelques changements dans les détails.

1882	Dubois du Bais.	Avant toutes lettres, sans marge.	190 f.	»
—	—	La même, gravée par Partout[1], marge.	29	»
1885	de la Béraudière.	Avec *L'Aveu difficile*.	260	»
1885	Hocquart.	Avec la lettre.	85	»
—	—	La même, gravée par Chapuy.	80	»
1887	Aubin.	Avant toutes lettres.	260	»
—	—	Avec la lettre.	155	»
1887	Malinet.	Avec la lettre.	155	»
1889	Decloux.	Avant toutes lettres, marge.	855	»
—	—	Avec la lettre.	440	»
—	—	La même, par Chapuy, grande marge.	150	»
—	—	La même, par Partout, toute marge.	100	»
1889	Bérend.	Avec la lettre.	110	»
1890	Destailleur.	Avec la lettre.	250	»
1891	Kinnen.	Avant toutes lettres.	555	»
—	—	La même, marge *vierge*.	505	»
—	—	La même par Chapuy, toute marge.	130	»
—	—	La même par Partout, toute marge.	47	»
1891	Bayard.	Deuxième état[2], *non cité*, avant l'impression en couleur.	901	»

1. Cette pièce, qui porte au bas quatre vers anglais, est ovale; son titre est *The Comparaison*; elle fut publiée à Londres en 1787; elle présente des changements notables avec la planche originale, nous dit M. Bocher.

2. Ceci porterait à *trois* le nombre des états.

1891	Bayard.	La même en couleur.	216 f.	»
1892	Belenet.	En couleur, avec marge.	160	»
1892	Baudet.	Épreuve encadrée, avec la lettre.	250	»
—	—	La même encadrée, mais sans marge.	155	»

Nous nous étonnons de voir cette estampe, tout aussi remarquable que les précédentes, n'en jamais atteindre les hauts prix ; il se rencontre souvent de ces anomalies que nul ne saurait expliquer ; elle est d'autant plus curieuse à noter, que les estampes un peu décolletées, comme celle-ci, se surpaient généralement par une certaine clientèle de collectionneurs.

Le Billet doux. — Dans un somptueux intérieur, une vieille femme, assise à gauche, lit une partition de musique, pendant qu'un jeune homme, le chapeau sous le bras, semble lui parler et prend de la main gauche un billet que lui glisse furtivement en se penchant une jeune fille assise à droite et occupée à broder. A ses pieds, un chat couché près de la cheminée ; à droite, une harpe, un violoncelle, un clavecin et, par terre, des morceaux de musique.

Qu'en dit l'abbé. — Une jeune femme dans un négligé galant, la gorge demi-nue, est assise, les jambes croisées, à sa table de toilette, en train de se faire coiffer par sa camériste ; elle regarde, de trois quarts à gauche, un jeune abbé qui examine avec attention une bande de tapisserie étendue sur le dos d'un fauteuil que lui présente une marchande. Près de la jeune femme, deux hommes assis, dont l'un tourne le dos.

Pendants, ayant la première cinq états, la seconde six états, par N. de Launay. *Petit in-folio.*

1877	Behague.	Le Billet doux, premier état, eau-forte pure ; *le chat qui dort* au pied de la jeune femme *n'existe pas*.	401 f.	»
—	—	La même, avant la lettre ; toute marge.	405	»
—	—	Qu'en dit l'abbé, premier état, eau-forte pure, avant de nombreux changements, notamment dans l'expression des têtes de femmes.	401	»
—	—	La même, avant toutes lettres et avant les armes, épreuve de deuxième état.	400	»
		La même, avant la lettre ; seulement le titre et les noms des artistes ; toute marge.	355	»
1879	Michel.	Épreuves avec la lettre.	71	»
1880	Wasset.	Le Billet doux, premier état.	2300	»
—	—	La même, avec la lettre	155	»
—	—	Qu'en dit l'abbé, avec la lettre.	130	»
1881	Berthier.	L'épreuve de Qu'en dit l'abbé, est du quatrième état, c'est-à-dire qu'elle porte après N. Delaunay,		

		Graveur du Roi, etc., au lieu de : *Graveurs des Rois*.	250 f.	»
1881	Muhlbacher.	Le Billet doux, premier état, eau-forte pure.	460	»
—	—	La même, deuxième état, toute marge.	510	»
—	—	Qu'en dit l'abbé, premier état, à droite sous le trait carré, quelques griffonis représentant des arbrisseaux au bord de l'eau.	920	»
—	—	La même, dans un état d'eau-forte plus avancé.	890	»
—	—	La même, avant toutes lettres et avant les armes, épreuve de deuxième état.	980	»
—	—	La même, avec les armes, le titre, les noms des artistes sans aucune autre lettre ; troisième état, toute marge.	550	»
1881	Mailand.	Épreuves avec la lettre.	250	»
1885	Hocquart.	Le Billet doux, deuxième état.	415	»
—	—	Qu'en dit l'abbé, deuxième état, marge.	300	»
1887	Aubin.	Épreuves avec la lettre.	240	»
1889	Decloux.	Le Billet doux, marge.	185	»

1889	Decloux.	Qu'en dit l'abbé, troisième état, marge.	640 f.	»
1890	Destailleur.	Le Billet doux, premier état, vente Behague.	350	»
—	—	Les deux pièces; Qu'en dit l'abbé, est du quatrième état.	405	»
1891	Kinnen.	Épreuves à toute marge.	485	»
—	—	Qu'en dit l'abbé, troisième état.	475	»
1891	Bayard.	La même, en premier état.	250	»
—	—	Le Billet doux, premier état.	251	»
—	—	La même, deuxième état.	315	»
—	—	Épreuves avec la lettre.	500	»
1892	Baudet.	Épreuves encadrées.	460	»

Ces deux pièces existent en tirage moderne, avec le nom de Marel; elles sont mauvaises. En belles épreuves, ces estampes sont charmantes et *fort recherchées*.

Le Déjeuner anglais. — Une soubrette est en train de servir le thé à un jeune homme botté et éperonné, assis à gauche à une petite table ronde, près d'une jeune femme en négligé du matin. L'homme lit, mais semble cependant regarder, à droite, le chien qui fixe le morceau de sucre que sa maîtresse lui montre et qu'elle tient dans la main droite, tandis qu'elle a la gauche appuyée sur le cou de l'animal, un gros épagneul.

La Leçon interrompue. — Une jeune femme, coiffée d'un large chapeau, est assise de trois quarts à droite et regarde, à gauche, un jeune enfant qui vient sur elle en pleurant; la bonne, qui l'accompagne, a un tambour dans la main droite ; le professeur, qui est assis à droite, a posé sur la table sa mandoline et, les bras croisés, regarde cette scène.

Pendants en couleur gravés par Vidal. *Trois états. Petit in-folio.*

1877	BEHAGUE.	La Leçon interrompue, avant toutes lettres.	360 f. »
—	—	Le Déjeuner anglais, grande marge.	450 »
1878	ROTH.	Le Déjeuner anglais, avant toutes lettres, la marge est petite ; premier état.	1150 »
—	—	La même, avant l'adresse de Vidal, épreuve de deuxième état.	76 »
—	—	La Leçon interrompue, grande marge.	72 »
1881	MICHELOT.	Le Déjeuner anglais, épreuve remontée [1].	32 »
—	—	La même, avec modification de la planche originale, et gravé au	

---

1. Un amateur ne doit *jamais* acheter une estampe *encadrée* ; on est si habile aujourd'hui qu'il est impossible, *sous verre*, de se rendre compte si une gravure a été remontée ou restaurée. Il faut toujours, quand on va faire l'acquisition d'une gravure, l'examiner avec soin, recto et verso, et la *passer au jour*, afin de s'assurer si elle n'a point de tares, habilement dissimulées sous un maquillage trompeur.

		pointillé, sous le trait carré à droite, on lit : *D. Vidal sculp.* au lieu de *Vidal sculp.*	23 f.	»
1881	Michelot.	La Leçon interrompue, épreuve remargée.	25	»
1881	Muhlbacher.	La même, avant toutes lettres.	300	»
—	—	La même, avec la lettre grande marge.	145	»
—	—	La même, coloriée, sans désignation d'état.	805	»
1881	Mailand.	Le Déjeuner anglais, marge.	71	»
—	—	La Leçon interrompue, marge.	81	»
1885	Hocquart.	Le Déjeuner anglais, en couleur.	105	»
—	—	La Leçon interrompue, marge.	57	»
1887	Aubin.	Le Déjeuner anglais, avec la lettre.	205	»
1887	Malinet.	La même.	74	»
1889	Decloux.	Épreuves imprimées en noir.	165	»
1889	Berend.	Épreuves en couleur.	385	»
1890	Destailleur.	Épreuves avec la lettre.	500	»
1891	Bayard.	Le Déjeuner anglais gravé au pointillé.	30	»
—	—	La même, contre-épreuve, remargée.	12	»
—	—	Les deux estampes en *contre-partie*, de Vi-		

		dal, particularité *non mentionnée*.	72 f. »
1891	Bayard.	La Leçon interrompue.	91 »
1892	Baudet.	Les deux pièces, encadrées.	405 »
1892	Bardin.	La Leçon interrompue, grande marge.	131 »

Ces deux estampes ont été reproduites par M. Magnier. Elles existent aussi imprimées en noir.

Le Bosquet d'Amour. — Dans un bosquet, trois femmes sont réunies, l'une d'elles est assise par terre. Près d'elles, une statue de l'Amour.

La Promenade au bois de Vincennes. — Dans le bois de Vincennes, trois jeunes femmes ; celle de gauche a une ombrelle et près d'elles un chien gambade.

Pendants en couleur gravés par J.-B. Chapuy. *Deux états. In-4° en travers.*

1878	Roth.	Les trois Sœurs *avant l'adresse, état non décrit*, toute marge.	635 »
—	—	Les Grâces parisiennes, deuxième état ; toute marge.	765 »
1881	Muhlbacher.	Le Bosquet d'Amour, avant toutes lettres[1].	320 »

---

1. Ce qui porterait à *quatre* le nombre des états, en les classant ainsi :
   1er état. — Avant toutes lettres.
   2e état. — Avec le titre *Le Bosquet d'Amour* et l'adresse : A Paris, chez Gamble et Coipel, etc.
   3e état. — Avec le titre *Les trois Sœurs au parc de St-Clou*, avant l'adresse : A Paris, chez Constantin, etc.
   4e état. — Avec le titre *Les trois Sœurs, etc.*, et l'adresse : A Paris, chez Constantin, etc.

1881	Muhlbacher.	La même avec le titre changé en Les trois Sœurs, etc., épreuve à toute marge.	665 f.	»
		Les Grâces [1], etc., toute marge.	650	»
1882	Tessier.	Épreuves de premier état.	675	»
1887	Aubin.	Avec les titres Les trois Sœurs et Les Grâces.	1020	»
1889	Decloux.	Les Grâces, etc...	455	»
1890	Destailleur.	Les deux pièces, Les Trois Sœurs, etc... sont avant l'adresse de Constantin.	1585	»
1891	Kinnen.	Les Trois Sœurs, etc... avec l'adresse de Constantin.	158	»
1891	Bayard.	La même, même condition que vente Kinnen.	210	»
—	—	Le Bosquet et La Promenade.	425	»
1892	Baudet.	Le Bosquet et La Promenade, avec l'adresse de Gamble et Coipel, grandes marges. Encadrées.	2510	»

Les gouaches originales du *Bosquet d'Amour* et de *La Promenade au bois de Vincennes* furent adjugées, en janvier 1892, à la vente de feu Audouin, 5100 francs.

1. Au second état, *La Promenade au bois de Vincennes* change de rubrique pour prendre celle de *Les Grâces parisiennes au bois de Vincennes*.

L'Élève discret. — Une jeune femme, coiffée d'un chapeau, est allongée sur un canapé de gauche à droite, les jambes écartées ; elle fait signe, de la main gauche, à un petit chien devant elle, à droite, qui fait le beau. Par terre, un livre ouvert.

Pauvre Minet, que ne suis-je à ta place ! — Jeune femme, assise à droite sur un canapé, tenant sur ses genoux un chat qu'elle caresse ; à gauche, un livre par terre.

Pendants en couleur par Janinet. *La première, deux états ; la seconde, un état. In-4°.*

1881	MICHELOT.	Pauvre Minet.	75 f.	»
1881	MUHLBACHER.	L'Élève discret.	755	»
—	—	Pauvre Minet.	800	»
—	—	La même épreuve d'essai tirée avec une seule planche.	10	»
1885	HOCQUART.	Épreuves *avant toutes lettres*, les seules en cet état connues jusqu'à ce jour[1], dit le catalogue.	1600	»
1889	DECLOUX.	Épreuves à toute marge.	3005	»

Ces deux estampes sont vraiment bien insignifiantes et loin de justifier les hauts prix auxquels elles sont poussées. Nous en avons vu deux exemplaires de conservation merveilleuse, avec leur marge vierge, chez M. Henry Josse. La gouache originale de *L'Élève discret* se trouve actuellement chez M. Mühlbacher.

Jamais d'accord. — A gauche debout, coiffée d'un chapeau, une jeune femme tient sous son bras un chat

---

1. Ce qui porterait à *trois* et à *deux* le nombre de ces deux pièces.

qu'elle montre à une autre femme assise, qui tient un chien également sous son bras.

Le Serin chéri. — Deux jeunes femmes ; celle de gauche, assise près de la cheminée, vient d'ouvrir, sur une petite table, une cage de laquelle s'envole un serin qui va se poser sur la gorge de son amie, debout près d'elle à droite ; cette dernière cherche à s'emparer de l'oiseau. Sur le mur à droite, un tableau représentant des moutons dans la campagne.

Pendants en couleur par Denargle [1]. *La première, deux états; la seconde, un état. In-4°.*

1877	BEHAGUE.	Jamais d'accord.	115 f.	»
1878	ROTH.	Le Serin chéri, *eau-forte pure au trait* [2].	380	»
1880	WASSET.	Épreuves sans marge.	250	»
1881	MICHELOT.	Jamais d'accord, mais sous le titre : *La petite Guerre*, estampe présentant de légères variantes, gravée par Mixelle.	121	»
1881	MUHLBACHER.	Jamais d'accord.	300	»
—	—	Le Serin chéri.	190	»
1885	HOCQUART.	Épreuves sans désignation d'état.	295	»
1887	AUBIN.	Le Serin chéri.	200	»
1889	DECLOUX.	Épreuves sans désignation d'état.	550	»

1. Anagramme de Legrand.
2. Porterait alors à *deux* le nombre des états ; cet état est de *toute rareté*.

1892 Baudet.   Le Serin chéri, enca-
                      drée.   151 f. »

Piteuses pièces, ayant à peine le mérite de la rareté, qu'il est vraiment triste de voir payer semblables prix.

Le Printemps — L'Été — L'Automne — L'Hiver

(par Vidal). Deux états. In-4° rond.

1887	Aubin.	Épreuves à toute marge.	255	»
1887	Malinet.	Avec la lettre.	79	»
1891	Berend.	Avec la lettre.	170	»
1891	Kinnen.	Avec la lettre.	250	»

Pièces d'un intérêt artistique bien secondaire. — *L'Été* et *L'Hiver* ont été reproduits par M. Magnier.

L'Accident imprévu. — Un jeune enfant, de profil à droite, apporte une lettre à une jeune fille en train de repasser ; cette dernière, debout, de profil à gauche, laisse son fer sur son linge qui brûle, pendant qu'elle lit avec attention.

La Sentinelle en défaut[1]. — Dans un atelier de modiste, une porte à gauche par laquelle apparaît une vieille femme qui surprend une jeune ouvrière, le corps tourné de trois quarts à droite, plaçant un large chapeau sur la tête d'un officier qui se dissimule derrière un comptoir ; par terre, une tête en carton et une grande boîte ronde, ouverte, laissant voir les fleurs artificielles qu'elle contient.

Pendants coloriés, par Darcis. *Quatre états. In-folio.*

---

1. Ne pas confondre avec l'estampe de même rubrique, gravée par N. de Launay, d'après Baudouin.

1877	Behague.	L'Accident, avec la lettre.	240 f.	»
—	—	La Sentinelle, grande marge.	100	»
1878	Roth.	La même, en bistre; avec l'adresse de Tresca, *rue des Mauvaises Paroles*, qui est la première adresse; la seconde étant *rue des Mathurins*.	115	»
1881	Muhlbacher.	Épreuves de deuxième état, avec les noms des artistes à la pointe.	310	»
—	—	Les mêmes, avant la lettre, en bistre.	106	»
—	—	Les mêmes, avec la lettre, toute marge.	162	»
1881	Mailand.	Avant toutes lettres, les noms des artistes à la pointe.	103	»
1887	Aubin.	Les mêmes, avant toutes lettres, en bistre.	60	»
1887	Malinet.	Épreuves avec marge, coloriées.	85	»
—	—	Les mêmes, imprimées en noir.	21	»
1890	Destailleur.	La Sentinelle, avant toutes lettres, en bistre.	42	»
1891	Bayard.	L'Accident, grande marge.	40	»
—	—	La Sentinelle, état ven-		

		te Mailand, grande marge.	69 f. »
1892	BAUDET.	Les deux épreuves encadrées.	126 »

La gouache originale de *La Sentinelle en défaut* se trouve actuellement chez le baron Edmond de Rothschild, et celle de *L'Accident imprévu*, chez M. le marquis de Varennes.

L'Assemblée au concert. — De nombreux personnages, réunis dans un somptueux salon, sont en train de faire de la musique; au milieu de l'estampe, une femme au clavecin et un homme avec son violoncelle ; à droite, un homme, assis devant un pupitre, joue de la flûte; à gauche, plusieurs femmes, assises et debout, se laissent faire la cour par un abbé. Aux extrémités du salon, deux statues allégoriques.

L'Assemblée au salon. — Dans un riche salon Louis XVI, à gauche, une femme assise et lisant, un abbé et une femme assise à une table de tric-trac ; plus loin, près de la cheminée, un jeune seigneur parlant à une femme assise ; à droite, autour d'une autre table, cinq personnages jouant aux cartes ; enfin, sur le premier plan, deux chiens s'amusant ensemble.

Pendants par Dequevauviller. *Quatre états* [1]. *In-folio en travers.*

1877	BEHAGUE.	Épreuves avant la dédicace, toute marge.	520 »

---

1. Il y a au moins quatre états et non *trois*, comme le signale M. E. Bocher ; il omet celui intermédiaire entre son 2e et 3e, qui a *le titre* en plus de ce qu'il indique au deuxième état.

1877	Behague.	L'Assemblée au salon, eau-forte pure.	455 f.	»
1878	Roth.	Épreuves d'eau-forte pure.	1550	»
—	—	Les mêmes, deuxième état, avec le titre, mais avant la dédicace; petite marge.	760	»
1880	Wasset.	L'Assemblée au salon, eau-forte pure.	1520	»
1881	Michelot.	Épreuves avec la lettre.	230	»
1881	Muhlbacher.	L'Assemblée au concert, eau-forte pure.	280	»
—	—	L'Assemblée au salon, eau-forte pure.	305	»
—	—	Épreuves avant la dédicace, deuxième état.	745	»
1881	Mailand.	Épreuves également en deuxième état.	600	»
—	—	L'Assemblée au salon, avant toutes lettres et avant de nombreux travaux, *état non décrit*.	400	»
1885	Hocquart.	Épreuves avant la dédicace, marge.	1305	»
1887	Aubin.	Épreuves même état que Hocquart.	950	»
—	—	L'Assemblée au salon, eau-forte.	150	»
1887	Jacquinot.	La même avec la lettre.	53	»
1887	Malinet.	Épreuves avec la lettre.	360	»
1889	Decloux	Avec la lettre, marge.	450	»

1890	Destailleur.	Épreuves avec la lettre.	400 f.	»
—	—	L'Assemblée au salon, eau-forte pure, petite marge.	235	»
1891	Kinnen.	Épreuves avant la dédicace.	800	»
—	—	Les mêmes avec la lettre, grande marge.	620	»
—	—	L'Assemblée au salon, eau-forte pure.	200	»
1891	Bayard.	L'Assemblée au concert, eau-forte pure.	201	»
—	—	La même, *état non cité*, avec les armes, avant la dédicace.	375	»
—	—	L'Assemblée au salon, eau-forte pure.	210	»

Ces deux pièces sont charmantes et particulièrement *recherchées*; on croit qu'elles représentent les salons du duc de Luynes et du prince de Conti. Les eaux-fortes sont rares; nous en avons vu deux particulièrement belles, dans la collection de M. Louis Valentin; il est fort difficile de les réunir toutes les deux. Les deux gouaches originales furent achetées 25000 francs, par M. Mühlbacher, chez qui elles sont actuellement. *L'Assemblée au salon* fut gravée par Dequevauviller, en *1783*, et non en *1763*, comme l'indique, croyons-nous, par erreur, le fascicule de M. Bocher.

Ha! le joli petit chien. — Une jeune femme est assise à gauche, devant un métier à broder, lorsque entre une de ses amies de profil à gauche, qui lui montre un petit chien qu'elle tient sous son bras, motif de l'exclamation.

Le petit Conseil. — Une jeune femme à droite, de profil à gauche, assise à une petite table et écrivant; devant elle, debout, les bras croisés, une amie qu'elle semble consulter.

Pendants en couleur par Janinet; *la première, deux états*[1]; *la seconde, un état. In-4°.*

1877	BEHAGUE.	Ha! le joli..., toute marge.	330 f.	»
—	—	Le petit Conseil, grande marge.	255	»
1881	MUHLBACHER.	Ha! le joli...	1180	»
—	—	Le petit Conseil.	1160	»
1887	AUBIN.	Ha! le joli..., marge du cuivre.	305	»
—	—	Le petit Conseil.	125	»
1889	DECLOUX.	Épreuves avec marge.	805	»
—	—	S'il m'aime il viendra[1], et Elle ne s'était pas trompée[2], deux pièces ovales en largeur.	190	»
—	—	Les deux mêmes, en bistre, les figures et les mains en couleur seulement.	85	»
1889	BÉREND.	Épreuves sans désignation d'état.	920	»
1891	KINNEN.	Les mêmes, avec la *marge vierge*.	4505	»
—	—	S'il m'aime..., figures et mains en couleur.	113	»

1. Cette pièce, signée D. V., est une réduction en contre-partie, avec changement du *Petit Conseil*.
2. C'est une réduction de *Vous avez la clef... mais il a trouvé la serrure*. Ces deux pièces en réductions sont *rares*.

1891	BAYARD.	Épreuves avec marge.	601 f.	»
1892	BARDIN.	Épreuves avec leurs marges *non ébarbées*.	3500	»
1892	WOGRAM.	Le petit Conseil, avec marge et encadrée.	315	»

La gouache originale de *Ha ! le joli petit chien* est actuellement chez M. le marquis de Varennes.

Nous n'avons jamais compris comment ces deux pièces, si insignifiantes, atteignaient des prix aussi extravagants ; ce n'est pas une raison, parce qu'elles sont signées de deux noms justement célèbres, pour qu'elles aient la valeur artistique que semblent leur donner ces prix ultra fantaisistes ; tout n'est pas au même diapason dans l'œuvre d'un artiste !

Il est certain qu'à l'heure actuelle, l'estampe en couleur est en pleine vogue, en pleine faveur ; on a pour elle de l'engouement, du fanatisme. L'explication en est simple, du reste : le vrai collectionneur, celui qui mettait *en portefeuille*, a disparu ; il faut bien le dire, il n'y a plus d'estampes ! Celui qui a commencé continue, mais il ne se forme plus de nouvelles couches. La matière collectionnable faisant défaut, on se jette avec avidité sur la gravure vraiment décorative, rappelant l'aquarelle, le tableau ; on l'achète, coûte que coûte, on l'encadre et elle fait l'ornement de nos intérieurs ; voilà, certes, le point de départ, la cause déterminante de l'emballement auquel nous assistons et que nous provoquons. Les prix pratiqués aux ventes Behague, Wasset, Mühlbacher étaient cependant assez joliment corsés : hélas ! ils ont doublé, quadruplé même, pour certaines pièces (nous entendons les pièces hors ligne ; l'estampe courante aurait plutôt légèrement fléchi). Où irons-nous ? plus haut, si la mode tient toujours ; plus bas, bien plus bas, si l'estampe a un krack, comme le Panama ou le Comptoir d'escompte.

Quoi qu'il en soit, et en constatant une hausse énorme sur la gravure en couleur, il ne faudrait pas trop tabler sur les prix enregistrés à la salle Drouot : la salle Drouot est un *thermomètre* et non un *critérium* ; ces hauts prix sont souvent des prix factices, des prix de lutte, si nous pouvons nous exprimer ainsi. Qu'au moment d'une adjudication, par exemple, il se trouve quelques amateurs riches et entêtés, il est évident qu'ils pousseront l'un sur l'autre avec acharnement, et qu'entraînés par leur amour-propre et leur nervosité, ils dépasseront certainement la limite qu'ils s'étaient assignée ; voilà donc une cote faussée de ce chef; car, croyez-le, aucun de ces messieurs ne consentirait à payer ce prix à un marchand et moins encore à un confrère, quelque désireux qu'il fût de devenir acquéreur de la pièce convoitée. Il y a plus: on voit souvent entrer en scène un nouveau personnage, qui, n'ayant rien à perdre, mais tout à gagner, fait chauffer à blanc les enchères, c'est *le vendeur*, qui, se dessaisissant à regret de certaines pièces, veut au moins amoindrir l'amertume de la séparation par un prix fortement remunérateur ; la pièce lui reste quelquefois, mais le prix n'en est pas moins coté et établit un précédent, essayant de maintenir l'estampe à un niveau souvent hors de proportion avec sa valeur réelle ; nous connaissons ainsi plusieurs pièces qui, depuis deux ou trois ans, se promènent dans les ventes, faisant toujours retour à leur propriétaire, qui n'a pas encore trouvé le prix rêvé !

Ah! quel doux plaisir! — Près d'un bois, un jeune homme et une jeune femme, les jambes écartées, se livrent à... sur une botte de paille; le jeune homme, qui a son chapeau sur la tête, tient de ses deux mains la tête de la jeune femme qu'il embrasse sur la bouche.

Je touche au bonheur. — A gauche, une jeune femme est assise à la campagne, près d'un jeune homme qui lui passe la main sous les jupes ; près de lui, sa canne et son chapeau.

Pendants au pointillé en couleur, par Copia. *Un état. In-8°.*

1881	MUHLBACHER.	Les deux pièces.	905 f.	»
1887	AUBIN.	Les deux pièces.	285	»
1889	DECLOUX.	Les deux pièces.	440	»
1891	BAYARD.	Ah! quel doux plaisir! en bistre.	45	»

Ces deux pièces sont *fort rares*.

Le Lever des ouvrières en modes. — Dans un dortoir recevant le jour par la droite, des ouvrières se lèvent; debout, une à droite, complètement habillée, est occupée à lire une lettre que lui apporte un petit commissionnaire; une autre, assise, la gorge nue, se coiffe devant sa psyché; debout, au milieu de la composition, une troisième, les seins découverts, retient sa chemise en causant avec une amie, qui, assise, met ses bas; enfin, à gauche, une dernière tire les rideaux d'un lit; en tout, dix personnages.

Le Coucher des ouvrières en modes. — Dans un dortoir, des ouvrières se déshabillent; les unes lisent, les autres, au nombre de cinq, autour d'une table, se tirent les cartes; à gauche, l'une d'elles, non encore déshabillée, cherche dans le tiroir d'une commode ; en tout, dix personnages.

L'École de danse. — Assis à gauche dans un fauteuil, le maître de danse, en robe de chambre, bat la mesure à une jeune fille qui s'exerce à un pas; derrière lui, un violoneux. Dans la chambre, nombreuses jeunes femmes; l'une d'elles, à droite, le pied sur un tabouret, rattache sa jarretière.

Suite de trois pièces, par Dequevauviller. *La première, six états; la seconde, cinq états; la troisième, trois états. In-folio en travers.*

1877 Behague.	Le Lever, avant l'adresse de Bance, c'est-à-dire l'avant-dernier état.	250 f. »
— —	Le Coucher, avant la dédicace, dit le cata-	

		logue¹, marge.	209 f.	»
1877	BEHAGUE.	L'École, avant la lettre, seulement les noms des artistes à la pointe, toute marge; épreuve de premier état.	455	»
1881	MUHLBACHER.	Le Coucher, avec le titre et le nom des artistes, sans autre lettre.	100	»
—	—	Le Lever, premier état, eau-forte pure.	190	»
—	—	La même, deuxième état, avant toutes lettres.	340	»
—	—	La même, avec la lettre.	107	»
1881	MUHLBACHER.	L'École, avec la première adresse, celle du graveur, qui, plus tard, fut remplacée par celle de Bance.	225	»
1885	HOCQUART.	Le Lever et Le Coucher avec le titre, les noms des artistes et le privilège, sans autres lettres, marge.	195	»
—	—	L'École, même état que les précédentes, toute marge.	255	»

1. Nous n'avons jamais vu cette estampe avec une *dédicace* ; c'est donc certainement une erreur de l'indiquer ainsi.

1889	Decloux.	Le Lever, avec le titre, les noms des artistes et le privilège, sans autres lettres, marge, et Le Coucher, même état, marge.	390 f.	»
—	—	L'École, avec l'adresse du graveur.	87	»
—	—	Le Lever, avec l'adresse du graveur.	98	»
—	—	Le Lever, épreuve réduite à l'in-4°, en bistre.	76	»
—	—	La même, épreuve de préparation, au trait.	41	»
1890	Destailleur.	Le Lever et Le Coucher, état vente Hocquart.	200	»
—	—	L'École, premier état, avec titre, noms des artistes et privilège, sans autre lettre.	72	»
1891	Kinnen.	Le Lever et Le Coucher, état vente Hocquart; marge.	250	»
—	—	Les mêmes, avec la lettre, grande marge.	185	»
—	—	Le Lever, épreuve coloriée au pointillé, à la roulette, par J.-B. Compagnie, avant la dédicace.	16	»
1891	Bayard.	Le Lever et Le Coucher.	53	»

1891	BAYARD,	Le Coucher, copie *moderne,* en réduction, par W. Marks.	4 f. 50	
—	—	Le Lever, copie coloriée, gravée par L. C¹. épreuve en contre-partie.	36	»
—	—	La même par J.-B. Compagnie.	16	»
—	—	L'École, avant toutes lettres, seulement le titre et les noms des artistes; grande marge.	350	»
1892	BAUDET.	Les deux premières, encadrées.	205	»

Le dessin original du *Lever*, provenant de la vente Tondu, est actuellement chez M. le baron Pichon.

A la vente de A. de Dreux, en 1875, la gouache originale du *Coucher* fut adjugée 1640 francs. Elle se trouve actuellement, avec son pendant, dans la collection de M. Henry Josse, où nous en avons admiré la fraîcheur et le remarquable état de conservation.

La gouache originale de l'*École de danse* est actuellement chez M. G. Mühlbacher.

Le Contre-temps (par Dequevauviller). Six états.
In-folio.

En chemise et couchée de trois quarts à gauche sur un lit à draperies, une jeune femme, la main droite sur les yeux, se prépare à recevoir un clystère de sa soubrette,

---

1. Initiales désignant très probablement *Les Campions,* chez qui elle se vendait.

qui jette des regards furibonds sur un personnage qui surgit à droite, par la porte entrebâillée. Une cruche, un fauteuil, sur lequel sont jetés des vêtements, une table de nuit et un livre tombé ouvert complètent le tableau.

1877	Behague.	Premier état; eau-forte, avant toutes lettres et avant l'encadrement.	255 f.	»
—	—	La même, avec la première adresse [1], celle du graveur.	105	»
1880	Wasset.	Premier état, marge.	1205	»
—	—	La même avec la première adresse.	85	»
1881	Muhlbacher.	Premier état, grande marge.	501	»
1885	Hocquart.	Avec la première adresse, marge.	106	»
1890	Destailleur.	Premier état, marge.	400	»
1891	Kinnen.	Premier état.	160	»
1891	Bayard.	Premier état.	206	»
—	—	La même avec la lettre.	101	»
1891	Belenet.	Épreuve avec un léger racommodage en marge.	30	»

Cette estampe fait pendant à *L'Indiscret*, d'après Borel, gravé également par Dequevauviller. Schall a reproduit à peu près le même sujet, gravé par Chaponnier, sous le titre : *The officious waiting Woman*.

Les Offres séduisantes. — Un jeune homme en robe

---

1. Il y a quatre adresses inscrites dans l'ordre suivant : Dequevauviller, Bnace, Le Loutre et enfin Marel ; avec les deux dernières, la planche est fortement usée ; les épreuves sont à rejeter.

de chambre est assis de face, les jambes croisées ; à sa gauche, un bureau à tambour Louis XVI est ouvert ; il tient d'une main un écrin et a le bras droit passé autour de la taille d'une jeune femme debout près de lui et de profil à droite ; derrière eux, un paravent, un fauteuil et, au fond de la pièce, une porte entr'ouverte par laquelle une femme contemple cette scène.

Le Restaurant. — Dans un riche intérieur, un jeune couple est assis sur un canapé ; la femme est à gauche ; elle prend une tasse de bouillon, regardant amoureusement, de trois quarts à droite, l'officier qui est près d'elle. Une soubrette, venant de droite à gauche, apporte une tasse.

Pendants, la première, quatre états, par Delignon ; *la seconde, trois états*[1], *par* Deni. *In-folio.*

1877	Behague.	Les Offres, avec la lettre.	110 f.	»
—	—	Le Restaurant, avant toutes lettres, seulement le mot *Restaurant* à la pointe sèche ; deuxième état.	395	»
—	—	La même, avec la lettre, toute marge.	185	»
1878	Roth.	Les Offres, toute marge.	120	»
—	—	Le Restaurant, marge vierge.	280	»
1881	Muhlbacher.	Le Restaurant, premier état d'eau-forte, non décrit ; grande marge.	400	»

1. Il y a quatre états, *l'état d'eau-forte* ayant été omis par M. Bocher.

1881	MUHLBACHER.	Le même, deuxième état.	331 f.	»
—	—	Les Offres, avant toutes lettres, les noms des artistes à la pointe.	325	»
1885	HOCQUART.	Les Offres, avant toutes lettres, deuxième état.	38	»
—	—	Le Restaurant, deuxième état.	190	»
1887	AUBIN.	Les Offres, deuxième état.	200	»
—	—	Le Restaurant, avec la lettre.	65	»
1887	JACQUINOT.	La même, deuxième état.	341	»
1889	DECLOUX.	La même, avec la lettre.	75	»
1890	DESTAILLEUR.	La même, avec la lettre.	105	»
—	—	Les Offres, avant toutes lettres.	200	»
1891	KINNEN.	Le Restaurant, deuxième état.	405	»
—	—	La même, avec la lettre.	52	»
—	—	Les Offres, avec la lettre.	102	»
1891	BAYARD.	La même, avant toutes lettres.	115	»
—	—	La même, avec la lettre, grande marge.	76	»
—	—	Le Restaurant, deuxième état.	335	»
—	—	La même, avec la lettre.	180	»
1892	BAUDET.	Les Offres séduisantes,		

		encadrée.	80 f. »
1892	Baudet.	Le Restaurant, enca-drée.	101 »

De ces deux estampes la plus jolie et la plus rare est *Le Restaurant* ; elle existe aussi gravée en couleur. Cette pièce a également été copiée par Moitte et encore gravée par Deni, mais en *contre-partie*, prenant alors la rubrique de *Le Consommé*. La gouache originale de Lavereince est actuellement chez le baron Edmond de Rothschild.

Il existe une réduction en rond et en couleur des *Offres séduisantes*, sous la rubrique *La Galante surprise*; cette petite pièce *rare* a passé à la vente David, en 1859, où elle fut adjugée 6 francs !! C'était le bon temps, et les malins de l'époque, qui ont rempli pour rien leurs portefeuilles, ont été agréablement surpris quand, vingt ans plus tard, ils ont, comme certains que nous connaissons, retiré à leur vente *cent dix mille francs* de ce qui leur en avait à peine coûté *quinze mille* !!

A la vente du baron Roger Portalis, en mars 1887, une peinture sur cuivre signée *J.-B. Huet 1786*, portant le même titre, fut adjugée 540 francs; elle a été, paraît-il, gravée par Chaponnier; nous la signalons, mais ne l'avons jamais rencontrée.

La Marchande à la toilette. — Dans un joli intérieur Louis XVI, assise dans une chaise, vêtue d'un élégant peignoir, une jeune femme montre à sa camériste, debout et penchée derrière elle, un bijou en forme de poire, que vient sans doute de lui apporter une marchande, debout à droite, une boîte sous le bras gauche. Près de la cheminée à gauche, un écran, un fauteuil, sur lequel sont une mandoline et un cahier de musique; un chien est couché sous ce fauteuil.

La Soubrette confidente. — Dans une chambre, la plume à la main, une jeune femme tient une lettre ; sa camériste, vers laquelle elle se retourne, est penchée vers elle et lui parle. Une troisième femme, vieille celle-là, est debout, un éventail à la main.

Pendants par Vidal. *La première, trois états; la seconde, quatre états. In-folio.*

1877	BEHAGUE.	La Marchande, seulement les noms des artistes.	255 f.	»
—	—	La Soubrette, avant toutes lettres, deuxième état.	490	»
—	—	La même, avant la dédicace, troisième état.	205	»
—	—	La même, avec la lettre.	91	»
1878	ROTH.	La Marchande, eau-forte pure, premier état.	490	»
—	—	La même, avec la lettre.	113	»
—	—	La Soubrette, marge vierge.	271	»
1881	MUHLBACHER.	La Marchande, état d'eau-forte; on lit sous le trait carré, à la pointe *La Chaussée;* état *non décrit*.	320	»
—	—	La même, deuxième état avec le titre, les armes, sans autres lettres.	395	»
—	—	La Soubrette, eau-forte pure.	305	»
—	—	La même, avec le titre, mais avant la dédicace, troisième état.	205	»

1885	Hocquart.	La Marchande, avant la dedicace, mais avec le titre et les armes ; deuxième état, marge.	100 f.	»
—	—	La Soubrette, grande marge.	55	»
1887	Malinet.	La même épreuve.	55	»
—	—	La Marchande, avec la lettre.	100	»
1889	Decloux.	La Soubrette, marge.	70	»
1890	Destailleur.	La même estampe.	150	»
—	—	La Marchande, toute marge.	160	»
1891	Kinnen.	La Soubrette, avec le titre et les armes et les noms des artistes; troisième état.	255	»
1891	Bayard.	La même, avec la lettre; grande marge.	151	»
—	—	La Marchande, toute marge.	131	»

On rencontre quelquefois des épreuves coloriées au pouce de *La Soubrette confidente* ; ces épreuves ne sont pas très communes.

Mrs Merteuil and Miss Cecille Volange. — Une femme assise, le chapeau sur la tête, de profil à gauche, tient le lacet du corset délacé d'une jeune femme, debout près d'elle, les seins nus ; cette dernière a un mouchoir à la main. Un chiffonnier et une harpe complètent la composition.

Valmont and Emilie. — Près d'un lit, un jeune homme, une plume à la main, assis dans un fauteuil, de profil à droite, écrit sur le genou d'une femme couchée et deminue; on voit sur une chaise le chapeau et la canne de l'écrivain.

Valmont and Presid^te de Tourvel. — Valmont debout, de profil à gauche; près de lui à gauche, la Présidente, à genoux, tend vers lui ses mains suppliantes.

Presidente Tourvel. — Une femme assise dans un fauteuil; sur un lit, une jeune femme couchée, remet une lettre à sa camériste qui est debout; au fond, une religieuse.

Suite de quatre pièces en noir, en bistre et coloriée, par Girard. *La première a deux états, les trois autres un seul. In-folio ovale.*

1877	Behague.	La première et la troisième, grande marge.	306 f.	»
—	—	Valmont and Presid^te Tourvel.	80	»
1881	Muhlbacher.	Mrs Merteuil and..., premier état, c'est-à-dire avant les mots inscrits sous le titre: *Ensuite j'ai été chez sa fille.* Toute marge.	100	»
—	—	Valmont and Presid^te...	61	»
—	—	La même, toute marge.	145	»
—	—	Valmont and Emilie, toute marge.	155	»
1887	Aubin.	Mrs Merteuil and..., avant l'inscription.	55	»
—	—	Valmont and Presid^te..., toute marge.	80	»
1887	Malinet.	La même, avant toute		

		lettre et avant la bordure, premier état, *non décrit* [1].	10 f.	»
1889	DECLOUX.	Valmond and Presid^te..., toute marge.	45	»
—	—	Presid^te Tourvel.	24	»
1890	DESTAILLEUR.	Mrs Merteuil...	260	»
—	—	Valmont and Emilie, avec cette inscription sous le titre : *Cette complaisance de ma part est le prix de celle qu'elle vient d'avoir de me servir de pupitre.* État *non décrit* [2].	280	»
—	—	Valmont and Presid^te.	165	»
—	—	La Présidente Tourvel.	76	»
1891	KINNEN.	Valmont and Emilie, état Destailleur.	160	»
1891	KINNEN.	Valmont and Presid^te.	40	»
—	—	Mrs Merteuil...	260	»
1891	BAYARD	Valmont and Presid^te de Tourvel.	28	»
1892	BAUDET.	Valmont and Presidente de Tourvel.	35	»

Ces pièces sont assez recherchées et d'aspect agréable; elles sont tirées des *Liaisons dangereuses*, de Choderlos de Laclos. *Présidente Tourvel* a été gravée d'après Touzé, et non d'après Lavereince. — A la vente de la Béraudière, en 1883, le dessin original de *Mrs Merteuil and Miss Cecille Volange,* lavé d'encre

1. Ce qui porterait à *deux* le nombre des états.
2. Ce qui porterait à *deux* le nombre des états.

de chine et d'aquarelle rehaussée de blanc, fut adjugé 1200 fr.; nous le retrouvons à la vente R. Lion, en mai 1886, où il fut adjugé 1850 francs; il est actuellement chez M. Mühlbacher. — A la même vente de la Béraudière, le dessin original à la gouache, de forme ovale, de *Presidente Tourvel* fut payé 765 francs.

La Balançoire mystérieuse. — Dans un sous-bois, que traverse un ruisseau, quatre femmes nues sont en train de se baigner; elles ont installé une balançoire entre deux gros arbres, et l'une d'elles, renversée en arrière, se balance au-dessus de l'eau; à gauche, au premier plan, par terre, on aperçoit leurs vêtements.

Les Nymphes scrupuleuses. — Dans la campagne, trois nymphes complètement nues; deux d'entre elles cherchent à voiler très probablement le priape d'un Silène placé sur un socle à gauche, l'une avec des guirlandes de roses, l'autre avec des draperies; la troisième, assise à droite au pied du socle, tient une couronne de fleurs de la main gauche; par terre, un tambourin.

Pendants par Vidal. *La première, neuf états; la seconde, trois états. In-folio.*

1877 BEHAGUE.	La Balançoire, deuxième état, *avant le flot*[1] et avant toutes lettres, seulement le nom des artistes à la pointe.	320 f. »
— —	La même, *avant le flot* et avant la correction au mot *gravé* qui est écrit *gravée* : grande marge.	440 »

1. Qui cache les *organes* de la nymphe qui se balance.

1877	BEHAGUE.	Les Nymphes, avant toutes lettres et *avant la guirlande*[1] *de roses*, deuxième état.	140 f.	»
1878	ROTH.	La Balançoire, *avant le flot complet*, état *non décrit*.	205	»
—	—	Les Nymphes, deuxième état.	149	»
1881	MUHLBACHER.	La Balançoire, avant la lettre, avant le flot, mais avec les noms des artistes *gravés*, état *non décrit*.	345	»
—	—	Les Nymphes, premier état, eau-forte pure, avant toutes lettres, grande marge.	310	»
—	—	La même, deuxième état, toute marge.	200	»
1887	MALINET.	Les deux pièces.	41	»
1889	BÉREND.	La Balançoire, deuxième état.	190	»
1890	DESTAILLEUR.	Les deux pièces, en deuxième état.	220	»
1891	KINNEN.	La Balançoire, deuxième état.	90	»
—	—	Les deux pièces, état terminé.	49	»
1891	BAYARD.	La Balançoire, deuxième état.	60	»

---

1. Qui cache également la *nature* de la nymphe qui est debout à droite.

1891	Bayard.	La même, avec la faute au mot *gravé*.	16 f.	»
—	—	Les Nymphes, deuxième état.	121	»
—	—	La même, épreuve terminée, toute marge.	16	»
1892	Belenet.	Épreuves *avant le flot* et *avant la guirlande*.	60	»

Ces pièces sont fort jolies, et plus particulièrement *Les Nymphes*, que l'on rencontre quelquefois *coloriées*.

Nous nous permettrons de rectifier les états de *La Balançoire mystérieuse*, qui sont au nombre de *neuf*, tandis que M. E. Bocher n'en mentionne que *sept*; en voici, du reste, le détail :

1er état. — Eau-forte pure, sans aucunes lettres.

2e état. — Avant toutes lettres, avant le flot qui cache les parties de la nymphe qui se balance.

3e état. — A la pointe sèche, les noms des artistes sous le trait carré; à gauche : *Lavrince pin.*; à droite : *Vidal sc*^{t}. Sans aucunes lettres. Avant le flot.

4e état. — Les noms des artistes à la pointe sèche. Sans aucunes lettres. Avec le flot, mais *incomplet*.

5e état. — Les noms des artistes à la pointe, et, en bas sous la tablette, à gauche : *Peint par Lavrince, Peintre du Roi de Suède et de l'Académie Royale de Stokolm.* A droite : *Gravé par Vidal*. Avant le titre et les autres lettres et le flot *incomplet*.

6e état. — Les noms des artistes sont *gravés*; le reste comme à l'état précédent.

7e état. — Sous la tablette : *Gravée par Vidal*, au lieu de : *Gravé par Vidal*; toujours le flot *incomplet*.

8e état. — Le flot est complet; le reste comme à l'état précédent.

9e état. — État terminé, avec la faute corrigée à *Gravé*, et l'adresse de : *A Paris chez Vidal rue des Noyers n° 29.*

En novembre 1882, à la vente de M. de Launay, artiste graveur, il a passé une peinture à la gouache, exécutée à l'époque et pastichant la gouache originale de *La Balançoire mystérieuse*.

Le Concert agréable. — Dans la campagne, réunion de cinq personnages faisant de la musique; l'abbé pince de la guitare, un jeune homme couché joue de la flûte, et, sur les trois femmes, l'une joue de la mandoline, tandis que l'autre, assise sur un tabouret, tient un cahier de musique.

Le Mercure de France. — Beaumarchais, assis dans la campagne, le chapeau sur la tête ; sur le livre qu'il tient on lit : *Figaro*. A gauche et debout, une femme s'amuse à chatouiller avec un brin de paille la figure d'un enfant endormi, dont le bras gauche est passé sur le dos d'un chien couché près de lui ; deux autres femmes, dont l'une s'abrite sous son ombrelle, et un homme et une femme, au second plan, complètent la composition.

La Partie de musique. — Sur une terrasse, homme et femmes faisant de la musique. A droite, l'homme joue de la guitare, deux des femmes tiennent une mandoline, la troisième, assise au pied d'un arbre, tient un feuillet de musique.

Suite de trois pièces, gravées, la première par C.-N. Varin *1784, deux*[1] *états ; la seconde, par* Guttemberg le jeune, *cinq états ; la troisième, par* V. Langlois le jeune, *trois états. Petit in-folio en travers.*

1877 BEHAGUE.   Le Concert, avant toutes
              lettres, les noms des

---

1. C'est une erreur : il en existe *trois*, celui avec l'adresse de Depeuille étant inconnu à M. Bocher.

		artistes à la pointe, premier état, marge.	170 f.	»
1877	BEHAGUE.	Le Mercure, avant toutes lettres, avant l'encadrement, deuxième état.	252	»
—	—	La Partie, avant toutes lettres, seulement les noms à la pointe, premier état.	201	»
1881	MICHELOT.	Le Mercure.	73	»
—	—	La même, réduite en contre-partie, genre lavis, remargée; gravée par Mme de Villeneuve.	14	»
—	—	La Partie de musique.	79	»
—	—	Le Concert, premier état, les noms des artistes seulement.	67	»
1881	MUHLBACHER.	La Partie de musique, toute marge.	101	»
—	—	Le Concert, toute marge.	280	»
—	—	Le Mercure, avec la première adresse, celle de Vidal, remplacée plus tard par celle de Depeuille.	110	»
—	—	La même, par Mme de Villeneuve.	80	»
1881	MAILAND.	Le Concert, avec l'adresse de *Depeuille* et sans les qualités indi-		

		quées à la suite du nom du peintre ; *état non cité*.	27 f.	»
1881	Mailand.	Le Mercure, avant toutes lettres, les noms des artistes à la pointe.	215	»
—	—	La même, avec la lettre.	40	»
1887	Aubin.	Le Mercure, toute marge.	85	»
1887	Malinet.	Le Concert, marge.	25	»
—	—	Le Mercure, avec la première adressse, marge.	78	»
1890	Destailleur.	Le Concert, premier état.	100	»
—	—	Le Mercure, avec la première adresse.	50	»
—	—	La Partie, premier état, avec le nom des artistes seulement.	60	»
1891	Bayard.	Le Mercure de France.	46	»
—	—	La même, par Mme de Villeneuve.	8	»
—	—	Le Concert, premier état *non terminé*, avant toutes lettres, les noms des artistes à la pointe.	205	»
—	—	La même, épreuve terminée.	105	»

La gouache originale du *Mercure de France*, sur vélin, signée Lavreince 1782, se trouve actuellement dans la collection de M. de Goncourt, ainsi que celle du *Concert agréable,* signée, à gauche, sur une pierre.

Ces deux pièces furent achetées, par leur possesseur, chez un coiffeur de la rue Vaugirard. Elles avaient passé, en 1787, à la vente Collet.

La Consolation de l'absence. — Jeune femme, de profil à gauche, assise et tenant dans la main droite un médaillon qu'elle contemple ; près d'elle, à droite, sur un canapé, une mandoline ; devant elle, un petit bonheur du jour, sur lequel sont une cafetière et une tasse.

Les Soins mérités. — Une vieille femme de chambre, tournée vers la droite, s'apprête à donner un lavement à un petit chien que sa maîtresse tient sur ses genoux et dont elle relève la queue ; à droite, un guéridon sur lequel est une tasse et une écuelle à anse.

L'heureux Moment[1]. — Dans un riche intérieur, assise sur un canapé à droite et de face, la gorge demi-nue, le bras gauche pendant et tenant une lettre, une jeune femme avec un élégant seigneur, genou gauche en terre, se laisse prendre tendrement la taille. A gauche, sur le canapé, l'éternel petit chien.

Suite par N. de Launay : *la première, quatre états ; la troisième, sept états. La seconde, par* R. de Launay, *deux états. Petit in-folio.*

1877 BEHAGUE.   La Consolation, avec la tablette blanche, et avant la dédicace ; troisième état.   300 f. »

---

[1]. Ne pas confondre avec l'estampe de même rubrique, gravée par Marchand, d'après Fragonard.

1877	Dehague.	L'heureux Moment, premier état d'eau-forte, avant toutes lettres; *avant le petit chien*, et la jeune femme a *une de ses jambes étendue tout de son long sur le canapé*.	430 f. »
—	—	La même, avant toutes lettres, avant la bordure terminée, avec la tablette blanche et avant tous les changements; deuxième état, grande marge.	565 »
—	—	La même, avec la tablette blanche, avant la dédicace, on voit le *petit chien* à la place *de la jambe étendue de la jeune femme;* quatrième état, grande marge.	280 »
—	—	La même épreuve terminée, avec la lettre; grande marge.	105 »
—	—	Les Soins mérités, avant la lettre, avec la tablette blanche et les noms des artistes à la pointe, premier état.	265 »
1881	Michelot.	La même, et même état	

		que vente Behague.	98 f.	»
1881	Muhlbacher.	L'heureux Moment, état d'eau-forte pure.	700	»
—	—	La même, avec la tablette blanche, le nom des artistes, le titre et les trois initiales de Lempereur enlacées dans un cartouche tenant lieu d'armoiries; troisième état, grande marge.	410	»
—	—	La Consolation, avant toutes lettres, avant les armes et avant quelques légers travaux; *état non décrit*.	700	»
—	—	La même, avec la tablette blanche, les armes, le titre et les noms des artistes, sans autres lettres; troisième état.	490	»
—	—	Les Soins, premier état, marge.	210	»
1885	Hocquart.	La même, premier état, marge.	185	»
—	—	La Consolation, avant la dédicace; troisième état.	360	»
—	—	L'heureux Moment, avant la dédicace, cinquième état.	305	»

1887	Aubin.	La Consolation, troisième état.	305 f.	»
—	—	La même, avec la lettre ; marge.	170	»
—	—	Les Soins mérités.	80	»
1889	Decloux.	La Consolation, troisième état.	300	»
—	—	L'heureux Moment, troisième état.	235	»
1890	Destailleur.	La Consolation, avec la lettre.	105	»
—	—	L'heureux Moment, eau-forte pure.	695	»
—	—	La même, avec *chès* l'auteur, au lieu de *chez* l'auteur ; sixième état.	115	»
—	—	Les Soins, avec la lettre.	63	»
1891	Kinnen.	L'heureux Moment, eau-forte pure, premier état.	276	»
—	—	La même, troisième état.	800	»
—	—	La même, avec la lettre.	140	»
—	—	La Consolation, toute marge.	250	»
1891	Bayard.	L'heureux Moment.	100	»
—	—	La Consolation, troisième état.	305	»
—	—	La même, avec la lettre.	150	»

La gouache originale de *La Consolation de l'absence* est actuellement chez M. Mühlbacher, ainsi que celle de *L'heureux Moment*, adjugée 2380 francs en mai 1885, à la vente Lévy-Crémieux. — Une copie de l'estampe *La Consolation de l'ab-*

sence, un peu réduite, se vendait à Paris chez Vidal, rue des Noyers.

Le Roman dangereux, 1781 (par Helman). Trois états. In-folio.

Dans un riche intérieur, une jeune femme, la gorge nue, couchée sur un lit de repos, les jambes écartées, le bras droit appuyé sur un large coussin et le pied sur un tabouret, a laissé tomber par terre le livre qu'elle lisait, et s'est endormie. A gauche, appuyé sur un fauteuil, derrière un petit paravent, un jeune seigneur, un doigt sur la bouche, contemple l'endormie.

1877	Behague.	Avec la lettre, grande marge.	180 f.	»
1878	Roth.	Épreuve avec la marge vierge.	172	»
1881	Mühlbacher.	Avant la dédicace : deuxième état.	500	»
1881	Mailand.	Premier état, eau-forte pure, avant toutes lettres, grande marge.	750	»
1885	Hocquart.	Avec la lettre, grande marge.	210	»
1889	Decloux.	Grande marge.	245	»
1890	Destailleur.	Grande marge.	225	»
1891	Kinnen.	Grande marge.	300	»
1891	Bayard.	Avec la lettre, marge.	152	»
1892	Baudet.	Épreuve encadrée.	180	»

La gouache originale dans la collection Mühlbacher.

Cette estampe a pour pendant *Le Jardinier galant*, d'après Baudouin, même graveur.

Le Retour trop précipité, 1788 (par J.-A. Pierron).
Quatre états [1]. Petit in-folio.

Dans la campagne, au pied d'un arbre, près d'un socle, à gauche, surmonté d'une statue de l'Amour, une jeune femme couchée, près d'elle, genou en terre, un jeune homme, sont désagréablement surpris par l'arrivée d'une femme qui va gêner un tête-à-tête qui promettait d'être intéressant; près de la femme couchée, à droite, un chien.

1877	Behague.	Avec la lettre, toute marge.	315 f.	»
1878	Roth.	Avant l'adresse de Mondhard et avant le fleuron circonscrit, dans le médaillon qui se trouve dans la tablette; marge vierge, deuxième état, croyons-nous.	155	»
1881	Muhlbacher.	Eau-forte pure, avant les armes; *état non décrit*.	410	»
—	—	La même, avec la première adresse : *chez l'auteur*...	195	»
1887	Aubin.	Deuxième état, le titre seul dans la tablette, avant le vers : *Il profita de son premier tribut*...	105	»

1. Il doit y avoir cinq états, l'eau-forte n'ayant pas été mentionnée par M. Bocher.

1889	Decloux.	Même état que vente Aubin.	79 f.	»
1890	Destailleur.	Avec la lettre, grande marge.	130	»
1891	Bayard.	État de la vente Aubin.	110	»
1892	Bardin.	Avec l'adresse de l'auteur, grande marge.	100	»
—	—	Avec l'adresse de Mondhare, toute marge.	40	»

Cette estampe a pour pendant : *L'Irrésolution ou La Confidence*, d'après Trinquesse, du même graveur.

Ah! laisse-moi donc voir (par Janinet). Trois états.

In-8° en couleur.

Couple se promenant dans la campagne, de droite à gauche. L'homme, de sa main droite, pose son chapeau pour cacher le priape d'une statue de Silène, ce qui lui vaut, de la part de la curieuse jeune femme, l'apostrophe qui fait le titre de la gravure.

1877	Behague.	Avec la lettre, toute marge.	240	»
1878	Roth.	Premier état, avant toutes lettres.	400	»
1881	Muhlbacher.	Même état, toute marge [1].	1100	»
1885	Hocquart.	Épreuve avec la lettre, toute marge.	290	»
1889	Decloux.	Avec marge.	240	»
—	—	La même, gravée avec quelques change-		

[1]. Cette estampe se trouve actuellement dans la collection de M. Henry Josse; c'est la plus belle que nous ayons vue.

ments; sous le titre, *Bois d'amour*; c'est sans doute le *troisième* état dont parle M. Bocher, où le *côté libre* de la composition a disparu, pour faire place à *un portrait que dispute un amant empressé à sa belle en déshabillé galant*[1]; pièce ovale à laquelle est joint : *Le Bosquet d'amour*[2], deux pièces. 63 f. »

1890	Destailleur.	Avec la lettre, toute marge.	305	»
1891	Kinnen.	Avec la lettre, toute marge.	225	»
1891	Bayard.	Avant toutes lettres.	220	»
—	—	Avec la lettre.	130	»
1892	Baudet.	Avec toute sa marge.	325	»

Cette estampe existe en tirage moderne.

Ah! qu'elle est heureuse (par de Bréa). Quatre états.
In-folio en couleur et en noir.

Deux jeunes femmes, dont l'une, assise sur un tertre, a entre les jambes une cage ouverte et, près d'elle, un oi-

---

1. Cette pièce est *rare.*
2. Qui, avec quelques changements, a paru, gravé par Benossi, sous la rubrique : *On y va deux.*

seau qui y va entrer ; l'autre, à droite, se lamente, montrant une cage dont l'oiseau vient de s'échapper ; bien transparente allégorie !

1879	Michel.	Épreuve avec la lettre grise.	14 f.	»
1881	Muhlbacher.	Épreuve d'un *état non décrit*, avec quatre vers commençant par ces mots : *Il ne peut à la fois*, avec l'adresse de Bance, remplaçant celle de Bréa.	57	»
—	—	La même, dans un autre état non désigné.	75	»
—	—	La même, avant toutes lettres.	100	»
1889	Decloux.	Épreuve à grande marge.	67	»
1891	Kinnen.	Avec le titre : *Les deux Cages ou la plus heureuse*.	58	»
1891	Bayard.	*Premier état non cité*, en couleur, avant la lettre, le titre tracé à la pointe.	48	»
—	—	Avec la lettre.	72	»

Cette estampe, bien ordinaire, porte au troisième état, décrit par M. Bocher, le titre de : *Les deux Cailles ou la plus heureuse.*

L'Innocence en danger (par Caquet). Trois états. In-folio.

Dans un intérieur Louis XVI, une vieille femme, à gauche, pousse devant elle, en lui parlant à l'oreille, une jeune fille vers un vieillard assis dans un fauteuil, de profil à gauche; sur le parquet, à droite, deux sacs d'argent. La jeune fille tient une rose dans la main droite.

1877	BEHAGUE.	Avant toutes lettres.	459 f.	»
1880	WASSET.	Sans état désigné.	160	»
1881	MUHLBACHER.	Premier état, eau-forte pure, avant toutes lettres, avant la tablette inférieure; toute marge.	390	»
1881	MAILAND.	État d'eau-forte.	300	»
—	—	Avec la lettre.	56	»
1885	HOCQUART.	Épreuve à toute marge.	109	»
1891	KINNEN.	Également toute marge.	200	»
—	—	Une autre épreuve, marge.	92	»
1891	BAYARD.	Épreuve à grande marge.	105	»
1892	BELENET.	Épreuve avec marge.	43	»

Les Apprêts du ballet (par Tresca). Deux états. In-folio en travers, en noir et colorié.

Nombreuses danseuses s'habillant : une, à gauche, vue de dos, esquisse un pas; une, au milieu, fait lacer son corset par l'habilleur, et, à droite, une troisième se fait coiffer.

1877	BEHAGUE.	Avant toutes lettres, les noms des artistes seulement; épreuve en noir.	305	»
—	—	Avec la lettre, coloriée, grande marge.	380	»
1881	MUHLBACHER.	Avant toutes lettres,		

		avec le nom des artistes seulement.	321 f.	»
1885	Hocquart.	Même état.	115	»
1889	Decloux.	Avec marge, sans état désigné.	176	»
1890	Destailleur.	Épreuve avec toute marge.	150	»
1891	Kinnen.	Avant toutes lettres.	160	»
1891	Bayard.	Premier état, *non cité*, dit le catalogue.	132	»
—	—	La même, premier état décrit, avant toutes lettres, les noms des artistes à la pointe.	67	»
1892	Baudet.	Épreuve encadrée.	122	»

La gouache originale, provenant de chez le baron d'Ivry, est actuellement dans la collection de M. Henry Josse, qui l'exposa au Trocadéro, en 1889.

Le Retour à la vertu (chez Vidal). Petit in-folio en couleur.

A gauche, un jeune homme, à genoux près d'une jeune femme à laquelle il prend tendrement la main, pendant qu'assise sur un lit, elle tourne ses regards vers un buste, celui de son mari, sans doute.

1887	Aubin	Épreuve avec toute sa marge.	160	»

Cette pièce est d'une *insigne rareté*; on ne connaît pas le nom du graveur, qui pourrait bien être, tout simplement, Vidal, qui l'a publiée. — Ne pas la confondre avec une estampe de Longheuil portant la même rubrique.

Les deux Jeux (par Egairam [1]). Un état. In-folio colorié.

Deux vieux sont occupés à jouer au tric-trac, pendant qu'un jeune homme, placé derrière la mère, fait discrètement glisser un billet à une jeune fille, en train de broder près d'une fenêtre.

1877	Behague.	Imprimée en sanguine.	150 f.	»
1881	Michelot.	Même tirage.	150	»
1891	Bayard.	Même tirage.	125	»

Cette pièce est mauvaise : elle n'a de mérite que *sa rareté*.

Le Repentir tardif (par Levilain). Trois états. In-folio.

Dans un riche intérieur Louis XVI, une jeune femme en peignoir, la gorge nue, est assise de face, accoudée et cachant ses yeux de sa main droite. Un jeune homme à ses pieds, genou en terre, de profil à gauche, a son bras gauche passé autour de sa taille ; à droite, un lit défait, une table de nuit renversée et un vase brisé; à gauche, sur un fauteuil, le chapeau et le manteau de l'amoureux.

1877	Behague.	Avant toutes lettres, seulement les noms des artistes à la pointe ; toute marge.	715	»
1878	Roth.	Avec la lettre, grande marge.	130	»
1881	Muhlbacher.	État vente Behague.	705	»
1881	Mailand.	Premier état, eau-forte sans aucune lettre, marge.	530	»

1. Anagramme de Mariage.

1885	Hocquart.	Avant toutes lettres.	150 f.	»
1890	Destailleur.	Épreuve à toute marge.	210	»
1891	Kinnen.	Avec la lettre.	96	»
1891	Bayard.	Avant toutes lettres.	150	»
1892	Baudet.	Sous la rubrique *La Séparation inattendue;* épreuve en couleur, avec quelques changements cependant. Encadrée.	150	»

Il existe une copie de cette estampe avec quelques changements. — La gouache originale dans la collection Mühlbacher.

Les Sabots (par J. Couché). Quatre états. Petit in-folio.

Dans la campagne, une jeune fille, la gorge découverte, pieds nus, est assise sur un tertre, de face, la tête de trois quarts à gauche. Au pied d'un arbre, près d'elle, un jeune garçon, légèrement penché en arrière, est également assis; ses sabots sont près de lui; sur ses genoux, un panier de cerises. La jeune fille a pris, sur sa main, deux cerises qu'elle élève au-dessus de la tête du jeune gars.

1877	Behague.	Avant la lettre.	199	»
—	—	Avec la lettre.	125	»
—	—	La même, en bistre, la figure et les mains en rouge.	125	»
1881	Michelot.	État d'eau-forte pure, par Masquelier père [1].	90	»
1881	Muhlbacher.	Avant toutes lettres et avant les armes, dont		

---

1. C'est une *copie* de même dimension.

		la partie supérieure est ménagée dans l'encadrement : troisième état.	500 f.	»
1885	Beurnonville.	État d'eau-forte.	80	»
1887	Aubin.	Même état, grande marge.	125	»
1887	Aubin.	Avant dernier état, c'est-à-dire avant l'adresse de : *Tessari et Cie* ; toute marge.	50	»
1889	Decloux.	Avant la dédicace ; deuxième état, toute marge.	235	»
1890	Destailleur.	Même état, toute marge.	161	»
—	—	Avant l'adresse de Tessari ; toute marge.	85	»
1891	Kinnen.	Deuxième état.	126	»
1891	Bayard.	Avant toutes lettres, seulement les noms des artistes, premier état.	150	»
—	—	La même, sans désignation.	50	»

La gouache originale, avec quelques changements, est actuellement dans la collection de M. le baron Pichon, qui nous en a gracieusement donné communication.

On y va deux (par S. Benossi). Deux états. In-8° bistre et couleur.

Un jeune homme, la canne à la main, donnant le bras

à une jeune femme, se dirigent toux deux à droite et vers un bosquet où se voit une statue de l'Amour.

1880	Wasset	Sans désignation d'état.	105 f.	»
1881	Muhlbacher.	Avec : *Il n'est plus temps* [1], deux pièces avec la première adresse, celle de *Joly*, remplacée plus tard par celle de *Bénard*; toute marge.	980	»
1889	Decloux.	Avec : *Il n'est plus temps*, deux pièces.	150	»
1890	Destailleur.	Avec la première adresse.	200	»
1891	Bayard.	Avec la première adresse.	225	»
—	—	Avec la deuxième adresse.	36	»

Le Midi (chez Chereau). Deux états. In-4°.

N'ayant jamais vu cette estampe, nous nous permettons d'en emprunter la description à M. Bocher :

« Sur la terrasse d'un parc, à l'ombre de grands arbres, « une jeune femme s'est endormie, étendue sur un banc, « à gauche de la composition. Un petit chien veille, assis « à ses pieds; à terre, un livre entr'ouvert, près d'un

---

1. Également par Benossi, et dont voici la description : Une jeune femme assise est accoudée au pied d'un socle que surmonte la statue de l'Amour, l'air désolé et la tête basse ; à ses genoux, un homme semble lui demander pardon en lui saisissant tendrement le bras gauche. Cette estampe, d'après Simonau, dit le catalogue Wasset, fut adjugée, à cette vente, 90 francs ; ces deux pièces, qui se font pendants, sont *très rares*.

« mouchoir et d'une ombrelle. Un Amour, sur un socle,
« indique, d'un geste, le silence. »

1881 MICHELOT.   Avec les deux vers :
                 Sont-ce les feux du
                 jour... toute marge.   28 f. »

Cette pièce est *rare*.

Le Directeur des toilettes (par Voyez l'aîné). Deux états.
In-folio.

Une jeune femme, que sa camériste est en train de coiffer dans sa chambre à coucher, laisse examiner, par un jeune abbé, une pièce d'étoffe qu'elle a sur ses genoux. Trois marchandes avec des boîtes, de cartons complètent, la composition.

1877	BEHAGUE.	Avant toutes lettres, premier état.	485	»
—	—	Avec la lettre, marge.	305	»
1881	MICHELOT.	Avec la lettre, marge.	126	»
1881	MUHLBACHER.	Avant toutes lettres, toute marge.	1150	»
1885	HOCQUART.	Même état, toute marge.	260	»
1887	AUBIN.	Avec la lettre, marge.	120	»
1890	DESTAILLEUR.	Avec la lettre.	130	»

Jolie pièce *recherchée*.

The green Plot. — Un jeune homme de profil à droite, assis par terre, adossé à un tertre, près d'un socle surmonté d'un sphinx, prend la gorge nue d'une femme renversée de droite à gauche et l'embrasse sur la bouche.

The Grove[1]. — Sur un tertre, une jeune femme fort laide, montrant toutes ses fesses, par le retroussement de ses jupes, est dans les bras d'un jeune homme qui l'embrasse sur la bouche (la pose de la femme est singulièrement contorsionnée). Au fond, des arbres et une sorte de balustrade.

Pièces dont le graveur est inconnu. Ovale équarri. In 4º.

1881	Michelot.	Les deux pièces : l'une avant la tablette ; l'autre avant toutes lettres.	300 f. »
1881	Muhlbacher.	The green Plot, eau-forte, avant toutes lettres, et avant l'encadrement.	199 »
—	—	La même avant toutes lettres, la tablette indiquée par un simple trait, toute marge ; l'autre avant toutes lettres et avant la tablette, toute marge.	450 »
1887	Aubin.	Épreuves anciennes, marge.	95 »
1889	Decloux.	Épreuves anciennes.	90 »
1889	Vignères.	Épreuves coloriées, sans marge.	28 »

1. Cette pièce qui n'est *qu'attribuée* à Lavereince, n'est citée par M. Bocher, que dans son catalogue de Moreau le jeune, auquel il l'attribue sans toutefois l'affirmer ; nous ne voyons pas ce qui a pu porter M. Bocher à cette attribution de paternité, bien gratuite, ce nous semble ! Pour nous, elle est certainement de Lavereince.

1890	Destailleur.	Épreuves anciennes.	100 f.	»
1891	Kinnen.	Avant toutes lettres et avant la tablette, toute marge.	190	»
—	—	Les deux mêmes, marge.	30	»
1891	Bayard.	Avant toutes lettres et avant la tablette, toute marge.	105	»
—	—	Les mêmes, avec la tablette rapportée.	26	»
1892	Baudet.	Les deux épreuves, avec marge.	52	»
1892	Belenet.	Les deux pièces.	24	»

Il existe des réimpressions modernes. — La gouache originale du *Green Plot* est actuellement chez M. Mühlbacher.

Le Séducteur (par ?)

Nous n'avons jamais vu cette pièce, que M. Bocher croit pouvoir attribuer à Lavereince, pour la composition, et à Nicolas de Launay, pour la gravure, lui trouvant beaucoup d'analogie de facture avec *Qu'en dit l'abbé* et *Le Billet doux*, des mêmes artistes. Voici la description qu'il en donne :

« Un homme à genoux, de profil à gauche, protège, de
« son corps, une jeune femme qui, assise à droite dans
« un fauteuil, remet précipitamment, dans son berceau,
« un enfant qu'elle tient dans ses bras. Elle a un pied posé
« sur un tabouret et porte, en signe d'effroi, sa main à la
« hauteur de sa tête. A gauche, le père de la jeune femme
« dégaine son épée, pour en percer le séducteur. Il est
« arrêté, dans ce mouvement, par la mère, qui le main-
« tient et par un serviteur, qui le tient à bras-le-corps. Au
« fond, à gauche, une soubrette; à droite, sur un petit
« bonheur du jour, un bouquet de fleurs.

Cette pièce n'existe qu'à *l'état d'eau-forte,* non terminée; nous l'avons vu quelquefois attribuer à Dugoure; nous enregistrons simplement, n'ayant aucun moyen de contrôle. — La gouache originale, exposée au Trocadéro, en 1889, appartient à M. Henry Josse.

Vente Behague, 151 francs; Mühlbacher, 120 francs; Roth, 200 francs; Destailleur, 195 francs; Bayard, 191 francs.

Le Colin-Maillard, 1789 (par Le Cœur). In-folio en couleur.

Sur la terrasse d'un château, un homme de face, les yeux bandés, étend les bras en avant, espérant saisir un jeune couple qui se dérobe sur la gauche. Au fond, on aperçoit un jet d'eau et, près du couple, un banc, sur lequel est un chien, à gauche.

1881	MUHLBACHER.	État d'eau-forte pure.	190 f. »
—	—	La même, avant toutes lettres.	520 »
—	—	La même, avec la rubrique : *Le Bandeau favorable*[1].	115 »
1882	DUBOIS DU BAIS.	La même, avec ce même titre.	246 »
—	—	La même, avec le titre : Le Colin - Maillard, avant toutes lettres, mais avec les armes.	1255 »
1889	DECLOUX.	Le Colin-Maillard, avec armoiries et dédicace[2] à Mme La Princesse de	

---

1. Ce titre n'est pas mentionné par M. Bocher.
2. État *inconnu* à M. Bocher.

		Craon. Au-dessus de la bordure on lit : *Gravé par Louis F. Le Sueur en 1789*[1].	2080 f.	»
1891	BAYARD.	La même, avant toutes lettres et avec les armes.	1255	»
1892	BAUDET.	Avec le titre : *Le Bandeau favorable*, encadrée.	360	»

Cette estampe, attribuée à Lavereince, est *excessivement rare* et *fort recherchée*. Elle a été reproduite par M. Magnier. — En mai 1886, une gouache, rappelant cette estampe, fut vendue 310 francs.

La Soirée du Palais-Royal (par Caquet). Petit in-folio.

1877	BEHAGUE.	Eau-forte.	305	»
—	—	Avant toutes lettres.	185	»
—	—	Avec la lettre.	87	»
1881	MUHLBACHER.	Sans désignation d'état, toute marge.	151	»
1887	AUBIN.	Avec la lettre.	45	»

Cette pièce, *attribuée* à Lavereince n'a pas été mentionnée par M. Bocher. Nous ne l'avons jamais rencontrée ; elle est *rarissime*. Voici ses trois états :

1er état. — Eau-forte pure.
2e état. — Avant toutes lettres.
3e état. — Avec la lettre.

Eh! vite l'on nous voit. — Une jeune femme, coiffée d'un grand chapeau et vêtue d'un petit spencer à collet,

---

[1]. C'est certainement une erreur du graveur de la lettre, qui voulait mettre Le Cœur.

cueille, de la main gauche, une rose à un rosier planté dans un pot, que l'on voit à droite, sur une table de pierre, près d'une maison. Elle passe, de son autre main, derrière son dos, une autre rose à une jeune femme, que l'on voit à gauche, tenant à la main un éventail.

Si tu voulais. — Un jeune homme, assis sur un tertre à droite, son chapeau à ses pieds, sa canne entre ses jambes, tient d'une main, par la taille, une jeune femme qui est debout à côté de lui. De son autre main, il tient la main de la jeune femme. Celle-ci, de face, la tête légèrement penchée à droite, tient d'une main son tablier, d'où s'échappent des roses ; à gauche, une fenêtre devant laquelle est un store à raies.

Pendants en couleur, par Le Cœur. *In-4°*.

1877	BEHAGUE.	Épreuves sans marge.	299 f.	»
1881	MUHLBACHER.	Épreuves avec marge.	610	»
1891	BAYARD.	Épreuves sans marge.	475	»

Ces deux pièces, *attribuées* à Lavereince et dont nous avons emprunté la description à M. Bocher, ne les ayant jamais vues, sont d'une *insigne rareté*.

Le joli Chien ou les petits favoris (?) Petit in-folio en couleur.

Une jeune femme nue, couchée dans son lit sur le dos, tient sur sa jambe un petit chien auquel elle montre une gimblette ; sur la table de nuit, un bougeoir, à gauche ; et sur un fauteuil, à droite, des vêtements jetés par terre, un livre et des pantoufles ; au fond, un paravent.

1877 BEHAGUE. Avant toutes lettres, avant les changements et avant la ré-

		duction en ovale de la planche.	270 f. »
1881	MUHLBACHER.	État d'eau-forte d'une pièce *non décrite*, gravure dans la manière de Dequevauviller; dans cette épreuve, il existe *un homme*, caché derrière les rideaux, regardant la femme.	500 »
—	—	La même, mais avec la planche ovale et gravée au pointillé.	111 »
—	—	La même, avant toutes lettres et avant qu'un *second petit chien* ait été ajouté au premier; grande marge.	1105 »
—	—	La même, épreuve *non décrite*, avec le titre: *Les petits Favoris*, avec les noms des artistes: *Lawreince pinx.* et *Chapuy sculp.*, et l'adresse: *A Paris, chez Joly M^d d'Estampes, quai de Gesvres, au bas du pont Notre-Dame.* Dans cette épreuve, on voit *deux chiens* sur le lit.	505 »

1882	Dubois‹du Bais.	Avant toutes lettres, avec le titre *Les petits Favoris*, avec *un seul* chien.	800 f.	»
—	—	La même, de forme ovale, avant toutes lettres, gravée par Bertaud [1].	100	»
1885	Hocquart.	État Mühlbacher, adjugée 1105 francs; marge.	580	»
1887	Aubin.	Avec la rubrique : *Les petits Favoris*, par Chapuy.	80	»
—	—	La même composition, sous le titre : *Le joli Chien*, pièce ovale au pointillé, par Legrand.	160	»
1891	Kinnen.	État Mühlbacher avec le titre : *Les petits Favoris*.	510	»
1891	Bayard.	Épreuve remargée, par Chapuy.	90	»
—	—	La même, planche ovale, par Bertaud.	30	»
1892	Baudet.	Avant toutes lettres, état vente Dubois du Bais, c'est-à-dire avec *un seul chien*; grande marge, encadrée.	755	»

1. M. Bocher signale la planche ovale *Le joli Chien*, avec l'adresse : *A Paris, chez Aubert*, etc... L'avant toutes lettres ne serait-il pas de cet Aubert, qui aurait alors signé de son anagramme, *Bertaud*?

Cette pièce est tout à fait dans le goût de *La Gimblette*, de Fragonard. A la vente de la Béraudière, en mai 1885, une aquarelle de Lavereince (dit le catalogue), portant le titre *Le Chien favori*, mais absolument différente de composition, puisqu'elle représentait : « Une jeune femme en robe blanche, coiffée d'un « chapeau de paille, assise sur un canapé, jouant avec un petit « chien qui, au geste de sa maîtresse, se dresse et fait le beau », fut adjugée 205 francs; ce bas prix nous donne des doutes sur l'authenticité de l'aquarelle.

Le Déjeuner en tête à tête. — Près d'une table, assise sur un canapé à gauche, une jeune femme, sur les genoux d'un jeune homme, lui passe le bras droit dans sa chemise entr'ouverte, en l'embrassant sur la bouche.

L'Ouvrière en dentelles. — Dans un modeste intérieur, un jeune homme, assis à gauche, de profil à droite, dans un fauteuil, tient dans ses bras une jeune fille debout qui le regarde, les yeux baissés; au fond, une porte entr'ouverte.

Pendants en couleur sans noms d'artistes. In-4°.

1881	Muhlbacher.	Épreuves remargées.	707 f.	»
1882	Dubois du Bais.	Le Déjeuner en tête à tête, sans marge.	215	»
1885	Hocquart.	La même, avec L'Ouvrière; les deux pièces *avant toutes lettres*	1600	»
1887	Aubin.	Les deux mêmes, mêmes conditions.	1715	»
—	—	L'Ouvrière, état d'eauforte, grande marge.	30	»
1889	Bérend.	Épreuves *avant toutes lettres*.	1550	»

1891 Bayard. L'Ouvrière, en état
d'eau-forte. 10 f. »

Ces deux pièces, assez gentilles, ne justifient leur haut prix qu'à cause de leur *rareté;* celles *avant toutes lettres* de la vente du comte Hocquart sont peut-être *les seules connues.* Les deux originaux passèrent à la vente Bérend, en décembre 1889, et furent adjugés 4000 francs; ils avaient déjà figuré à la vente Le Brun, en mai 1790.

Nous signalons comme mémoire, n'ayant pas d'autres renseignements, une pièce intitulée *Le Déjeuné,* gravée au trait et gouachée par P. Escuyer, vendue par Jules Bouillon, en décembre 1888. — Voir page 367.

A la vente Aubin, deux charmants dessins de E. Loizelet, représentant avec une fidélité extraordinaire *Le Déjeuner en tête à tête* et *L'Ouvrière en dentelles,* furent adjugés 360 francs; ils étaient dans des cadres dorés, style Louis XVI. *Le petit Conseil* était également reproduit; il fut vendu 139 francs.

Le joli petit Serin (sans noms d'artistes).

1885	Hocquart.	Sans désignation d'état.	290	»
1887	Aubin.	Sans désignation d'état.	200	»
1889	Decloux.	Avec *La petite Guerre*[1].	500	»
1891	Kinnen.	Les deux mêmes pièces.	700	»
1892	Baudet.	Épreuve encadrée.	200	»

Cette pièce, que nous avons vue trop précipitamment pour en pouvoir faire la description, est charmante ; elle n'est qu'attribuée à Lavereince et pourrait bien, suivant nous, être gravée par Mixelle. Elle ne figure pas au catalogue E. Bocher.

La Lecture intéressante (par D^d Soiron.) Petit in-folio.

Une jeune femme, la gorge demi-nue, est assise près du feu, un éventail dans la main gauche ; elle parle à un

---

1. C'est la même estampe, avec quelques variantes, que *Jamais d'accord.*

jeune homme qui, debout près d'elle, tient un livre. Elle a le pied gauche posé sur un des chenets, et, sous cette jambe, on voit un chat ; à sa droite est un chien, et derrière elle, une servante apportant le déjeuner sur une table ; au fond, un paravent.

Cette pièce est de *toute rareté ;* nous ne l'avons rencontrée que chez M. L. Valentin, qui en possède une épreuve ; l'estampe n'a absolument rien de remarquable, elle est dure et sèche. Elle fut gravée à Genève, en 1756. M. Bocher ne l'a pas mentionnée, et nous ne l'avons relevée dans aucun catalogue.

Le Déjeuné -- Confessions du XVIIIe siècle (?)

1889   Decloux.   Sans désignation d'état.   130 f. »

Ces deux estampes, qui se font pendants, sont au trait et gouachées ; on les attribue quelquefois à Lavereince et on suppose qu'elles ont été gravées par D. Soiron.

Une jeune femme représentée debout, devant un bureau, joue de la mandoline ; près d'elle, à gauche, un fauteuil est renversé (par Janinet).

1892   Baudet.   Avant toutes lettres.   162   »

Cette estampe, *très rare,* est inconnue à M. Bocher. Au verso de l'épreuve que nous venons de signaler, était imprimée en couleur *La Comparaison.*

Je ne veux pas voir (par Chapuy). Forme ovale.

1892   Baudet.   Épreuve en couleur.   48   »

Cette estampe *n'est qu'attribuée* à Lavreince.

La Séparation inattendue (par Le Cœur ?)

1882   Dubois du Bais. Épreuve de toute fraîcheur.   140   »

Cette estampe, *rare*, est la même que *Le Repentir tardif*, avec quelques légers changements, notamment dans la *jupe du peignoir* de la femme, et dans *l'expression des figures*.

Nous avons relevé, à la vente Destailleur, une pièce en manière de lavis, *très rare*, genre Lavereince, sous la rubrique : *La Promenade au bois*, composition de quatre personnages, adjugée 175 francs ; ne pas confondre avec une de titre presque similaire : *La Promenade au bois de Vincennes*.

Nous passons sous silence *Nina*, gravée par Colinet, cette estampe étant le portrait de Mlle Dugazon ; nous renvoyons à notre ouvrage spécial [1].

L'œuvre gravé de Lavereince, que nous venons de passer en revue, est *absolument séduisant;* aussi lui fait-on le plus grand honneur dans les ventes ; il est coté à l'égal de nos grands Maîtres français : Fragonard, Baudouin, Debucourt, etc., etc... et il est particulièrement riche en estampes en couleur, si recherchées aujourd'hui.

En attirant l'attention des amateurs sur les pièces en couleur, nous nous permettrons de leur conseiller de se montrer très difficiles sur leur choix ; ce genre d'estampes ne souffre pas la *médiocrité*, il les faut parfaites ou pas ; ainsi donc, à rejeter toute pièce qui n'est pas de première fraîcheur : elle n'est pas digne de figurer dans le portefeuille d'un collectionneur qui se respecte.

LE BARBIER (L., d'après)

1738-1826

La Prudence en défaut — Le Mari dupe et content
(par Patas). In-4° en travers.

1878 Roth.	Les deux pièces, toute marge.		27 f. »

---

[1]. LES FRANÇAISES DU XVIII° SIÈCLE, que nous avons publiées avec notre ami, M. le marquis de Granges de Surgères, chez Dentu, en 1887.

| 1882 | M. des Chesnais. | Les deux pièces. | 22 f. | » |

Les Amants surpris (par Patas).

| 1880 | Wasset. | Avec la lettre, toute marge. | 100 | » |
| 1881 | Michelot. | Eau-forte pure, toute marge. | 40 | » |

Bain public de femmes mahométanes (par R. de Launay). In-folio en travers.

| 1877 | Behague. | Sans désignation d'état. | 50 | » |
| 1887 | Aubin. | Deux épreuves, dont l'une à l'état d'eau-forte. | 21 | » |

On possède encore d'après le Maître :

Le Départ du milicien — Le Retour du milicien, par Cl. Duflos.
La Mort du général Marceau, par Ingouf.
La Vénus aux colombes — La jeune Vestale, par Janinet.
Les Canadiens au tombeau de leurs enfants[1], par Ingouf.

Toutes pièces sans aucune valeur.

LEBEL (F., d'après)

?

Le Coup de vent (par Al. Girardet, 1785). In-folio.

Dans la campagne, près de rochers, un vent violent s'engouffre indiscrètement sous les jupes d'une jolie fille,

---

1. Le cuivre existe.

découvrant jusqu'au genou une jambe bien faite ; un jeune gars lui a offert son bras, retenant de la main gauche son chapeau près de s'envoler ; un petit Amour, caché dans une anfractuosité de rocher, se rit du pauvre couple que suit un malheureux chien, le poil hérissé par le vent.

1877	Behague.	Avant la lettre, marge.	75 f.	»
1881	Saint-Geniès.	Avec la lettre, toute marge.	16	»
1881	Muhlbacher.	Eau-forte, avant toutes lettres et l'encadrement.	37	»
—	—	La même, avant la lettre, grande marge.	40	»
1887	Aubin.	Avant la lettre, toute marge.	20	»
1890	Destailleur.	Même état, toute marge.	70	»
1891	Kinnen.	Même état, toute marge.	26	»
1891	Bayard.	Eau-forte très avancée, avant toutes lettres et avant l'encadrement.	14	»
—	—	Avant la lettre.	36	»

Cette estampe, assez joliment gravée, est mal dessinée, surtout la tête du jeune garçon.

Nous croyons, sans toutefois l'affirmer, que le cuivre existe. La pièce suivante lui est quelquefois donnée comme pendant.

Elle est prise (par Pillement et Niquet). Petit in-folio.

1877	Behague.	Avant la lettre, grande marge.	66	»
1881	Muhlbacher.	Avec la lettre, toute marge.	25	»

1882	Dubois du Bais.	Avant la lettre.	6 f. »
—	—	La même, épreuve coloriée.	80 »
1891	Bayard.	Avant la lettre, toute marge.	82 »

Cette pièce est souvent désignée par la rubrique : *La Souris prise* ou *La voilà prise*. Ne pas la confondre avec celle de même rubrique, de Debucourt : *Elle est prise*.

La Fidélité en défaut ou l'amour indiscret (par Hemery). In-folio ovale équarri en travers.

1877	Behague.	Avant la lettre.	90 »
1881	Michelot.	Avant la lettre et avant le chiffre, dans le médaillon.	25 »
—	—	Avec la lettre.	10 »
1881	Muhlbacher.	Eau-forte pure, toute marge.	115 »
1891	Bayard.	Avant la lettre et avant les armes, grande marge.	33 »

Existe en tirage moderne.

La Jarretière — La Puce (par Aveline).

Pièces assez ordinaires, adjugées 58 francs à la vente Herzog, en 1876.

LE BRUN (L., d'après)

1748-1813

Les Désirs accomplis (par Voysard). Petit in-folio en couleur.

Un jeune seigneur est assis à gauche près d'une jeune femme dont il prend le bras droit, pendant qu'un valet, coiffé à la turque, apporte des glaces sur un plateau.

1889	Decloux.	Avec la lettre.	25 f.	»

La Sollicitation amoureuse (par Lebeau, 1773).

Dans un riche intérieur, demi-nue et debout, une jeune femme, prête à se mettre au bain, voit à ses genoux, à droite, un jeune seigneur suppliant, qui lui enlace la taille ; à gauche, un Amour lui décoche une flèche ; deux vers au bas de la gravure.

1877	Behague.	Avec *L'Intrigue découverte*, son pendant.	49	»

Ces pièces sont assez jolies.

Le Maître de musique (par J. Coqueret). In-4°.

1877	Behague.	Sans désignation d'état.	15	»
1878	Roth.	Avec *L'École de l'Amour*, par Chatelain, toute marge.	37	»

L'heureux Ménage ou les époux vertueux — L'Épouse mal gardée ou les époux à la mode (par Martini et Dambrun). Petit in-folio.

1877	BEHAGUE.	Épreuves avec marge.	29 f. »
1890	DESTAILLEUR.	Épreuves sans désignation d'état.	36 »

La Toilette du matin — Le Repas du matin — La Récréation du soir — Le Divertissement de la nuit (par Dambrun). In-8°.

1890 DESTAILLEUR. Les quatre pièces, avant l'adresse de Mondhare. 121 »

Ce sont des pièces à costumes, dans des cadres ornementés; elles sont *rares*.

La Toilette de la mariée ou le jour désiré (par Dambrun). In-4°.

1881 MICHELOT. Avec la lettre. 21 »

Le pendant est : *Les Aveux sincères ou les accords du mariage*, d'après Queverdo, par Martini.

La Sultane infidèle (par C. Voysard).

1877 BEHAGUE. Avec la lettre, grande marge. 20 »

La Liberté perdue ou l'amour couronné — Le Charme de la liberté ou l'amour vaincu (par Dambrun et Martini).

1877	BEHAGUE.	Sans désignation d'état.	31 f.	»
1881	MICHELOT.	La Liberté perdue, marge vierge.	13	»
1890	DESTAILLEUR.	Épreuves avec la lettre.	33	»

LE BRUN (Mme Élisabeth Vigée, d'après)
1755-1842

Vénus liant les ailes de l'Amour (par C.-G. Schultz). In-folio.

1877	BEHAGUE.	Avant toutes lettres, seulement les noms des artistes à la pointe.	27	»
1881	MICHELOT.	Deux épreuves, la seconde en contre-partie avec le titre *Cupid and his mother*, gravé par Sarp.	8	»

La Vertu irrésolue (par Dennel). In-folio.

1878	ROTH.	Avant toutes lettres, avec le *cartouche blanc*; petite marge.	17	»
—	—	Avec la lettre.	9	50
1881	MICHELOT.	Avant toutes lettres, avec le *cartouche blanc*.	31	»

Existe en tirage moderne.

Madame Vigée-Le Brun est la délicieuse artiste dont le pinceau a su reproduire avec un charme indéfinissable les traits des plus jolies femmes de son temps : Marie-Antoinette, princesse de Lamballe, duchesse de Polignac, marquise de Sabran, etc., etc., sans oublier le sien, si plein de finesse et d'expression. Sa palette, encore chargée de couleurs séchées, est actuellement, au milieu de merveilles sans nombre et de précieuses reliques, dans la collection de M. G. Mühlbacher.

LE CLERC (d'après)

?

A beau cacher. — Une jeune femme en cache une autre qui s'arrête pour satisfaire un impérieux besoin, pendant qu'un homme la regarde d'une fenêtre voisine.

Le bon Logis. — Par la gauche, s'avance un gros homme ventru, qui regarde les signes que lui fait une demoiselle, au premier ; à droite, au bas de la maison, sous l'auvent, on lit : *Bonne bière de mars*, et sous la fenêtre de la donzelle : *Céans on loge et on... proprement*. Au rez-de-chaussée, une boutique de marchand de légumes. Au troisième plan, un dôme, probablement celui du Panthéon.

Pendants in-folio en couleur, par Bonnet.

1877	BEHAGUE.	Épreuves avant toutes lettres.	150 f.	»
1881	MUHLBACHER.	Sans désignation d'état.	101	»
1881	MAILAND.	Même condition.	71	»
1889	VIGNÈRES.	Épreuves avec grande marge.	99	»
1889	DECLOUX	Épreuves à toute marge.	150	»

1890	Destailleur.	Épreuves imprimées en sanguine.	85 f.	»
1892	Bardin.	Même impression, avant toutes lettres; marge.	100	»

Ces estampes ne sont pas très communes.

Le Jeu de domino — Le Jeu de dames (par Bonnet).
In-folio.

1877	Behague.	Sans désignation d'état.	35	»
1881	Muhlbacher.	Le Jeu de domino.	30	»
1889	Decloux.	Épreuves toute marge.	100	»
1890	Destailleur.	Sans désignation d'état.	30	»
1892	Bardin.	Sans désignation d'état.	19	»

Le Jeu de l'escarpolette — La Chute favorable (par Deny).

1881	Michelot.	Le Jeu de l'escarpolette.	18	»

Le beau Rosier — La Tulipe cassée (par Patron).
Pièces rondes.

1889	Decloux.	Pièces aux trois crayons.	30	»

Estampes *rares*.

Son regard dit qu'on peut oser (par Le Campion).

1882	Dubois du Bais.	Pièce en couleur.	416	»

Estampe *très rare*, qu'il ne nous a jamais été donné de rencontrer.

La Vie de l'enfant prodigue (par Gaillard, Basan, Teucher, de Favannes, Moitte, Bazin). Suite de 6 pièces.

1881	Mailand.	La suite complète.	48 f.	»
1890	Destailleur.	La même, avec marge.	36	»

L'Abbé en conqueste (chez Bonnart). In-folio.

1877	Behague.	Avec toute sa marge.	20	»
1880	Mahérault.	Premier état, avec l'adresse de la veuve Chereau, grande marge.	10	»

Pièce sans valeur.

Le Repos (par Bonnet). Ovale en couleur.

1891	Bayard.	Dans une bordure rehaussée d'or.	78	»

CONTES DE LA FONTAINE (Illustration pour les)

Le Faiseur d'oreilles — Le Raccommodeur de moules
(par de Larmessin).

1882	Dubois du Bais.	Avant l'adresse de Buldet.	26	»
1889	Vignères.	Même condition.	12	»

LE CŒUR (Louis, à Paris chez)

Une promesse... ah! laissez donc. 1787. — Une jeune femme, coiffée d'un grand chapeau, assise à une table à droite de l'estampe, se retourne pour présenter une plume d'oie à un homme qui entre à gauche.

Néant à la requête. 1788. — Un homme et une femme assis sur un canapé, l'homme à gauche, la femme à droite, cette dernière enlaçant tendrement le galant, qui fait triste mine et semble peu *à la hauteur* de ce que paraît désirer son entreprenante compagne!

Pendants in-4° à l'aquatinte.

1881	Michelot.	Les deux pièces.	121 f.	»
1881	Muhlbacher.	Une promesse... ah! laissez donc.	100	»
—	—	Néant à la requête.	95	»
—	—	La même, dans un autre état.	150	»
1889	Decloux.	Épreuves en premier état en bistre, avec le nom de l'artiste *à la pointe*, au-dessous de la bordure à gauche, les titres; écrits en grandes lettres, sont à 25 millimètres de la bordure. En outre, l'épreuve de Néant à la requête est tirée avant que *le volant de la*		

		robe ait été *rallongé*, de manière à couvrir les genoux de la femme.	355 f.	»
1889	Decloux.	Les deux mêmes, en couleur. Les titres, écrits en lettres plus petites, sont à 15 millimètres de la bordure, et le volant de la robe a été rallongé.	330	»
1891	Kinnen.	Épreuves en premier état, en bistre.	300	»
—	—	Les mêmes, en couleur, état Decloux.	265	»
—	—	Néant à la requête, même état, mais en noir ; marge.	145	»
1891	Bayard.	Néant à la requête ; en couleur, remargée.	61	»

Ces deux pièces sont *assez rares*.

Gare à l'eau. — A droite de l'estampe, deux femmes renversées, l'une, les jambes en l'air et les jupes retroussées, sur laquelle se précipite un homme ; à gauche, une troisième femme s'apprêtant à saisir un broc d'eau, pour arroser ce que laisse apercevoir la femme aux jupons retroussés.

1881	Muhlbacher.	Sans désignation d'état.	215	»
1889	Decloux.	Même condition.	150	»

Cette estampe, petit in-folio en couleur, est *excessivement rare*.

Germeuil — Bon, t'y voilà. Pièces rondes.

1889 Decloux. Avant le numéro et l'adresse de Le Cœur, marge. 50 f. »

Ces estampes sont des sujets galants.

L'Innocente — Ne vous y fiez pas. In-8° ovale.

1881 Michelot. Épreuves en bistre. 25 »

Vue du Jardin du Palais-Royal, de ses bâtiments et galeries.

1890 Destailleur. Sans désignation d'état. 40 »

Le Présent — Le Passé. Pièces rondes en couleur.

1889 Decloux. Épreuves avant le numéro; toute marge. 62 »

Ce sont deux sujets galants.

Où aller ? — Chez moi.

1887 Aubin. Sans désignation d'état. 41 »

Estampes signées *Cor*, pseudonyme dont usait quelquefois l'artiste.

S'il cassait — S'il mordait.

1889 Decloux. Petites pièces rondes, sujets galants; toute marge. 85 »

L'Écolier en vacance — L'Officier en semestre.

1889 DECLOUX. Petites pièces rondes, sujets galants ; toute marge. 100 f. »

Le Cœur, qui était un élève de Debucourt, avait un certain talent ; il se plaisait surtout à graver les pièces vives et égrillardes.

LEFÈVRE (A.-R., d'après)
1756-1831

Le Calendrier républicain. En manière noire.

1881 MUHLBACHER. Sans désignation d'état. 125 »

Cette estampe est *fort rare*.

LELU (Pierre, par)
1740-1810

On possède du Maître, gravées à l'eau-forte, les pièces suivantes, qui sont sans valeur :

La Lanterne magique — Le Ménage champêtre — La Toilette de Vénus — L'Amour et Psyché[1] *— Sacrifice au dieu Pan, 1760 — L'Amour maternel — La Diseuse de bonne aventure — Le Devin de village, etc., etc.*

1. La planche existe.

LEMESLE (P., d'après)

?

CONTES DE LA FONTAINE (Illustration pour les)

La Clochette — Le Cuvier (par Fillœul, 1757). In-folio en travers.

1877	BEHAGUE.	Sans désignation d'état.	50 f.	»
1878	ROTH.	La Clochette, toute marge.	20	»
1879	MICHEL.	Le Cuvier.	42	»
1881	MAILAND.	Le Cuvier, avant l'adresse de Buldet.	8	»
1882	DUBOIS DU BAIS.	La première, avec l'adresse de Larmessin, la seconde gravée par Seinvork.	29	»
1889	VIGNÈRES.	La Clochette, avant l'adresse de Buldet, grande marge.	19	»

LEMOINE (F., d'après)
1688-1737

OEuvre gravé, nul ; pour mémoire, nous signalerons : *Enlèvement d'Europe*[1] (par L. Cars). — *Iris entrant au*

---

[1]. La gravure figurait au Salon de 1753.

bain (par L. Cars). — *Vénus endormie* (par Aliamet). — *Hercule et Omphale* — *Persée et Andromède* (par L. Cars).

LEMPEREUR (Louis-Simon, par et d'après)
1725-1796

Rien de saillant, ni de recherché ; pour mémoire, nous noterons : *L'Attente du plaisir* (du Maître), d'après Carrache — *Le Jardin d'Amour* — *Le Festin espagnol* (du Maître), d'après Rubens et Palamadès.

LENFANT (P., d'après)
?

Les Adieux de Catin — Le Testament de la Tulipe
(par Beauvarlet).

1890	Destailleur.	Épreuves toute marge.	21 f.	»

LENOIR (d'après)
?

Vue du Vaux-Hall de la foire de Saint-Germain.

1889	Decloux.	Sans désignation d'état.	150	»
1890	Destailleur.	Même condition.	70	»

Au bas de cette pièce *fort rare*, qui fut publiée chez Lerouge, rue des Grands-Augustins, en 1772, se trouve le plan du monument.

LE PAON (d'après)
1733-1785

Voir J.-M. Moreau le jeune

LEPEINTRE (Ch., d'après)
1760-?

La Cage symbolique (par Fessard). In-folio.

Un enfant, assis près d'une cheminée, de profil à droite, tient sur son doigt un oiseau; en face de lui, une cage posée sur une table, et, près de cette cage, un chat; une petite fille est près du gars et une jeune femme, coiffée d'un chapeau, assise et accoudée sur la table, regarde l'enfant.

1877	Behague.	Avant toutes lettres, toute marge.	125 f.	»
1878	Roth.	Même état, toute marge.	80	»
—	—	Avant la dédicace, toute marge.	51	»
1880	Wasset.	Avant la dédicace, toute marge.	140	»

1881	Michelot.	Avec la lettre.	29 f.	»
1881	Muhlbacher.	*Eau-forte pure,* avant toutes lettres, *avant le fleuron* tenant lieu d'armoiries et avant l'encadrement. Dans cet état, le chat *est vu de face.*	155	»
—	—	Avant toutes lettres, avec le fleuron, *la tablette blanche* est indiquée par un simple filet, le chat est toujours de face ; grande marge.	150	»
—	—	Avant la dédicace ; la tablette est ombrée, le *chat est vu de profil* ; toute marge.	110	»
1887	Aubin.	Épreuve grande marge.	38	»
1889	Decloux.	Avant la dédicace, toute marge.	132	»
1890	Destalleur.	Avec la lettre.	20	»
1891	Kinnen.	Avant la dédicace, toute marge.	105	»
1891	Bayard.	État Mühlbacher, avec la tablette blanche.	105	»
—	—	Avec la lettre.	27	»

Le Danger de la bascule — La Tricherie reconnue

(par Demonchy). In-4° en travers.

1877	Behague.	La Tricherie reconnue.	17	»

1880	WASSET.	Épreuves sans désignation d'état.	26 f.	»
1887	AUBIN.	Le Danger de la bascule, toute marge.	55	»

LE PRINCE [1] (Jean-Baptiste, d'après)
1734-1781

L'Amour à l'espagnole (par A. de St-Aubin et N. Pruneau). In-folio.

Une jeune femme est assise et endormie, la tête légèrement inclinée à gauche, accoudée sur une table chargée de fleurs ; à la fenêtre, un jeune homme jouant de la mandoline.

1877	BEHAGUE.	Avec la lettre, toute marge.	65	»
1877	F. DIDOT.	Avant la dédicace grande marge.	36	»
1881	MUHLBACHER.	Avec le titre, les armes et les noms des artistes, sans autres lettres ; toute marge.	80	»
1881	MAILAND.	Avant la lettre.	15	»
1887	AUBIN.	Avant la lettre.	95	»

---

1. Inventeur de la gravure au lavis, dite aussi aquatinte. — Voir l'intéressant volume publié par M. Jules Hédou, de Rouen, un écrivain d'art distingué et érudit : *Jean le Prince et son œuvre. Paris, 1879.*

1887	JACQUINOT.	Épreuve avec marge.	9 f.	»
1890	DESTAILLEUR.	Avant la dédicace, sur *chine* volant [1] ; épreuve de quatrième état.	29	»
1891	BAYARD.	Premier état, eau-forte pure ; marge.	19	»

L'Amour du travail — L'Amour des fleurs
(par Chevillet). In-folio.

1889	DECLOUX.	L'Amour des fleurs, marge.	39	»
1889	VIGNÈRES.	Les deux pièces.	42	»

La Crainte (par Lemire). In-folio en travers.

Une jeune femme demi-nue, sur son lit ; un fauteuil renversé, un chien jappant près d'elle ; derrière les rideaux, la tête du galant.

1881	MICHELOT.	Avec la lettre.	20	»
1887	MALINET	Avant la dédicace, marge.	42	»
1890	DESTAILLEUR.	Avec la lettre.	7	»

Cette pièce a deux états, nous apprend M. Jules Hédou, dans : *Noël Le Mire et son œuvre, Paris, chez Baur, 1785*. Dans le

---

1. Cette mention, sur *chine volant*, nous surprend un peu, étant donné que jamais le XVIIIe siècle n'a employé le *chine* ou le *japon* ; voici cependant une explication qui peut-être éclaircira cette anomalie : la planche a dû tirer tout le XVIIIe siècle, jusqu'au quatrième état, sur papier vergé ; le cuivre perdu a dû être retrouvé, et on a fait quelques tirages d'essai sur chine, avant de mettre la dédicace à M. de la Borde, qui constitue le 5e et dernier état.

premier état, qui est *fort rare*, la tête de l'homme qui est sous les rideaux, derrière le lit, ne se voit pas.

La toile originale, qui appartenait au duc de Liancourt, figura au Salon de 1777.

Nous avons eu en notre possession le dessin original au lavis, fait, croyons-nous, par le graveur ; il était très poussé et de la même dimension que l'estampe ; nous l'avions trouvé chez un marchand de notre ville et payé un louis. Le cuivre existe, mais très usé ; on en fait des tirages modernes.

L'Enfant chéri (par N. de Launay). Petit in-folio ovale équarri.

Dans un atelier de menuisier, une jeune femme, de profil à droite, assise près du berceau où est l'enfant ; les grands-parents complètent le tableau ; le grand-père, à droite, se penche sur le berceau.

1890	Destailleur.	Avec le pendant : *Le Bonheur du ménage* ; la première est avant la dédicace.	76 f. »
1891	Kinnen.	L'Enfant chéri, avant la dédicace ; grande marge.	40 »

Ces deux pendants sont du format des *Beignets* de Fragonard.

Les Modèles, 1789 (par de Longueil). In-folio en travers.

A gauche, assis dans un fauteuil devant son chevalet, un artiste est en train de peindre deux femmes nues, montées sur un escabeau, à sa droite : l'une tourne le dos de trois quarts, l'autre lui fait presque face ; cette dernière tient une guirlande de fleurs. Debout, derrière l'artiste, un jeune seigneur, le poing sur la hanche, contemple les modèles; une vieille femme, à droite, apporte, sur un guéridon, un plateau chargé d'une théière et de plusieurs tasses.

1877	Behague.	Avant la lettre.	89 f.	»
1881	Muhlbacher.	Avant toutes lettres.	50	»
1887	Malinet.	État d'eau-forte.	3	50
—	—	Avant toutes lettres.	38	»
—	—	Sans désignation d'état.	40	»
1889	Vignères.	Avant la lettre.	32	»
1891	Bayard.	Avant la lettre, avec les armes.	36	»

M. F. Panhard, dans son volume sur le Maître, publié chez Morgand, en 1880, donne de cette estampe les états suivants :

1er état. — Eau-forte.
2e état. — Avec les noms des artistes seuls ; la banderolle des armoiries est blanche, c'est-à-dire sans la devise : *Nec spe nec metu.*
3e état. — Avec le nom des artistes et le titre.
4e état. — Celui décrit, c'est-à-dire le titre, la dédicace.
5e état. — Avec l'adresse du graveur.
6e état. — Avec l'adresse de Basan.

La Lettre envoyée — La Lettre rendue, 1768 (par

N. de Launay). In-folio ovale équarri.

1881	Michelot.	Épreuves avant la dédicace ; petite marge.	31	»
1884	Dommartin.	Sans désignation d'état.	29	»
1891	Bayard.	Épreuves d'eau-forte pure ; marge.	19	»

On possède encore du Maître: *Le Moineau retrouvé* (par R. Gaillard). — *L'Amour de la gloire* (par Née). — *Le Marchand de lunettes* — *La Précaution inutile* — *Le Médecin clairvoyant* — *Le Nécromancien, 1785* (par Helman). — *Les Sens*, pièce au lavis, du Maître. — *Le Corps de garde* (par Leveau). — *L'heureuse Fermière* — *Les Saltimbanques*.

LE ROY (d'après)

?

Coucou (par Beljambe). Pièce en bistre, ovale en travers.

1881	Saint-Geniès.	Avant le titre.	15 f.	»
—	—	Avec le titre.	12	»
1887	Aubin.	Avec une grande marge.	20	»
—	—	La même, en très petite *réduction*, avant toutes lettres, marge.	46	»
1891	Bayard.	Avant la lettre, marge.	60	»

On possède encore, d'après le Maître, gravé par Beljambe, *Le Retour de la chasse*, pièce sans valeur.

LESUEUR (Mlle, d'après)

La Bacchante (par H. Guttemberg).

1881	Muhlbacher.	Avant la lettre.	31	»

LOIZELET (E., par)

Le petit Coblentz, boulevard de Gand sous le Directoire (d'après Isabey).

1890   Destailleur.   Épreuve coloriée, avant la lettre.   13 f. »

LONGUEIL (Joseph de, par)
1730-1792

Les Dons imprudents. — Dans une sorte de boudoir, un jeune homme, genou en terre, de profil à gauche, baise amoureusement la main gauche d'une jeune femme assise à sa toilette et qui vient de lui remettre son portrait dans un médaillon ; il est si occupé qu'il ne s'aperçoit pas que cette dernière, aidée de sa camériste, lui coupe, à l'aide de ciseaux, une longue mèche de cheveux ; au fond, un paravent déployé et une chaise sur laquelle le galant a déposé sa canne et son chapeau.

Le Retour à la vertu. — Dans une alcôve ornée de riches tentures Louis XVI, un jeune homme et une jeune femme sont assis sur un lit de repos ; cette dernière, à droite, est accoudée sur le revers du lit, les yeux baissés et la physionomie empreinte d'une profonde tristesse, ne semblant pas vouloir écouter le jeune homme qui se penche vers elle, le bras gauche passé autour de sa taille. Tout à fait à gauche, un brûle-parfum et une statue de l'Amour s'apprêtant à lancer une flèche.

Pendants in-4° en couleur par de Longueil.

1877	BEHAGUE.	Épreuves avec la lettre.	305 f.	»
1881	MICHELOT.	Épreuves avec la lettre.	250	»
1881	MUHLBACHER.	Les Dons imprudents.	175	»
—	—	Le Retour à la vertu, avant toutes lettres.	245	»
1887	JACOB.	Épreuves avec les armoiries, mais avant la lettre.	510	»
1887	AUBIN.	Épreuves avec la lettre.	600	»
1889	DECLOUX.	Épreuves avec marge.	420	»
1890	DESTAILLEUR.	Épreuves avec la lettre.	430	»
1891	KINNEN.	Épreuves avant toutes lettres.	450	»
—	—	Épreuves avec la lettre.	425	»
1891	BAYARD.	Épreuves avec la lettre.	365	»
1892	BAUDET.	Épreuves encadrées, avant toutes lettres.	525	»

Ces deux estampes, dont la composition est généralement *attribuée* à Borel, sont fort *recherchées* et fort jolies. — M. Panhard en donne les états suivants :

1er état. — En noir.
2e état. — Avant toutes lettres.
3e état. — Avec la lettre et la dédicace, etc.

LOUTHERBOURG (Philippe-Jacques, par et d'après)
1730-1812

Œuvre absolument délaissé des collectionneurs ; mentionnons cependant :

La Tranquillité champêtre — La bonne petite Sœur (du Maître). — *Le doux Repos du berger* (par P. Laurent). — *Le Matin — Le Midy — Le Soir — La Nuit* (du Maître). — *L'Amant curieux* (par Leveau). — *L'Agneau chéri*[1] (par Leveau). — *Les Plaisirs de la campagne* (par Ph. Coulet). — *Le Café Procope en 1763*, petite eau-forte *rare*, adjugée 36 francs à la vente Destailleur.

Pièces de nulle valeur.

MALLET[2] (Jean-Baptiste, d'après)
1753-1835

Chit-Chit — Par ici (par Copia). In-4°.

Ce sont des femmes qui, de leurs croisées, font signe de monter aux passants.

1880	Wasset.	Épreuves grande marge.	199 f.	»
1881	Muhlbacher.	Épreuves toute marge.	110	»
1882	Dubois du Bais.	Sans désignation d'état.	40	»
—	—	Chit-Chit.	15	»
1887	Aubin.	Par ici, grande marge.	27	»
1889	Decloux.	Épreuves toute marge.	100	»
1891	Kinnen.	Sans désignation d'état.	150	»
1891	Bayard.	Toute marge, les deux.	120	»

Pièces assez jolies.

---

1. Le tableau original passa à la vente Jules Burat en avril 1885; il fut adjugé 1800 francs.
2. Les gouaches de ce Maître sont assez recherchées.

Qui va là (par ?). Pièce en travers.

1891	Kinnen.	Avant toutes lettres, marge.	29 f.	»

La Confidence (par ?).

1881	Muhlbacher.	Épreuve à l'état d'eau-forte.	45	»

La Sonnette ou le déjeuner interrompu (par Guyot). En couleur.

Nous n'avons relevé cette pièce dans aucun catalogue de vente ; elle est fort vive, et il y a surtout un traversin qui joue un rôle singulièrement équivoque ; cette estampe a quelque analogie avec *La Nuit*, de Regnault.

Les Jeux de l'amour (par Beljambe). Petit in-folio colorié.

1877	Behague.	Avec les noms des artistes à la pointe, grande marge.	75	»
1881	Muhlbacher.	Même état.	96	»
1889	Decloux.	Avant toutes lettres, seulement les noms à la pointe.	57	»

Les Caresses du zéphyr et de l'Amour (par Allais).

1881	Muhlbacher.	Épreuve remargée.	14	»

Les Promesses de l'amour (par Beljambe). Petit in-folio colorié.

1881	Michelot.	Avec *Les Jeux de l'amour*.	13 f.	»

Julie ou le premier baiser de l'amour (par Copia). In-folio en noir et colorié.

1881	Michelot.	Avec la lettre.	13	»
1881	Mailand.	Avant la lettre.	18	»

Ne pas confondre cette estampe au pointillé avec *Le premier Baiser de l'amour*, pièce bien différente, d'après Schall, gravée par Legrand.

Je m'occupais en attendant (par R. Girard). In-folio.

1882	Dubois du Bais.	Avec *Les Jeux de l'amour*.	19	»

La Ravaudeuse (par Briche). In-4° colorié.

1882	Dubois du Bais.	Avec la lettre, marge.	30	»

La Toilette (par Mixelle). En couleur.

1882	Dubois du Bais.	Épreuve sans marge.	24	»

La Nouvelle intéressante (par Mixelle). In-folio en travers au lavis.

1887	Aubin.	Avec la lettre.	9	»
1890	Destailleur.	Avec marge.	45	»

1891	BAYARD	Avec La Surprise, avant toutes lettres.	40 f.	»
1892	BARDIN.	État d'eau-forte pure.	16	»

Mauvaise pièce, absolument pas intéressante, elle !!

Les bonnes Amies — L'Impatience amoureuse (par de Sève)[1]. En couleur.

1889	DECLOUX.	Épreuves grande marge.	72	»

Ce n'est pas à la première, mais à la deuxième vente Decloux, en décembre 1889, que passèrent ces deux pièces, ainsi que *Le Jocket*, pièce également en couleur, sans nom de graveur, qui fut payée 49 francs.

Histoire de l'Amour :

L'Espérance le berce — La Volupté l'endort — La Folie l'égare — L'Amour le ramène (par Prot, Benoit, Dissard).

Suite de quatre pièces coloriées au pointillé. Petit in-folio en travers.

Pièces sans valeur artistique, valant à peine une dizaine de francs les quatre.

Jeune dame sacrifiant son lait à l'Amour (par Beljambe)

Dans la campagne, assises sous un parapluie, regardant à droite, deux jeunes femmes, dont l'une, pressant son sein, fait jaillir un filet de lait sur une statue de l'Amour, placée sur un socle devant elles.

---

1. Dit le catalogue ; nous ne connaissons aucun graveur de ce nom, au XVIIIe siècle.

Pièce coloriée, valant une vingtaine de francs. — On a encore, gravé à l'eau-forte, d'après le Maître : *Le Culte naturel*, grande pièce adjugée, en 1882, à la vente Benjamin Fillon, 11 francs ; *L'heureux Ménage*, par Armano, un graveur amateur, vendue 67 francs à la vente Decloux, épreuve avant toutes lettres.

MARILLIER[1] (Pierre Clément, d'après)
1740-1808

Les Désirs réciproques — Les Regrets inutiles (par Mme Chevery). In-4°

1881	MAILAND.	Les deux, avec la lettre.	62 f.	»
1889	DECLOUX.	Les deux, avant toutes lettres.	350	»
—	—	Les mêmes avec la lettre, marge.	175	»
1891	KINNEN.	Les Regrets inutiles.	62	»
1892	BAUDET.	Épreuves avec la lettre.	75	»

Ces estampes sont excessivement *rares* avant toutes lettres.

MARIN (Louis, par)

The Woman taking coffee — The milk Woman.

1891	KINNEN.	Épreuves dont l'encadrement est rehaussé d'or.	272	»

---

1. Était surtout un très remarquable dessinateur de vignettes.

Louis Marin n'est autre que Bonnet ; ces deux estampes, dont le titre veut dire : *La femme prenant son café* — *La Laitière*, nous semblent côtées un prix ridicule, étant donnée leur mince valeur artistique.

MERCIER (d'après)

?

La jeune Éveillée — La belle Dormeuse (par J. Avril).

1890   Destailleur.   Avant toutes lettres.   29 f. »

L'Escamoteur (par Ravenet).

1877   Behague.   Sans désignation d'état.   29 »

Le Matin — Le Soir — La Nuit (par Houston).

1882   Dubois du Bais. Imprimées en manière noire.   7 »

MIXELLE (Jean-Marie, chez)

L'heureuse Rencontre. — Dans une allée, au fond de laquelle on aperçoit un jet d'eau, un jeune homme, tête nue, à gauche, et une jeune femme, coiffée d'un large chapeau, se prennent par la taille.

Le Bouquet déchiré. — Assis sur un banc, dans un

parc, un jeune homme tend les bras vers une jeune femme qui s'en va vers la droite, laissant tomber les roses du bouquet qu'elle tient à la main.

Pendants in-4°, en manière de lavis.

1877	BEHAGUE.	Épreuves grande marge.	55 f.	»
1881	MICHELOT.	Épreuves toute marge.	50	»
1887	AUBIN.	Épreuves toute marge.	41	»

Pièces fort ordinaires.

L'Amour bravé — La Vengeance de l'amour.

In-4° ovale.

1889	DECLOUX.	L'Amour bravé.	40	»

MOITTE (Pierre-Étienne, d'après)
1722-1780

L'Écueil de l'innocence. — Sur un lit défait, demi-déshabillée, le chapeau encore sur la tête, une jeune femme en compagnie d'une vieille camériste, pendant qu'un jeune homme est près d'elle à genoux, suppliant.

Le Consommé. — Dans un riche intérieur, assise sur un canapé, la gorge nue, une jeune femme, coiffée d'un large chapeau, se penche amoureusement vers un jeune homme placé près d'elle, et auquel une servante, venant de gauche, apporte un bouillon; sur le tabouret qui est à leurs pieds, un petit chien pose ses pattes.

Pendants petit in-folio, par Deny.

1877	Behague.	Épreuves avec la lettre, marge.	78 f.	»
1881	Michelot.	Épreuves avec la lettre.	39	»
1881	Muhlbacher.	L'Écueil..., avant les noms des artistes, l'adresse de l'auteur, et avant que la *chemise n'ait été allongée*.	70	»
—	—	La même, état non désigné.	47	»
—	—	Le Consommé, avant les noms des artistes et l'adresse des auteurs, grande marge.	60	»
1887	Malinet.	Le Consommé.	13	»
1887	Aubin.	Le Consommé, marge.	25	»
1889	Decloux.	Épreuves avec l'adresse de l'auteur, grande marge.	185	»
1891	Kinnen.	L'Écueil... *avant la chemise allongée*.	105	»
—	—	Les deux, avec grande marge.	145	»
1891	Bayard.	L'Écueil..., état vente Kinnen.	58	»

Le Consommé est la même estampe que *Le Restaurant*, d'après Lavereince, mais en *contre-partie*; ainsi, la soubrette qui apporte le bouillon va, dans *Le Consommé*, de gauche à droite.

Le Jaloux endormi (par Vidal). In-folio.

1878	Roth.	Avant la lettre.	99	»

1881	Muhlbacher.	État d'eau-forte, avant toutes lettres.	58 f.	»
1891	Bayard.	Même état que vente précédente.	21	»
—	—	La même, avant la lettre, grande marge.	26	»

L'Infidélité reconnue (par Dambrun). In-folio.

1882	Dubois du Bais.	Avant la lettre.	30	»
1887	Malinet.	Sans désignation d'état.	10	»
1891	Bayard.	Toute marge.	20	»

La Curiosité punie (par Deny). Petit in-folio.

Dans une étable, un jeune gars reçoit un vigoureux soufflet de la fermière, qui le surprend en train de jeter un regard curieux sur une bergère, endormie sur une botte de paille, dont les jupes sont indiscrètement relevées.

1887	Jacquinot.	Avec *Le Bouquet déchiré*.	12	»
1891	Bayard.	Sans désignation d'état.	9	»

La Surprise agréable (par Vidal). In-folio.

Une vieille femme découvre aux yeux d'un jeune seigneur émerveillé une jeune femme complètement nue, couchée sur un lit.

1877	Behague.	État d'eau-forte.	229	»
—	—	Avant toutes lettres, avant la draperie.	99	»
1878	Roth.	Avec la lettre, grande marge.	39	»

1880	WASSET.	Avant toutes lettres, et avant la draperie.	80 f.	»
1881	MUHLBACHER.	État d'eau-forte.	56	»
—	—	État vente Wasset.	49	»
1891	BAYARD.	Eau-forte pure.	32	»
—	—	Avant toutes lettres, et avant la draperie.	39	»
—	—	Avec la lettre.	10	»

Cette estampe se vendait aussi chez Mondhare.

MONDHARE (à Paris chez)

Grand Concert au café des Aveugles, à la foire Saint Ovide, en septembre 1771, exécuté par un détachement des Quinze-Vingts.

1877	BEHAGUE.	Sans désignation d'état.	52	»

Cette pièce est *assez rare*.

MONGIN (d'après)

Finis, Pierrot, si on nous voyait ! — Ah ! ah ! je vous y prends (par Beljambe). Ovale in-4°

1881	MUHLBACHER.	Sans désignation d'état.	21	»
1887	AUBIN.	Épreuves à grande marge.	20	»

MONNET (Charles, d'après)
1732-1816

Encore fort peu intéressant l'œuvre gravé d'après ce Maître. Nous citerons cependant :

Les Baigneuses surprises (par Vidal). In folio.

1877	Behague.	Premier état, avant la lettre et avant la mèche de cheveux.	56 f.	»
1881	Muhlbacher.	Même état.	51	»
1887	Aubin.	Même état.	99	»
—	—	Avec la lettre, toute marge.	15	»
1889	Vignères.	Premier état.	50	»
1891	Bayard.	Premier état.	39	»
—	—	Épreuve terminée.	11	»

Vénus et Adonis (par Vidal). In-folio.

1881	Muhlbacher.	Avant toutes lettres et avant la draperie.	41	»
1889	Decloux.	Même état.	58	»
1891	Bayard.	Même état.	29	»

Les Plaisirs nocturnes (par F. Chevery).

1887	Aubin.	Épreuves avec une grande marge.	95	»

Pièce *très rare*.

Salmacis et Hermaphrodite, 1779 (par Vidal). In-folio.

1877	BEHAGUE.	Avant la lettre.	61 f.	»
1891	BAYARD.	Eau-forte pure.	6	»
—	—	Avant la lettre et avant la draperie.	15	»

Le Larcin — L'Amour est de tout âge (par Robillac). In-4º ovale équarri colorié.

| 1881 | MICHELOT. | Sans désignation d'état. | 15 | » |
| 1891 | BAYARD. | L'Amour est de tout âge, grande marge. | 36 | » |

Le Désir ingénu (par Demonchy).

| 1877 | BEHAGUE. | Sans désignation d'état. | 36 | » |

L'Amour juge ou le congrès de Cythère

(par Demonchy).

Le dessin original, à l'encre de chine, fut adjugé 110 francs, en 1883, à la vente de la Béraudière.

MONSIAU [1] (Nicolas-André, d'après)
1754-1837

Et l'azard donc (par J. Pallière). Ovale équarri en travers.

| 1881 | MICHELOT. | Sans désignation d'état. | 9 | » |

1. Fut surtout un vignettiste d'un talent très distingué.

La Bacchante endormie (par Cathelin).

1891	BAYARD.	Avant toutes lettres.	23 f.	»

Le Berger suppliant (?)

1891	BAYARD.	État d'eau-forte pure, marge.	5	»

MOREAU (Jean-Michel, dit le Jeune, par et d'après)

1741-1814

Moreau le jeune est le brillant dessinateur des seconde et troisième suites du MONUMENT DU COSTUME.

PREMIÈRE SUITE *(Voir Freudeberg).*

SECONDE SUITE D'ESTAMPES POUR SERVIR A L'HISTOIRE DES MOEURS ET DU COSTUME EN FRANCE, DANS LE DIX-HUITIÈME SIÈCLE. Année 1776 [1]. *A Paris, de l'impr. de Prault,* 1776, in-folio de 15 ff. de texte et 12 estampes.

TROISIÈME SUITE D'ESTAMPES POUR SERVIR A L'HISTOIRE DES MODES ET DU COSTUME EN FRANCE, DANS LE DIX-HUITIÈME SIÈCLE. Année 1783. *A Paris, de l'impr. de Prault,* 1783, in-fol. de 13 ff. de texte et 12 estampes.

Très souvent on ajoute à l'exemplaire de Moreau les deux

---

[1]. Il y a des exemplaires qui portent la date 1777. — Moreau le jeune avait épousé, le 14 septembre 1765, Françoise-Nicole Pineau, fille du sculpteur François Pineau ; il ne laissa qu'une fille, qui épousa Carle Vernet. Moreau était élève de J.-P. Le Bas, dans l'atelier duquel se formèrent presque tous les graveurs célèbres de son temps.

pièces de Freudeberg que nous avons déjà signalées : *L'heureuse Union* et *Les Mœurs du temps*, ce qui porte les trois séries à 38 pièces au lieu de 36.

L'édition de Prault, qui a le texte *gravé* et dont les épreuves portent le *Privilège*, est la plus recherchée ; le texte de la troisième suite est de *toute rareté*, on n'en connaît que quelques exemplaires ; on avait même cru, pendant longtemps, que ce texte n'existait pas.

L'édition de *Neuwied-sur-le-Rhin, chez la Société typographique, 1789*, est également en grand in-folio, mais les épreuves sont généralement très mauvaises : elles sont *avec la lettre* et du *dernier état ; l'année*, qui suivait le nom du graveur, *est effacée*. Il existe une édition, en deux volumes in-18, avec ou sans gravures, *chez J.-B. Treuttel, à Strasbourg, 1791* ; mauvaise au point de vue artistique.

La seconde suite a été gravée en réduction in-12, avec A. P. D. R., 1776. Ces épreuves, gravées en *contre-partie*, sont très remarquables. Elles se vendaient chez Moreau : *Cour du Mai, au Palais, Hôtel de la Trésorerie ;* elles portaient les *mêmes numéros* que les planches originales et, au bas, quatre ou cinq vers de légende. Elles existent en *avant lettre* et, très probablement, à l'état d'eau-forte. Le petit volume qui les contient a un *titre gravé* rarissime ; Morgand en a donné la reproduction en fac-similé, dans son catalogue de novembre 1880.

Il y a eu deux autres réductions de cette seconde suite : l'une, gravée par un Allemand, Gleich, tirée en rouge, non en contre-partie, c'est-à-dire dans le même sens que les originaux, avec les mêmes vers ; les lettres A. P. D. R. ont été remplacées par A. P. I. D. S. E. ; l'autre, gravée en Hollande : chaque pièce est ornée d'une tablette, avec légende en français et en hollandais. (Cat. Morgand, novembre 1891, n° 20022.)

Le texte du *Monument du Costume* est *attribué* à Restif de la Bretonne.

On rencontre ces estampes dans les états suivants : *Eau-forte pure avant toutes lettres* — *Épreuves terminées, avec les noms des artistes, sans autres lettres* — *Avec la légende explicative, et au-dessous A. P. D. R.* — *Avec la légende et le numéro.*

Moreau le jeune n'a gravé lui-même aucune pièce du *Monument du costume*[1].

Voici la nomenclature des deux suites :

Deuxième suite.

La Déclaration de la grossesse.
Les Précautions.
J'en accepte l'heureux présage.
N'ayez pas peur, ma bonne amie.
C'est un fils, monsieur.
Les petits Parrains.
Les Délices de la maternité.
L'Accord parfait.
Le Rendez-vous pour Marly.
Les Adieux.
La Rencontre au bois de Boulogne.
La Dame du palais de la Reine.

Troisième suite.

Le Lever.
La petite Toilette.
La grande Toilette.
La Course des chevaux.
Le Pari gagné.

---

[1]. *Le Monument du Costume* de Freudeberg et Moreau le jeune a été plusieurs fois réédité de nos jours ; nous avouons n'être pas partisan de ces réimpressions : elles coûtent fort cher à leur apparition, ne satisfont jamais un délicat et, quelques années après leur publication, voient leur prix d'origine baisser de 60 %; ce chiffre est trop éloquent par lui-même et vient, plus que tout commentaire, corroborer notre assertion. Nous ne comprenons la réimpression que de la pièce documentaire, devenue introuvable et précieuse par les renseignements qu'elle pouvait contenir. Si vous voulez vulgariser les estampes, vulgarisez au moins à bon marché ; la photographie est faite pour cela !

La Partie de wisch.
Oui ou non.
Le Seigneur chez son fermier.
La petite Loge.
La Sortie de l'Opéra.
Le Souper fin.
Le vrai Bonheur.

Voici la description de ces pièces, si avidement recherchées par les collectionneurs.

La Déclaration de la grossesse (par P.-A. Martini, 1776).
Cinq états. In-folio.

Une jeune femme de profil à droite, assise entre sa mère, sans doute, et le médecin ; au fond, une troisième femme se tient dans une porte entrebâillée, un doigt sur la bouche. Derrière le docteur, un paravent déployé et, à gauche, un écran, sur le montant duquel est suspendu un ridicule.

1877	BEHAGUE.	*État d'eau-forte.*	400 f.	»
—	—	Avec A. P. D. R.	120	»
1880	MAHÉRAULT.	Avant la lettre.	305	»
1881	MUHLBACHER.	*Eau-forte pure*, avant toutes lettres et avant le double filet servant d'encadrement ; marge.	400	»
—	—	Avant la lettre, toute marge.	500	»
1889	DECLOUX.	Avant la lettre, marge du cuivre.	245	»
—	—	Avec A. P. D. R., marge du cuivre.	103	»

| 1891 | Kinnen. | Avant la lettre, marge du cuivre. | 160 f. | » |
| 1891 | Bayard. | Même état. | 87 | » |

Le dessin original se trouve actuellement chez Lord Carnarvon, qui a bien voulu lui-même nous communiquer ce renseignement, ce dont nous le remercions ici très vivement et très respectueusement.

Les Précautions (par P.-A. Martini, 1777). Cinq états. In-folio.

Devant le péristyle d'un large escalier, à gauche, une chaise à porteur ouverte attend une jeune femme donnant le bras droit à son mari et la main gauche à un gentilhomme qui l'aide ainsi à descendre la dernière marche, sur laquelle elle pose le pied gauche ; l'un des deux porteurs, celui de gauche, a la main droite sur la poignée de la portière.

1877	Behague.	Avant la lettre.	430	»
—	—	Avec A. P. D. R.	135	»
1880	Mahérault.	*Eau-forte pure,* avant toutes lettres ; marge.	950	»
—	—	Avec A. P. D. R.	110	»
1881	Muhlbacher.	Avant la lettre, grande marge.	400	»
—	—	Même état, mais petite marge.	205	»
1887	Malinet.	Eau-forte.	40	»
1891	Kinnen.	Avant la lettre.	150	»
—	—	Avec A. P. D. R., grande marge.	95	»
1891	Bayard.	Eau-forte pure.	87	»

Le dessin original, chez le baron Edmond de Rothschild.

Nous rappelons l'observation faite au commencement de ce volume, bien caractérisée ici, relativement à *l'eau-forte* : *cet état baisse*, tandis que la belle épreuve terminée, *avant la lettre*, est de plus en plus recherchée, et on a raison.

J'en accepte l'heureux présage (par Ph. Trière, 1776).
Quatre états. In-folio.

Une jeune femme et son mari, celui-ci tenant sur sa main droite un petit bonnet d'enfant, sont assis dans leur chambre à coucher, se faisant montrer la layette par une marchande accompagnée d'une de ses ouvrières. La femme de chambre est derrière sa maîtresse, appuyée sur le dossier de sa chaise.

1881	Muhlbacher.	Avant la lettre, grande marge.	500 f.	»
—	—	Avant la lettre, petite marge.	190	»
1881	Mailand.	Avec A. P. D. R., marge.	90	»
1889	Decloux.	Avec A. P. D. R., marge du cuivre.	70	»
1890	Destailleur.	Avec *Les petits Parrains*, avant les vers.	40	»
1891	Kinnen.	Avec A. P. D. R.	40	»

Le dessin original a passé chez Mlle Angelo ; il est actuellement chez madame la baronne Alice de Rothschild, de Londres, de qui nous tenons le renseignement, et que nous remercions ici bien respectueusement pour la grande amabilité qu'elle a eue pour nous, en nous aidant puissamment dans nos recherches.

N'ayez pas peur, ma bonne amie (par Helman, 1776).
Cinq états. In-folio.

Une jeune femme, étendue sur un canapé et accoudée

sur des oreillers, s'entretient avec deux de ses amies assises près d'elle ; un jeune abbé, à gauche, a sa main gauche appuyée sur le dossier du fauteuil de l'une d'elles.

1877	BEHAGUE.	Avant la lettre, marge.	370 f.	»
—	—	Avec A. P. D. R. et avant le numéro [1] ; toute marge.	160	»
1880	WASSET.	Même état et condition.	137	»
1880	MAHÉRAULT.	Avant la lettre.	290	»
1881	MUHLBACHER.	Même état.	230	»
1882	KAMINSKY.	Avant la lettre, petite marge.	61	»
1889	DECLOUX.	Avec A. P. D. R., marge du cuivre.	106	»
1891	KINNEN.	Avant la lettre, marge.	255	»
—	—	Avec A. P. D. R., grande marge.	101	»
1891	BAYARD.	Avant la lettre, toute marge.	265	»
—	—	Avec A. P. D. R.	60	»

Le dessin original chez Lord Carnarvon.

C'est un fils, Monsieur (par C. Baquoy, 1776). Cinq états. In-folio.

Un homme, assis de profil à gauche, devant la table de son cabinet de travail, lève les bras au ciel, lorsque se soulève la portière qui est en face de lui, laissant apercevoir une soubrette et la nourrice tenant un enfant dans ses bras.

---

1. Il existe aussi un état avec A. P. D. R. et le numéro.

1877	BEHAGUE.	Avant la lettre.	195 f.	»
1880	MAHÉRAULT.	Avant la lettre.	250	»
1881	MUHLBACHER.	*Eau - forte avancée*, avant toutes lettres et avant le double filet servant d'encadrement.	400	»
—	—	Avant la lettre.	220	»
1889	DECLOUX.	Avec A. P. D. R., marge du cuivre.	106	»
1891	KINNEN.	Même état, marge.	85	»
1891	BAYARD.	Avant la lettre.	170	»

Malgré nos recherches, il nous a été impossible de trouver même la trace du dessin original.

Les petits Parrains (par Patas, 1777). Sept états. In-folio.

Au bas d'un riche escalier, devant lequel est arrêté un carrosse, dont on voit seulement la roue de derrière, deux jeunes enfants, le parrain et la marraine, se donnent la main et s'apprêtent à monter en voiture; derrière eux, les membres de la famille et la nourrice portant l'enfant.

1877	BEHAGUE.	Eau-forte.	710	»
—	—	Avant la lettre.	500	»
1880	MAHÉRAULT.	Avec A. P. D. R.	85	»
1881	MUHLBACHER.	Eau-forte, avant toutes lettres et le double filet.	485	»
—	—	Avant la lettre.	390	»
1889	DECLOUX.	Avec A. P. D. R., marge.	95	»
1891	KINNEN.	Avant la lettre, marge.	255	»

Le dessin original, qui est actuellement chez le baron Edmond de Rothschild, avait été primitivement dans la famille Guillotin.

Les Délices de la maternité (par Helman, 1777).
Six états. In-folio.

Dans un jardin, assis sur un banc, au pied d'un socle supportant une statue de Vénus et de l'Amour, un mari et sa jeune femme, cette dernière tenant leur enfant deminu dans ses bras, ont, à gauche, une soubrette portant une ombrelle et, à droite, une autre camériste, agenouillée devant le petit berceau de l'enfant. Le père, de sa main droite, cherche à amuser le petit en élevant un hochet au-dessus de sa tête.

1878	Roth.	Avant la lettre, toute marge.	600 f.	»
1880	Mahérault.	Eau-forte, avant toutes lettres.	380	»
—	—	Avec A. P. D. R.	139	»
1881	Muhlbacher.	Eau-forte, avant toutes lettres et le double filet d'encadrement.	506	»
—	—	Avant la lettre.	380	»
1889	Decloux.	Avec A. P. D. R., marge.	141	»
1891	Kinnen.	Avec A. P. D. R., grande marge.	141	»
1891	Bayard.	Eau-forte pure.	88	»

Le dessin original est actuellement chez M. Mühlbacher; il provenait du cabinet du prince de Ligne. Il figurait à l'*Exposition de l'Art français, sous Louis XIV et Louis XV*, quai Malaquais, en mai 1888. Une première pensée de cette pièce, dessin aux trois crayons, également du Maître, passait à la vente Mailand, où il était adjugé 4050 francs, à M. Thibaudeau.

L'Accord parfait (par Helman, 1777). Six états. In-folio.

Une jeune femme, assise de trois quarts à gauche, dans

un élégant peignoir, la gorge nue et les cheveux ornés de plumes, joue de la harpe; deux jeunes gens, l'un debout à gauche, l'autre assis à droite, les jambes croisées, lui font leur cour; en face de la harpiste, un clavecin et un tabouret sur lequel est une levrette.

1877	Behague.	Avant la lettre, marge.	470 f.	»
1878	Roth.	Même état, marge du cuivre.	155	»
1881	Muhlbacher.	Même état, toute marge.	340	»
1887	Aubin.	Eau-forte remargée.	43	»
1889	Decloux.	Avec A. P. D. R., marge du cuivre.	161	»
1891	Kinnen.	Même état, toute marge.	111	»
1892	Belenet.	Même état, grande marge.	75	»

Le dessin original est actuellement chez madame la baronne Willie de Rothschild.

Le Rendez-vous pour Marly (par C. Guttenberg). Six états. In-folio.

Une jeune femme, donnant le bras à son mari, est accompagnée d'une autre femme vue de dos et s'abritant sous un large parasol; ils se rendent à Marly, laissant derrière eux deux tout jeunes enfants, un garçon assis par terre et une petite fille debout, jouant du tambour. Un king-charles gambade à gauche, devant les promeneurs.

1877	Behague.	*Eau-forte.*	651	»
—	—	Avant la lettre.	540	»
—	—	Avec A. P. D. R.	160	»
1880	Wasset.	Avec A. P. D. R.; marge.	125	»
1881	Muhlbacher.	*Eau-forte pure*, avant		

		toutes lettres et le double filet d'encadrement.	680 f.	»
1881	Muhlbacher.	Avant toutes lettres, toute marge.	445	»
1889	Decloux.	Même état, marge du cuivre.	205	»
—	—	Avec A. P. D. R., marge du cuivre.	150	»
1891	Kinnen.	Avec A. P. D. R., grande marge.	310	»

Nous ignorons où se trouve le dessin original ; nous savons seulement qu'une étude pour ce dessin fait actuellement partie de la collection de M. de Villeneuve.

Les Adieux (par R. de Launay, 1777). Quatre états. In-folio.

1877	Behague.	Avant la lettre.	530	»
—	—	Avec la lettre.	70	»
1878	Roth.	Avant la lettre, marge.	360	»
1880	Mahérault.	Avant la lettre, toute marge.	500	»
1881	Muhlbacher.	Avant la lettre, marge.	500	»
1881	Mailand.	Avec A. P. D. R., marge.	215	»
1889	Decloux.	Même état, grande marge.	161	»
1891	Kinnen.	Avant la lettre.	695	»
1892	Belenet.	Avec A. P. D. R., grande marge.	82	»

Le dessin original, signé et daté 1776, a passé à la vente Gigoux, en 1861, où il fut adjugé 251 francs à M. Le Blond ; il se trouve actuellement dans la collection de madame la baronne Alice de Rothschild, de Londres.

La Rencontre au bois de Boulogne (par H. Guttenberg). Quatre états. In-folio.

Sur un cheval blanc et se dirigeant vers la gauche, une amazone croise un cavalier se dirigeant vers la droite ; à gauche, au pied d'un arbre, la cravache à la main, une autre amazone est descendue ; on aperçoit à gauche, derrière elle, entre les arbres, la croupe d'un cheval et la tête de deux personnages.

1877	BEHAGUE.	Avant la lettre.	401 f.	»
—	—	Avec A. P. D. R. et avant le numéro.	210	»
1881	MUHLBACHER.	Avant la lettre, toute marge.	395	»
1882	KAMINSKY.	Avec A. P. D. R., marge.	62	»
1889	DECLOUX.	Avant la lettre, marge du cuivre.	145	»
—	—	Avec A. P. D. R.	81	»
1891	KINNEN.	Avant la lettre.	161	»

Le dessin original chez Mme la baronne Willie de Rothschild.

La Dame du palais de la Reine (par P.-A. Martini.) Cinq états. In-folio.

Presque de face, une jeune femme en grande toilette, un éventail ouvert dans la main droite, parle à une femme qui est à sa gauche ; derrière elles, un groupe de personnages.

1877	BEHAGUE.	Avant la lettre.	430	»

1880	WASSET.	Avant la lettre.	76 f.	»
1881	MUHLBACHER.	Même état, toute marge.	500	»
1889	DECLOUX.	Avec A. P. D. R., marge.	100	»
1891	KINNEN.	Même état, toute marge.	111	»

Le dessin original se trouve actuellement chez le baron Edmond de Rothschild. On croit reconnaître, dans la jeune femme représentée dans cette estampe, le portrait de Madame de Polignac.

Le Lever (par Halbou, 1781). Six états. In-folio.

Un jeune homme, assis dans un large fauteuil, est en train de se faire mettre ses bas par son valet de chambre; à droite, une jeune marchande lui fait ses offres de service; à gauche, un abbé, assis devant une table, écrit et un domestique apporte une tasse.

1877	BEHAGUE.	Avant la lettre, marge.	405	»
1881	MICHELOT.	Eau-forte pure.	160	»
1881	MUHLBACHER.	Avant la lettre, toute marge.	500	»
—	—	La même, moins grande marge.	300	»
1887	MALINET.	Avec la lettre.	20	»

Le dessin original au bistre, sous trait de plume, se trouve actuellement chez le baron Edmond de Rothschild; il fut acheté à la vente Mahérault; il est signé et daté 1778. Il était primitivement dans la collection Gigoux, à la vente duquel M. Mahérault le vit adjuger pour 215 francs!!

La petite Toilette (par P.-A. Martini). Six états. In-folio.

Un jeune homme, devant sa toilette, assis de trois quarts à gauche, les jambes croisées et vêtu d'un peignoir, est en train de se faire coiffer ; son valet de chambre essaie, sur un bout de papier, le fer à friser qu'il tient de la main droite ; à gauche, un tailleur et son commis étalent sur une chaise un habit que regarde le jeune seigneur. Au premier plan, un chien qui semble aussi venir regarder l'habit ; au dernier plan, un coureur à la toque emplumée.

1880	Mahérault.	Avec A. P. D. R.	96 f.	»
1881	Muhlbacher.	Avant toutes lettres et quelques légers travaux, marge entière, avec essais de burin.	500	»
—	—	Avant la lettre, toute marge.	1200	»
1881	Mailand.	Avec la lettre, marge.	40	»
1891	Kinnen.	Avant la lettre.	210	»

Le dessin original se trouve actuellement chez le baron Edmond de Rothschild, qui l'acheta, croyons-nous, à la vente Mahérault.

La grande Toilette (par Romanet [1], 1777). Six états.
In-folio.

Dans un somptueux intérieur Louis XVI, un riche seigneur debout, de face, mais regardant à droite, un large ruban en sautoir sous son brillant habit, porte la main au petit bouquet qu'il a attaché sur le côté gauche ; son valet de chambre semble lui arranger les cheveux par derrière. Près de la cheminée, à gauche, une jeune femme est assise, les épaules couvertes d'un vêtement bordé de fourrures ; elle semble regarder un jeune auteur qui entre, tenant un livre à la main droite. Au fond de la pièce,

---

1. La planche fut commencée à l'eau-forte par Trière.

deux personnages parlent entre eux ; sur la poitrine de l'un brille une décoration.

1877	BEHAGUE.	Avant la lettre.	1300 f.	»
1880	MUHLBACHER.	Eau-forte, avec les noms à la pointe, sous le trait carré *J. Morrau le jeune et Trière sculp., 1777*.	980	»
—	—	Avant la lettre ; *A Romanet sculp.*, à la place de Trière. Toute marge.	950	»
1881	MAILAND.	Avec la lettre.	49	»
1882	DE LAUNAY.	État d'eau-forte.	555	»
1891	KINNEN.	Avec A. P. D. R., marge.	76	»
1891	BAYARD.	Eau-forte pure, grande marge.	265	»

Il nous a été impossible de retrouver trace du dessin original.

La Course de chevaux (par H. Guttenberg). Cinq états. In-folio.

Un cavalier à pied s'entretient avec un autre cavalier à cheval ; le premier étend son bras gauche vers un hippodrome sur lequel on aperçoit des coureurs et une tribune.

1877	BEHAGUE.	Avant la lettre.	310	»
1881	MUHLBACHER.	*Eau-forte pure*, grande marge.	800	»
—	—	Avant la lettre, petite marge.	160	»

Il nous a été impossible de retrouver le dessin original.

Le Pari gagné (par Camligue). Cinq états. In-folio.

Au balcon d'un château, abritées par un store, deux jeunes femmes, légèrement penchées en avant, voient arriver, à gauche, un jeune homme, tenant un arc d'une main, et un faisan percé d'une flèche de l'autre ; il est précédé de deux chiens, dont l'un gambade, tandis que l'autre se dirige vers le balcon, emportant une flèche dans sa gueule.

1877	Behague.	Avant la lettre.	205 f.	»
1881	Muhlbacher.	*Eau-forte pure.*	530	»
—	—	Avant toutes lettres, et *avant le nom de Moreau*, à la pointe.	1200	»
—	—	Avant la lettre, petite marge.	105	»
1891	Kinnen.	Même état.	205	»
1891	Bayard.	Avec A. P. D. R., grande marge.	65	»

Le dessin original, actuellement chez madame la baronne Willie de Rothschild.

La Partie de wisch (par Dambrun, 1783). Six états. In-folio.

En plein air, sur la terrasse d'un château, six personnes, trois hommes et trois femmes, sont occupés à jouer au whist ; tous sont assis autour d'une table, sauf une des femmes, celle de gauche, qui est debout, un éventail à la main, la main droite appuyée sur le dossier de la chaise de son interlocuteur.

| 1877 | Behague. | *Eau-forte.* | 521 | » |

1877	BEHAGUE.	Avant la lettre.	520 f.	»
—	—	Avec A. P. D. R.	365	»
1878	ROTH.	*Eau-forte*, épreuve rognée.	200	»
1880	WASSET.	Avant toutes lettres; la planche n'est pas terminée.	600	»
1881	MUHLBACHER.	État d'eau-forte.	920	»
—	—	Avant la lettre, toute marge.	1150	»
1882	KAMINSKY.	Avec A. P. D. R., marge.	60	»
1884	CLÉMENT DE RIS.	Eau-forte pure.	341	»

Le dessin original, actuellement chez le baron Edmond de Rothschild.

Oui ou non (par N. Thomas, 1781). Cinq états. In-folio.

Dans un bosquet touffu, un jeune homme, les mains jointes et suppliantes, est assis sur un banc, le corps tourné de trois quarts à droite vers une jeune femme, également assise à ses côtés, qui le regarde; à leurs pieds, un éventail, une lettre et son enveloppe. Derrière eux, dans le feuillage, une femme arrêtée les épie.

1877	BEHAGUE.	Avant la lettre.	430	»
1881	MUHLBACHER.	État d'eau-forte.	700	»
—	—	Avant la lettre.	200	»
1882	DUBOIS DU BAIS.	Avec A. P. D. R., marge.	60	»
1884	CLÉMENT DE RIS.	Eau-forte.	85	»
1891	KINNEN.	Avec A. P. D. R., grande marge.	135	»

Le dessin original se trouve actuellement dans la collection du baron Edmond de Rothschild, qui l'acheta à la vente Mahérault;

il provenait de la vente Gigoux, où il avait été adjugé 256 francs!!

Une étude très finie pour cette estampe était dans la collection Émile Michelot, de Bordeaux [1]; est-ce elle qui se trouve actuellement dans la collection de feu Rœderer, dessin à la pierre noire, à la sanguine, rehaussé de blanc, sur papier gris? Nous l'enregistrons comme mémoire, n'ayant pu le contrôler; cependant, il se pourrait que le dessin Michelot ne fût qu'une *réplique*.

Le Seigneur chez son fermier (par J.-L. Delignon, 1783). Cinq états. In-folio.

Un jeune seigneur et sa femme viennent voir, dans la cour d'une ferme, un vieux serviteur qui semble leur présenter sa femme, sa belle-fille et son jeune enfant; très à droite, on aperçoit une tête de femme; au premier plan, une poule et trois poussins, et au dernier plan, à gauche, un berger et son troupeau.

1877	Behague.	Avant la lettre.	460 f.	»
1880	Mahérault.	Même état, marge.	245	»
1881	Muhlbacher.	Eau-forte pure.	500	»
—	—	Avant la lettre.	600	»
1881	Mailand.	Avant la lettre.	150	»
1882	Kaminsky.	Avec A. P. D. R.	59	»
1884	Clément de Ris.	État d'eau-forte.	199	»
1891	Kinnen.	Avant la lettre.	190	»

En 1883, à la vente du comte Jacques de la Béraudière, le dessin original, signé et daté 1782, fut adjugé 2950 francs; il se trouve actuellement chez M. Mühlbacher.

La petite Loge (par Patas). Cinq états. In-folio.

Dans une loge, deux jeunes seigneurs, assis, les jambes

---

1. Quatrième vente, en février 1881.

croisées, regardent, de droite à gauche, la jeune danseuse qui entre dans leur loge, présentée par une vieille femme ; un des jeunes hommes prend le menton de la danseuse ; à droite, on aperçoit la salle de spectacle.

1877	Behague.	Avant la lettre, marge.	600 f.	»
—	—	Avec A. P. D. R., toute marge.	310	»
1881	Muhlbacher.	Avant la lettre, grande marge.	700	»
1881	Mailand.	Avec la lettre, marge.	79	»
1887	Aubin.	Eau-forte, remargée.	66	»
1891	Kinnen.	Avec A. P. D. R., grande marge.	300	»

Le dessin original actuellement chez Madame la baronne Alice de Rothschild de Londres. Ce dessin, à la vente Gigoux, fut adjugé 480 francs à M. Dreux ; et, à la vente Dreux, M. Sichel s'en rendit acquéreur pour 1700 francs. — Une étude sur papier gris se trouve dans la collection de feu L. Rœderer.

La Sortie de l'Opéra (par Malbeste). Cinq états. In-folio.

De nombreux personnages descendent l'escalier de l'Opéra, et se trouvent réunis sous le péristyle : à droite, une jeune bouquetière, vue de dos, une corbeille de fleurs à la main, s'entretient furtivement avec un de ces personnages.

1877	Behague.	Eau-forte.	725	»
—	—	Avant toutes lettres.	501	»
1878	Roth.	Eau-forte pure.	899	»
1881	Muhlbacher.	Même état.	700	»
—	—	Avant toutes lettres, marge.	695	»
1887	Mailand.	Avec la lettre, marge.	78	»

1889	Decloux.	Avec A. P. D. R., marge du cuivre.	220 f.	»
1891	Kinnen.	Même état	305	»

Il nous a été impossible de retrouver les traces du dessin original.

Le Souper fin (par Helman, 1781). Sept états. In-folio.

Dans la salle d'un cabaret à la mode, éclairée par deux appliques à trois branches et une lanterne suspendue, deux jeunes femmes et leurs amants, assis autour d'une table richement servie, soupent gaiement : par terre, gisent épars lettres et bouquet.

1877	Behague.	Avant la lettre, toute marge.	821	»
—	—	Avec A. P. D. R.	360	»
1881	Michelot.	Eau-forte pure, marge du cuivre.	199	»
1881	Muhlbacher.	Eau-forte pure ; la jeune femme de droite, qui tient une lettre, a *les seins découverts*, et *sa coiffure ne lui cache pas l'oreille.*	1000	»
—	—	Avant la lettre, toute marge.	795	»
1881	Mailand.	Avec la lettre.	76	»
1891	Kinnen.	Avec A. P. D. R.	146	»

Le dessin original actuellement à Londres, chez madame la baronne Alice de Rothschild. — Ce dessin, primitivement chez Gigoux, fut, à sa vente, en 1861, adjugé à M. Dreux 570 francs ; à la vente de ce dernier, M. Sichel s'en rendit adjudicataire pour la somme de 1950 francs ; il fut un moment aussi la propriété de Mlle Angelo.

Le vrai Bonheur (par Simonet, 1782). Cinq états.
In-folio.

Dans un intérieur rustique, assis sur un banc, un jeune fermier, entouré de sa femme, de ses quatre enfants et de son chien ; à gauche, dans un fauteuil, la grand'mère, et, au fond de la cour, aperçus par une porte entr'ouverte, deux personnages causant ensemble.

1877	BEHAGUE.	Avant la lettre, toute marge.	550 f.	»
1880	MAHÉRAULT.	Avec A. P. D. R.	147	»
1881	MUHLBACHER.	Eau-forte.	600	»
—	—	Avant toutes lettres, toute marge.	600	»
1881	MAILAND.	Avec la lettre.	46	»
1891	KINNEN.	Avant la lettre.	210	»

Le dessin original est actuellement chez le baron Edmond de Rothschild.

Voici maintenant les prix obtenus par ces deux suites réunies :

1877	BEHAGUE.	La seconde suite, avec le privilège, le texte, *marges vierges*.	1700	»
1878	S. TURNER.	Les deux suites.	3300	»
1878	ROTH.	La seconde suite, avec le privilège, toute marge.	2810	»
—	—	La troisième suite, toute marge ; avec la lettre, croyons-nous, sauf :		

		Le Seigneur chez son fermier, qui est avec le privilège.	505 f.	»
1880	WASSET.	La seconde suite, avec le privilège, toute marge.	1920	»
—	—	Un volume de l'édition Neuwied-sur-le-Rhin.	410	»
1881	MUHLBACHER.	La seconde suite, avec le privilège; *marges vierges*.	2450	»
—	—	La troisième suite, avec le privilège; *marges vierges*.	3200	»
—	—	Vingt-six pièces de l'édition Neuwied-sur-le-Rhin; volume cartonné.	700	»
1885	LE BARBIER DE TINAN.	La seconde suite en réduction, avec le privilège et le quatrain de la légende.	1205	»
1885	DE LA BÉRAUDIÈRE.	La même que précédente vente, exemplaire *broché*, absolument *non rogné* et le titre *gravé* qui est *rarissime*.	1000	»
1887	AUBIN.	La seconde suite, avec le privilège, le titre et le texte.	1841	»
1889	VIGNÈRES.	La seconde suite réduite, grande marge.	261	»

1890	Destailleur.	La seconde suite réduite, avec *le titre*.	1015 f.	»
1891	Bayard.	La seconde suite, sans nom de graveur, la légende en français et en hollandais.	63	»
—	—	La seconde suite, avec le discours préliminaire et une feuille de texte avec bordure ornementée pour chaque planche; épreuves *non ébarbées*, avec le privilège.	1520	»
1892	Bardin.	Les deux suites, avec le privilège et les marges *non ébarbées*.	4750	»

Le Bal masqué, 23 janvier 1782. Quatre états. Grand in-folio.

Le Festin royal, 21 janvier 1781. Cinq états. Grand in-folio. — Pendants par le Maître.

1877	Behague.	Les deux pièces, avant la lettre.	509	»
—	—	Le Bal, état d'eau-forte.	399	»
1877	Didot.	Les deux pièces, avec la lettre.	29	»
1889	Decloux.	Le Bal, avant la lettre, petite marge.	160	»
1889	Vignères.	Les deux, avec la lettre.	39	»

1891	Bayard.	Les deux pièces, avant la lettre.	435 f. »
—	—	Le Bal, état d'eau-forte pure.	150 »

M. Philippe de la Roche-Vernet possède les dessins originaux à la plume, rehaussés d'aquarelle, de ces deux estampes, ainsi que ceux du *Feu d'artifice* et de *L'Arrivée de la Reine à l'Hôtel-de-Ville*. — Les cuivres des deux premières estampes existent à la Chalcographie du Louvre.

Arrivée de la Reine à l'Hôtel-de-Ville, 21 janvier 1782. Trois états. Grand in-folio en travers.

Le Feu d'artifice, 21 janvier 1781. Même état. Même format. Pendants par le Maître.

1890	Destailleur.	L'Arrivée, avant la lettre.	40 »
1891	Bayard.	Les deux pièces, avant la lettre, avec les armes.	105 »

Ouverture des États-Généraux[1]**, 5 mai 1789.** Sept états. Grand in-folio en travers.

Constitution de l'Assemblée générale à Versailles, 17 juin 1789. Six états. Même format. Pendants par le Maître.

1880	Wasset.	L'Ouverture, avant toutes lettres ; Moreau, tracé à la pointe.	205 »

1. Il existe une réduction, gravée par Couché fils.

1880	Wasset.	La Constitution, avec le titre en petits caractères et *la légende* donnant les noms des communes et des députés; légende effacée plus tard.	25 f.	»
1891	Kinnen.	Les deux pièces, en premier tirage.	143	»
1891	Bayard.	Les deux pièces, avant les noms des députés.	125	»

Ces estampes existent en tirage moderne.

Revue de la maison du Roi au Trou d'Enfer, d'après Le Paon (eau-forte du Maître terminée par Le Bas), 1776. Cinq états. Grand in-folio en travers.

1891	Bayard.	Avant la lettre, marge.	55	»

Vue de la plaine des Sablons (par Malbeste, Liénard et Née). Quatre états. Grand in-folio en travers.

1877	Behague.	Avant toutes lettres, essais de burin [1] sur les marges.	400	»
1880	Mahérault.	Avec la lettre	46	»
1881	Muhlbacher.	Eau-forte pure, avant		

---

1. Cette mention : *Essais de burin sur les marges*, qui peut sembler sans importance, est au contraire très significative : ces attaques du burin, qui ne sont guère que des égratignures, attestent, pour ainsi dire, la virginité de la planche, et dénotent toujours des épreuves d'un tout premier tirage ; quand le tirage régulier va commencer, on nettoie les marges, et ces salissures disparaissent.

		toutes lettres, seulement le nom du Maître à la pointe.	245 f.	»
1881	MUHLBACHER.	Avant toutes lettres, le nom du Maître seulement à la pointe, et avant de nombreux travaux ; les marges sont couvertes d'essais de burin.	400	»

Le dessin original, encre de chine sur trait de plume, à droite signé et daté 1769, actuellement dans la collection de Goncourt, a figuré en mai-juin 1879, à l'Exposition de l'École des Beaux-Arts, sous le n° 623.

Serment de Louis XVI à son sacre à Rheims, le 11 juin 1775 (du Maître). Trois états. Grand in-folio en travers.

1877	BEHAGUE.	Eau-forte pure ; le coin de gauche est déchiré.	219	»
—	—	La même, dans un autre état; grande marge.	140	»
1880	MICHELOT.	Avec la lettre, marge vierge.	35	»
—	—	Eau-forte pure ; dans la marge du bas, *deux têtes* et essais de pointe; c'est un premier état.	216	»
1880	MAHÉRAULT.	Avec la lettre.	20	»
1881	MUHLBACHER.	Eau-forte pure, seule-		

		ment Moreau à la pointe ; toute marge.	490 f.	»
1890	Destailleur.	Eau-forte, grande marge.	325	»

Il existe dans les vitraux du haut de la cathédrale, de petites figures érotiques très légèrement esquissées à la pointe. Cette estampe, fort remarquable dans son ensemble, ne compte pas moins de 485 personnages ; elle n'est *recherchée* qu'en *épreuve d'état*.

On en fait des tirages modernes.

Le Coup de vent (par Malbeste). Trois états. In-4° en travers.

1880	Wasset.	Avant la lettre.	38	»
1880	Mahérault.	Avant la lettre, marge.	52	»
1881	Muhlbacher.	Épreuve avec le texte, tirée à *100 exemplaires* seulement, devant servir comme spécimen de l'estampe gravée par Moreau, *La Revue du roi*, etc.	51	»

Cette pièce est *le groupe* tiré du dessin représentant *La Revue du Roi à la plaine des Sablons*. Ne pas confondre cette estampe avec celle gravée par Girardet, d'après Lebel, qui porte la même rubrique.

Exemple d'humanité donné par Madame la Dauphine, le 16 octobre 1773 (Eau-forte de Martini, terminée au burin par F. Godefroy). Six états. In-4° en travers.

Au milieu de seigneurs, de piqueurs à cheval, la Dauphine, tête nue, vient donner des consolations à une pauvre vieille femme de campagne, en larmes et le mouchoir à la main, dont le mari a été blessé par le cerf que l'on chassait; près d'elle, deux enfants et deux autres femmes. A gauche, des chiens couplés que tient en laisse un valet.

1877	Behague.	Avant toutes lettres, seulement les noms des artistes à la pointe.	200 f.	»
—	—	Avec la lettre.	105	»
1880	Wasset.	Eau-forte, avant toutes lettres.	185	»
1880	Mahérault.	Avant toutes lettres.	260	»
1881	Michelot.	Avec la lettre, marge.	31	»
1881	Muhlbacher.	Eau-forte pure, avant toutes lettres, les armes et l'encadrement; dans la marge du bas, une *note manuscrite* de Moreau[1].	205	»
—	—	La même, même état, sans note.	240	»
—	—	La même terminée, grande marge.	120	»
1890	Destailleur.	Avant la lettre, petite marge.	350	»
1891	Bayard.	Eau-forte pure.	250	»
—	—	Avant la lettre, avec les armes; 5ᵉ état.	325	»

Cette petite pièce est *un pur chef-d'œuvre*, dont le prix est loin d'être exagéré, vu sa très haute valeur d'art; elle se recom-

---

[1]. Cette pièce fut achetée par M. J. de la Béraudière, et, à une de ses ventes, en 1883; elle fut adjugée 300 francs.

mande donc, d'une façon toute spéciale, aux amateurs et aux délicats.

Le dessin original se trouve actuellement au musée de Bayeux.

Henri IV chez le meunier (par Simonet). Cinq états. In-folio.

1880	Mahérault.	Eau-forte, avant toutes lettres ; toute marge.	255 f.	»
—	—	Avant toutes lettres, et avant la bordure; toute marge.	105	»
—	—	Avec la lettre, toute marge.	14	»
1887	Jacquinot.	Avant toutes lettres, marge.	11	»

Caquet a gravé cette pièce en *contre-partie*. — Les deux cuivres existent.

Arrivée de J.-J. Rousseau aux Champs-Élysées, 1782 (par Macret). Cinq états. In-folio en travers.

| 1880 | Mahérault. | Avant la dédicace, marge. | 16 | » |

Cette estampe est dédiée Aux Bonnes Mères !
Une réduction en *contre-partie* a été gravée par Dupréel.

Les dernières paroles de J.-J. Rousseau (par Guttenberg). Six états. In-folio en travers.

Pièce fort peu recherchée, valant à peine une dizaine de francs.

Tombeau de J.-J. Rousseau (du Maître). Cinq états. In-folio en travers.

1880	Mahérault.	État d'eau-forte, avec *la vieille femme agenouillée*, que plus tard la censure a supprimée.	150 f.	»
—	—	Épreuve réduite en format in-8°, avant toutes lettres.	50	»
1887	Aubin.	Avec la *vieille femme agenouillée* ; toute marge.	45	»

Couronnement de Voltaire, 30 mars 1778 (par C.-E. Gaucher). Sept états. In-folio en travers.

1878	Roth.	Avec les armes et la dédicace ; toute marge.	150	»
—	—	Avec les armes et la dédicace effacée ; grande marge.	201	»
1880	Wasset.	Eau-forte, avant toutes lettres, et avec A. P. D. R.	600	»
1880	Mahérault.	Même état, marge.	399	»
—	—	Avec les armes.	140	»
—	—	Avec les armes effacées et le titre changé.	36	»
1881	Michelot.	Avec les armes de Mme de Villette : *Belle et bonne*.	45	»

1881	Muhlbacher.	Eau-forte pure, avant toutes lettres, avant l'encadrement, avec A. P. D. R.; le buste de Voltaire est de *trois quarts*, il est tout différent des épreuves terminées; un des personnages placé à l'orchestre au-dessus des lettres A. P. D. R.; est *jeune* et de *face* dans l'estampe terminée, il est *vieux* et de *profil*; celui qui est tout à fait à gauche n'a *ni grand cordon, ni plaque*. État non décrit.	255 f.	»
—	—	La même, dans un état plus avancé; Voltaire est de face.	245	»
—	—	Eau-forte pure, avant toutes lettres, par Couché fils, dont le nom est inscrit à la pointe.	45	»
1887	Aubin.	Avec les armes et la première inscription.	61	»
1888	Roth[1].	Avec les armes et la dédicace.	22	»
—	—	Les armes effacées.	5	»

1. Deuxième vente Roth.

1891	Kinnen.	Eau-forte pure.	120 f.	»
—	—	Planche terminée, avec armes et dédicace à Mme de Villette; marge.	51	»
1891	Bayard.	Eau-forte pure.	155	»
—	—	Avant toutes lettres, avant la bordure, les noms des artistes à la pointe.	300	»

C'est après la sixième représentation d'*Irène* qu'eut lieu ce couronnement.

Cette estampe est peut-être *la meilleure* qu'ait jamais gravée Gaucher, seulement il faut l'avoir en belle épreuve; l'artiste avait la mauvaise habitude de choisir des cuivres très mous, et sa planche baissait souvent et subitement, après le tirage d'un nombre très limité d'épreuves; c'est dire que les estampes de ce graveur sont d'une inégalité désespérante.

Le *bel état*, celui qui est le plus recherché, est : *avec les armes, la dédicace et l'adresse : Chès l'Auteur rue St-Jacques, Porte-Cochère vis-à-vis St-Yves.*

Le dernier état, où les armes ont disparu et la dédicace est remplacée par : *Persécuté par le despotisme, etc...*, est très mauvais; la planche est archi-usée et porte *l'adresse de Naudet*.

Place Louis XV, vue prise des Champs-Élysées, 1770
(du Maître).

1890	Destailleur.	Eau-forte, avant toutes lettres, seulement le nom de Moreau à la pointe, sous le trait carré.	255	»
1891	Kinnen.	Planche terminée, avant toutes lettres.	205	»

Cette pièce n'est pas *mentionnée* par M. E. Bocher; elle est, croyons-nous, de toute rareté.

La Cinquantaine (du Maître), 1771. Trois états. In-4°.

1880 MAHÉRAULT. Eau-forte, avant la lettre, *retouchée au crayon* par le Maître. 1010 f. »

Pièce assez rare.

Une autre, *La Beauté sans apprêts*, dessinée par Moreau et gravée en manière de lavis par P. Moithey fils, 1781, est, paraît-il, *fort rare*. Elle a passé à la vente Beurnonville, en février 1885; on ne lui a pas fait grand honneur, car elle a été adjugée 4 francs! C'est, croit-on, le portrait de Mme de Crussol d'Amboise.

Les Vœux accomplis (par Simonet, 1783). Quatre états. In-folio en travers.

Pièce peu recherchée, valant une quinzaine de francs avec la lettre, et une centaine de francs avant toutes lettres. — C'est, du reste, le portrait de la Comtesse d'Artois, et nous ne nous occupons pas du portrait dans ce volume [1].

On possède encore, du Maître, les pièces suivantes, qui sont peu intéressantes et peu recherchées des collectionneurs : *Le Curtius français ou la mort du chevalier d'Assas*, 1781 (par Simonet). — *Les Amours d'un héros chéri* (par J.-B. Fossoyeux). — *Loth et ses filles* (par Patas). — *Tullie faisant passer son char sur le corps de son père* (par Simonet); à la vente Mahérault, le dessin original, en bistre, fut adjugé 1000 francs. — *Le Gâteau des Rois* (par Lemire), composition allégorique sur le partage de la Pologne; à la même vente Mahérault, le dessin original, à la sépia, fut adjugé 1400 francs.

1. Voir *Les Françaises du XVIIIe siècle*, pages 17 et 18.

L'œuvre de Moreau le jeune existe au Département des Estampes, dans une condition exceptionnelle; il fut formé par Mme Vernet, fille de l'artiste, qui en voulait faire hommage à l'Empereur de Russie; il se compose de 7 volumes, portant, sur les plats, les armes impériales russes; nous engageons les admirateurs de l'artiste à se faire communiquer ces volumes, particulièrement précieux et intéressants.

MOREAU (Louis, l'aîné, d'après)
1712- ?

L'Escarpolette. — Dans un bois, à deux gros arbres, à gauche, une escarpolette enguirlandée de roses, sur laquelle se tient une jeune fille dont les jupes relevées laissent apercevoir les mollets; elle se penche gracieusement vers un jeune homme qui la balance; au-dessous d'elle, un chien jappant.

Le Villageois entreprenant. — Une jeune fille, venue du bois à la fontaine, se trouve aux prises avec un jeune entreprenant qui veut la faire asseoir sur l'herbe; le mouvement qu'elle fait de sa jambe gauche renverse sa cruche; à gauche, le jeune homme a déposé sa canne et son chapeau. Sur un mur, on aperçoit deux plantes dans des pots; comme fond, un bois.

Pendants, petit in-folio gravé à l'eau-forte par Germain *et terminé au burin par* Patas.

1877	Behague.	Épreuves à l'état d'eau-forte.	145 f. »
—	—	Le Villageois entreprenant, avant la lettre.	150 »

1881	Muhlbacher.	Épreuves avant la lettre.	92 f.	»
1887	Malinet.	L'Escarpolette, état d'eau-forte.	28	»
1890	Destailleur.	Le Villageois entreprenant, avant la lettre.	42	»
1891	Kinnen.	L'Escarpolette.	22	»
1891	Bayard.	Les deux pièces imprimées en bistre par X. Huter, marge.	30	»
1892	Baudet.	Sans désignation d'état.	53	»

L'Escarpolette est souvent désignée par : *On y court plus d'un danger.* — La gouache originale se trouve actuellement dans la collection de M. H. Josse ; elle a figuré à l'Exposition rétrospective du Trocadéro, en 1889.

Louis Moreau a fait de fort jolis paysages qui ont été gravés par Janinet d'une façon très séduisante.

MORLAND (G., d'après)
École anglaise

Blind man's buff, 1788 (par W. Ward). Pièce en travers.

Dans un bois, enfants jouant au colin-maillard : huit personnages ; le jeune homme du premier plan se baisse pour toucher le pied de la jeune fille qui a les yeux bandés.

Cette pièce, assez jolie, peut valoir, croyons-nous, dans les 90 à 120 francs.

Delia in the country (par J.-R. Smith, 1788).

1891	Kinnen.	Avec marge.	105	»

Contemplation (par W. Ward).

1889	DECLOUX.	Gravé en manière noire, marge.	60 f.	»

A Visit to the child at nurse (par W. Ward). En couleur.

1889	DECLOUX.	Avec *Visit to the boarding school.*	545	»
1891	KINNEN.	Sans désignation d'état.	185	»

The Fruits of early industry and œconomy — The Effects of youthful extravagance and idleness (par W. Ward, 1789).

1891	KINNEN.	Épreuves légèrement coloriées, marge.	300	»

The Thea garden — Saint-Jame's park (par Soiron). In-folio.

1887	AUBIN.	Deux pièces en couleur.	345	»

A Party angling — The Angler's repas (par G. Keating and W. Ward, 1789). Pièces en travers.

1891	KINNEN.	Épreuves avec marge.	480	»

Toutes ces pièces anglaises sont intéressantes et bien gravées ; elle ont aussi un avantage très appréciable sur nos pièces en couleur, c'est qu'elles n'ont pas encore été *pastichées*.

MORRET (J.-B., par)

L'Oiseau de Lubin. In-8° en couleur.

1881 Michelot.   Sans désignation d'état.   20 f.   »

Pièce sans valeur, quelquefois désignée sous la rubrique : *Baisez, petit, baisez, mignon.*

MOUCHET (F., d'après)
1750-1814

Les Chagrins de l'enfance ou le serin envolé
(par Le Cœur). In-folio en couleur.

A gauche, une jeune femme, coiffée d'un large chapeau, se lève précipitamment d'un fauteuil, tenant sa guitare de la main gauche, en voyant le serin de sa petite fille s'échapper d'une cage placée sur la table et près de laquelle est un chat, cause, sans doute, de ce malheur. La fillette, de face à droite, étend les bras vers le ciel ; à ses pieds, deux poupées.

1877	Behague.	Avec la lettre.	58	»
1881	Michelot.	Avec la lettre.	70	»
1889	Decloux.	Premier tirage, avant la dédicace et avant les armoiries changées.	171	»
1891	Kinnen.	Avant la dédicace et avec		

		un croquis de paysage et une cage comme armoiries.	110 f.	»
—	—	Avant la dédicace et les armoiries de la duchesse de Bourbon.	150	»
1892	Wogram.	Même état que la vente précédente. Encadrée.	260	»

Cette pièce, assez jolie dans son ensemble, devrait être rejetée, tant est grossière la *faute de dessin* qui *atrophie* complètement le bras droit de la femme.

Nous avons vu, chez M. L. Valentin, *un premier état*, avant le titre, mais avec les quatre vers commençant par :

> *Il est des peines pour chaque âge*
> ....
> *Le Berger Sylvain*

Très rare dans cette condition.

Cette estampe a été reproduite par Magnier.

L'Illusion (par R. et D.). En noir et en couleur, au pointillé.

1881	Michelot.	Avec l'encadrement, toute marge.	40	»
1881	Muhlbacher.	Avec la première adresse, celle de Mouchet, grande marge.	41	»
1891	Kinnen.	Avec *La Méprise*.	150	»
1891	Bayard.	Avant toutes lettres, imprimée en bistre, relevé de sanguine.	35	»

Couchez là (par L. Darcis). Pièce ovale.

1881	Muhlbacher.	Avant la lettre.	40 f.	»

La Méprise (par Macret et Anselin). In-folio ovale équarri.

Une jeune femme de face, assise sur son lit, en chemise, les seins complètement nus, saisit de la main droite la queue d'un chat qui est près d'elle, à gauche ; sa main droite est passée sous sa cuisse gauche.

1877	Behague.	Avec une grande marge.	106	»
1880	Wasset.	Sans désignation d'état.	21	»
1881	Muhlbacher.	Avant toutes lettres, avant la bordure et avec *une différence d'expression* dans le visage de la femme, expression modifiée dans les épreuves terminées.	140	»
—	—	Avec la première adresse, celle de Mouchet.	75	»
1889	Vignères.	Épreuve toute marge.	31	»
1891	Bayard.	Avant toutes lettres, état Mühlbacher.	10	»

Cette pièce est fort libre et sans aucun mérite artistique. Le dessin original, au lavis d'aquarelle, fut adjugé 290 francs à la vente de la Béraudière, en 1883.

La Ruse d'amour (par Darcis). Grand in-folio ovale.

1881	Muhlbacher.	Avant toutes lettres.	29	»

1882 Corneillan.   Même état, marge.   20 f. »

Le Réveil opportun (par Darcis). Petit in-folio ovale.

Une jeune femme, de trois quarts à droite, en chemise, accroupie sur son lit, sur le genou droit; une bougie, près d'elle, éclairant complètement sa gorge, mise à nu par sa chemise, qu'elle écarte de ses deux mains, pour chercher une puce; un petit chien vient passer sa tête sous sa jambe et regarde cette scène !

Cette pièce, assez risquée, imprimée en noir et en couleur, vaut une vingtaine de francs. Elle est quelquefois désignée sous la rubrique : *Le Réveil interrompu.*

NAUDET (Thomas-Charles, à Paris chez)

Le Sérail parisien ou le bon ton en 1802 (par Blanchard). Aquatinte.

Dans un salon, différents personnages causent et jouent aux cartes; à gauche, un vieux à lunettes prend la taille d'une jeune femme, pendant que, tout à fait à droite de l'estampe, une autre femme regarde ses seins nus dans une glace.

1881	Muhlbacher.	Imprimée en bistre, grande marge.	120	»
1882	Dubois du Bais.	Également en bistre.	36	»
1889	Decloux.	Même tirage.	61	»
1889	Vignères.	Même tirage.	60	»

Pièce ordinaire, mais curieuse comme document de l'époque. Également chez Naudet, les pièces suivantes :

La Désolation des filles de joye — Le Vice forcé dans ses retranchements, 1778 — Le Sérail en boutique — Les Maquerelles punies — La Dispute des filles et du merlan — La Fille s'enfuyant à demi rasée.

NORTHCOTE (d'après)
École Anglaise.

A young Lady encouraging the low comedian (par W. Ward) 1787. In-folio.

Debout à gauche, une jeune femme, le chapeau sur la tête, met une pièce de monnaie dans le chapeau d'un enfant assis, ayant un singe sur son épaule.

Jolie pièce, pouvant valoir environ cent cinquante francs.

OCTAVIEN (F., d'après)
?

Le Boudoir (par Thévenard).

Une jeune femme, assise à sa toilette ; debout derrière elle, appuyé sur le dossier de sa chaise et penché vers elle, un jeune abbé ; plus loin, une servante.

1877	Behague.	Sans désignation d'état.	50 f.	»
1890	Destailleur.	Avant la réduction de plus de moitié de la grande planche.	8	»

Le Sommeil dangereux (par Thévenard).

Endormie sur un canapé, une jeune femme tenant une lettre à la main ; près d'elle, un jeune homme se penchant pour prendre cette lettre.

1877	Behague.	Sans désignation d'état.	40 f. »
1890	Destailleur.	Avec *La Toilette*, planches réduites ; toute marge.	15 »
1892	Bardin.	Avec *Le Boudoir*.	50 »

Ces deux estampes sont *fort rares*.

OUDRY (Jean-Baptiste, d'après)
1686-1755

Estampes très délaissées, dont voici les principales :
La Chienne braque et sa famille — *Le Sérail du doguin* (par Daullé). — *La Curée faite* — *Le Cygne effrayé* (par Le Bas). — *Frontispice* — *Le Chevreuil forcé* — *Le Renard vaincu* — *Le Loup aux abois* (du Maître). — *Le Chien braque en arrêt* (du Maître).

Oudry est le dessinateur des *Fables choisies de La Fontaine*, Paris, Desaint et Saillard, 1755-1759 ; 4 volumes. Les dessins originaux sont actuellement chez feu M. Louis Rœderer, qui les paya 30000 francs. Ils furent exécutés de 1729 à 1734, et étaient au nombre de 276, au crayon noir rehaussé de blanc, nous apprend le baron Roger Portalis.

PAROY (Jean-Philippe-Guy de Gentil, comte de)

1750-1824

Gil Blas dans la caverne des voleurs. En couleur.

1891	BAYARD.	Avant toutes lettres.	41 f. »

Spirat adhuc amor. (*Voir Fragonard.*)

PARVILLÉ (à Paris, chez)

Le Cabaret de M*me* Ramponneau — Le Cabaret Ramponneau. In-folio en travers.

1877	BEHAGUE.	Les deux piècec.	100	»
1880	MICHELOT.	Le Cabaret de M*me* Ramponneau; deux pièces.	50	»
1880	WASSET	Les deux pièces.	160	»
1881	MUHLBACHER.	Le Cabaret de M*me* Ramponneau, avec le premier texte, deux couplets commençant par ces mots : *Les officiers, les financiers...*	280	»
—	—	Le Cabaret Ramponneau, état d'eau-forte.	150	»
1887	AUBIN.	Les deux pièces.	140	»

1888 A. Bonnardot[1]. Les deux pièces.   97 f. »

Ces pièces, curieux documents de l'époque, furent publiées également chez Mové, chez Basset et aussi chez Herisset, en 1760.

PASQUIER (d'après)

?

L'Escamoteur — La Diseuse de bonne aventure (par Morret).

1892 Baudet.   Épreuves en couleur, marges.   80   »

Ces estampes sont *très rares*.

PATER (Jean-Baptiste-Joseph, d'après)
1695-1736

L'œuvre gravé de ce Maître est fort peu recherché ; voici les principales estampes d'après ce peintre :

Les Plaisirs de la Jeunesse (par Fillœul). In-folio.

Ou : *Le Colin-maillard — Le Concert amoureux — La Conversation intéressante — La Danse.*

1877 Behague.   Épreuves avec la pre-

---

1. Dit *Parisien*.

		mière adresse, celle du graveur.	160 f.	»
1877	F. Didot.	Épreuves sans désignation d'état.	72	»
1887	Malinet.	Le Colin-maillard.	28	»
—	—	Le Concert amoureux.	26	»
—	—	La Conversation intéressante, avec la première adresse.	20	»
1890	Destailleur.	Les quatre pièces, état Behague.	127	»

Le tableau original du *Colin-maillard*, à la vente de M. Philippe-Georges d'Ay, en juin 1891, fut adjugé 12200 francs. En 1883, à la vente Narischkine, un tableau, sous la rubrique *La Conversation galante*, de Pater, fut adjugé 11000 francs ; nous ne pouvons affirmer que ce soit l'original d'après lequel cette pièce a été gravée.

Le Désir de plaire, 1743 — Les Plaisirs de l'été [1], 1744 (par Surugue). In-folio en travers.

1890	Destailleur.	Épreuves avec grande marge.	75	»
—	—	Le Désir de plaire, eau-forte.	76	»

Ces deux estampes sont assez estimées.

On possède encore, du Maître, les pièces suivantes :
L'Age d'or (par La Live de Jully). — *Le Bain* (par Duflos). — *La Feste italienne* (par Cl. Duflos). — *L'Orchestre du village* — *La Marche comique* (par Ravenet). — *La Pintresse* (par Gallimard). — *La belle Bouquetière* — *L'agréable Société*

---

[1]. La toile originale, sous la rubrique *Le Bain*, a figuré à l'exposition faite par Francis Petit, en 1860.

(par Fillœul). — *L'Amour et le badinage*[1] — *Les Amants heureux* (par Fillœul). — *L'Essai du bain* (par Voyez).

Toutes estampes de mince valeur artistique et marchande.

CONTES DE LA FONTAINE (Illustrations pour les)

Les Aveux indiscrets (par Fillœul). In-folio.

1887	MALINET.	Avec l'adresse du graveur, mais avant le nom; grande marge.	30 f.	»

Le Baiser donné — Le Baiser rendu (par Fillœul). In-folio.

1887	MALINET.	Épreuves toute marge.	120	»

Le Cocu battu et content (par Fillœul). In-folio.

1887	MALINET.	Grande marge.	37	»

La Courtisane amoureuse (par Fillœul). In-folio.

1887	MALINET.	Sans désignation d'état.	19	»

Le Glouton (par Fillœul). In-folio.

1887	MALINET.	Avec l'adresse du graveur, marge.	14	»
—	—	La même composition, gravée par D. R.	5	»

La Matrone d'Éphèse (par Fillœul). In-folio.

1887	MALINET.	Sans désignation d'état.	5	»

---

1. Le dessin original aux trois crayons, sur papier chamois, se trouve actuellement dans la collection de M. de Goncourt.

Le Savetier (par Fillœul). In-folio.

1887	Malinet.	Avec l'adresse du graveur et la date 1736.	21 f.	»
—	—	La même, en *contrepartie*, par Dupreil.	4	»

PAUL (T.-D., d'après)

École anglaise.

A trip to Melton Mowbray.

1889	Decloux.	Sans désignation d'état.	200	»

C'est une suite de douze pièces en couleur, *très rares*, imprimées sur six feuilles, représentant les inconvénients des voyages, en voiture, à la chasse, etc.

PETERS (d'après)

?

Signalons pour mémoire les pièces suivantes, absolumen sans valeur et fort peu intéressantes :

La jeune Dévideuse[1] — *L'Amour maternel* — *Les Enfants grondés* (par Chevillet). — *La petite Marchande de carpes* (par Levasseur).

---

1. L'original se trouve actuellement dans le cabinet de M. le marquis de Chennevières, à l'obligeance duquel nous devons ce renseignement.

PETERS (Revd William, d'après)
École anglaise

Much ado about nothing[1] (par Peter Simon). Grand in-folio colorié.

Dans la campagne, sur le premier plan à gauche, debout, deux jeunes femmes, en élégante toilette décolletée, se donnent le bras et causent ensemble. Celle de droite est coiffée d'un large chapeau surmonté d'une plume ; au second plan, plus à droite, une troisième jeune femme, vue à mi-corps, près d'un bouquet d'arbres, les épie. (*Shakspeare.* — Acte III, scène I.)

Merry Wives of Windsor[2] (par Robt Thew). Même format, colorié.

Au milieu de l'estampe, deux jeunes femmes debout se montrent leurs lettres ; celle de gauche est souriante, tandis que sa compagne, à droite, baisse la tête d'un air contristé ; derrière elle, on aperçoit une construction. (*Shakspeare.* — Acte II, scène I.)

Merry Wives of Windsor (par I.-P. Simon). Même format, colorié.

Deux jeunes femmes ont renversé dans un large panier, où il paraît complètement enfoui, un vieillard à barbe

---

1. Beaucoup de bruit pour rien.
2. Les joyeuses Commères de Windsor.

blanche; celle de gauche lève le bras pour le frapper d'un mouchoir, qu'elle tient à la main. On voit apparaître à mi-corps, dans le fond, un quatrième personnage, qui semble effaré du spectacle qui s'offre à sa vue. En haut de l'estampe, à gauche, un paysage avec une pièce d'eau. (*Shakspeare.* — Acte III, scène III.)

Merry Wives of Windsor (par I.-P. Simon). Même format, colorié.

Sur le seuil d'une habitation seigneuriale, à droite, une jeune femme s'avance vers un gentilhomme qui arrive de gauche à droite, et l'invite à entrer; celui-ci, semblant confus de tant d'honneur, baisse humblement la tête; derrière lui, se dissimule un troisième personnage. (*Shakspeare.* — Acte I, scène I.)

Ces quatre pièces, qui forment une sorte de suite, sont *très rares* à trouver réunies. Elles sont fort jolies; la première, surtout, est adorable; elles valent 150 à 180 francs la pièce. La dernière n'est pas gravée d'après W. Peters, mais d'après R. Smirke. Elles ont été publiées à Londres, chez Boydell, et portent, au bas, des fragments de texte relatif à la scène qu'elles représentent.

Lydia (par W. Dickman). Petit in-folio en travers, en manière noire.

Une jeune et jolie femme, coiffée d'un bonnet, couchée dans un lit, de gauche à droite, sur le dos, les seins dehors et complètement nus, la tête légèrement penchée, vous regarde en souriant.

Charmante estampe, valant de 70 à 80 francs.

POMPADOUR (Mme la marquise de, d'après)
1721-1764

Suite d'estampes gravées d'après les pierres gravées de Guay.

1885 Lion[1]. Soixante-trois planches reliées en maroquin olive. La planche 50, *L'Amour présentant un bouquet*, manque. 560 f. »

— — La même suite, soixante-neuf planches, avec la figure de *Rodogune*, dessinée par Boucher, gravée *à l'eau-forte* par Madame de Pompadour et retouchée par Cochin. 400 »

Cette suite est *excessivement recherchée*. — M. H. Josse possède, aux armes de la célèbre courtisane, un petit portefeuille en maroquin, du format de ces estampes; tout porte à croire que c'était là qu'elle serrait la précieuse suite.

La marquise a encore gravé ou est *censé* avoir gravé :

Nymphes, Satyres et Amours — *L'Antre du Sommeil* — *L'Automne* : pièces, du reste, sans importance.

---

1. A la vente de la bibliothèque.

PRUD'HON (Pierre-Paul, d'après)
1758-1823

Chose assez curieuse à enregistrer, Prudhon est peu collectionné, malgré l'intérêt que présentent certaines pièces ; c'est en vain qu'on les cherche dans les belles collections : Behague, Mühlbacher, Wasset, Decloux, Bayard, Kinnen, etc...; du reste, il est à cheval sur les deux siècles, ce qui l'exclue du portefeuille des amateurs du XVIIIe, qui ne lui trouvent pas le caractère bien tranché qu'ils recherchent.

Voici une nomenclature des estampes les plus connues :

Phrosine et Mélidor (du Maître). In-4°.

1878	Roth.	Avant la lettre et avec la tablette, marge.	57 f.	»
1880	Wasset.	Avant la lettre, avec les noms des artistes à la pointe.	20	»
1889	Vignères.	Avant toutes lettres, toute marge.	83	»
—	—	Avant la lettre.	35	»

Cette estampe est la pièce *capitale* de l'œuvre ; nous nous permettons d'en emprunter les états, publiés par M. de Goncourt, dans son catalogue raisonné de Prud'hon :

1er état. — Eau-forte pure *(rarissime)*.
2e état. — Terminé au burin par Roger, avec : *P.-P. Prud'hon inv. incidit*, à gauche, sur la marge blanche, et avant la tablette ; les vers ne sont pas gravés.
3e état. — État semblable au précédent, mais avec la tablette ajoutée. Le nom de Prud'hon, à la pointe, s'y trouve renfermé ; les vers ne sont point en-

core gravés. Cet état est celui de l'édition de Bernard, avec les figures dites *avant la lettre*.

4ᵉ état. — Celui décrit, c'est-à-dire, dans la tablette, à gauche et à la pointe : *P. P. Prud'hon inv. incidit*. Plus bas : *Quelle scène inouïe... Sa Phrosine est évanouie*. Sous la tablette, gravée au burin : *Prud'hon inv. incidit*. Dans cet état, la *raie* entre *Sa* et *Phrosine* n'existe pas.

5ᵉ état. — L'état précédent, *avec la raie*.

6ᵉ état. — Le nom de Prud'hon, à la pointe, et la tablette ont disparu. On lit sur la marge blanche : *Dessiné et gravé par Prud'hon*. Amours de Phrosine et Mélidor.

Une épreuve de deuxième état existait dans la collection His de la Salle, à sa vente, en avril 1856 ; elle fut adjugée 95 francs à feu M. Duthuit. Le premier état est d'une *absolue rareté* ; on n'en connaît que trois épreuves, qui ont été dans les cabinets Galichon, His de la Salle et Eudoxe Marcille ; nous n'avons pu les suivre et nous ignorons, à l'heure actuelle, quels en sont les heureux possesseurs.

Voici quelques autres pièces qui sont cotées de très petits prix :

La Vertu aux prises avec le vice — La Raison parle et le Plaisir entraîne (par Roger). — *L'Amour séduit l'Innocence, le Plaisir l'entraîne, le Repentir suit* (par le même). — *Le Cruel rit des pleurs qu'il fait verser* (par Copia). — *L'Amour caresse avant de blesser* (par Roger), etc., etc. ; toute l'anthologie de l'amour !

L'œuvre gravé de Prud'hon, assez complet, s'est vendu en bloc, à la vente Mahérault, 8000 francs.

A la vente Ponce Blanc, il fut adjugé une grande quantité de dessins de Prud'hon ; tous ou presque tous étaient *apocryphes*.

A la vente Prud'hon, le tableau original de *L'Amour séduit l'Innocence, etc...* fut acheté 2650 francs, par M. Odiot.

En 1874, une exposition de l'œuvre du Maître, à l'École des

Beaux-Arts, eut lieu au profit de sa fille, sous le patronage de feus MM. Eudoxe et Camille Marcille.

QUEVERDO (François-Marie-Isidore, d'après 1740-1808

Le Coucher de la mariée (par Patas). — Dans une chambre à coucher Louis XVI, lit à gauche, le baldaquin a la forme d'un violon ; quatre personnages. Deux jeunes époux se préparent à passer leur nuit de noces ; la mère, debout, parle bas à sa fille, qui fait semblant de pleurer et, assise, un coussin à ses pieds, se fait enlever ses bas par une soubrette : le marié, déjà coiffé d'un bonnet de nuit, se tient debout derrière sa femme dont il embrasse la main droite ; un candélabre à deux branches, un livre, une écritoire et une enveloppe se voient à droite, sur une table ; derrière eux, trois fauteuils le long du mur.

Le Lever de la mariée (par Dambrun). — Dans un riche intérieur, une jeune femme demi-nue, assise sur son lit, est entourée de ses deux soubrettes : l'une lui passe une chemise et l'autre lui présente ses mules. Un jeune chat est près d'elle à gauche sur son lit ; une table de nuit, sur laquelle est un bougeoir, complète le tableau.

Pendants. Petit in-folio ovale.

1877	Behague.	Épreuves avec la lettre.	59 f.	»
1881	Michelot.	Sans désignation d'état.	62	»
1882	de Launay.	La première, eau-forte avant toutes lettres, avec les armes ; la		

		seconde, même état, mais eau-forte plus avancée.	800 f.	»
1887	Jacquinot.	Épreuves sans état désigné.	40	»
1887	Malinet.	Même condition.	36	»
1890	Destailleur.	Même condition.	51	»

Le dessin au bistre, mélangé de carmin et rehaussé de blanc et de gouache, du *Coucher de la mariée*, signé Queverdo, 1762, se trouve actuellement dans la collection de Goncourt.

La Jouissance (par Martini). — Dans un somptueux intérieur Louis XV, un jeune seigneur enlace de ses bras une jeune femme, assise près de lui sur un canapé; autour d'eux, se jouent quatre Amours.

Le Repos (par Dambrun). — Sur un lit, une jeune femme, la jupe relevée, est couchée sur le dos, s'appuyant sur le coude gauche, exténuée de plaisir. Les Amours voltigent autour d'elle, et l'un d'eux enguirlande de roses le jeune seigneur se soulevant du fauteuil placé à droite du lit.

Pendants petit in-folio.

Ces deux pièces sont assez jolies et *fort rares*; elles valent 100 francs avec la lettre, 200 francs avant la lettre, les deux.

La Jarretière (par Dambrun).

1890	Destailleur.	Eau-forte dans une bordure ornée.	135	»

Estampe peu commune.

Les Aveux sincères ou les accords du mariage (par Martini). In-4°.

1890	Destailleur.	Épreuve à toute marge.	26	»

| 1891 | KINNEN. | Avec *La Fille surprise*. | 36 f. | » |
| 1891 | BAYARD. | Toute marge. | 40 | » |

La gouache originale appartient à M. H. Josse ; elle figurait au Trocadéro, en 1889.

Le Sommeil interrompu, 1787 (par Dambrun). — La Nouvelle du bien-aimé (par Romanet). In-folio.

1877	BEHAGUE.	La première avant la dédicace, grande marge.	75	»
1881	MICHELOT.	La première, même état.	98	»
1887	JACQUINOT.	Les deux pièces.	30	»
1890	DESTAILLEUR.	La première seule.	20	»
1891	BAYARD.	La première, état Behague, très grande marge.	65	»
—	—	La seconde, grande marge.	35	»
1891	KINNEN.	La première avant toutes lettres ; la seconde avant la dédicace.	82	»

L'eau-forte de *La Nouvelle du bien-aimé* est de Queverdo.

On possède encore du Maître :

La belle Jambe de Lisette (par ?). — *Les Amours du bocage*. (par Dambrun). — *La Suivante commode* — *La Fille surprise* — *Le dangereux Modèle* (par Patas). — *L'Amoureux*[1] (par Chatelain). — *Le Prélude* (par Droyer). — *Le Rendez-vous* (par ?). — *La Surprise amoureuse* (par Lebeau). — *Départ pour le Sabat* (par Malœuvre). — *La Toilette de la mariée* — *Le Satyre complaisant* (par F. Basan).

Toutes pièces sans importance.

---

1. Cette pièce avec *Le Prélude*, 55 francs, vente Kinnen.

RAMBERG (H., d'après)

Exposition au Salon du Louvre, en 1787 : Lauda conatum (par Martini). In-folio en travers.

Le Salon du Louvre, rempli d'une foule nombreuse devisant, marchant et regardant l'exposition de tableaux ; à la porte d'entrée, à droite, debout, un suisse, la hallebarde à la main.

Coup d'œil exact de l'arrangement des peintures au Salon du Louvre en 1785, gravé de mémoire et terminé durant le temps de l'exposition.

1877	Behague.	La pièce datée 1785.	51 f.	»
—	—	La pièce datée 1787.	99	»
1881	Michelot.	Celle datée 1785, marge vierge.	50	»
—	—	Celle datée 1787.	40	»
1887	Aubin.	La pièce datée 1785.	30	»
—	—	La pièce datée 1787, marge.	40	»

Ces deux pièces se font pendants.

The Exhibition of the Royal Academy, 1787 (par Martini). In-folio en travers.

1877	Behague.	Avec la lettre.	125	»
1881	Muhlbacher.	Épreuve avec grande marge.	101	»
1888	Roth.	Avec *Lauda conatum*.	64	»
1890	Destailleur.	Avec la lettre grise.	80	»

Le Marché aux esclaves. In-folio, colorié.

1889 Decloux.   Montée en dessin.   26 f. »
   Cette estampe n'est pas très commune.

Les Prunes. In-folio en travers, colorié.

1887 Aubin.   Sans désignation d'état.   32 »

CONTES DE LA FONTAINE (Illustration pour les)

Le Paysan qui cherche son veau. In-folio ovale en travers, colorié.

1882 M. des Chesnais. Sans état désigné.   21 »

La Jument du compère Pierre. Même format.

1882 Corneillan.   Avec *Joconde*.   50 »
1891 Bayard.   Quatre pièces de ces contes.   13 »

Les Lunettes. Même format.

1881 Muhlbacher.   Sans état désigné.   100 »
1882 Dubois du Bais. Avec *Le Rossignol*; sans marge. 62 »
1891 Bayard.   Avec *Le Rossignol*.   50 »

Joconde. Même format.

1882 Corneillan.   Avec *La Jument du compère Pierre*.   37 »

Le Poirier enchanté. Même format.

1882	M. des Chesnais. Sans état désigné.	22 f.	»

Le Rossignol. Même format.

1887	Aubin. Avec la lettre.	34	»

Toutes ces pièces, sans être bien intéressantes, sont encore assez rares; elles sont gravées au trait et coloriées au pinceau.

RANSONNETTE [1] (Pierre-Nicolas, par)
1753-1810

Le Tripot — La Descente de police. In-folio en travers. (*Voir Borel, page 74.*)

L'heureux Époux. In-folio.

1890	Destailleur. État d'eau-forte.	115	»

Cette estampe est fort *rare*.

L'Amant vengé. In-folio.

1890	Destailleur. État d'eau-forte, très grande marge.	151	»

---

1. Les biographes ne sont pas d'accord sur la date de la mort et de la naissance de l'artiste.

RAOUX (Jean, d'après)
1574-1734

Les estampes d'après ce Maître ne présentent aucun intérêt et sont sans valeur ; en voici quelques-unes des plus connues :

La Lecture — *L'Offrande à Priape* — *Le Rendez-vous agréable* — *Télémaque dans l'île de Calypso* (par Beauvarlet). — *Angélique et Médor* (par N. de Launay). — *Les quatre Ages,* suite de 4 pièces (par Moyreau). — *La jeune Coquette* (par Chevillet). — *Le Vieillard surveillant* (par Voyez). — *Offrande à la vertu* (par Audouin).

REGNAULT (Nicolas-François, par)
1746-?

Le Lever (du Maître). Deux états. In-8° en noir et en couleur.

Dans une chambre à coucher, une jeune femme debout, de face et demi-nue, est en train de se faire passer sa chemise par sa caméristе, pendant qu'une autre femme de chambre, à droite et à genoux sur un tabouret, chauffe quelque chose devant la cheminée, à moitié cachée par un riche écran. Un épagneul, monté sur un fauteuil, à gauche, saute sur sa maîtresse, qui le caresse.

1877	Behague.	Avant toutes lettres, grande marge.	190 f. »
1881	Berthier.	Avec son pendant.	252 »

1881	Muhlbacher.	Avant toutes lettres, essais de pointe sur les marges.	700 f.	»
1887	Aubin.	Avec son pendant.	495	»
1889	Decloux.	Avec son pendant et l'adresse du graveur.	645	»
1891	Kinnen.	Avec son pendant.	991	»
1892	Baudet.	Épreuve, avec son pendant, les deux encadrés ; *Le Lever* est avant toutes lettres.	1200	»

Cette estampe, qui a pour pendant *Le Bain*, de Baudouin, est *fort recherchée.*

Le Matin (du Maître). — Intérieur de cuisine ; une jeune fille, assise de droite à gauche, bonnet sur la tête, pieds nus, en chemise ouverte, est distraite par deux colombes qui se becquettent sur la table, à droite, et laisse déborder le pot au feu ; sa main gauche est appuyée sur le dos d'une chaise. Au fond, à droite, un lit et un tour à écheveau ; à gauche, le pain sur un tonneau.

Le Soir (du Maître). — Autre intérieur de cuisine ; escalier y conduisant ; pendant que la grand'mère lit la Bible, un jeune homme et une jeune fille, assis l'un près de l'autre, causent à voix basse ; la jeune fille, qui fait de la dentelle, se laisse prendre la main droite par le jeune homme, tout en baissant les yeux. Un gros chien moucheté dort à leurs pieds.

La Nuit (du Maître). — Une jeune femme, couchée demi-nue sur un lit, tient un traversin sous son bras, et, de la main gauche, le pied d'une chaise renversée, pied qui joue ici un rôle plus qu'équivoque.

Suite de trois pièces in-folio en travers, coloriées.

1879	Michel.	Les trois pièces.	43 f.	»
1881	Michelot.	Le Soir, marge vierge.	26	»
—	—	La Nuit, avant toutes lettres.	29	»
1881	Muhlbacher.	Les trois pièces : Le Matin et La Nuit sont avant toutes lettres, seulement Regnault à la pointe.	120	»
1882	Dubois du Bais.	Les trois pièces, grande marge.	60	»
1889	Decloux.	La Nuit.	55	»
1891	Bayard	La Nuit, avant toutes lettres, état Mühlbacher.	72	»

De ces trois pièces, *La Nuit* est la plus commune. *Le Soir* est quelquefois désigné sous la rubrique : *L'Ouvrière en dentelles*. A la vente Bérend, une gouache, d'après Challe, ayant quelque analogie avec *La Nuit*, fut adjugée 850 francs.

Ah! s'il s'éveillait (du Maître). — Une jeune femme, qu'inonde un rayon de lune, passant par une porte ouverte à droite, par laquelle s'introduit un amoureux, sort avec précaution du lit où elle laisse son vieil époux endormi.

Dors, dors (du Maître). — Une soupente éclairée par le haut ; sur quelques ballots, figurant un lit, un jeune homme prend la taille d'une jeune fille ; celle-ci fait un geste de la main gauche, en désignant un vieillard assis à table et endormi ; le mouvement de sa main a renversé son verre, dont le contenu tache la nappe ; un chat se dispose à monter sur une chaise ; deux belles poires sont sur une assiette ; tout à fait à droite, une paire de grandes balances, suspendues à une poutre : le plateau de droite manque, ainsi que ses attaches.

Deux pendants in-folio, en noir, bistre et sanguine.

1881	MUHLBACHER.	Épreuves tirées en sanguine.	50 f.	»
1887	AUBIN.	Les deux pièces.	20	»
1887	JACQUINOT.	Épreuves toute marge.	40	»
—	—	Dors, avant toutes lettres.	16	»
1891	KINNEN.	Ah ! s'il s'éveillait ! imprimé en bistre.	40	»
—	—	Dors, avant la lettre.	68	»
1892	BAUDET.	Épreuves avant la lettre, en bistre. Encadrées.	300	»

Ces deux estampes existent en tirage moderne.

ROBERT (Hubert, d'après)
1733-1808

On a gravé, d'après le Maître, qui, à l'instar de Piranési, fut surnommé *Le Rembrandt des ruines,* les quelques pièces suivantes, qui sont sans aucun intérêt :

Colonnade et jardin du Palais Médicis (par Janinet). — *Le Jardinier du couvent* — *Le Cloître* — *Le Couvent* (par Morret). — *La Prière interrompue* — *L'Ermite du Colysée* (par Descourtis et Morret).

ROWLANDSON (Thomas, d'après)

1756-1827

École anglaise

Le Vaux-Hall (par Robert Pollard). In-folio.

Dans un jardin, une chanteuse debout à un balcon, de trois quarts à droite, un cahier de musique à la main, ayant derrière elle un orchestre. Nombreux personnages.

1877	Behague.	Sans désignation d'état.	500 f.	»
1881	Michelot.	Épreuve coloriée.	356	»
—	—	Imprimée en bistre.	300	»
1881	Muhlbacher.	Épreuve remargée.	399	»
1887	Jacquinot.	Épreuve coloriée.	126	»
1889	Decloux.	Même condition.	410	»
1890	Destailleur.	Épreuve coloriée.	85	»
1892	Baudet.	Épreuve coloriée.	160	»
1892	Bardin.	Épreuve imprimée en bistre ; grande marge.	170	»

Cette curieuse estampe des mœurs anglaises est *très rare* en épreuve *ancienne*, elle est alors toujours imprimée en *bistre*; gravée par Pollard, elle fut aquatintée par F. Jukes et publiée le 28 juin 1785. Une aquarelle provenant de la collection Lavalette, fragment de cette composition, passa en vente à la salle Drouot, le 9 mai 1885.

SABLET (François et Jacques)

Artistes de valeur, mais peu connus cependant, que le marquis de Grange de Surgères a tirés de l'oubli, dans une très intéressante plaquette publiée chez Rapilly, en 1888.

Il cite, entre autres, deux petites pièces de genre, gravées par L. Perrot en 1785 et 1786, d'après François Sablet ; elles sont, paraît-il, assez jolies et se trouvent au Département des Estampes ; nous ne pouvons mieux faire que de recommander aux curieux de l'œuvre le travail très complet et très précis du consciencieux écrivain d'art que nous venons de nommer.

SAINT-AUBIN (Augustin de, par et d'après)

1736-1807

Le Bal paré. — Dans un riche salon, éclairé par cinq lustres et quatre appliques, une société nombreuse et élégante se livre au plaisir de la danse et de la conversation. Sur le premier plan, à gauche, près d'un fauteuil sur lequel est jetée une sortie de bal, un homme s'avance de gauche à droite, tenant par la main une dame qu'il invite à danser. Au fond, à gauche, un orchestre de cinq musiciens.

Le Concert. — Dans un vaste salon rotonde, dont les fenêtres sont garnies de stores demi-baissés, se trouve réunie une élégante société qui écoute la musique que fait une dame, assise à un clavecin, accompagnée par plusieurs autres musiciens ; un peu à gauche, assis près de ce clavecin et d'une harpe, un personnage regarde à droite les musiciens ; près de lui, et plus à gauche, un autre personnage feuillette, légèrement penché, un cahier de musique posé sur un tabouret.

Pendants in-folio en travers, par A.-J. Duclos. *La première, quatre états ; la seconde, trois états.*

1877	Behague.	Épreuves de troisième état, c'est-à-dire avant l'adresse de Chéreau et avant les mots: *Graveur du Roy, dessinateur et graveur de S. A. S. Monseigneur le duc d'Orléans,* à la suite du nom de Saint-Aubin, pour la première; et avant les mots: *Graveur du Roy*, et avant l'adresse de Chéreau, pour la seconde, c'est-à-dire épreuve de deuxième état.	1050 f. »
—	—	Le Bal paré, état d'eau-forte, avant toutes lettres et *avant l'encadrement*, seulement les noms des artistes à la pointe, sous le trait carré.	545 »
—	—	La même, *avant toutes lettres, avant l'encadrement*, non entièrement terminée; sous le trait carré, on lit, finement tracé à la pointe à droite: *A.-S. Aubin inv.*; et à	

		gauche : *A.-J. Duclos, sculp.*	890 f.	»
1880	Wasset.	Le Concert, état d'eau-forte, *avant toutes lettres*, et avant l'encadrement, marge.	6205	»
1881	Michelot.	Épreuves avec la lettre.	480	»
1881	Muhlbacher.	*Avant toutes lettres*, avant l'encadrement et avant de légers travaux, notamment dans les fonds [1].	12000	»
—	—	Les mêmes, en troisième et deuxième état, conditions Behague.	2000	»
—	—	Le Bal paré, état d'eau-forte.	1205	»
—	—	Le Concert, état d'eau-forte.	2905	»
1885	Hocquart.	Les deux pièces, avant l'adresse de Chereau.	1005	»
1886	F. de Conches.	Le Concert, *avant toutes lettres* et avant l'encadrement.	2890	»
1887	Aubin.	Les deux pièces, avant l'adresse de Chereau, et avant que, dans Le Concert, le nom de Saint-Aubin soit		

---

1. Les deux merveilleuses pièces ont fait retour dans la collection du célèbre amateur.

		suivi de *graveur du Roy* : grandes marges.	1300 f. »
1889	Decloux.	Les deux pièces, avec la lettre.	490 »
1889	Bérend.	Même condition.	500 »
1890	Destailleur.	Avant l'adresse de Chereau : les deux.	1140 »
—	—	Avec l'adresse de Chereau : les deux.	410 »
1891	Kinnen.	Les deux pièces, avant l'adresse de Chereau et avant les inscriptions à la suite du nom de Saint-Aubin.	1300 »

Ces pièces sont fort remarquables et *fort recherchées* ; nous mettons les amateurs en garde contre certaines *copies*, merveilleusement gravées, tirées sur *papier de l'époque*, qui donnent l'illusion presque complète des originaux ; il faut, pour pouvoir se rendre compte du pastichage, avoir l'original sous les yeux, à côté de la copie. Notons en passant que nous avons eu occasion de rencontrer ces pièces en épreuves parfaitement *anciennes et authentiques* ; mais, tirées sur papier vergé, *rugueux* et très épais, elles étaient du dernier état. — M. Magnier, qui a reproduit ces pièces, en a fait *colorier* quelques exemplaires avec beaucoup de soin ; l'effet en est assez joli, mais c'est une pure fantaisie, les originaux n'ayant jamais existé qu'en *noir*. — Voir page 187.

Au moins soyez discret. — A mi-corps, de profil à droite, la gorge nue, une délicieuse jeune femme, coiffée d'un bonnet tuyauté, un doigt sur la bouche, fait signe de garder le silence. Sous l'estampe, dans un fleuron, un Amour, de face, les yeux bandés, courant vers un précipice ; sur une banderolle, cette inscription : *Il ne voit pas le précipice.*

Comptez sur mes serments. — A mi-corps, légèrement penché, un bouton de rose au justaucorps, un jeune homme, sortant d'une chambre, envoie un baiser. Sous l'estampe, dans un fleuron, un Amour qui s'envole, une rose et un arc dans les mains. Sur une banderolle, cette inscription : *Il emporte la rose.*

Pendants, gravés par le Maître. *Petit in-folio ovale. Cinq états chaque.*

1877	BEHAGUE.	Épreuves avant toutes lettres, seulement le nom du Maître à la pointe ; toute marge.	315 f.	»
1881	MUHLBACHER.	Même état et condition.	500	»
1887	AUBIN.	Même état que vente Mühlbacher.	475	»
1890	DESTAILLEUR.	Même état.	560	»
1891	KINNEN.	Même état.	435	»
1891	BAYARD.	Même état.	1260	»
1892	BAUDET.	Même état, mais encadrées.	430	»

Ces estampes existent en tirage moderne ; c'est le portrait de Saint-Aubin et de sa femme. Ces deux pièces sont délicieuses. Le dessin original de *Au moins soyez discret*, à la mine de plomb, légèrement aquarellé sur la figure, se trouve dans la collection de Goncourt. Il a figuré en mai-juin 1879, à l'Exposition de l'École des Beaux-Arts.

The first come best served. — Un jeune gars, montant au grenier par une échelle, y aperçoit un couple endormi, les vêtements en désordre. Dans un panier, à droite, une chatte avec ses petits.

The place to the first occupier. — Un jeune gars,

tenant une bouteille de la main droite, monte au grenier par une échelle : la fille, qui l'y a précédé, lui montre du doigt un couple qui y est déjà installé et couché...

Pendants gravés par A. Sergent, *en 1786.* — *Petit in-folio ovale en travers, en bistre et en couleurs; quatre états chaque.*

1877	Behague.	Épreuves sans marge.	245 f.	»
1880	Wasset.	Sans désignation d'état.	300	»
—	—	La première, seule.	66	»
1881	Muhlbacher.	Épreuves *d'eau-forte pure*; sous la bordure de la seconde, de la main de Saint-Aubin, *à la mine de plomb*: Aug. de Saint-Aubin inv. et sculp., 1786.	435	»
—	—	Les mêmes, en bistre, avant toutes lettres et *avant le double filet* servant d'encadrement; marge.	550	»
—	—	Les mêmes, sans désignation d'état.	610	»
1887	Aubin.	Avec la lettre.	155	»
1889	Decloux.	Même état.	430	»
1890	Destailleur.	La première seule.	75	»
1891	Kinnen.	Épreuves en couleur.	300	»
—	—	Épreuves en bistre.	130	»
1891	Bayard.	Épreuves état d'eauforte.	200	»
—	—	En couleur, mais remargées.	87	»

Ces deux estampes, un peu libres, sont recherchées. Leur titre anglais signifie : *Le premier venu est le mieux servi. — La place est au premier occupant.*

La Promenade des remparts de Paris. — Sur un boulevard, circulent de nombreux personnages. Au fond, un café, dont le fronton est orné de lanternes chinoises. Devant ce café, en plein air, des consommateurs, assis à de petites tables; une femme joue de la vielle devant l'une d'elles. Au milieu de l'estampe, deux femmes donnant le bras à un homme coiffé d'un tricorne; un marchand de coco se dirige vers eux. Au fond, on aperçoit des files de voitures.

Tableau des portraits à la mode. — Foule nombreuse; on remarque au milieu de l'estampe, deux personnages, porteurs de longues cannes; l'un est coiffé d'une casquette, l'autre d'un tricorne ; à gauche, un homme, nu-tête, la canne à la main, offre une fleur à une femme. A droite, deux autres, avec d'énormes perruques, assis et vus de dos. Des files de voitures et, au fond, des saltimbanques complètent ce tableau.

Pendants gravés par P.-F. Courtois, *en 1760. In-folio en travers. Trois états chaque.*

1877	Behague.	Épreuves avec la lettre.	335 f. »
—	—	La seconde, avant toutes lettres; épreuve non entièrement terminée.	203 »
1881	Muhlbacher.	La seconde, *eau-forte pure;* dans cet état, la planche, couverte	

		d'essais de burin, est *plus grande :* elle mesure 327 sur 442 millimètres; grande marge.	705 f.	»
1881	Muhlbacher.	La première, eau-forte avancée, avant toutes lettres, mêmes dimensions que la précédente.	505	»
—	—	Les deux pièces, sans désignation d'état.	815	»
1885	Hocquart.	Épreuves grande marge.	330	»
1887	Aubin.	Épreuves toute marge.	530	»
1888	Bonnardot.	Épreuves sans désignation d'état.	87	»
1889	Decloux.	Même condition.	345	»
1890	Destailleur.	Même condition.	375	»
—	—	La première, avant toutes lettres, non terminée.	95	»
1891	Bayard.	La même, avant toutes lettres.	240	»
1892	Bardin.	Épreuves avec grande marge.	300	»
—	—	La première, avant toutes lettres.	560	»

Un jour que M. de la Béraudière se trouvait chez M. Lacroix, ce dernier recevait d'Anvers un paquet de dessins, qu'on le priait de garder pour 2000 francs, ou de renvoyer, s'ils ne convenaient pas ; M. de la Béraudière dit de garder le tout et d'envoyer l'argent ; il avait reconnu le dessin de : *La Promenade des remparts de Paris ;* il le prit pour lui, et le paya 5000 francs.

A sa vente, ou plutôt à une de ses ventes, en 1883, ce merveilleux dessin à la plume, lavé de bistre, rehaussé de blanc, fut adjugé 12200 francs à M. Henry Josse ; c'est peut-être la plus belle pièce de son écrin.

Ces deux estampes sont très curieuses et très recherchées. — Il existe au Département des Estampes une épreuve du *Tableau des portraits à la mode,* ayant quelque différence avec celle publiée ; elle porte à la plume, de la main de Saint-Aubin, la mention suivante : *Cette planche n'a point servi et a été recommencée par Courtois.*

C'est ici les différents jeux des petits polissons de Paris (par Tilliard). In 4°.

1885	Beurnonville.	Les six pièces.	65 f. »
1890	Destailleur.	Les six pièces.	75 »
1891	Bayard.	Les six pièces, avant les 4 vers et l'adresse.	100 »

Pièces peu intéressantes, ayant deux états chaque. Les cuivres existent et on en fait des tirages en noir et en sanguine. La sanguine originale de *La Toupie* est dans la collection de Goncourt.

L'Hommage réciproque (par Gaultier). Trois états. Deux pièces petit in-folio.

1880	Michelot.	Les deux pièces.	139 »
1889	Decloux.	Les deux pièces.	90 »
1891	Kinnen.	Une pièce en couleur, toute marge, portrait de Mme de Saint-Aubin.	92 »
—	—	L'autre pièce, portrait de Saint-Aubin, en	

		couleur également, avant les vers au-dessous du titre.	67 f. »
1892	Belenet.	Épreuves avec une grande marge.	35 »

Ces deux estampes, qui sont les portraits de Madame de Saint-Aubin et de son mari, existent en bistre, sanguine, en couleurs et en imitation de dessin ; elles portent quatre vers au bas.

L'heureux Ménage — **L'heureuse Mère** (par Sergent et Gaultier aîné). — **La Sollicitude maternelle** — **La Tendresse maternelle** (par Sergent et Phelipeaux). Trois états chaque. In-folio pointillé en couleur.

1881	Muhlbacher.	Les quatre avec la première adresse, celle de *Blin*, remplacée au dernier état par celle de Joubert fils et Ch. Bance.	140 »
1887	Aubin.	Les quatre pièces : la seconde est avant toutes lettres et non entièrement terminée.	70 »
1891	Kinnen.	Les deux premières, avant toutes lettres.	120 »
1892	Baudet.	L'heureux Ménage.	26 »

Pièces bien ordinaires.

La Baronne — **La Marquise** (*Portraits*).

Nous renvoyons à *Les Françaises du XVIIIe siècle*, pages 1, 2, 3, 4 et 5.

La Jardinière (par Phelipeaux et Morret). — **La Savonneuse** (par Julien et Morret). Deux états chaque. Petit in-folio en couleur.

1881	Muhlbacher.	Épreuves avant toutes lettres.	300 f.	»
1887	Aubin.	Les deux, même état.	195	»
1889	Decloux.	La Jardinière.	75	»
1891	Kinnen.	Les deux pièces.	205	»
1892	Baudet.	Les deux, avant toutes lettres et encadrées.	270	»
—	—	La Savonneuse, avant toutes lettres.	235	»

Voilà des pièces, suivant nous, bien ordinaires et dont rien ne justifie les hauts prix.

Le Réfractaire amoureux. — Un jeune abbé écarte les rideaux d'un lit, en se penchant en avant, retenant son rabat de la main droite et portant l'autre sur l'épaule droite d'une jolie fille, coiffée d'un bonnet, demi-nue sur son lit, qui se retourne en riant. Sur le premier plan, un petit chien sur un coussin placé devant le lit ; à droite, une table de nuit sur laquelle est posée une tasse. Sous le trait carré, on lit : *C'est sur cette Autel où je prête le serment.*

Petit in-folio ovale équarri gravé par le Maître. *Quatre états.*

1881	Muhlbacher.	Avant toutes lettres, avant de nombreux changements, notamment dans les armes et dans *la figure de l'abbé*, qui, plus tard,

		a été remplacée par celle *d'un officier*.	60 f.	»
1887	Aubin.	Même état que la vente précédente.	46	»
1889	Decloux.	État vente Mühlbacher.	90	»
1891	Kinnen.	Même état.	100	»
1891	Bayard.	Même état.	122	»

Cette pièce est assez égrillarde, mais fort jolie ; elle n'est pas commune. Nous croyons que, contrairement à ce qui se produit d'habitude, le deuxième état, avec *l'officier*, est bien *plus rare* que le premier, avec *l'abbé*.

La Marchande de châtaignes, 1762 (par le chevalier de Parlington). Quatre états. In-4° en travers.

Près d'un mur, à côté de sa mère, qui dort la tête baissée sur ses genoux, une jeune femme est assise de trois quarts à droite ; deux gamins regardent dans un panier ; un jeune homme, ayant son chapeau sur la tête, et une femme, debout, près de lui complètent ce tableau, qu'éclaire un feu de joie.

1881	Muhlbacher.	Avant toutes lettres, et avant les travaux qui, dans la suite, ont sensiblement *changé* la physionomie des personnages.	145	»
—	—	La même, dans un état non désigné.	45	»

Cette pièce est *rare*. — La gouache originale se trouve actuellement dans la collection de Lord Carnarvon ; elle est de conservation parfaite, et fut achetée, croyons-nous, en juin 1890.

Le Concert, 1759 (du Maître). In-4°.

1881 Muhlbacher. Eau-forte pure, avec retouches au crayon par le Maître.   100 f. »

Petite pièce rare, représentant trois musiciens dans une chambre, deux violons et une contre-basse. Ne pas la confondre avec *Le Concert*, gravé par Duclos.

On possède encore, gravés par le Maître : *Jupiter et Léda*, d'après Paul Véronèse ; l'épreuve *avant la lettre* est une *superbe* estampe. — *L'Amour à l'espagnole*, d'après Le Prince, gravé par le Maître et N. Pruneau. — *Les cinq Sens*, suite de sept planches. — *Mes Gens* [1] *ou les commissionnaires ultramontains*, par Tilliard, suite de six pièces. — *L'Indiscrétion vengée*, etc., etc., toutes pièces de second ordre.

Nous devons mentionner également une *rare* petite pièce, *Le Jour de l'an*, signée *S.-P. Ch. Scul.*, dont Edmond de Goncourt possède l'eau-forte, qu'il paya 12 à 15 francs. Elle a échappé à M. E. Bocher, dans son œuvre de Saint-Aubin.

SAINT-AUBIN [2] (Jacques-Gabriel, par)
1724-1780

Spectacle des Tuileries, 1760. In-4°.

Première vue. — Un grand nombre de personnages, les uns assis, les autres debout, allant et venant ; à gauche, le groupe d'Énée emportant Anchise. Au milieu de l'allée,

---

1. Existent en tirage moderne.
2. Voir, pour plus amples détails de description, *Le Peintre-Graveur*, par Prosper de Baudicour. — Tome premier.

trois personnages, debout et décorés, causent ensemble ; l'un d'eux indique quelque chose avec son chapeau. Sur le terrain à gauche, près du trait carré, on lit : *Retouché à la pointe sèche, en 1763*, et, au-dessus du trait carré, finement tracé à la pointe, dans la marge : *Gabriel de St-Aubin f. 1760*, puis, au milieu de la marge : Spectacle des Tuileries 1760.

Deuxième vue. — Au jardin des Tuileries, quatre hommes, attelés à un tonneau d'arrosage, le tirent de droite à gauche ; dans le jardin, de nombreux personnages ; à droite de l'estampe, une femme, assise au pied du groupe d'Arrie et Pœtus, placé sur un piédestal. Sous l'inspecteur qui commande les quatre hommes, on lit : *Gabriel de St-Aubin f. 1760* ; et sous la grande roue du tonneau : *Novembre 1760*.

1881 Muhlbacher. La première vue ; tout premier état *non décrit*, avant tous les travaux à la pointe sèche[1], travaux indiqués ici *par le Maî-*

---

[1]. Cette estampe, où la pointe sèche apparaît d'une façon très particulière et bien plus importante que dans toute autre pièce de l'École, nous suggère la réflexion suivante : comment se fait-il qu'aux XVe, XVIe, XVIIe et XVIIIe siècles, la pointe sèche ait joué un rôle si effacé, pour ne pas dire nul, et ne soit venue que comme un infime adjuvant dans la mise au point d'une planche, quand, à l'heure actuelle, nous avons des *pointes sèches pures*, qui rivalisent, en intensité d'art, avec n'importe quelle eau-forte, n'importe quel burin ?

Si nous quittions, pour un instant, le XVIIIe siècle, et si la nature de notre travail ne nous interdisait pas une incursion chez les contemporains, nous conseillerions aux amoureux de cet art nouveau les merveilleuses pointes sèches des Seymour-Haden, Ch. Jacque, Bracquemond, Desboutin, Somm, Gœneutte, Rodin, Buhot, Whistler, Guérard, Tissot, Helleu et R. Goff. Ils seraient étonnés et charmés des aspects, étrangement souples, vigoureux et divers, obtenus par *le plus simple* des procédés de la gravure.

		tre, au crayon. Les deux inscriptions: *Retouché...* et *Gabriel...*, sont remplacées, la première par : *Gabriel de Saint-Aubin f. 1760* et la seconde par : *Gabriel de Saint-Aubin f.*, écrits à l'*encre par le Maître.*	300 f. »
1881	MUHLBACHER.	La même, moins les retouches de la main du Maître.	145 »
—	—	La deuxième vue : toute première épreuve *non décrite,* avant toutes les retouches à la pointe sèche, avant que la figure de l'*inspecteur* ait *été effacée en partie,* avant les mots : *Novembre 1760* et *Année des fruits,* à la suite du nom de Saint-Aubin.	475 »
1890	DESTAILLEUR.	Les deux vues *retouchées* par le Maître lui-même, ainsi que le constate une annotation *de sa main,* écrite à l'encre sur la première. Elles sont	

		toutes deux avant de nombreuses retouches à la pointe sèche, et, de plus, ont été agrandies, l'une à gauche, l'autre à droite, d'environ 30 centimètres, et dans chacun de ces rajoutés le Maître a dessiné une nouvelle allée, vue en profondeur et animée de nombreux personnages.	2050 f. »
1890	Destailleur.	Les deux mêmes, réunies sur la même planche ; deuxième état.	805 »
1892	Baudet.	Les deux vues [1], cadres en cuivre. *État non décrit.*	865 »

Ces deux pièces, superposées sur le même cuivre, sont quelquefois désignées sous la rubrique : *Les Chaises* — *Le Tonneau d'arrosage*. Les deux épreuves, adjugées 2050 francs, sont actuellement dans la collection de M. Henry Josse ; ce sont des pièces *uniques*, incomparables et précieuses.

Celles qui étaient en deuxième état, dans cette même vente, provenaient de la collection R. Dumesnil ; elles furent adjugées, en 1867, à la vente Pelletier où elles étaient, 54 francs !!! Oh ! le beau temps ! Ces estampes sont *rares* et *recherchées*.

---

1. Nous croyons, sans l'assurer, que ces épreuves proviennent de la collection Mühlbacher.

Ballet dansé à l'Opéra, dans le carnaval du Parnasse.

Le décor représente les jardins du Parnasse entouré d'arbres ; au fond à gauche, un rocher ; au troisième plan, d'où s'envole Pégase, une chute d'eau s'échappe de dessous ses pieds. Au milieu de la composition, des danseurs, parmi lesquels un personnage, en chapeau à bords relevés ; sa cravate lui descend jusqu'à mi-corps, son bras droit pend le long de son corps, lui et sa danseuse se tiennent par la main gauche. A gauche, deux danseuses, déguisées en bergères, sont assises côte à côte : celle qui est complètement de profil tient une houlette dans la main gauche ; à droite, entre un jeune dieu, tenant une folie de la main droite. Au bas de l'estampe, émergeant un peu dans la composition, les armes du duc de la Vallière.

La Guinguette. — Sous des charmilles, des gardes françaises dansent avec des jeunes filles, dont l'une, celle de droite, porte un trousseau de clefs à la ceinture. Des violoneux sur une estrade au dernier plan ; à droite, assis et vu de dos, près d'une table, un homme buvant à la bouteille.

Pendants gravés par F. Basan. *In-folio en travers.*

1877	Behague.	Épreuves avec grande marge.	150 f. »
1881	Michelot.	Épreuves avec la lettre.	84 »
1881	Muhlbacher.	Épreuves grande marge.	155 »
—	—	La première, eau-forte avant toutes lettres et avant les armes.	250 »
1890	Destailleur.	Épreuves avec la lettre, toute marge.	230 »

1890 Destailleur. Les mêmes.   63 f. »

Ces estampes sont *très recherchées*.

Le Charlatan. In-8° en travers.

Près de la statue de Henri IV, sur le Pont-Neuf, un charlatan, monté sur sa voiture, est en train de débiter ses drogues ; sur le devant, un porteur d'eau, un cavalier et une marchande de cartons. Au bas de l'estampe, ce quatrain :

> *Ce charlatan, sur la scène publique*
> *Jouant les médecins, se croit au-dessus d'eux ;*
> *Le médecin méprise l'empirique,*
> *Et le sage, à bon droit, se rit de tous les deux.*

1890 Destailleur. Premier état, avant de nombreux travaux, c'est-à-dire avant la modification de la grille du piédestal de la statue, avant que la caisse de la voiture du charlatan ait été teintée, etc.   350 »
1892 Baudet. Même état, dans un cadre en cuivre.   150 »

Cette pièce est de *toute rareté* ; l'épreuve Destailleur est actuellement chez M. Henry Josse.

Vue du Salon du Louvre, en 1753 (du Maître). In-4° en travers.

1890 Destailleur. Premier état, avec la

		date 1753, qui, plus tard, a été convertie en 1767, et avant que le titre soit précédé du mot *Exacte*; grande marge.	450 f.	»
1892	Baudet.	Même état, dans un cadre en cuivre.	350	»

Pièce peu commune, celle de la vente Destailleur, actuellement chez M. Henry Josse.

La Comparaison du bouton de rose (par Dennel).
Petit in-folio.

Demi-nue, assise sur son lit, une jeune fille, de profil à droite, compare, devant une glace, le bouton de son sein avec celui d'une rose.

1878	Roth.	Toute marge.	21	»
1887	Jacquinot.	Avant toutes lettres, marge.	34	»
1889	Decloux.	Même état, grande marge.	130	»
1891	Bayard.	Avec son pendant : *L'Abandon voluptueux*, deux pièces, avant toutes lettres.	170	»

Cette pièce, fort jolie, est dédiée à Madame de Saint-Aubin.

Allégorie sur la convalescence du Dauphin. In-4° en travers.

| 1890 | Destailleur. | Premier état, l'ombre de |

la balustrade de l'escalier n'est indiquée que par des tailles *horizontales*. 165 f. »

Allégorie au mariage du Dauphin, depuis Louis XVI
(du Maître). In 4°.

1890 DESTAILLEUR. Premier état, avant toutes lettres, portant à la pointe, à gauche, sous le trait carré : *Composé et gravé à l'eau-forte par Gabriel de St-Aubin* et, à droite : *en mai 1771*. 125 »

— — Deuxième état. 30 »

Pièce allégorique pour l'érection de la statue de Louis XV sur la place du même nom. In-folio en travers.

1890 DESTAILLEUR. Très précieuse épreuve[1], *entièrement retouchée* par le Maître, à la plume, au lavis de bistre et à la mine de plomb, qui peut être considérée plutôt com-

---

1. Cette épreuve *unique* est actuellement chez M. Henry Josse.

me un superbe dessin. Sur les piédestaux des chevaux de Marly, on lit des inscriptions qui donnent l'explication de l'allégorie, inscriptions devenues illisibles dans les épreuves postérieures. 1560 f. »

1890 Destailleur. La même, en état d'eau-forte ; on lit sur le piédestal de la statue du Roi : *A Louis le bien-aimé* ; l'état est avant la signature du Maître. 355 »

— — La même, l'inscription : *A Louis, etc.*, a disparu sous de nombreux travaux ; on voit aussi la signature du Maître. 230 »

Cette pièce est *fort rare*.

La Marchande en plein vent. In-8°.

Au milieu d'une place, le soir, la voiture d'une marchande de fruits, éclairée par une chandelle enveloppée de papier, est entourée d'acheteurs, parmi lesquels on remarque un petit garçon, vu de dos, et une femme, vue de face, portant un panier sur la tête. Au bas, sous le trait carré, très finement tracé : *G. de Saint-Aubin*, et dans la marge du haut, à droite, la lettre P renversée.

1890 Destailleur. Épreuve avec une grande marge. 70 »

L'Adresse de Périer, marchand quincaillier. In-4°
en travers.

Prosper de Baudicour en donne la description suivante :
« Dans la boutique, à droite, on voit mad. Périer, assise
« dans son comptoir, garantissant à un bourgeois, assis
« sur une chaise au-devant d'elle, la bonne qualité d'une
« serrure qu'il tient à la main ; derrière eux, debout, un
« garçon apporte plusieurs serrures, tandis qu'un autre,
« dans le fond à gauche, décroche quelque objet suspendu
« au plafond ; la boutique est garnie de divers ustensiles
« de ménage et de bâtiment ; à gauche, dans une dépen-
« dance du magasin, on voit une grande plaque de che-
« minée, représentant *l'Enlèvement de Proserpine*, et,
« sur le linteau de la porte, *l'enseigne en buste de la Tête
« Noire*, à la droite de laquelle un petit enfant supporte
« le bout d'une grande draperie destinée à une inscrip-
« tion. Au-dessus, dans le haut, on lit l'adresse suivante
« en une seule ligne : A LA TESTE NOIRE PÉRIER M^d QUAY
« DE MÉGISSERIE. Sur le côté du comptoir, à droite, on lit
« en deux lignes : G D. — S-A, et au-dessous, la date de
« 1767 ; puis, à gauche, sous le trait carré, à la suite de
« mots indéchiffrables, *St-Aubin*. »

1890 DESTAILLEUR.   Épreuves provenant de
                    la collection Robert
                    Dumesnil.   300 f. »

Estampe de *toute rareté*.

Vue de l'incendie de la foire de St-Germain. In-8°.

1890 DESTAILLEUR.   Troisième vue, retou-
                    chée au bistre par le
                    Maître.   350 »

1890	Destailleur.	Quatrième vue, retouchée au bistre par le Maître.	385 f.	»
—	—	La même vue, provenant de chez R. Dumesnil.	100	»
—	—	Cinquième vue, retouchée au bistre par le Maître.	287	»
—	—	Sixième vue, provenant de chez R. Dumesnil.	82	»
1892	Baudet.	Quatrième vue, provenant de la vente Destailleur.	200	»
—	—	Cinquième vue, provenant de la vente Destailleur.	198	»

Le nombre des vues est de *six*, gravées sur une même planche et disposées, trois par trois, sur deux rangs. Ces estampes sont *excessivement rares* à trouver *réunies*. — Il existe aussi une grande pièce en largeur de cet incendie, portant sous le trait carré, en deux lignes : *Le désastre et l'affreux incendie de la foire Saint-Germain, arrivé le 17 mars, 1762, etc...*; elle figurait à la vente Destailleur, où elle fut adjugée 105 francs.

Vue de la foire de Beson, près Paris. In-8° en travers.

1890	Destailleur.	Provient de la collection R. Dumesnil.	150	»
1892	Baudet.	Épreuve dans un cadre en cuivre.	150	»

Celle de la vente Destailleur actuellement chez M. Henry Josse.

La Fête d'Auteuil. In-8°.

1890	Destailleur.	Épreuve avec sa marge.	295 f.	»
1892	Baudet.	Épreuve avec cadre en cuivre.	320	»

Marche du bœuf gras. In-8° en travers.

1890	Destailleur.	Provient de la collection R. Dumesnil.	145	»

Les Nouvelistes (*sic*). In-8° en travers.

1890	Destailleur.	De la collection R. Dumesnil, entièrement retouchée de la main du Maître.	325	»
1892	Baudet.	Même état et condition, cadre en cuivre.	225	»

Bataille de Fontenoy. In-8° en travers.

1890	Destailleur.	Sans désignation d'état.	115	»

Le Retour. In-32 en travers.

Dans une rue, la nuit, une jeune dame et sa suivante sont précédées d'un domestique, qui éclaire leur marche à l'aide d'une torche allumée ; à gauche, une chaise fermée, dont on n'aperçoit que le porteur de devant.

1890	Destailleur.	Sans désignation d'état.	67	»

Cette petite pièce, grande comme une carte de visite, est la *seule épreuve connue* ; elle se trouve actuellement chez M. Henry Josse.

Conférence de l'ordre des avocats. In-8°.

1890   Destailleur.   État d'eau-forte pure.   175 f. »

Achetée par M. Henry Josse. — Quelques épreuves de premier état portent : *Épreuves du 26 sept. 1776.*

Les deux Amans. In-8° en travers.

1890   Destaillleur.   Épreuve avec marge.   32 »

Allégorie des mariages faits par la ville. In-8° en travers.

1890   Destailleur.   Premier état, *avant* de nombreux travaux ; sur une varlope, à droite, on lit : *G. de St-Aubin invenit*, signature qui, au dernier état, a été remplacée par : *G. de St-Aubin fecit*.   200 »

Les Enfants bien avisés (par Tardieu).

1878   Roth.   Épreuve toute marge.   19 »

CONTES DE LA FONTAINE (Illustration pour les)

Frère Luce, 1777 (du Maître). In-8°.

1881   Muhlbacher.   Eau-forte portant de la

main du Maître : *Cette
planche n'a jamais
été finie.* 350 f. »

On ne s'avise jamais de tout (du Maître). In-8°.

1890 Destailleur. Deuxième état, marge. 105 »

MM. Portalis et Beraldi signalent une pièce in-4° : *Parade aux théâtres des boulevards*; cette estampe, *très rare*, est restée nachevée.

Toutes les pièces de l'œuvre de Gabriel de Saint-Aubin sont, à part quelques-unes, d'une *insigne rareté*; on peut dire *introuvables* à l'heure qu'il est. M. Destailleur en avait réuni une collection qu'il serait absolument impossible de reconstituer aujourd'hui. Connaisseur très érudit et très délicat, M. Destailleur avait une collection d'estampes qui allait de pair avec celles des Behague et des Mühlbacher; pas une pièce douteuse, pas une estampe secondaire, pour ainsi dire ; mais, le dessus du panier, la fine fleur de l'école, état, condition, fraîcheur, tout, absolument tout, hors ligne. Le catalogue de cette importante collection a été rédigé, avec un soin tout particulier, par M. Danlos et M. Jules Bouillon ; ce sont eux, du reste, qui, depuis ces vingt dernières années, se sont partagé les grosses ventes : Roth, Behague, Wasset, Mühlbacher, Cte Hocquart, Aubin, Decloux, Bayard, Kinnen, etc... Qu'il nous soit permis de leur témoigner ici notre profonde reconnaissance pour tous les renseignements qu'ils ont bien voulu nous donner, avec leur haute compétence et leur parfaite honorabilité commerciale. Nous avons usé et abusé, nous pouvons le dire, de leur extrême amabilité et de leurs portefeuilles, qu'ils tenaient si libéralement à notre disposition, pour nous faciliter le modeste travail que nous présentons ici aux amateurs.

Voici le produit de quelques-unes des ventes les plus intéressantes de ces dernières années :

Ventes : Roth, 83115 francs — Michelot, 119482 francs — Malinet, 47559 francs — Behague, 314936 francs — Mühlbacher,

258000 francs — Aubin, 109901 francs — Hocquart[1], 31894 francs — Decloux, 150150 francs — Wasset, 110010 francs — Bérend, 68142 francs — Kinnen, 72788 francs — Bayard, 110199 francs.

SAINT-AUBIN (Charles-Germain de, l'aîné)
1721-1786

Cet artiste, dessinateur très habile, nous a laissé une curieuse suite de douze pièces : LES PAPILLONNERIES HUMAINES. La première série, de six pièces, est en largeur, et la seconde en hauteur. Le format est le petit in-folio. Ces estampes sont d'une *insigne rareté*; on peut même dire qu'elles ne se sont *jamais* rencontrées réunies. La première série est la plus rare. N'ayant pas été à même de prendre la description de ces pièces, nous l'empruntons à Prosper de Baudicour.

Première série, en largeur.

Le Titre. — Cartouche de forme rocaille, sur un fond blanc sans trait carré, bordé, à gauche et au bas, de débris d'ailes de papillons et, à droite, de feuilles d'acanthe, le tout enlacé de guirlandes de petites fleurs. Au milieu, on voit une araignée au centre de sa toile, qui occupe toute l'étendue du cartouche, après lequel elle est attachée, et, sur le haut de cette toile, on lit :

PREMIER ESSAI

DE

PAPILONERIES HUMAINES

puis, dans le bas, au-dessous de l'araignée : *Par Saint-Aubin, l'aîné.*

---

[1]. Comte Hocquart de Turtot, petite collection de 799 numéros, *très select.*

Le Bain. — Sur un petit terre-plein amoncelé sur une rocaille et couvert de roseaux et de plantes marines, un papillon, à gauche, tire avec effort un filet qu'il sort d'un étang, dans lequel, à droite, se baigne un autre papillon, à l'abri d'un grand drap soutenu par quatre piquets; derrière, on voit une barque, décorée de trois arceaux en verdure, en avant d'une tente dressée à la poupe, et à l'autre extrémité de laquelle, à droite, se trouve un troisième papillon, appuyé sur un aviron.

Au milieu de la rocaille, on lit en deux lignes : Le Bain. Le tout se détache sur un fond blanc, entouré d'un trait carré.

Le Bateleur. — Au-dessus d'un terrain faisant partie d'une jolie rocaille d'arabesques, on voit un fil attaché, d'un côté, à un épi de blé et à un brin d'herbe, et, de l'autre, à un frêle roseau et à un brin de mousse ; un papillon debout, un balancier dans les mains, le parcourt sans hésiter, tandis qu'un autre le suit de l'œil, lui tendant les bras pour le recevoir, s'il tombe ; une chaise garnie, sur laquelle est un verre, est placée, à droite, sur un cerceau et une échelle couchée. Au milieu, en dessous, sur un petit écusson, on lit : Le Bateleur ; pièce, sans le nom du Maître, sur un fond blanc entouré d'un trait carré.

Le Damier. — Deux papillons, vus de profil, font une partie de dames, sur une table dont le pied se perd dans une grande rocaille, servant de soubassement ; le fond est occupé par un paravent, et le tout se détache sur un fond blanc ayant une petite bordure. Au-dessus de celle du bas, on lit : Le Damier.

Le Blessé. — Sur un petit terre-plein amoncelé sur une rocaille, deux papillons en portent un troisième, blessé, couché sur une échelle. Un tout petit papillon voltige au-dessus du blessé, qu'il semble vouloir protéger des rayons du soleil, à l'aide d'un parasol. En dessous, au milieu de la rocaille, en deux lignes : Le Blessé.

La Brouette. — Sur un petit terre-plein, un papillon traîne une brouette. Il est aidé par un second papillon, qui la pousse par derrière. Au bas, entre la rocaille et le trait carré, en une seule ligne : La Brouette.

Ces deux dernières pièces, *introuvables* pour de Baudicour, ont été décrites pour la *première fois* par MM. Danlos et Bouillon.

Deuxième série en hauteur.

Titre. — Une grande pyramide, au sommet de laquelle est une souris, occupe le milieu de l'estampe. Des papillons, ayant les allures de figures humaines, l'entourent d'une guirlande de fleurs ; dans le bas, deux grands papillons, vus de profil, se livrent à diverses folies et font partir des pièces d'artifice, dont les feux remplissent toutes les parties de l'estampe ; sur la pyramide, on lit, en six lignes : *Essay* — De Papiloneries — Humaines — Par — *Saint-Aubin*.

Le fond est entièrement blanc ; dans l'angle, à la gauche du bas, on lit : *Saint-Aubin l'aîné invenit et sculpsit*.

Théâtre italien. — Sur un théâtre d'arabesques, deux papillons debout, sous la figure de Scapin et d'Arlequin, font un dialogue qui est écouté par un troisième, debout et immobile, à gauche ; le théâtre est soutenu par un entre-lacs de serpents, laissant un vide au milieu, dans lequel on lit, en deux lignes : *Théâtre Italien*. Le fond est entièrement blanc. Dans l'angle du bas, à gauche, on lit : S^t-*Au bin inv. et sculp*.

Ballet champêtre. — Sur un théâtre d'arabesques,

style rocaille, deux papillons, tenant des houlettes de bergers, exécutent une danse au son de la musique de deux autres papillons qui sont à gauche, dont l'un joue du galoubet et du tambourin, et l'autre, de la musette. Sur un écusson formant cul-de-lampe, au milieu du bas, on lit : BALLET CHAMPÊTRE, et, à gauche, au bas du fond, entièrement blanc : *Inventé et Gravé par Saint-Aubin.*

Le Duel. — Sur un terre-plein, au milieu d'arabesques en rocailles, deux papillons, aux ailes déployées, se livrent assaut, tandis que deux autres, se tenant, au-dessus, à des tiges à bâtons rompus, semblent leur servir de témoins ; de chaque côté de la scène, on voit deux paravents et, derrière celui de droite, un papillon qui regarde par-dessus. Le tout se détache sur un fond blanc, au bas duquel on lit : *Inventé et Gravé par Saint-Aubin.*

Théâtre François. — Un papillon debout tient, de la patte droite, un poignard levé, dont il menace sa compagne qu'on voit, vis-à-vis de lui, un genou en terre, dans l'attitude du repentir. La scène se passe sur un théâtre en planches, sous un berceau à brindilles, rocailles entourées de plantes légères et grimpantes, surmonté d'un panache ; tout le haut du berceau est couvert par la grande taille d'une araignée, qui est au centre, et le bas est terminé par un écusson, entre des guirlandes, sur lequel on lit : *Théâtre François*, et, au bas, à gauche, le nom du Maître.

La Toilette. — Sur une rocaille s'élevant à gauche, en berceau, on voit une dame papillon, assise devant une table de toilette et coiffée par un papillon, qui lui met des papillottes, tandis qu'un autre, dans le haut, assis sur une guirlande, lui fait chauffer un fer aux rayons du soleil, condensés au moyen d'une loupe. Sur le devant, à droite, un grand papillon assis, sous la figure d'un abbé, fait la lecture à la dame; au-dessous, sur une rocaille en écusson, s'étend une toile d'araignée, sur laquelle on lit : *La Toilette* et, au bas, à gauche, sur le fond entièrement blanc : *Inventé et Gravé par St-Aubin.*

Le Maître a encore gravé quelques autres pièces détachées, telles que : *Le Papillon et la Tortue — Les Papillons artificiers — Offrande à l'Amitié,* et d'autres planches de fleurs et bouquets.

1881	MICHELOT.	Deux pièces non désignées au catalogue.	37 f.	»
1887	AUBIN.	Le Duel.	50	»
1890	DESTAILLEUR.	Les six pièces en travers.	450	»
—	—	Cinq pièces en hauteur; Le Théâtre italien manque.	145	»
—	—	Titre de la seconde suite.	25	»

SAINT-POUSSIN (d'après)

?

Le Bal de Saint-Cloud (par Fessard).

1890	DESTAILLEUR.	Épreuve avec grande marge.	53	»

SAINT-QUENTIN (d'après)

?

L'aimable Paysanne (par Janinet). In 4° ovale équarri.

Une jeune paysanne, la gorge légèrement découverte, coiffée d'un chapeau, les yeux baissés, a le bras droit passé dans un panier rempli de roses.

1881	Muhlbacher.	Avant toutes lettres.	62 f.	»
1889	Decloux.	Avant toutes lettres.	115	»
—	—	Avec la lettre.	60	»
1891	Bayard.	Avant la lettre, marge.	261	»
1892	Wogram.	Avec *L'agréable Négligé*, deux pièces avant toutes lettres.	200	»

Cette estampe en couleur est *rare* ; elle a aussi été gravée par Anselin, sous ce titre : *La Coquette du village*. On donne quelquefois cette gravure comme pendant à *L'agréable Négligé*, d'après Baudouin.

La Compagne de Pomone (par Janinet). En couleur.

| 1881 | Muhlbacher. | Avant toutes lettres, très grande marge, | 145 | » |

SANTERRE (Jean-Baptiste, d'après)

1651-1717

Suzanne au bain (par C. Porporati). In-folio.

| 1877 | Behague. | Avant la lettre. | 100 | » |

1877 F. Didot. Avant les mots : *Pour sa réception à l'Académie.* 22 f. »

La planche existe à la Chalcographie du Louvre. — La toile originale figurait, en l'an VII, à l'exposition du musée central des Arts ; Suzanne est représentée au moment où, sortant du bain, elle s'essuie avec un linge ; au fond, les vieillards l'observent.

On possède encore, d'après le Maître : *Jeune femme cachetant une lettre — Jeune femme tenant un masque,* deux pièces gravées par Chateau, sans aucune valeur.

SCHENAU (Jean-Éléazar, d'après)

1741-1806

On possède, d'après le Maître, les pièces suivantes, qui sont sans aucun intérêt et absolument délaissées :

Le Maître de guitare — Le Retour désiré — Les premiers Pas de l'enfance — La Mère qui intercède (par Duflos). — *Les Intrigues amoureuses — La Crédulité sans réflexion* (par Halbou). — *L'Amour conduit par la folie* (par Littret). — *La belle Fileuse — L'Ouvrière en dentelles — L'Écureuil content — L'heureux Serin* (par R. Gaillard). — *L'Amour fixé* (par Louis Gaillard). — *La bonne Amitié — Enfant donnant des mouches à un oiseau — Jeune Fille regardant des tourterelles qui se becquettent — Le Miroir brisé* (par Chevillet). — *La Souricière* (par Moithey). — *La Cuisinière surveillante* (par Romanet). — *Achettés* (sic) *mes petites eaux-fortes* (du Maître). — *Carême prenant* (par Voyez). — *Le petit Glouton — L'Origine de la peinture ou les portraits à la mode — La Naissance des désirs* (par Ouvrier).

SERGENT (Antoine, par et d'après)
1751-1838

Il est trop tard, 1789 (du Maître). — Dans une grange, le père et la mère viennent de surprendre leur fille en galante conversation avec un jeune homme : la mère adresse une violente admonestation à sa fille, et ne craint pas pour la chevelure de la belle ; le père, armé d'un gourdin, cherche à attraper le séducteur qui grimpe à l'échelle, et se sauve au grenier. A gauche, un tonneau, un van, un fléau, une hachette fichée dans un tronc ; plus à gauche encore, le chapeau et les sabots pointus du galant.

Petit in-folio en couleur.

1877	Behague.	Avec la lettre.	225 f.	»
1881	Muhlbacher.	Avant la lettre.	500	»
1882	Dubois du Bais.	Avec la lettre.	102	»
1887	Aubin.	Avant la lettre, grande marge.	505	»
1889	Decloux.	Avec la lettre.	285	»
1890	Destailleur.	Avant la lettre.	150	»
1891	Kinnen.	Avec la lettre.	129	»
1891	Bayard.	Avec la lettre, marge.	220	»
1892	Baudet.	Avec la lettre, toute marge.	300	»
—	—	Avant la lettre, encadrée.	135	»

La gravure a figuré au Salon de 1793. Cette estampe, fort jolie et fort recherchée, existe en pastiche moderne.

The day's Folly — The Magnetism, 1783 (par Guyot).
In-4° rond.

| 1877 | Behague. | Les deux pièces, marge. | 150 | » |

1881	Muhlbacher.	Même condition.	145 f.	»
1890	Destailleur.	Même condition.	265	»
1892	Baudet.	Les deux pièces ; la seconde est avant la lettre, toute marge.	240	»

L'aquarelle originale fut adjugée 185 francs, à la vente Herzog. On possède encore, du Maître : *La Curieuse apperçue* — *Le Moment dangereux* — *La Fille engageante* — *Le Billet rendu*, suite de quatre pièces rondes. *La Marchande de châtaignes dans la cour du Louvre*, dont la gouache originale se trouve actuellement chez M. G. Mühlbacher.

SLODTZ (S.-A., d'après)
1700-1754

Bal du May (par N. Martinet). In-folio en travers.

Autour d'un arbre de mai, planté au milieu d'une des salles du palais, à Versailles, de nombreux danseurs et danseuses se tiennent par la main ; des guirlandes de fleurs partent de l'arbre et du plafond ; les loges, tout autour, regorgent d'une société élégante, et la salle est brillamment illuminée. Les musiciens sont au pied même de l'arbre. Tout à fait au premier plan, six tabourets vides.

Cette estampe représente le bal donné pendant le carnaval de 1763 ; elle est intéressante et très joliment groupée ; elle n'est pas très rare et vaut de 20 à 30 francs. La planche existe à la Chalcographie du Louvre et se vend quarante sous. Elle porte, au bas, une légende.

SMITH (John-Raphaël, par et d'après)
1752-1812
École anglaise.

What you will (par le Maître). Petit in-folio en couleur.

Sous un arbre, assise, de face, sur un banc, les jambes croisées, une jeune femme, coiffée d'un chapeau, est accoudée, un doigt sur la bouche ; un chien est couché à ses pieds.

1877	BEHAGUE.	Épreuve avec grande marge.	255 f.	»
1881	MUHLBACHER.	Avec marge.	85	»
1887	AUBIN.	Avec marge.	200	»
1889	DECLOUX.	Épreuve remarquable de fraîcheur.	387	»
1891	BAYARD.	Même condition.	360	»

Cette estampe, en belle épreuve, est *adorable;* elle peut rivaliser avec les plus jolies pièces de notre École.

A Wife — A Maid (par le Maître). In-folio en couleur.

1879	B. DE VEDREUIL.	Épreuves avec marge.	35	»
1891	BAYARD.	A Wife.	107	»
—	—	A Maid.	130	»

The Promenade at Carlisle House, 1781 (par le Maître). Ovale équarri en travers et en couleur.

Au milieu de l'estampe, deux charmantes jeunes femmes, l'une de profil, l'autre de face, se dirigent de gauche à droite. Derrière elles, autour d'un guéridon, plusieurs personnages prenant le thé; à droite, debout, coiffé d'un tricorne, appuyé sur une canne, un homme regarde les deux femmes, qui s'avancent vers lui.

1877	Behague.	Avant la lettre (*lettres tracées* [1]), en noir.	530 f.	»
1881	Muhlbacher.	*Avant toutes lettres.*	620	»
1885	Hocquart.	État vente Behague.	550	»
1887	Aubin.	Même état.	735	»
1889	Decloux.	Même état.	995	»
1890	Destailleur.	Même état.	905	»

Cette estampe est fort remarquable, mais surpayée, selon nous. Les deux femmes élégantes du milieu de la composition sont la duchesse de Devonshire et Lady Duncannon; les autres beautés sont Lucy Hasweld, Miss Moss, Henrietta Montagu, Maria Weddon, etc.

Cette pièce est assez rare en épreuve ancienne. — M. Gosselin fils l'a reproduite en mezzo-tinto; il la vend 25 francs.

Les deux Amis (*sic*) or The two Friends. In-4º
en manière noire.

Dans un ovale, deux jeunes filles, coiffées d'un chapeau-bonnet, sont assises sur un canapé, la main dans la main. Celle de gauche regarde de face, celle de droite regarde son amie.

1891	Kinnen.	Sans désignation d'état, grande marge.	80	»
1892	Baudet.	Épreuve encadrée.	220	»

Cette estampe fut publiée, en septembre 1778, par W. Shrosphire, nº 158, New-Bond street.

---

1. On considère très souvent comme *avant lettre* une épreuve qui est avec la *lettre tracée*.

La Visite au grand-père — La Visite à la grand'mère
(d'après Smith and Ward). In-folio en manière noire.

1881	MAILAND.	La Visite au grand-père, en noir.	52 f.	»
1887	AUBIN.	Épreuves avec la *lettre tracée* en noir.	130	»
1889	DECLOUX.	Épreuves coloriées avec marge.	425	»

Ces deux estampes sont charmantes, la première surtout. Nous en avons vu une épreuve d'état, gravée par Lecœur.

The Fruits-barrow (par le Maître, d'après H. Valton). In-folio.

Une jeune femme, avec ses trois enfants, une fille et deux garçons, achète des fruits, qu'un marchand vend sur sa charrette, au pied d'une haute muraille.

Cette estampe, délicieusement jolie, est *rarissime*, et vaut dans les 3 à 400 francs ; nous en avons vu un fort bel exemplaire, chez M. Louis Valentin.

SUBLEYRAS (Pierre, d'après)
1699-1749

CONTES DE LA FONTAINE (Illustration pour les)

La Courtisane amoureuse (par Pierre).

1881	MAILAND.	Épreuve d'eau-forte.	80	»

La toile originale figura, en 1860, chez Francis Petit et, en 1874, à l'exposition des Alsaciens-Lorrains ; elle appartenait à M. Burat ; à sa vente, en 1885, elle fut adjugée ? Elle avait passé successivement aux ventes : Randon de Boisset, 1778 — Trouard, 1779 — et marquis de Saint-Marc, en 1859.

Le Faucon (par Elluin).

1877 BEHAGUE. Sans désignation d'état. 60 f. »

Frère Luce (par Le Bas).

1882 DUBOIS DU BAIS. Sans désignation d'état. 10 »

L'Ermite (par Pierre).

La toile originale passa successivement aux ventes : Natoire, 1778 — Hubert Robert, 1859 — Comte d'Houdetot, 1859 — Jules Burat, 1885. — Une réplique, *très probablement*, existe au musée de Nantes, donnée par Clarke de Feltre en 1852.

SWEBACH-DESFONTAINES (Jacques-François-Joseph, d'après)

1769-1823

Le caffé des Patriotes, 1792 (par J.-B. Morret).

In-folio en couleur en travers.

Dans ce café, plein de consommateurs, les uns assis, les autres debout, on remarque, au milieu de l'estampe, un personnage debout, de face et lisant ; à gauche, deux grenadiers causent ensemble, et leurs deux silhouettes se reproduisent dans la glace placée derrière eux.

1877	Behague.	Premier état.	290 f.	»
1880	Wasset.	Deuxième état.	100	»
1882	B. Fillon.	Premier état.	170	»
1890	Destailleur.	Premier état.	390	»
—	—	Deuxième état.	145	»
1892	Baudet.	Premier état.	150	»

Voici les deux états de cette estampe :

1er état. — Les deux grenadiers ont des *bonnets à poil;* le titre est en anglais et en français; l'estampe porte l'adresse de J.-B. Morret.

2e état. — Les bonnets à poils sont remplacés par un *casque plat* et un *bonnet phrygien;* il y a des vers sous le titre : Café des Patriotes, grande nouvelle du Nord; l'adresse est maintenant celle de Bance.

La Revue (par Duplessi-Berteaux). — Revue passée dans la cour du Carrousel ; au fond, les Tuileries, avec de nombreux personnages aux fenêtres, regardant passer le défilé.

Le dessin original, à l'encre de chine, fut adjugé 1000 francs à la vente de la Beraudière, en 1883.

La Constitution française (?) Pièce en couleur.

| 1877 | Behague. | Sans désignation d'état. | 81 | » |

La Vieillesse d'Annette et Lubin (par Lecœur). In-folio en couleur.

Annette et Lubin sont entourés de leurs enfants et petits-enfants; Lubin est assis au milieu d'eux, de profil à gauche, et a un des petits-enfants sur ses genoux.

1881	MUHLBACHER.	Sans désignation d'état.	65 f.	»
1891	KINNEN.	Épreuve avec marge.	100	»

Pièce assez rare, mais bien ordinaire; peut faire pendant à *Annette et Lubin*, de Debucourt.

Le Bal de la Bastille, 1789 — Le Serment fédératif du 14 juillet 1790 (par Lecœur). In-folio en couleur.

1881	MUHLBACHER.	Le Bal, toute marge.	380	»
—	—	Le Serment, toute marge.	320	»
1882	B. FILLON.	Le Bal.	401	»
1887	AUBIN.	Le Bal.	200	»
—	—	Le Serment.	155	»
1890	DESTAILLEUR.	Le Serment, en noir, le titre dans la marge inférieure.	100	»
—	—	La même, en couleur, le titre dans la marge supérieure.	340	»
—	—	Le Bal, toute marge.	410	»

Ces pièces sont *rares* et *recherchées*.

Promenade de Longchamps, an X (1802).
Pièce coloriée.

Sur une promenade plantée d'arbres, nombreux personnages, assis, debout, allant et venant, en voiture ou à cheval; presque au milieu de l'estampe, un homme assis, tête nue, de profil à droite, serre tendrement la main d'une jeune femme, assise près de lui.

1877	Behague.	Toute marge.	200 f.	»
1882	Dubois du Bais.	Sans désignation d'état.	100	»
1881	Muhlbacher.	Sans désignation d'état.	345	»
1890	Destailleur.	Sans désignation d'état.	68	»

Cette pièce, *fort rare*, se vendait chez Martinet ; on ne connaît pas le nom de l'artiste qui l'a gravée. — M. Gosselin fils l'a regravée.

A la vente de la Béraudière, en 1883, le dessin original à la plume, lavé de bistre, fut adjugé 400 francs.

On possède encore, du Maître, gravés par Descourtis : *Joseph Agricola Vialla* — *Le jeune Darruder* : pièces en travers, en couleur, sans valeur.

TANCHE (N., d'après)

?

Les Désirs naissant (*sic*). — Une jeune femme, assise près d'une cage ouverte, ayant sur ses genoux un petit oiseau s'apprêtant à mordiller un bijou, en forme de poire, qui pend à sa ceinture.

Le Danger des bosquets. — Une jeune femme, sous les jupes de laquelle se glisse un serpent.

Pendants gravés par Lebeau, *en 1780. In-folio ovale équarri.*

| 1877 | Behague. | Épreuves toute marge. | 95 | » |
| 1881 | Saint-Geniès. | La première, avant l'inscription sur la tablette. | 62 | » |

1881	Saint-Geniès.	Le seconde, sans désignation d'état.	31 f.	»
1889	Decloux.	Épreuves avec grande marge.	105	»
1891	Kinnen.	La première, sans état désigné.	83	»
1891	Bayard.	La première, sans état désigné.	80	»
1892	Belenet.	Épreuves avec toute leur marge.	100	»

Ces estampes sont fort jolies et très finement gravées.

TAUNAY [1] (Nicolas-Antoine, d'après)
1755-1830

La Noce de village. — En face de tentes à gauche, grossièrement installées, sous lesquelles des buveurs sont assis, la jeune mariée esquisse un pas avec un personnage coiffé d'un tricorne : à droite, au troisième plan, des musiciens sur une estrade ; au premier plan, une jeune femme, assise de face, tenant un enfant sur ses genoux, et enfin, au milieu de l'estampe, un chien attelé, près duquel deux gamins se disputent.

La Foire de village. — Dans la campagne, sur une estrade à droite, Pierrot et Arlequin font la parade ; près d'eux, leur tournant le dos, une jeune femme, debout et de face, tenant par la main un enfant déguisé en pierrot ;

---

1. La vente de Taunay eut lieu le 28 février 1838.

sur le premier plan, tournant également le dos, un jeune garçon joue du tambour ; à gauche de l'estampe, deux chiens.

La Rixe. — Au pied de ruines et près de l'arche d'un pont, à droite, on voit à gauche un groupe d'hommes ; un soldat, tenant dans ses bras une femme évanouie, cherche à se précipiter, l'épée à la main, sur un adversaire qui, lui aussi, a dégaîné, mais qu'un autre homme essaie de retenir.

Le Tambourin. — Dans un parc, à droite, un groupe de neuf personnages : hommes et femmes, les uns assis, les autres debout, causent entre eux en regardant, à gauche, deux bateleurs qui font danser deux chienshabillés l'un en marquis, l'autre en vieille femme ; un singe est assis sur le dos d'un chien regardant à gauche. Le bateleur de droite joue du chalumeau en frappant sur un tambourin avec une baguette qu'il tient de la main droite.

Suite de quatre pièces, gravées par Descourtis. *Petit in-folio en couleur.*

1877	BEHAGUE.	Épreuves avant toutes lettres et les nombreuses retouches faites postérieurement.	1500 f.	»
1877	MARTIN.	Les deux premières, en réduction, toute marge.	75	»
1881	SAINT-GENIÈS.	Les deux mêmes, même condition.	136	»
1881	MUHLBACHER.	Les quatre, état vente Behague.	2605	»
—	—	La Rixe, en noir.	100	»
—	—	Les deux premières en		

		réduction et coloriées; toute marge.	140 f.	»
1885	Hocquart.	Épreuves, conditions vente Behague.	3100	»
1887	Aubin.	La seconde, avant toutes lettres.	405	»
—	—	La troisième, avant toutes lettres.	280	»
—	—	Les quatre pièces; les deux premières sont en second état.	700	»
—	—	Les deux premières, en réduction, coloriées ; grande marge.	305	»
—	—	Les deux mêmes, en réduction, mais en noir; toute marge.	150	»
1887	Jacob.	Épreuves en dernier état.	285	»
1889	Decloux.	Épreuves avec la lettre, dernier état.	950	»
—	—	Les deux premières, en second état, marge.	700	»
—	—	Les deux mêmes, réduites, coloriées, toute marge.	195	»
—	—	Les deux mêmes, réduites en noir, toute marge.	139	»
1889	Bérend.	Les quatre, sans désignation d'état.	630	»
1890	Destailleur.	Les mêmes, mêmes conditions.	955	»

1891	Kinnen.	Les quatre, les deux premières en second état.	900 f.	»
—	—	Les deux premières, réduites et coloriées.	137	»
1891	Bayard.	La deuxième, en second état.	310	»
—	—	Les deux premières, en réduction.	99	»
—	—	Les deux dernières.	295	»
1892	Baudet.	Les quatre pièces : les 2 premières sont en second état ; encadrées.	1055	»
—	—	Les quatre pièces, sans marge, encadrées.	525	»
1892	Hulot.	La Foire et le Tambourin ; avant toutes lettres, imprimées en noir.	525	»

Voici les différents états de ces quatre pièces.

La Noce de village — La Foire de village. Grand format, trois états.

1er état. — Avant toutes lettres.
2e état. — Avec la lettre et avec les armes.
3e état. — Les armes sont effacées et le titre changé, c'est-à-dire écrit en *lettres anglaises,* comme celui de *La Rixe* et de *Le Tambourin.*

La Rixe — Le Tambourin. Deux états.

1er état. — Avant la lettre.
2e état. — Avec la lettre.

Le grand format de *La Noce de village* et de *La Foire de village* mesure 310 millimètres sur 240, et le format réduit, en in-32, mesure 95 millimètres sur 65. Les petites pièces, qui sont charmantes, sont *toujours* tirées originalement *en noir*; si on les rencontre quelquefois *coloriées,* c'est une pure fantaisie d'amateur, qui les a ainsi maquillées. Une particularité à signaler : *La Noce* est gravée en *contre-partie,* et *La Foire,* dans le *même sens* que la grande pièce. Il y a aussi quelques légères différences de détails entre le grand et le petit format. — *La Rixe* et *Le Tambourin* n'ont pas été réduits.

Cette suite est fort *recherchée ;* on estime particulièrement les deux premières. — Elles ont été, toutes les quatre, reproduites par M. Magnier et souvent pastichées par d'autres éditeurs anonymes. Ces reproductions sont, du reste, toutes très mauvaises et ne tromperont jamais un œil tant soit peu exercé.

M. le marquis de Varennes possède, croyons-nous, une dizaine d'épreuves originales d'essai, très curieuses, de cette suite.

L'aquarelle originale de *La Rixe* est actuellement chez M. F. Vergues, à l'obligeance duquel nous devons ce renseignement. La toile originale, ayant appartenu à M. Charles Pillet, a figuré aux Arts Décoratifs, en 1878.

Descourtis a encore gravé, d'après Taunay, quatre sujets, tirés de *La Vie de l'enfant prodigue ;* ce sont quatre in-folio en travers, sans aucune valeur, ayant pour titre : *Le Départ de l'enfant prodigue* [1] *— La Débauche — Il garde les pourceaux — Retour chez son père.*

THÉOLON (d'après)

?

Invocation à l'Amour (par Guttenberg).

1891	Kinnen.	Avant la lettre.	70 f. »

---

[1]. Les tableaux originaux sur bois, de cette pièce et de la suivante, passèrent à la vente Delessert, en 1865.

TOUZÉ (d'après)
1754-1806

L'Oracle des amants (par Choffard). In-folio.

Deux jeunes filles, dans un temple à colonnes, viennent consulter l'oracle sur leurs amours ; sur le piédestal, une inscription grecque ; un jeune homme, caché derrière l'oracle, répond pour lui ; elles semblent satisfaites ; l'Amour, qui vole entre elles, soutient la robe de la jeune fille de gauche.

1877	BEHAGUE.	Avant toutes lettres, non terminée.	75 f.	»
1878	ROTH.	Avec la lettre.	55	»

On rencontre quelquefois cette pièce coloriée au pouce.

Que j'aime ce fruit — Je t'en ferai goûter (par Dieu).
Pièces coloriées.

1881	MUHLBACHER.	Sans désignation d'état.	30	»
1887	AUBIN.	Toute marge.	26	»

Les Amusements dangereux (par Voyez junior).
In-folio.

1877	BEHAGUE.	Avec la lettre.	41	»
1881	MUHLBACHER.	Grande marge.	40	»
1882	DUBOIS DU BAIS.	Avant la lettre, toute marge.	96	»
1887	MALINET.	Premier tirage, avec		

		l'adresse de Ponce; marge.	30 f.	»
1889	Decloux.	Avant toutes lettres.	180	»
—	—	Avec la lettre, marge.	60	»
1890	Destailleur.	Avant la lettre.	105	»
1891	Bayard.	Toute marge.	35	»
1891	Kinnen.	Avec marge.	140	»

On possède encore, du Maître : *Personne ne me voit* (par Pietrequin). — *La Marchande d'œufs* — *La Marchande de noisettes* (par Hemery). — *Le Tableau magique de Zémire et Azor* (par Voyez). — *L'Amant victorieux* (par Le Beau). — *Présidente de Tourvel* (voyez Lavereince).

TRINQUESSE (L., d'après)

?

L'Irrésolution ou la confidence, 1787 (par J.-A. Pierron). In-folio.

1877	Behague.	Grande marge.	59	»
1887	Aubin.	Avant la dédicace.	50	»
1889	Decloux.	Avant la dédicace, marge.	160	»
1890	Destailleur.	Grande marge.	101	»
1891	Kinnen.	Avant la dédicace, grande marge.	120	»

Le pendant est *Le Retour précipité*, de Lavereince, par le même graveur.

On possède encore, du Maître, *La Sortie du bain*, par Lempereur, dont le cuivre existe.

VALLET (d'après)

?

La Serrure — Qu'est là ? (par A. Legrand).

Pièces sans valeur, dont les cuivres existent encore.

VAN-GORP (d'après)

?

Ah ! qu'il est joli ! — **Le Déjeuner de Fanfan** (par Malles). Petit in-folio colorié.

1877	Behague.	La seconde avant toutes lettres.	32 f.	»
1881	Muhlbacher.	Épreuves avant toutes lettres.	175	»
1887	Aubin.	La seconde, avec *C'est Papa*, avant toutes lettres.	155	»
1891	Kinnen.	La seconde, avant toutes lettres, marge.	100	»
1891	Bayard.	La même, même état, grande marge.	145	»

La gouache originale de *Ah ! qu'il est joli !* signée à droite peu lisiblement, est actuellement chez notre excellent et glorieux ami le général Mellinet, dans son hôtel de la place Launay, où il vit entouré de l'affection et de la vénération de ses concitoyens.

Cette gouache représente une jeune femme, assise à gauche,

présentant son enfant au père qui entre ; sur le parquet, à droite, un autre enfant est assis, jouant avec un chien ; sur une chaise, un petit violon, jouet du bambin.

C'est Papa (par R. de Launay). Petit in-folio ovale équarri en travers.

Une jeune femme entre dans une chambre, tenant par la main son enfant ; ils se dirigent vers un fauteuil, dont le dos en médaillon représente le portrait du papa ; des jeux sont épars sur le parquet.

1877	BEHAGUE.	Avant la lettre, seulement le titre et les noms des artistes à la pointe.	80 f.	»
1878	ROTH.	Même état, c'est-à-dire avant la dédicace, toute marge.	69	»
1881	MUHLBACHER.	*Eau-forte*, avant toutes lettres et avant le fleuron, dont la partie supérieure est ménagée en blanc dans l'encadrement.	97	»
—	—	La même, dans un autre état, toute marge.	18	»
1887	AUBIN.	Avant la dédicace, grande marge.	59	»
1891	BAYARD.	Avant la dédicace.	105	»

Très jolie petite estampe, commencée par Nicolas de Launay, finie par son frère Robert ; elle existe en tirage moderne avec l'adresse de Marel ; elle est du genre et format des *Beignets*.

La Surprise — La Ruse (par Honoré). Petit in-folio colorié, en travers.

1877	BEHAGUE.	Avec la lettre.	70 f.	»
1879	MICHEL.	Avec la lettre.	45	»
1881	MICHELOT.	Avec la lettre.	90	»
1889	DECLOUX.	Avec la lettre.	100	»

D'après le Maître, on possède encore, *Ils sont éclos*, par Honoré.

VANLOO (Charles-André, dit Carle, d'après)
1705-1765

La Confidence — La Sultane (par Beauvarlet). Petit in-folio.

1877	BEHAGUE.	Avant toutes lettres, marge.	155	»
—	—	Avec la lettre.	37	»
1890	DESTAILLEUR.	Avant toutes lettres.	225	»

Pièces peu amusantes et bien délaissées, dont il fallait avoir crânement envie, pour les payer 225 francs !! C'est le portrait, dit-on, de la Pompadour, costumée à l'orientale. — Les gravures ont figuré au Salon de 1775. — Existent en tirage moderne.

On possède encore les pièces suivantes, d'après le Maître; elles sont fort peu recherchées : *Le Coucher à l'italienne* (par Isabey). — *La Lecture espagnole*[1] — *La Conversation espagnole*[2] (par

---

1. La gravure, au Salon de 1773.
2. La gravure, au Salon de 1769. — La première idée de cette gravure en dessin à la plume, lavé de bistre, dans la collection de Goncourt.

Beauvarlet). — *Les Baigneuses* (par Lempereur). — *La Comédie* (par Salvator). — *Le grand Concert du Sultan* (par Littret). — *Les trois Grâces* (par Pasquier). — *Le Jeu* — *Le Vin* (par Houslabreu ?).

VANLOO (Jacques, d'après)
1614-1670

Le Coucher (par Porporati). In-folio.

Cette estampe représente, vue de dos, une jeune femme en pied complètement nue, un bonnet sur la tête, près de se mettre au lit.

1881	Berthier.	Avant toutes lettres, grande marge.	11 f.	»
1882	Des Chesnais.	Avant toutes lettres.	30	»
1887	Jacquinot.	Avant toutes lettres.	5	50

Nous ne nous expliquons pas les prix vraiment dérisoires appliqués à cette estampe, qui est non seulement un *merveilleux burin*, mais encore un sujet fort gracieusement traité.

Il en existe des tirages modernes portant ces mots : *Imprimeur C. Aze* ; à rejeter, la planche est usée.

Nous nous sommes souvent demandé dans une planche quelles étaient les parties qui s'usaient, qui se fatiguaient le plus vite au tirage ; or nous avons remarqué que, si les parties légèrement gravées s'effacent les premières, les noirs serrés s'en vont presque aussi rapidement, parce qu'il y a moins de cuivre, les tailles l'ayant enlevé. Nous en concluons donc qu'une planche s'use à peu près d'une façon égale et presque uniformément, dans toutes ses parties.

Les imprimeurs du XVIIIe siècle, pour donner plus de brillant à leurs épreuves, avaient quelquefois coutume de tremper, avant le tirage, leur papier dans une eau contenant en dissolution une certaine quantité d'alun.

VERNET (Antoine-Charles-Horace, dit Carle Vernet, d'après)

1758-1836

La Danse des chiens (par Levachez fils). In-folio en travers.

Entouré de nombreux personnages qui le regardent, un bateleur, au milieu de l'estampe, coiffé d'un bicorne et drapé dans un large manteau, fait passer un chien dans un cercle en levant son bras droit armé d'un fouet ; à gauche, deux de ses acolytes, l'un jouant en même temps de la flûte et du tambour, l'autre, ayant un large tambourin sous le bras gauche, fait la quête. Singes et chiens habillés complètent le tableau. On remarque, sur le premier plan, un chien couché et vu de dos, ayant près de lui un autre chien attelé à une petite charrette, en train de ronger un os, que veut lui disputer un petit roquet.

1877	Behague.	Sans désignation d'état.	270 f.	»
1881	Muhlbacher.	Avant toutes lettres.	750	»
1887	Aubin.	Avant toutes lettres, grande marge.	300	»
1889	Decloux.	Belle marge.	405	»
1890	Destailleur.	Toute marge.	365	»
1891	Kinnen.	Avant toutes lettres ; coloriées, grande marge.	205	»

1891 Kinnen. Avec la lettre, marge. 195 f. »

Cette estampe, très jolie et *très recherchée*, porte aussi le titre anglais *Dogs dancing*. Elle existe coloriée et en couleur. C'est l'œuvre *capitale* du Maître. M. Gosselin fils l'a reproduite. L'aquarelle originale appartient à madame la comtesse de Pourtalès.

M. Grand-Carteret, l'éminent écrivain d'art, si particulièrement amoureux de l'image, vient de donner de cette estampe une reproduction très fidèle dans son dernier volume **XIX**e **Siècle**, publié chez Didot. C'est un ouvrage de haute valeur, très sincère, très documenté, qui se recommande spécialement aux chercheurs et aux curieux de l'époque.

Les Ennuyés (par Coqueret). In-folio en travers.

Dans l'intérieur d'un café, des joueurs, à droite, font une partie de dominos; deux incroyables sont debout, près d'eux; un autre, vu de dos, en bottes à revers, avec un habit grotesque; à gauche, un grand squelette tient son monocle de la main droite; près de lui, un joueur assis, en bicorne, a un dos en forme de ballot.

1880 Wasset. Avant toutes lettres. 36 »
1881 Muhlbacher. Même état, grande marge. 25 »

Cette estampe, assez rare, n'existe pas avec la lettre, à notre connaissance tout au moins; elle représente l'intérieur du café Procope.

L'œuvre de Carle Vernet, lithographies originales et estampes d'après lui, environ 240 pièces reliées en deux volumes, fut adjugé 1905 francs à la vente Destailleur.

M. Albert Christophle possède une suite très remarquable de dessins gouachés du Maître, sujets de chasse et de course, qui, presque tous, ont été gravés; il a bien voulu, lui-même, nous donner ce renseignement, ce dont nous le remercions bien sincèrement ici.

VERNET (Claude-Joseph, d'après)
1712-1789

Bien rococo, bien démodé, et dont on ne veut plus : *Le Calme — La Tempête — Les Baigneuses* (par Balechou) etc. — La toile originale de *La Tempête*, appartenant à M. Gustave Rothan, figurait aux Arts Décoratifs, en 1878.

VICTOIRE (E., d'après)
?

Le pauvre Jeune homme — Quel est le plus heureux
(par Éléonore, femme Lefèvre).

1881 Muhlbacher.   Épreuves avec marge.   40 f. »
Ces pièces furent publiées en messidor, an X.

VIEN (Joseph-Marie, d'après)
1716-1809

Sans intérêt, gravés par Beauvarlet, d'après le Maître : *La chaste Suzanne — La Marchande d'Amours*. — Le cuivre de cette dernière existe.

VILLENEUVE (chez et d'après)

Ah! l'bon décret. In-8º en couleur, ovale.

1877 Behague.   Avec le fond imprimé
                 en rouge.   98 f. »

Pièce *rare*.

VILLENEUVE (M. de)

?

L'heureux Instant. In-4º forme ronde.

1889 Decloux.   Avant toutes lettres.   82   »

VINCENT (FRANÇOIS-ANDRÉ, d'après)
1746-1816

Ah! s'il y voyait (par Commarieux). In-folio en travers colorié.

Un aveugle, qui marche derrière deux femmes, met le pied sur la robe de l'une d'elles qu'il déchire, découvrant ainsi son derrière.

1880 Wasset.   Avant toutes lettres.   29   »

Méchante pièce, grossièrement pastichée de nos jours.

VLEUGHELS (Nicolas, d'après)
1669-1737

L'Amour indiscret, 1716 (par Surugue). In-4º.

1877	BEHAGUE.	Sans désignation d'état.	11 f.	»
1881	MICHELOT.	Sans désignation d'état.	9	»

CONTES DE LA FONTAINE (Illustration pour les)

Le Bast — **Frère Luce** — **La Jument du compère Pierre** — **Le Villageois qui cherche son veau** (par de Larmessin). In-folio en travers.

Pièces sans valeur artistique ou pécuniaire, valant, l'une dans l'autre, une dizaine de francs chaque.

WATTEAU (Antoine, par et d'après)
1684-1721

L'œuvre gravé de Watteau, à l'exception d'une vingtaine de pièces, dont nous allons donner quelques descriptions, est généralement fort peu recherché en tant que pièces *isolées*, comme en font foi, du reste, les catalogues des ventes Decloux, Mühlbacher, Destailleur et Kinnen.

On estime, par contre, très particulièrement, l'œuvre *complet* du Maître, en 4 volumes.

Un superbe exemplaire, dont voici les titres :

L'œuvre d'Antoine Watteau, peintre du roy, en son Académie royale de peinture et sculpture, gravé d'après ses tableaux et dessins originaux tirez du cabinet du roy et des plus curieux de l'Europe, par les soins de M. de Julienne, à Paris. Fixé à cent exemplaires des premières épreuves, imprimés sur grand papier. — 2 volumes grand in-folio, contenant 273 planches imprimées sur 205 feuilles, plus le titre et la bordure où est imprimée la fable allégorique : *L'Art et la Nature.*

Et :

Figures de différents caractères de paysages et d'études d'après nature, par Antoine Watteau, peintre du roy en son Académie royale de peinture et sculpture, gravées à l'eau-forte par les plus habiles peintres et graveurs du temps. Tirées des plus beaux cabinets de Paris. A Paris chez Audran et Chereau. — 2 volumes in-folio, S. D., texte et planches.

Pour le second volume des grandes planches, il existe un *rare* titre, cartouche gravé par Moyreau, d'après Watteau, dans lequel on trouve imprimée cette inscription :

Œuvres des estampes gravées d'après les tableaux et dessins de feu Antoine Watteau, peintre flamand de l'Académie royale de peinture et de sculpture. Quatrième et dernière partie.

A été adjugé, à la vente Hulot, en juin 1892, la somme de 13900 francs ; il est vrai de dire que l'exemplaire était de condition exceptionnelle, les épreuves étant avec toutes leurs marges non *ébarbées*.

Passons maintenant aux pièces recherchées, qui prennent place dans les cartons des collectionneurs.

L'Enseigne (par P. Aveline). Grand in-folio en travers.

Dans la boutique d'un marchand de tableaux, dames de qualité et gentilshommes sont réunis ; des emballeurs sont occupés à retirer un tableau d'une caisse, pendant que les divers groupes examinent l'intérieur du magasin.

1877 Behague. Avant toutes lettres, avant de nombreux changements, notam-

		ment *sur la porte vitrée du fond.*	625 f.	»
1877	F. Didot.	Sans état désigné.	170	»
1878	Roth.	Épreuve avec la marge *vierge.*	139	»
1881	Muhlbacher.	Même état que la vente Behague ; on lit au bas, imprimés en caractères mobiles, huit vers commençant par ces mots : *Watteau dans son Enseigne,* etc.	950	»

Cette estampe, la pièce *capitale* du Maître, a été gravée d'après le tableau en *platfond*, pour son ami Gersain, le marchand qui demeurait rue de la Citée, au coin du pont; on la rencontre toujours avec *un pli* au milieu du papier. Elle est relativement encore assez rare.

La toile originale fut adjugée 8700 francs, à la vente du baron Schwiter, en 1886 ; elle est actuellement à Berlin, dans le grand Palais-Royal, salle du Trône, croyons-nous. Ce tableau avait été copié et peint par Pater ; il fut acheté 20000 francs par M. Stern, lors de la vente Secrétan, en 1889 ; il avait appartenu à M. Ch. Pillet, qui l'avait fait figurer, en 1880, aux Arts Décoratifs.

L'Embarquement pour Cythère (par N. Tardieu).
Grand in-folio en travers.

Sur la gauche, la statue de Vénus entourée d'Amours ; dans un groupe de quatre personnages, un berger, demi-agenouillé, parle bas à une jeune dame qui semble prendre plaisir à l'écouter ; à droite, trois Amours montent à un mât, les autres dansent une ronde dans les airs ; tout à fait vers la droite, près de la galère, un Amour tire une flèche, en tenant la pointe tournée contre sa poitrine.

1877	BEHAGUE.	Épreuve à toute marge.	205 f.	»
1878	ROTH.	Premier état, avec le Privilège; marge vierge.	109	»
1881	MUHLBACHER.	Sans désignation d'état.	100	»
1887	MALINET.	Sans désignation d'état.	178	»
1889	VIGNÈRES.	Épreuve avec marge.	78	»

Grande et fort belle estampe, dont l'eau-forte existe ; le deuxième état est avec l'adresse de Chéreau; on la rencontre toujours avec *un pli* au milieu du papier. — Cette pièce a été gravée en réduction.

La toile originale, *d'après laquelle elle a été gravée*, est actuellement à Berlin, dans le Vieux-Château, chambre d'Élisabeth, salon rouge ; l'esquisse de la même toile est au Louvre ; il a passé une deuxième esquisse à la vente Duclos-Dufresnay (fructidor an III), qui n'a jamais été retrouvée.

MM. Boussod et Valadon viennent de faire une reproduction, coloriée à la poupée, de cette estampe : elle est en réduction ; ils la vendent 40 francs, l'aspect en est très séduisant.

L'Assemblée galante (par Lebas). In-folio en travers.

Sur la gauche, un lointain ; au premier plan, un jeune homme aide une jeune femme à monter des marches ; presque au milieu, un groupe paraît se diriger vers l'intérieur de la forêt; un amoureux, aux genoux d'une dame, semble devenir entreprenant. Vers la droite, un jeune homme, tenant une mandoline, montre le groupe qui s'éloigne ; une jeune dame est assise à ses pieds ; derrière eux, tout à fait à droite, quatre enfants.

1877	BEHAGUE.	Avant toutes lettres.	150	»
—	—	Avec la lettre, toute marge.	90	»
1887	MALINET.	Sans désignation d'état.	76	»

C'est une des plus belles compositions du Maître; l'estampe est très recherchée. Il y a trois états :

1er état. — Eau-forte.
2e état. — Avant la lettre.
3e état. — Avec la lettre, en latin et en français.

L'Ile enchantée (par Le Bas). In-folio en travers.

Lointains avec rochers abrupts au bord de l'eau; vers le milieu, on distingue une sorte d'église avec son clocher. Sur la gauche, appuyé contre un tronc d'arbre, un jeune homme donne le bras à une dame en cheveux, vue de dos; ils sont debout tous deux : le jeune homme regarde le spectateur; au milieu, sept groupes conversent assis sur l'herbe, ou se regardent, tandis que deux personnages, debout à droite, se parlent; l'un semble désigner le paysage, pour en faire admirer la beauté.

1877	BEHAGUE.	Grande marge.	82 f.	»
1877	F. DIDOT.	Sans désignation d'état.	30	»
1887	MALINET.	Épreuve avec marge.	30	»

Très belle et remarquable composition, valant, haut la main, les prix plus que modestes qu'elle atteint en vente publique. Trois états :

1er état. — Eau-forte.
2e état. — Avant la lettre.
3e état. — Avec la lettre.

Le tableau original fut adjugé 20 000 francs, en 1882, à la vente Alexis Febvre; il avait passé successivement par les cabinets de Cartaud, Sir Joshua Reynolds, Holworthy, et venait, en dernier lieu, de la galerie John W. Wilson, où il fut vendu 20 000 francs. Nous le retrouvons encore à la vente du baron de Beurnonville, en 1883, où il fut encore adjugé 20 000 francs; décidément on tenait à ce prix!

Les Charmes de la vie (par Aveline). Grand in-folio en travers.

Au premier plan, à gauche : un nègre accroupi prenant des bouteilles qui sont à rafraîchir; en allant vers la droite, un chien mordant ses puces; un guitariste, le pied sur un tabouret, sur lequel est appuyé un violoncelle avec son archet; un cahier de musique est à côté. Deux dames examinent une petite fille, assise à terre, donnant un biscuit à son chien; un jeune homme, ayant la tête tournée à gauche, regarde l'une d'elles. A droite, derrière elles, contre la colonnade, un jeune homme drapé, debout.

Au troisième plan, des maisons rustiques avec tour à deux meurtrières; tout à fait à gauche, bouquet d'arbres, quatre personnages debout, deux assis, trois assis ou couchés, et le dixième debout.

1877 Behague.   Avant toutes lettres;
                petite marge.   251 f. »
1887 Malinet.   Avec la lettre.   50 »

. Trois états également. Pièce *rare* et *recherchée*.

La Gamme d'amour (par Le Bas). In-folio en travers.

Sur la gauche, au troisième plan, deux petits personnages assis; au deuxième plan également, deux personnages vus de dos, se dirigeant vers le fond, plus, sur le devant, toujours à gauche, un groupe de quatre personnages, parmi lesquels une jeune dame semblant écouter ce que lui dit un homme assis et vu de dos; à côté d'eux, une jeune femme assise; son enfant s'appuie sur ses genoux, la figure sur sa main gauche.

Au milieu, un jeune homme accorde sa mandoline, pendant qu'une jeune femme, assise à ses pieds, cherche le morceau; au-dessus d'eux, le buste d'une statue antique.

1877	Behague.	Avec une très grande marge.	50 f. »
1887	Malinet.	Même condition.	36 »

Très belle estampe. — Comme les précédentes, trois états, les mêmes que ceux de *L'Assemblée galante*.

La toile originale, actuellement à Londres, chez madame Lyne-Stephens.

La Leçon d'amour, 1734 (par Dupuis). In-folio en travers.

A gauche, une statue représente une naïade, assise près d'un dauphin. Au deuxième plan, une jeune fille cueillant une rose; sur le premier plan, une dame assise feuilletant un cahier de musique avec un jeune homme semblant indiquer un morceau. Une jeune femme, de grand air, est assise, tenant des fleurs dans sa robe, tout en écoutant le jeune homme qui pince de la guitare. Au troisième plan, un moulin avec un pont. Sur la droite de l'estampe, une très haute montagne, au flanc de laquelle est un vieux château gothique; sur le devant, un tronc d'arbre noueux.

1877	Behague.	Épreuve avec grande marge.	60 »
—	—	La même, dessinée et gravée par Mercier.	75 »
1887	Malinet.	Avec marge.	46 »
1891	Bayard.	Sans désignation d'état.	46 »

Trois états, comme les précédentes.

Jolie pièce, mais, on le voit, les amateurs paient très modestement : on ne *s'emballe jamais* sur les Watteau ; peut-être aussi les collectionneurs sont-ils effrayés par l'œuvre si considérable et vraiment si monotone : pensez donc, plus de 300 pièces, comme ça vous bloquerait un portefeuille !!

Le dessin original fut adjugé 5850 francs, à la vente de Miss James, à Londres, en juin 1891 ; il est actuellement dans la collection de M. H. Josse. C'est un joyau que le Louvre lui envie. C'est à cette même vente que le délicat amateur se rendit acquéreur de trois autres dessins (n°s 338-339-340), ce qui porta le chiffre de sa vacation au total assez coquet de : 37675 francs !! La collection de Miss James avait une réputation européenne ; son père, adorateur fanatique de Watteau, était parvenu à réunir 70 dessins du Maître, de conditions absolument exceptionnelles.

La toile originale de *L'Occupation selon l'âge* faisait partie de cette collection ; elle fut adjugée 137000 francs à Lord Seymour. Le dessin à la sanguine de cette composition fut adjugé 1100 fr., à la vente Baudet ; il provenait de la collection du baron Schwiter.

Encore à la vente miss James, la toile originale de *L'Accord parfait*, achetée par M. Wertheimer 92000 francs et rachetée par lui à sa vente, en mars 1892, la somme de 52500 francs !! soit un écart de 39500 francs en quelques mois ; voilà de curieux soubresauts, qui montrent bien au public les fantaisies et les caprices de la vente aux enchères et l'énorme élasticité des prix, que rien au monde ne saurait expliquer ou justifier.

Le Bosquet de Bacchus (par C.-N. Cochin). In-folio en travers.

Sur le premier plan, un guitariste, assis près d'un petit chien, ayant à côté une dame avec un chien sur les genoux ; tout à fait à droite, deux personnages debout se regardant. A gauche, deux personnages près d'une fontaine ; au fond, quatorze personnages, assis ou debout. Le dernier plan nous montre une sorte de couvent, que surmontent trois peupliers.

Cette pièce, qui a trois états, comme les précédentes, est *assez rare*; elle atteint, à très peu près, les mêmes prix que les pièces que nous venons de décrire.

La Toilette (par Mercier).

Une chambrière apportant à sa maîtresse une éponge et un bassin.

1877	BEHAGUE.	Grande marge.	135 f.	»
1891	BAYARD.	Sans désignation d'état.	85	»

Cette estampe est peut-être *la plus rare* de l'œuvre.

Les deux Cousines (par Baron). In-folio.

1887	BEHAGUE.	Avant toutes lettres ; toute marge.	150	»
—	—	Avec la lettre ; toute marge.	45	»
1887	MALINET.	Avec la lettre; grande marge.	51	»

Nous avons vu, chez Paulme, une sanguine du Maître, représentant *la femme* qui est debout et vue de dos.

Citons encore, comme pièces *recherchées* de Watteau et atteignant, dans les ventes, les mêmes prix que les estampes précédentes :

Les Champs-Élysées[1] (par N. Tardieu). — *La Perspective* (par Crespy). — *La Récréation italienne* (par Aveline). — *La Cascade* (par G. Scotin), — et, enfin, parmi celles courantes et ne présentant qu'un intérêt secondaire :

Le Bal champêtre (par Scotin)[2]. — *La Collation champêtre* (par Moyreau)[3]. — *Les Plaisirs du bal*[4] (par Ravenet et Sco-

---

1. Une étude pour ce tableau, dessin mine de plomb et sanguine, avec quelques touches de crayon, ayant appartenu à M. F. Reiset, se trouve actuellement chez Mgr le duc d'Aumale ; elle figura à l'exposition des Beaux-Arts, en mai-juin 1879.
2. L'original, peint sur bois, en Angleterre, galerie Dulwich.
3. La toile originale, actuellement à Bruxelles, galerie Suermondt.
4. L'original, à Saint-Pétersbourg, galerie du comte Rostopchin.

tin). — *Le Naufrage* (par Caylus). — *Le Retour de chasse* (par B. Audran). — *La Peinture* — *La Sculpture* (par Desplaces). — *Diane au bain* (par Aveline). — *Qu'ay-je fait, assassins maudits* (par Joullain). — *Acis et Galathée* — *Chasse aux oiseaux* (par Caylus). — *L'Amour mal accompagné* (par Dupin). — *Les Amusements de Cythère* (par L. Surugue). — *Les Enfants de Bacchus* (par Fessard). — *Fêtes au dieu Pan* (par Aubert). — *Le Sommeil dangereux* (par Liotard). — *Camp volant* — *Retour de campagne* (par N. Cochin). — *Les Délassements de la guerre* — *Les Fatigues de la guerre* (par G. Scotin). — *Escorte d'équipages* (par L. Cars). — *Halte* (par J. Moyreau). — *Défilé* (par Moyreau). — *Comédiens français* (par Liotard). — *Comédiens italiens* (par Baron). — *Le Docteur* — *Mezetin* (par Audran). — *Arlequin, Pierrot et Scapin* (par Surugue). — *Coquette qui pour voir galans au rendez-vous...* (par Thomassin). — *L'Amante inquiète* (par Aveline). — *La Finette* — *L'Indifférent* (par G. Scotin). — *La Villageoise* (par Aveline). — *L'Occupation selon l'âge*[1] (par Dupuis). — *Le Chat malade* (par Liotard). — *Le Bain* (par Aliamet). — *L'Accord parfait* (par Baron). — *Les Agréments de l'été*[2] (par Joullain). — *L'Amour paisible*[3] (par Baron). — *Amusements champêtres* (par B. Audran). — *L'Aventurière* — *L'Enchanteur* (par Audran). — *Le Bain rustique* (par Audran). — *La Colation* (par Moyreau). — *La Contredanse* (par Brion). — *La Diseuse d'aventure* (par L. Cars). — *Harlequin jaloux* (par Chedel). — *Le Jaloux* — *Le Lorgneur* (par Scotin). — *La Partie quarrée* (par J. Moyreau). — *La Proposition embarrassante* (par N. Tardieu). — *La Surprise* (par B. Audran). — *La Ruine* (par Baquoy). — *L'Escarpolette* (par Crespy). — *Colombine et Arlequin* (par J. Moyreau). — *L'Enjoleur*[4] (par ?). — *L'Amour au théâtre français*[5] (par C.-N. Cochin), etc., etc.

1. L'original, adjugé 136500 francs à la vente de miss James, est actuellement chez le baron Alphonse de Rothschild.
2. A été aussi gravé par de Favannes.
3. A été aussi gravé par de Favannes.
4. Le dessin, croyons-nous, fut vendu 4300 francs à la vente de la Béraudière, en 1885.
5. L'original, au musée de Berlin ; une répétition ou une copie, à

WHEATLY (F., d'après)

École anglaise.

Les Cris de Londres. In-folio en couleur et en bistre.

1891	BAYARD	Quatre pièces seulement.	510 f.	»
1891	KINNEN.	Treize pièces.	3100	»

Ces estampes sont fort *curieuses* et fort *recherchées*; elles forment, croyons-nous, une suite de douze pièces, dont voici les titres anglais, avec les noms des graveurs :

Strawberries, scarlet strawberries, par Vendramini.
Old chairs to mend, par Vendramini.
Fresh gathered peas, young hastings, par Vendramini.
Hot spice ginger bread, smoking hot, par Vendramini.
A new love song only ha'penny a piece, par Cardon.
Round and sound five pence a pound Duke sherries, par Cardon.
Knives, scissors and razors to grind, par Vendramini.
New mackrel, new mackrel, par Schiavonetti.
Do you want any matches ? par Cardon.
Sweet china oranges, sweet china, par Schiavonetti.
Milk below maids, par Schiavonetti.
Two bunches a penny, par Schiavonetti.

Elles furent publiées de 1793 à 1797.

Winter (par Bartolozzi). In-folio en couleur.

1891	KINNEN.	Sans désignation d'état.	250	»

Nantes, chez M. de Corseul, portant à droite, sur la pierre qui sert de margelle à la fontaine, un W.

A lover's Anger — Celadon & Celia (par R. Simon). In-folio.

1891 Kinnen. Épreuve imprimée en bistre. 355 f. »

WILLE (Jean-Georges, par)
1717-1808

Les pièces suivantes, indiquées seulement pour mémoire, sont absolument délaissées :

La Devideuse — *La Liseuse* (d'après Gérard Dow). — *La Mort de Cléopâtre* (d'après G. Netscher). — *Les Musiciens ambulants* — *Les Offres réciproques* (d'après Dietrich). — *L'Instruction paternelle*[1] (d'après Terburg). — *Le Concert de famille* (d'après G. Schalken). — *Le petit Physicien* (d'après Netscher).

Tous les cuivres de ces estampes existent.

WILLE fils (Pierre-Alexandre, d'après)
1748-1821

La Curieuse. — Une jeune femme debout, de profil à gauche, devant sa psyché, entr'ouvre sa chemise pour se regarder les seins ; sur la tablette de la psyché, une boîte de poudre de riz avec sa houppe.

---

1. Cette pièce est connue aussi sous la rubrique : *La Robe de satin.*

Le Bouton de rose. — Une jeune fille, regardant un bouton de rose qu'elle a approché de son sein.

Pendants in-folio, par Voyez major.

1881	MUHLBACHER.	Les deux pièces, toute marge.	82 f.	»
1889	DECLOUX.	Les mêmes, toute marge.	82	»
1891	KINNEN.	Curieuse.	58	»

Les deux Boutons — Le Miroir consulté (par Vidal). In-folio ovale.

1881	MUHLBACHER.	Sans désignation d'état.	140	»
1889	DECLOUX.	Même condition.	140	»
1891	KINNEN.	Même condition.	92	»

Ces deux estampes sont à très peu près les mêmes que les précédentes.

Les Amusements du jeune âge (par Chevillet). In-folio.

1877	BEHAGUE.	Avant toutes lettres, seulement les noms des artistes à la pointe, grande marge.	46	»
1881	MUHLBACHER.	Même état et condition.	56	»
1890	DESTAILLEUR.	Même état, toute marge.	100	»

Le petit Vaux-Hall (du Maître), 1780. In-folio.

1877	BEHAGUE.	Avant toutes lettres.	98	»
1881	MUHLBACHER.	Même état.	90	»

1881	Michelot.	Sans désignation d'état.	5 f.	»
1891	Bayard.	Sans désignation d'état.	6	»

Le Repas des moissonneurs — La Noce de village

(par Janinet). In-folio en travers.

1877	Behague.	Avant toutes lettres, et *avant l'encadrement*.	110	»
1881	Muhlbacher.	Même état et condition.	270	»
1884	R.	Sans désignation d'état.	200	»
1887	Aubin.	Sans désignation d'état.	116	»
1892	Baudet.	Épreuves encadrées.	180	»

Ces pièces en couleur sont intéressantes et *recherchées* ; elles ont été gravées en 1774-1775.

L'Essai du corset. — Presque au milieu de l'estampe, une délicieuse jeune femme, debout et de face, à laquelle on essaie un corset qui lui laisse les seins complètement nus et dehors, et cela devant un vieux personnage, assis à droite, le coude gauche appuyé sur une table, prenant une prise de la main droite.

Lecture d'un poème épique. — Une jeune femme, assise de trois quarts à droite dans un fauteuil, la gorge nue, le coude droit appuyé sur un guéridon, prend une tasse de thé, en écoutant avec attention la lecture d'un poème, que lui fait un vieil homme, le livre à la main ; une servante, debout à côté de sa maîtresse, prête aussi une oreille attentive.

In-folio, pendants gravés par F. Dennel.

1877	Behague.	Épreuves avec la lettre.	44	»
1881	Muhlbacher.	Épreuves avant toutes		

		lettres, *signées* du graveur.	100 f.	»
1887	Aubin.	La deuxième, avant toutes lettres.	16	»
1889	Vignères.	Épreuves avec la lettre.	34	»
1890	Destailleur.	Épreuves état Mühlbacher.	165	»
—	—	La première, toute marge.	35	»
1891	Kinnen.	Épreuves avant toutes lettres.	290	»

Ces deux pièces sont charmantes et valent certes le prix qu'on les paie. *L'Essai du corset* est particulièrement gracieux; il en existe une réduction, en couleur et en contre-partie, par de Goüy, pièce assez *rare*, valant une trentaine de francs.

On possède encore, d'après le Maître, les pièces suivantes, estampes tout à fait de second plan :

Les Soins maternels (par J.-G. Wille). — *Le Temps perdu* (par Halbou). — *L'Écrivain public* (par G. Guttenberg). — *Les Plaisirs interrompus* (par J.-G. Wille). — *La Nouvelle affligeante* (par Cathelin). — *La Mère Brigide* (par Muller). *Fête de la vieillesse* (par Duplessi-Bertaux). — *Les Conseils maternels* — *La Mère indulgente* (par Lempereur). — *Le Dentiste ambulant* — *La Marchande de chansons* — *La Marchande de bouquets* — *La Marchande de ptisane*, pièces en couleur (par Berthault). — *Les Joueurs* (par Romanet). — *Tom Jones* (par Ingouf). — *Le Patriotisme français* — *La double Récompense du mérite* (par Avril).

WILLIAMS (W., d'après)

École anglaise.

Courtship — Matrimony (par Jukes). In-folio.

1883 La Béraudière. Sans désignation d'état. 400 f. »
1890 Destailleur. Avec les noms des artistes à la pointe. 810 »

Ces estampes sont *très rares* et très remarquables ; elles sont en couleur et présentent cette douceur de ton, ce fondu, qui caractérisent si particulièrement cette école et lui donnent tant de séduction.

WOLFF (l'aîné, d'après)

?

Les Pommes de terre — La douce Minette (par Wolff junior). In-8°.

Deux pièces coloriées, au pointillé, d'intention licencieuse, sans aucune valeur artistique ou pécuniaire.

WRIGHT (I. d'après)

École anglaise.

La Boutique du forgeron (par R. Earlom). In-folio.

1891 Kinnen. Avec la lettre, marge. 90 »

Cette estampe est gravée à la manière noire.

CONCLUSION

Au moment de clore ce volume, nous nous sommes demandé ce que coûterait actuellement un portefeuille composé d'estampes absolument triées sur le volet, et quelles pourraient bien être les pièces *privilégiées* sur lesquelles on devrait porter son choix, en se plaçant au triple point de vue de *l'art*, de la *curiosité* et de la *rareté*.

A l'heure actuelle, le goût s'est singulièrement épuré et, depuis 25 ans qu'on vend du XVIIIe siècle, le triage est fait; les estampes de valeur sont classées et le fretin jeté par dessus bord : on n'en veut plus [1]; l'éducation de l'œil et de la bourse est faite, on n'achète plus qu'à bon escient, souvent même, il faut bien le dire, en caressant l'arrière-pensée de revendre plus tard, avec gros bénéfice, la collection qu'on aura formée avec amour et dont on aura joui avec délices. Mais, entendons-nous dire, il est trop tard : s'il y a encore de l'argent, il n'y a plus d'estampes ; erreur profonde ! Évidemment elles se raréfient et la difficulté de les ren-

---

[1]. Ceci dit, bien entendu, au point de vue où nous nous plaçons, de l'amateur *d'élite*, très riche, ne voulant que la pièce absolument pure et d'état rare, car nous estimons que le collectionneur plus modeste, qui paie deux ou trois louis un bel exemplaire du *Prélude de Nina*, par exemple, éprouvera une intensité de jouissance au moins égale à son gros confrère qui se rendra acquéreur, pour 5000 francs, d'une *Promenade publique*, avant toutes lettres.

contrer facilement, comme autrefois, rebute les débutants et empêche la formation de nouvelles couches de collectionneurs, mais elles existent toujours et, avec du temps, de la patience et de l'argent, on arriverait, assez promptement encore, à former le portefeuille que nous rêvons. Les quatre années qui viennent de s'écouler, par exemple, auraient amplement suffi pour atteindre ce but; il y a eu des ventes exceptionnelles qui fatalement arrivent et se produisent, pour ainsi dire, presque *périodiquement*; soit lassitude de la part de leur propriétaire, soit besoin ou désir de réaliser, soit enfin mort du collectionneur, les estampes disparues reviennent sur le marché, et, comme le vin, bonifiées par le temps [1]; on se les dispute, et ceux qui les ont suivies leur font fête et saluent leur retour, en s'en rendant les heureux acquéreurs.

Sans avoir la prétention ridicule de présenter un portefeuille-type, voici, selon notre esthétique, comment nous le composerions.

Nous nous contenterons de donner les rubriques des estampes; on trouvera dans ce volume les noms des graveurs et le bel état.

Baudouin

Le Coucher de la mariée.
Le Carquois épuisé.
Le Lever.
La Toilette.

---

1. Pécuniairement parlant, c'est-à-dire, par exemple, que ce qu'on avait acheté 500 francs il y a 15 ans, en vaut 1000 et plus aujourd'hui.

L'Enlèvement nocturne.
Le Chemin de la fortune.
Le Modèle honnête.
Le Matin.
Le Midi.
Le Soir.
La Nuit.
Le Bain.
Le Goûter.
Marchez tout doux, parlez tout bas.
L'Épouse indiscrète.
La Soirée des Thuileries.

Boilly

La Comparaison des petits pieds.
L'Amant favorisé.
On la tire aujourd'hui.
Le Prélude de Nina.

Borel

Les Dons imprudents.
Le Retour à la vertu.
La Bascule.
Le Charlatan.

Bosio

La Bouillotte.
Le Bal de l'Opéra.

Boucher

La Bouquetière galante.
La Toilette de Vénus.
L'Arrivée du courrier.
Le Départ du courrier.

Challe

L'Amant surpris.
La Soubrette officieuse.

Chardin

Dame cachetant une lettre.

Charlier

Vénus en réflexion.

Cochin

La Foire de Guibray.

Dagoty

Trait de bienfaisance de la reine Marie-Antoinette.

Debucourt

La Promenade publique.
La Promenade de la galerie du Palais-Royal.
La Promenade du jardin du Palais-Royal.
Heur et malheur ou la cruche cassée.
L'Escalade ou les adieux du matin.
Le Compliment ou la matinée du jour de l'an.
Les Bouquets ou la fête de la grand'maman.
Le Menuet de la mariée.
La Noce au château.
La Main.
La Rose.
L'Oiseau ranimé.
Les deux Baisers.
Frascati.

La Rose mal défendue.
La Croisée.
Il est pris.
La Réprimande.

Desrais

Le Petit Coblentz.

Doublet

Le Baiser de l'amour.

Dugoure

Le Lever de la mariée.

Duplessi-Bertaux

Vue intérieure des Galeries de Bois.

Eisen fils

Le Jour.
La Nuit.

Fragonard

L'Armoire.
Les Hazards heureux de l'escarpolette.
L'Amour.
La Folie.
La Chemise enlevée.
Les Beignets.
Le petit Prédicateur.
Dites donc s'il vous plaît.
L'Éducation fait tout.
L'heureux Moment.
La bonne Mère.
Le Serment d'amour.

Freudeberg

Le Monument du Costume.
Les Mœurs du temps.
L'heureuse Union.
Le petit Jour.

Garneray

Le Roman.
Le Matin.

Gravelot

Le Concert.

Greuze

La Philosophie endormie.
La Cruche cassée.
La Laitière.
L'Oiseau mort.
La petite Fille au chien.

Hoin

Le Prélude amoureux.

Huet

L'Amant écouté.
L'Éventail cassé.
Le Déjeuner.
Le Dîner.

Le Souper.
Les Rémois.

Jazet

La Promenade au jardin Turc.

Lagrenée

L'Oiseau privé.

Lancret

Les quatre Saisons.
Le Repas italien.

Lavereince

L'Aveu difficile.
L'Indiscrétion.
La Comparaison.
Le Billet doux.
Qu'en dit l'abbé ?
Le Déjeuner anglais.
La Leçon interrompue.

Le Bosquet d'amour.
La Promenade au bois de Vincennes.
L'Assemblée au concert.
L'Assemblée au salon.
Ah! le joli petit chien!
Le petit Conseil.
Le Restaurant.
Mrs Merteuil and miss Cecille Volange.
Valmont and Emilie.
Valmont and Presidente de Tourvel.
La Balançoire mystérieuse.
Les Nymphes scrupuleuses.
Ah! laisse moi donc voir.
La Directrice des toilettes.
Le Colin-Maillard.
Le joli Chien.
Le Déjeuner en tête-à-tête.
L'Ouvrière en dentelle.

Le Cœur

Gare à l'eau.
Une promesse, ah! laissez donc.
Néant à la requête.

Lenoir

Vue du Vaux-Hall à la foire de Saint-Germain.

Marillier

Les Désirs réciproques.
Les Regrets inutiles.

Moreau le jeune

Le Monument du Costume.
Exemple d'humanité donné par madame la Dauphine, le 16 octobre 1773.
Le Couronnement de Voltaire.
La Cinquantaine.

Parvillé (chez)

Le Cabaret Ramponneau.

Prud'hon

Phrosine & Mélidor.

Queverdo

Le Couché de la mariée.

Le Lever de la mariée.
La Jouissance.
Le Repos.

Regnault

Le Lever.

Saint-Aubin (Augustin de)

Le Bal paré.
Le Concert.
Croyez à mes serments.
Surtout soyez discret.
The first come best served.
The place to the first occupier.
La Promenade des remparts de Paris.
Tableau des portraits à la mode.

Saint-Aubin (Gabriel de)

Spectacle des Thuileries.
La Guinguette.
Le Charlatan.
Vue du Salon du Louvre en 1753.

L'Adresse de Perier.
Le Retour.

Saint-Aubin (Germain de)

Les Papiloneries humaines.

Saint-Quentin

L'aimable Paysanne.

Sergent

Il est trop tard.

Swebach-Desfontaines

Le Café des patriotes.
Le Bal de la Bastille.
Le Serment fédératif.
La Promenade de Longchamps, an X.

Taunay

La Noce de village.

La Foire de village.
La Rixe.
Le Tambourin.

Vanloo (Jacques)

Le Coucher.

Vernet (Carle)

La Danse des chiens.

Villeneuve (chez)

Ah! l'bon décret!

Watteau

L'Enseigne.
L'Embarquement pour Cythère.
L'Assemblée galante.
L'Ile enchantée.
Les Charmes de la vie.
La Gamme d'amour.

La Leçon d'amour.
Le Bosquet de Bacchus.
La Toilette.
Les Champs Élysées.
La Perspective.
La Cascade.

Wille fils

Le Repas des moissonneurs.
La Noce de village.
L'Essai du corset.

Ajoutons, quoique ce soient des portraits, et les amateurs ne nous pardonneraient pas de les avoir passés sous silence : *La Reine Marie-Antoinette, Mademoiselle Bertin, Mademoiselle Duthé, Nina,* de Janinet, qui, en *épreuves hors ligne,* se cotent couramment, dans les ventes, de 2000 à 3000 francs, et nous aurons là, environ, 220 estampes, belles, rares ou simplement curieuses, qui, certes, selon nous, donneront, par leur choix et leur diversité, la physionomie absolument fidèle de toute l'École française; eh bien! toutes ces pièces réunies, dans un état exceptionnel, peuvent être acquises pour environ 110 à 120000 francs; majorez, si vous voulez, le nombre des pièces et la somme à dépenser, vous arriverez alors à 300 gravures pour 150000 francs, qui vous représenteront une collection incomparable et sans rivale, en un mot, la quintessence de notre spirituelle et délicieuse École. Vous voyez donc que le but se peut encore assez facilement atteindre, et nous sommes persuadé que dix à quinze ans suffiraient amplement pour mener à bien une semblable entreprise.

Avis donc aux jeunes, et qu'ils sachent bien qu'il n'est jamais trop tard pour commencer; qu'ils ne se pressent pas : le charme de la collection n'est peut-être pas tant dans la possession que dans le désir, l'envie, la chasse de la belle pièce qu'on connaît, qu'on recherche et qu'on n'a pas encore !

Encore un mot, un dernier conseil, pour finir, que vous ne vous repentirez jamais d'avoir suivi : *N'achetez que de belles épreuves et repoussez impitoyablement les pièces défectueuses, à quelque prix qu'elles vous soient offertes.*

LISTE ALPHABÉTIQUE

DES GRAVEURS, PEINTRES ET DESSINATEURS

A

Aliamet	83, 248, 259, 278, 281, 283.
Alibert	1, 6, 200.
Alix	99.
Allais	66, 394.
Anselin	70, 89, 443, 499.
Armano	397.
Aubert	2, 33, 82, 117, 278, 364, 534.
Aubry	2.
Audebert	189, 192.
Audouin	463.
Audran	288, 293, 526, 534.
Auvray	199.

Aveline	283, 298, 299, 371, 526, 529, 530, 533, 534.
Avril	74, 82, 83, 160, 398.
Aze	520.

B

Balechou	278, 279, 523.
Bance	66, 69, 149, 328, 477.
Baquoy	115, 411, 534.
Barbier	6.
Baron	533.
Bartolozzi	6, 8, 535.
Basan	3, 16, 20, 22, 172, 173, 377, 389, 459, 484.
Basset	8, 448.
Baudouin	9, 11, 18, 99, 154, 188, 267, 268, 282, 316, 346, 368, 464.
Bazin	377.
Beaublé	55.
Beaulier	55.
Beauvarlet	17, 80, 82, 83, 159, 163, 212, 215, 258, 279, 383, 463, 519, 520, 523.
Beauvarlet (Mme)	17, 259.
Begat	11.

Beljambe	120, 258, 259, 390, 394, 395, 396, **402**.
Benard	**56, 357.**
Benazech	56.
Benoit	396.
Benossi	349, 355, 356.
Bertaud	364.
Berthet	156.
Bertin	50, 58.
Bertony	198.
Bervic	212.
Bigg	58.
Bilcoq	59.
Binet	59, 83, 192, **258**.
Blanchard	261, 444.
Blin	126, **477.**
Blot	5, 191.
Boillet	161, 162.
Boilly	59.
Boignet	59.
Boissière	277.
Boizot	164.
Bonnard	377.
Bonnefoy	63, 64, 66, 99, 280.
Bonnet	7, 43, 44, 49, 53, 55, 82, 83, 89, 90, 97, 99, 109, 131, 138, 156, 178, 195, **259**, 264, 268, 269, 270, 271, 272, **279**, **283**, 375, 376, 377.

Bonneville	9.
Borel	67, 183, 328, 392, 462.
Borgnet	173.
Bosio	75.
Bossange	149.
Bosse	234.
Bouchardon	78.
Boucher	18, 70, 79, 154, 280, 288, 454.
Bouilliard	94, 287.
Bounieu	84.
Bourguignon	245.
Boydell	453.
Bréa (de)	349.
Breton (Mme)	85.
Briceau	54, 89, 470.
Briche	395.
Brion	301, 534.
Buisson	93, 116.
Buldet	84, 177, 222, 294, 295, 296, 297, 298, 377, 382.

C

Camligue	420.
Campion (les)	89, 178, 199, 327.
Canot	85.

Caquet	85, 86, 350, 361.
Cardon	535.
Caresme	86, 205.
Carmona	118, 257.
Carmontelle	89.
Carrache	8, 383.
Carré	89, 240.
Cars	105, 160, 256, 257, 258, 383, 534.
Cathelin	405.
Caylus	118, 534.
Cazenove	66, 90.
Challe	90, 280.
Challiou	100, 157.
Chaponnier	60, 61, 66, 91, 168, 181, 266, 328, 331.
Chapuy	126, 301, 304, 305, 312, 363, 367.
Chardin	11, 100.
Charlier	106, 166.
Charpentier	116, 206.
Chateau	500.
Chatelin	372, 459.
Chauvel	112.
Chedel	83, 534.
Chereau	108, 356, 469, 470, 471, 526.
Chereau (Vve)	377.
Chevaux	108, 528.
Chevery (Mme)	397.
Chevery	403.

Chevillet	31, 178, 261, 387, 451, 463, 500.
Choffard	38, 42, 515.
Cipriani	6.
Clavareau	66.
Cochin (les)	105, 110, 111, 158, 159, 291, 293, 454, 532, 534.
Colinet	368.
Colson	113.
Combeau	114.
Commarieux	524.
Constantin	312, 313.
Copia	323, 393, 395, 456.
Coqueret	241, 372, 522.
Cor	170, 380.
Coron	183, 258.
Couché	87, 105, 200, 201, 204, 205, 354.
Coulé	393.
Courtin	117.
Courtois	474.
Coypel (les)	118, 281, 312, 313.
Crépy	52, 119, 157, 174, 176, 290, 294, 533.

D

Dagoty	119, 210.
Dambrun	218, 219, 281, 282, 373, 401, 420, 457, 458, 459.

Danloux	120.
Danzel	56, 82, 253.
Darcis	260, 316, 443, 444.
Daullé	82, 83, 160, 446.
Daumont	174, 176.
Davesne	120.
Dayes	122.
Debucourt	7, 122, 187, 208, 277, 308, 381, 508.
D'Furcy	178.
Delafosse	89.
Delalande	33.
Delaunay (les)	2, 3, 5, 6, 12, 44, 46, 50, 58, 71, 107, 182, 183, 184, 201, 202, 203, 208, 209, 214, 221, 235, 236, 238, 244, 258, 306, 316, 342, 359, 369, 388, 389, 415, 463, 518.
Delignon	218, 236, 281, 282, 329, 422.
Delorme	152.
Demarteau	8, 70, 81, 83, 112, 267, 270.
Demonchy	263, 385, 404.
Denargle	178, 315.
Dennel	68, 82, 90, 99, 214, 259, 287, 374, 486.
Deny	152, 164, 193, 329, 331, 376, 399, 401.
Depeuille	124, 142.
Dequevauviller	68, 318, 320, 324, 325, 328.
Deschamps	152.
Descourtis	7, 94, 99, 138, 466, 509, 511.
Desfossés	153.

Deshayes	18.
Desnos	117.
Desplaces	118, 281, 293, 534.
Desrais	114, 115, 116, 127, 154, 265, 277.
Detroy	158.
Dickinson	160, 453.
Diétrich	536.
Dieu	515.
Dissard	396.
Dorgez	178.
Doublet	161.
Doyer	162.
Dow	536.
Drevet	3.
Drolling	162.
Drouet	163.
Droyer	459.
Dubois de Ste-Marie	25, 44.
Duclos	119, 231, 232, 281, 468, 480.
Duflos	2, 56, 81, 82, 83, 104, 118, 164, 166, 278, 369, 449, 500.
Dufour	278, 279.
Dugast	59.
Dugoure	11, 38, 107, 164, 166, 360.
Duhamel	116.
Dumesnil	166.
Dupin (les)	105, 115, 278, 292, 534.

Duplessi-Bertaux	166, 507.
Dupréel	94, 281, 433, 451.
Dupuis	113, 170, 293, 531.
Dupuis (Mme)	178.
Dutailly	167.
Duval	150.

E

Earlom	168, 540.
Egairam	178, 353.
Eisen (les)	54, 169, 170, 281.
Eléonore	523.
Elluin	83, 89, 107, 259, 285, 506.
Erimeln	178.
Escuyer	366.
Esnault	115.

F

Fauvel	180.
Favannes (de)	166, 294, 377.
Feigl	235.

Ferreti	7.
Fessard	78, 83, 100, 246, 279, 287, 384, 498, 534.
Fillœul	105, 284, 382, 450, 451.
Fischer	172.
Flipart	89, 105, 205, 247, 251, 256, 258.
Fortier	180.
Fossoyeux	437.
Fournier	181.
Fragonard	59, 181, 243, 244, 280, 287, 288, 342, 365, 368, 388, 447.
Fraine (de)	221.
François	8, 70, 178.
Fredou	178.
Freudeberg	222, 405, 406, 407.
Furcy	178, 195.

G

Gaillard	13, 82, 83, 172, 176, 177, 178, 246, 247, 252, 258, 278, 376, 390, 500.
Gallimard	449.
Gamble	312, 313.
Gaucher	334.
Gauguin	122.
Garbizza	241.
Garnerey	242.

PEINTRES ET DESSINATEURS

Gatine	116.
Gaultier	476, 477.
Gérard (Melle)	243, 244.
Gérard	193, 213, 244.
Germain	438.
Ghendt (de)	29.
Gillaux	202, 208.
Girard	334, 395.
Girardet	369, 431.
Giraud le jeune	72.
Gleich	406.
Godefroy	207, 251, 431.
Gonzalès	245.
Gouy (de)	62, 63, 65, 91, 92, 192.
Gravelot	245, 247.
Greuze	247.
Grimoud	260.
Guerain	260.
Guersant	193.
Guinet	260.
Guttenberg (les)	35, 258, 339, 390, 414, 416, 419, 433, 514.
Guyot	144, 167, 183, 198, 354, 501.

H

Haffner	159.
Haid	258.

Haid et fils	42.
Halbou	169, 170, 211, 278, 281, 287, 417, 500.
Hallé	261.
Harleston	42.
Harriet	261.
Hauer	259.
Helmann	38, 166, 287, 346, 390, 410, 413, 424.
Heilmann	261.
Hemery	89, 154, 163, 371, 516.
Henriquez	160, 170, 259, 260.
Herisset	448.
Hertli	297.
Hilaire	262.
Hoin	262.
Honoré	63, 64, 519.
Houslabreu	520.
Houston	398.
Hubert	88, 259.
Huck	216.
Huet	43, 131, 178, 264, 267, 268, 283, 331.
Hulot	66.
Huot	67, 75.
Huquier	81, 83.
Huter	439.

I

Igonet	82, 278.
Imbert	273.
Ingouf (les)	57, 229, 230, 231, 232, 234, 237, 258, 259, 369.
Isabey	391, 519.

J

Janinet	7, 43, 51, 52, 80, 83, 87, 89, 95, 106, 107, 138, 161, 180, 190, 191, 237, 246, 263, 271, 275, 286, 299, 300, 302, 304, 314, 321, 348, 367, 369, 466, 499.
Jardinier	253, 258.
Jazet	276.
Jean	277.
Jeaurat	278.
J.-J. de Bz	276.
Jollain	279.
Joly	356, 363.
Joubert fils	477.
Joullain	292, 534.

Jourdan (Mme)	83.
Jouxis	120.
Jubier	6, 84, 86, 89, 107.
Jukes	467, 540.
Julien	478.

K

Keating	440.
Kimli	279.

L

Laffite	280.
La Fontaine	280.
Lafrensen	299.
Lagrenée	286.
La Live de Jully	258, 449.
Lallié	211, 287.
Lamesangère (P. de)	117, 274.
Lancret	11, 283, 288.
Landié	127.
Langlois	339.
Larmessin	280, 283, 284, 285, 289, 290, 291, 292, 293, 294, 295, 296, 297, 298, 377, 382, 525.

Laureince	299.
Laurent	83, 258, 393.
Laurin	283, 298.
Lauwerens	11, 43, 47, 92, 137, 166, 299, 400, 516.
Lavereince	299.
Laverins	299.
Lavreince	299.
Lavreinse	299.
Lavrence	299.
Lavrince	299.
Lavrins	299.
La Vrince	299.
Lawrence	299.
Lawrince	299.
Le Barbier	368.
Le Bas	82, 83, 85, 101, 102, 152, 177, 285, 288, 293, 405, 429, 446, 506, 516, 528, 529, 530.
Le Beau (Mme)	115.
Le Beau	38, 59, 115, 177, 192, 372, 459, 509.
Lebel	369, 431.
Le Brun	372.
Le Campion	376.
Le Clerc	54, 114, 284, 375.
Lecœur	7, 157, 267, 360, 361, 362, 367, 378, 380, 381, 441, 505, 507, 508.
Ledaulceur	79.

Lefèvre	381, 523.
Legra d	62, 99, 178, 179, 194, 195, 196, 205, 211, 242, 266, 281, 285, 315, 395, 517.
Legrand (Mlle)	109.
Le Loutre	49, 328.
Lelu	381.
Lemesle	284, 382.
Lemire	152, 178, 247, 387.
Lempereur	82, 383, 516.
Lemoine	382.
Lenfant	383.
Lenoir	383.
Le Prince	8, 386, 480.
Lerouge	384.
Leroy	115, 390.
Lepaon	384, 429.
Lepicié	82, 103, 104, 105, 118, 278.
Lepicié (Renée)	83, 118.
Le Peintre	384.
Lesueur (Mlle)	390.
Lesueur	361.
Letellier	258, 273.
Le Tournay	160.
Levachez	521.
Levasseur	6, 160, 247, 250, 258, 259, 278, 279, 287.
Leveau	3, 54, 59, 146, 390, 393.
Leveillé	72, 75.

Levesque	82, 154, 160.
Levillain	260, 353.
Levilly	66.
Lienard	429.
Lindor de Toulouse	99, 280.
Lingée	220, 226, 227, 229, 281.
Liotard	83, 534.
Littré	500, 520.
Loizelet	366, 391.
Long John	168.
Longueil	5, 174, 175, 176, 388, 391, 392.
Lorrain	82, 160.
Loutherbourg	392.
Lucas	166, 278.

M

Macret	170, 204, 245, 258, 433, 443.
Malapeau	93.
Malbeste	282, 423, 429.
Malles	517.
Mallet	217, 393.
Malœuvre	47, 228, 256, 459.
Marchand	98, 206, 208, 342.
Marel	3, 20, 328, 518.

Mariage	178, 353.
Marillier	215, 397.
Marin	52, 53, 85, 259, 397, 398.
Martenasie	259.
Martin	114, 260.
Martinet	170, 502, 509.
Martini	373, 408, 409, 416, 417, 431, 458, 460.
Massard	15, 83, 247, 249, 250, 254, 257, 258, 259.
Masson	149.
Masquelier	35, 354.
Mathias	66.
Mathey	118.
Mathieu	99, 209, 262.
Mauclerc	99.
Mercier	398, 531, 533.
Metz	42.
Michaud	242.
Michel	82.
Miger	83, 201.
Mixelle	50, 155, 156, 157, 192, 205, 242, 366, 395, 398.
Moithey	437, 500.
Moitte	34, 56, 82, 258, 259, 293, 331, 377, 399.
Mondhare	373, 402.
Mongin	402.
Monnet	403.
Monsaldy	66.
Monsiau	404.

Montigny	79.
Moreau le jeune	9, 10, 26, 222, 247, 248, 249, 358, 384, 405, 407.
Moreau	438.
Morland	66, 439.
Morrau	419.
Morret	75, 441, 448, 466, 478, 506.
Motey	108.
Mouchet	441.
Mové	448.
Moyreau	463, 526, 533, 534.
Muller	279.

N

Naudet	178, 182, 183, 261, 436, 444.
Née	390, 429.
Netscher	536.
Nicolette	154.
Niquet	370.
Nixon	65.
Noël	66.
Noipmacel	178.
Nopec	178.
Northcote	445.

O

Octavien	445.
Oudry	446.
Ouvrier	82, 500.

P

Palamadès	383.
Pallière	404.
Papavoine	152, 211, 273.
Parlington	479.
Paroy	199, 447.
Partout	305.
Pasquier	279, 448, 520.
Patas	115, 171, 177, 178, 219, 281, 282, 368, 369, 412, 422, 437, 438, 457, 459.
Pater	284, 288, 293, 448.
Patour	261.
Parvillé	447.
Patron	269, 376.
Paul	451.
Pelicier	115.
Peter Simon	452.

Peters	451, 452, 453.
Perdriau	163.
Perrot	468.
Petit	66, 82, 194, 244, 256, 260, 282, 292.
Phelipeaux	89, 477, 478.
Picot	198.
Pierre	285, 505, 506.
Pierron	347, 516.
Pietrequin	516.
Pillement	370.
Pillet	174, 176.
Pineau	405.
Piranesi	466.
Poignant	16, 221.
Poilly	3, 118.
Poletnich	82, 83.
Pompadour (Mme de)	81, 454.
Ponce	15, 19, 23, 35, 84, 178, 196, 197, 236.
Porporati	255, 499, 520.
Prot	396.
Prudhon	455.
Pruneau	386, 480.

Q

Queverdo	373, 457, 458.

R

R et D.	442.
Ramberg	284, 460.
Ransonnette	74, 462.
Raoux	463.
Raphaël	13.
Rapilly	115.
Ravenet	118, 398, 449, 533.
Regnault	32, 33, 75, 188, 207, 215, 463.
Robert	466.
Robillac	404.
Roger	456.
Romanet	215, 223, 224, 418, 459, 500.
Rosamberg	114.
Rowlandson	114, 467.
Rubens	383.
Ruotte	93.
Ryland	82.

S

Sablet (les)	467, 468.
Saint-Aubin (A. de)	11, 82, 115, 187, 188, 386, 468.
Saint-Aubin (C.G. de)	494.

Saint-Aubin (J.-G.)	68, 285, 480
Saint-Nom	112, 215, 245.
S. P. Ch.	480.
Saint-Poussin	498.
Saint-Quentin	52, 499.
Salvator	520.
Santerre	499.
Sayer	167.
Schall	328, 395.
Schalken	536.
Scheneau	500.
Schiavonetti	535.
Schmidt	283, 293, 295.
Schroler	63.
Schultz	258.
Schwab	170.
Scotin	82, 288, 533.
Shrosphire	504.
Sergent	157, 473, 477, 501.
Seinwork	284, 382.
Sève (de)	396.
Silvestre	3, 293.
Simon	105, 452, 453, 536.
Simonau	356.
Simonet	4, 9, 20, 46, 49, 114, 258, 282, 425, 433, 437.
Slodtz	502.

Smirke	453.
Smith	58, 439, 503.
Snyders	168.
Soiron	122, 366, 367, 440.
Sornique	278, 283, 299.
Soubeyran	82.
Subleyras	285, 505.
Surugue (les)	103, 104, 105, 118, 278, 449, 534.
Swebach-Desfontaines	506.

T

Tanche	509.
Tardieu	178, 179, 281, 288, 292, 293, 492, 527.
Taunay	510.
Teduan	178, 182.
Tennob	178, 269.
Terburg	536.
Tessari	355.
Teuh	178.
Teucher	377.
Texier	66.
Theolon	514.
Thevenard	445, 446.
Thew	452.

Thomas	421.
Thomassin	534.
Tilliard	79, 83, 89, 99, 219, 259, 281, 476, 480.
Tournay (les)	166, 278.
Touzé	217, 282, 335, 515.
Tresca	61, 62, 66, 280, 351.
Trière	11, 164, 218, 237, 281, 282, 410, 419.
Trinquesse	348, 516.

V

Vallet	92, 517.
Valton	505.
Van-Gorp	517.
Van Huysum	167.
Vanloo (les)	518, 520.
Varin	339.
Vendramini	535.
Vernet (les)	116, 149, 151, 405, 521, 523.
Vidal	66, 97, 205, 207, 208, 244, 310, 316, 332, 336, 338, 346, 400, 401, 403, 404.
Vien	523.
Vigée Le Brun (Mme)	374.
Villeneuve	340, 341, 524.
Vincent	88, 524.
Vionnet	98.

Vivarès	156.
Vleughel	285, 525.
Voderf	178.
Voyez (les)	24, 68, 82, 89, 122, 178, 225, 227, 235, 256, 258, 287, 357, 450, 463, 500, 515, 516.
Voysard	68, 115, 196, 372, 373.

W

Wagner	7.
Ward	439, 440, 445, 505.
Watteau	288, 525.
Watteau (fils)	114.
Weiss	105.
Wheatly	535.
Wille	3, 193, 536.
William	540.
Wogts	99.
Wolf	181, 540.
Wossenick	89.
Wright	540.

LISTE ALPHABÉTIQUE

DES ESTAMPES, DESSINS, GOUACHES ET TABLEAUX

A

Abandon voluptueux (l')	68, 486.
Abbé en conqueste (l')	377.
A beau cacher	375.
A bon chat, bon rat	119.
Abus de la crédulité (l')	3.
Accident imprévu (l')	316, 317, 318.
Accord du mariage (l')	172.
Accord maternel (l')	271.
Accord parfait (l')	224, 407, 413, 532, 534.
Accordée de village (l')	256, 257.
Accouchée (l')	278.
A ce soir	147.
Achettés mes petites eaux-fortes	500.

Achève ton ouvrage...	107, 166.
Acis et Galathée	534.
Acte d'humanité	221.
Action (l')	113.
Adieu	148.
Adieux (les)	407, 415.
Adieux de Catin (les)	383.
Adieux de la nourrice (les)	2.
Adieux des Anglais (les)	277.
Adieux du fermier (les)	272.
Adieux d'un Russe à une Parisienne (les)	151.
Adolescence (l')	289.
Adresse de Périer	489.
Adroite Confidente (l')	98.
A femme avare galant escroc	281, 283, 294.
A Flower	168.
A Fruit piece	168.
A lover's Anger	536.
A Maid	503.
A new love Song	535.
A Wife	503.
Age agréable (l')	287, 288.
Age d'or (l')	449.
Age viril (l')	119.
Agneau chéri (l')	393.
Agréable Exemple (l')	86.

Agréable Illusion (l')	205.
Agréable Leçon (l')	83.
Agréable Négligé (l')	51, 52, 499.
Agréable Société (l')	449.
Agréable Surprise (l')	86.
Agréments de la campagne (les)	292.
Agréments de l'été (les)	534.
Agression (l')	147.
Ah ! ah ! je vous y prends	402.
Ah ! comme il y viendra	66.
Ah ! laisse-moi donc voir	348.
Ah ! l'bon décret	524.
Ah ! quel doux plaisir	323.
Ah ! quel vent	147.
Ah ! quelle est gentille	64, 66.
Ah ! quelle est heureuse	349.
Ah ! qu'il est donc drôle	273.
Ah ! qu'il est gentil	64.
Ah ! qu'il est joli	517.
Ah ! qu'il est sot	66.
Ah ! si je te tenais	120.
Ah ! s'il s'éveillait	465, 466.
Ah ! s'il y voyait	524.
Ah ! voyons mon frère	272.
Aimable Accord (l')	160.
Aimable Paysanne (l')	52, 499.
Air (l')	293.

A Lady and her children...	58.
Alix malade	282.
Allégorie au mariage du Dauphin	487.
Allégorie des mariages...	492.
Allégorie sur la convalescence de madame de Pompadour	112.
Allégorie sur la convalescence du Dauphin	486.
Almanach aérostatique pour 1785	9.
Almanach national 1799	150.
Almanach national dédié...	137.
Amant couronné (l')	269.
Amant curieux (l')	393.
Amant écouté (l')	43, 264, 265.
Amant favorisé (l')	7, 60.
Amant indiscret (l')	292.
Amant musicien (l')	66.
Amant poète (l')	66.
Amant préféré (l')	66.
Amant pressant (l')	100, 265.
Amant regretté (l')	122.
Amant sans gêne (l')	159.
Amant surpris (l')	94, 95.
Amant vengé (l')	462.
Amant victorieux (l')	516.
Amante inquiète (l')	534.
Amants curieux (les)	6.

Amants découverts (les)	144.
Amants heureux (les)	450.
Amants poursuivis (les)	144.
Amants satisfaits (les)	89.
Amants surpris (les)	39, 40, 41, 42, 83, 369.
Amants surpris par un garde chasse (les)	99.
Amants trahis par leur ombre (les)	99.
Amateurs de plafond au Salon (les)	151.
A mi-corps dans un encadrement...	162.
Amour (l')	188, 190, 259.
Amour asiatique (l')	172.
Amour à l'épreuve (l')	16, 17, 18.
Amour à l'espagnole (l')	386, 480.
Amour au Théâtre français (l')	534.
Amour bravé (l')	399.
Amour caressant Psyché qui le repousse (l')	207.
Amour caresse avant de blesser (l')	456.
Amour conduit par la folie (l')	500.
Amour coquet (l')	278.
Amour corrigé (l')	78.
Amour couronné (l')	66, 272.
Amour curieux (l')	271.
Amour désarmé (l')	83.
Amour de la gloire (l')	390.
Amour de village (l')	118.

Amour de ville (l')	118.
Amour des fleurs (l')	387.
Amour du travail (l')	387.
Amour du vin (l')	278.
Amour enchainé par les Grâces (l')	83.
Amour enseignant l'art d'aimer (l')	118.
Amour en ribote (l')	170.
Amour en sentinelle (l')	201.
Amour est de tout âge (l')	404.
Amour et le badinage (l')	450.
Amour européen (l')	172, 173.
Amour et Psyché (l')	381.
Amour fixé (l')	500.
Amour frivole (l')	16, 17, 18.
Amour indiscret (l')	525.
Amour ingénieux (l')	211.
Amour juge ou le Congrès de Cythère (l')	404.
Amour le ramène (l')	396.
Amour mal accompagné (l')	534.
Amour maternel (l')	381, 451.
Amour médecin (l')	118.
Amour moissonneur (l')	83.
Amour mouillé (l')	282.
Amour nageur (l')	83.
Amour oiseleur (l')	83.
Amour paisible (l')	534.

Amour paternel (l')	6.
Amour petit-maître (l')	278.
Amour prédicateur (l')	118.
Amour présentant un bouquet (l')	454.
Amour prie Vénus (l')	271.
Amour prie Vénus de lui rendre les armes (l')	82.
Amour puni (l')	74.
Amour ramène Aminthe... (l')	82.
Amour rendant hommage à sa mère (l')	81.
Amour séduit l'innocence (l')	456.
Amour s'envolant (l')	78.
Amour, tu fais des jaloux	83.
Amour vendangeur (l')	83.
Amours champêtres (les)	38, 39, 40, 41, 42.
Amours de Phrosine et Mélidor (les)	456.
Amours du boccage (les)	292, 459.
Amours d'un héros chéri (les)	437.
Amoureux (l')	459.
Amusement du petit-maître (l')	294.
Amusement utile (l')	108.
Amusements champêtres (les)	176, 534.
Amusements dangereux (les)	515.
Amusements de campagne (les)	82.
Amusements de Cythère (les)	534.
Amusements de la jeunesse (les)	170.

Amusements de la vie privée (les)	105.
Amusements de l'hiver (les)	82.
Amusements du jeune âge (les)	537.
An Airing in Hyde Park	122.
Anarchisté (l')	274.
Andromède	81.
Angélique et Médor	463.
Anglais en habit habillé (les)	151.
Anglaises à Paris (les)	151.
Anglomane (l')	273.
Anneau de Hans Carvel (l')	283, 298.
Annette	258.
Annette à 15 ans	207.
Annette à 20 ans	207.
Annette et Lubin	19, 20, 141, 508.
Antiquaire (l')	105,
Antre du Sommeil (l')	454.
A Party angling	440.
Appas multipliés (les)	90.
Appât trompeur (l')	170.
Après-dîner (l')	82, 119, 272, 278, 290.
Après-midi (l')	174.
Apprêts de la course (les)	151.
Apprêts du bal (les)	148.
Apprêts du ballet (les)	351.
Arbre (l')	219, 282.
Aristide et Brise-scellé revenant...	274.

Arlequin jaloux	534.
Arlequin, Pierrot et Scapin	534.
Armoire (l')	181, 183.
Arrivée de la Reine à l'Hôtel de Ville	428.
Arrivée de J.-J. Rousseau aux Champs-Élysées	433.
Art d'aimer (l')	244.
Art et la nature (l')	526.
Assaut de la chevalière d'Éon	136.
Assemblée au concert (l')	318, 319, 320.
Assemblée au salon (l')	318, 319, 320.
Assemblée galante (l')	528, 531.
Astre nouveau (l')	150.
A Trip to Melton Mowbray	451.
Attente du plaisir (l')	383.
Attention dangereuse (l')	82.
Au moins soyez discret	471, 472.
Automne (l')	118, 173, 272, 288, 289, 316, 454.
Aventurière (l')	534.
Aveu difficile (l')	299, 304.
Aveugle (l')	105.
Aveugle détrompé (l')	89.
Aveugle trompé (l')	89.
Aveugles (les)	151.
Aveux indiscrets (les)	285, 450.
Aveux sincères (les)	373, 458.

A young Lady encouraging...   445.
A Visit to the child at nurse   440.

B

Bacchante (la)   390.
Bacchante endormie (la)   405.
Bacchante enyvrée (la)   86, 87.
Bacchante fouettée (la)   89.
Bacchus et Ariane   118, 287.
Bacchus préside à la fête   89.
Baigneuse surprise (la)   82, 403.
Baigneuses (les)   520, 523.
Baignets (les)   201, 388, 518.
Bain (le)   32, 33, 222, 224, 271, 449, 464, 495, 534.
Bain interrompu (le)   75.
Bain public de femmes mahométanes.   369.
Bain rustique (le)   534.
Baiser à la dérobée (le)   215.
Baisers à propos de bottes (les)   150.
Baiser dangereux (le)   205.
Baiser de l'amitié (le)   161.
Baiser de l'amour (le)   161.
Baiser donné (le)   99, 284, 450.

Baiser envoyé (le)	258.
Baiser prêté (le)	220, 282, 284.
Baiser refusé (le)	99.
Baiser rendu (le)	220, 221, 282, 284, 450.
Baisez maman	148.
Baisez petit, baisez mignon	441.
Bal (le)	224.
Bal champêtre (le)	176, 496, 533.
Bal chinois (le)	178.
Bal dansé à l'Opéra…	484.
Bal de la Bastille (le)	508.
Bal de l'Opéra (le)	76, 136.
Bal de Saint-Cloud (le)	498.
Bal de société (le)	136.
Bal du May	502.
Bal masqué (le)	427.
Bal paré (le)	65, 187, 468, 469, 470.
Balançoire (la)	294.
Balançoire mystérieuse (la)	336, 337, 338, 339.
Bandeau favorable (le)	360, 361.
Baronne (la)	188, 477.
Barrière de Charenton (la)	150.
Bascule (la)	72, 73, 83, 212.
Basse-cour (la)	272.
Bât (le)	99, 280, 285, 525.
Bataille de Fontenoy (la)	112, 491.
Bateleur (le)	495.

Batteuse de beurre (la)	56.
Beauté sans apprêts (la)	437.
Beautés (les)	176.
Beau Commissaire (le)	169.
Beau Rosier (le)	376.
Belle Bouquetière (la)	449.
Belle Cachette (la)	268, 269.
Belle Complaisante (la)	294.
Belle Cuisinière (la)	82.
Belle Dormeuse (la)	398.
Belle Femme de chambre (la)	294.
Belle fileuse (la)	500.
Belle Grecque (la)	293.
Belle jambe de Lisette (la)	459.
Belle-mère (la)	258.
Belle Nourrice (la)	176.
Belle Toilette (la)	90.
Belle Villageoise (la)	82.
Belphégor	219, 281.
Bénédicité (le)	56, 105, 258.
Bénédiction paternelle (la)	138, 143.
Berger constant (le)	279.
Berger dangereux (le)	6.
Berger entreprenant (le)	270.
Berger galant (le)	270.
Berger imprudent (le)	178.
Berger indécis (le)	292

Berger suppliant (le)	405.
Bergère (la)	272.
Bergère attentive (la)	83.
Bergère des Alpes (la)	3.
Bergère prévoyante (la)	83.
Bergère satisfaite (la)	272.
Bergères au bain (les)	267.
Bilboquet (le)	273.
Billet doux (le)	2, 148, 306, 307, 308, 309, 359.
Billet rendu (le)	100, 158, 502.
Blanchisseuse (la)	81, 105, 157.
Blessé (le)	495.
Blind man's buff	439.
Bon Accord (le)	109.
Bon Exemple (le)	261.
Bonheur du ménage (le)	388.
Bon Genre (le)	274.
Bon Logis (le)	375.
Bon, t'y voilà	380.
Bonne Amitié (la)	500.
Bonne d'enfant à la promenade (la)	151.
Bonne éducation (la)	101, 258.
Bonne Mère (la)	105, 185, 209, 210, 211, 241.
Bonne Ruse (la)	109.
Bonnes Amies (les)	396.
Bonté maternelle (la)	5, 43.
Bonne petite Sœur (la)	393.

Bosquet d'Amour (le)	312, 313, 349.
Bosquet de Bacchus (le)	532.
Boudoir (le)	222, 228, 445, 446.
Bouillotte (la)	75, 136.
Bouquet (le)	172, 294.
Bouquet accepté (le)	181.
Bouquet bien reçu (le)	176.
Bouquet chéri (le)	66.
Bouquet dangereux (le)	156.
Bouquet déchiré (le)	164, 398, 401.
Bouquet de la fermière (le)	235.
Bouquet impromptu (le)	99.
Bouquet inattendu (le)	244.
Bouquets ou la fête de la grande maman (les)	130.
Bouquetière (la)	82.
Bouquetière galante (la)	79.
Bourgeois maltraité (le)	74.
Boutique du forgeron (la)	540.
Brodeuse au tambour (la)	268.
Brouette (la)	272, 496.
Bulles de savon (les)	105, 164.
But (le)	272.
Buveur (le)	260.

C

Ça a été	66.
Cabaret de madame Ramponneau (le)	447.
Cabaret Ramponneau (le)	447.
Cabaretier (le)	166.
Cabinet des modes... (le)	116.
Cache-cache	78.
Cachette découverte (la)	72, 182, 183.
Cadeau (le)	66.
Cadeau délicat (le)	66.
Café ambulant (le)	150.
Café des Incroyables (le)	273.
Café politique (le)	180.
Café Procope (le)	393.
Caffé des Patriotes	506.
Cage symbolique (la)	384.
Ça ira	66.
Calèche (la)	151.
Calèche se rendant au rendez-vous	151.
Calendrier des vieillards (le)	84, 218, 280, 282.
Calendrier républicain (le)	381.
Calendrier républicain an III (le)	150.

Calme (le)	523.
Camp volant (le)	534.
Canal (le)	150.
Carême prenant	500.
Carnaval (le)	150.
Carnaval des rues de Paris (le)	728.
Carquois épuisé (le)	12, 13, 14, 15, 188.
Caresses du Zéphir et de l'Amour (les)	394.
Cas de conscience (le)	179, 281.
Cascade (la)	533.
Cassette (la)	219, 282.
Catéchisme (le)	33, 34.
Céladon et Célia	536.
Ce petit Écureuil est...	118.
Ce que j'étais, ce que je suis	274.
Ce que je devrais être	274.
Ce qui est bon à prendre est bon à garder	266.
Cérémonie du mariage du Dauphin	110.
Cerf volant (le)	166.
Cerises (les)	19, 20, 121, 147.
C'est en vain	147.
C'est ici les différents jeux...	476.
C'est papa	517, 518.
C'est un fils, Monsieur	407, 411.
Chacun son tour	151.

Chagrins de l'enfance (les)	441.
Chaise vaccante (la)	147.
Chaises (les)	483.
Chambrière instruite (la)	167.
Champs-Élysées (les)	533.
Chanteur de cantiques (le)	112.
Chanteurs du mois de may (les)	241.
Chantre à table (le)	166.
Chapeau (le)	162.
Charbonnier (le)	157.
Charlatan (le)	72, 73, 485.
Charlatan allemand (le)	166.
Charlatan français (le)	166.
Charmante Catin (la)	112.
Charme de la liberté ou... (le)	373.
Charmes de la conversation (les)	292.
Charmes de la vie (les)	530.
Charmes du printemps (les)	82.
Chasse (la)	82.
Chasse aux oiseaux (la)	534.
Chasse au renard (la)	151.
Chasseur (le)	59.
Chaste Susanne (la)	523.
Chat emmailloté (le)	244.
Chat malade (le)	534.
Chats angolas de madame la marquise du Deffant (les)	112.

ESTAMPES, DESSINS

Château de cartes (le)	83, 164.
Chaussée (la)	332.
Chevalier (le)	219, 282.
Chevaux de bateaux (les)	151.
Chemin de la fortune (le)	24, 25.
Chemise brûle (ma)	194.
Chemise enlevée (la)	193.
Chevreuil forcé (le)	446.
Chez moi	380.
Chien braque en arrêt (le)	446.
Chienne braque et sa famille (la)	446.
Chiens ayant perdu la trace	151.
Chiffonnier (le)	151.
Chiffre d'amour (le)	208.
Chiquenaude (la)	118.
Chit-chit	393.
Choix naturel (le)	98.
Chose impossible (la)	283, 298, 299.
Chu…u…u	92.
Chûte (la)	148.
Chûte favorable (la)	158, 376.
Chûte inattendue (la)	269.
Cinq Sens (les)	78, 480.
Cinquantaine (la)	437.
Circassienne à l'encan (la)	75.
Citrons de Javotte (les)	279.
Clochette (la)	272, 282, 283, 284, 382.

Cloître (le)	466.
Clytie châtiant l'Amour	8.
Cocarde nationale (la)	64.
Cocher russe (le)	150.
Cocu battu et content (le)	218, 281, 284, 450.
Coeffeuse (la)	278.
Coiffeur (le)	150.
Collation (la)	534.
Collation champêtre (la)	533.
Colère feinte (la)	265.
Colin-maillard (le)	83, 167, 212, 360, 448, 449.
Colombes (les)	271.
Colombe chérie (la)	89.
Colombine et Arlequin	534.
Colonnade (la)	157.
Colonnade et jardin du Palais Médicis (la)	466.
Comédiens français (les)	534.
Comédiens italiens (les)	534.
Comédie (la)	520.
Comète (la)	150.
Compagne de Pomone (la)	499.
Comparaison (la)	94, 300, 304, 367.
Comparaison des petits pieds (la)	59, 60, 61.
Comparaison du bouton de rose (la)	68, 486.
Complaisance maternelle (la)	235.
Compliments du jour de l'an (les)	270.

Compliment ou la matinée du jour de l'an (le)	129.
Comptez sur mes serments	472.
Comte d'Artois enfant et... (le)	163.
Concert (le)	65, 167, 187, 245, 468, 470, 489
Concert agréable (le)	339, 340, 341, 342.
Concert amoureux (le)	448, 449.
Concert champêtre (le)	176.
Concert de famille (le)	536.
Concert mécanique (le)	175.
Concert pastoral (le)	292.
Concert sous le Directoire (un)	78.
Conférence de l'ordre des avocats (la)	492.
Confessionnal (le)	34, 35.
Confessions du XVIIIe siècle	367.
Confiance enfantine (la)	237.
Confidence (la)	83, 84, 348, 394, 519.
Confidences (les)	223, 224.
Conseils maternels (les)	539.
Consolation de l'absence (la)	342, 344, 345.
Consommé (le)	331, 399, 400.
Constitution française (la)	507.
Consultation appréhendée (la)	59.
Consultation redoutée (la)	146.
Constancy	66.
Constitution de l'Assemblée géné-	

rale à...	428.
Contes de la Fontaine (les)	113, 178, 272, 377, 382, 450, 461, 492.
Contemplation (la)	440.
Contrat (le)	191, 192.
Contredanse (la)	534.
Contre-temps (le)	70, 92, 327.
Contrôleur des toilettes (le)	156.
Conversation (la)	272.
Conversation espagnole (la)	519.
Conversation galante (la)	293, 449.
Conversation intéressante (la)	448, 449.
Conversation mystérieuse (la)	148.
Conviction (la)	98.
Coquettes du village (les)	293.
Corps de garde (le)	390.
Correction inutile (la)	70.
Correction maternelle (la)	5.
Correspondance furtive (la)	147.
Coq secouru (le)	271.
Coquette (la)	278.
Coquette et ses filles... (la)	150.
Coquette fixée (la)	200.
Coquette du village (la)	499.
Coquettes qui pour voir...	534.
Cosaque galant (le)	151.
Costumes	114.

Costumes et modes des années 97-99	158.
Coucher (le)	223, 520.
Coucher à l'italienne (le)	519.
Coucher de la mariée (le)	9, 10, 12, 96, 165, 457, 458.
Coucher des ouvrières en linge (le)	78.
Coucher des ouvrières en mode (le)	324, 325, 326, 327.
Couchez-là	443.
Coucou	65, 390.
Coup de vent (le)	151, 369.
Coup d'œil exact de.,.	460.
Coupe enchantée (la)	219, 281.
Courrier anglais (le)	151.
Couronnement de la rosière (le)	56.
Couronnement de Voltaire (le)	434.
Course anglaise (la)	151.
Course de chevaux (la)	151, 407, 419.
Courses du matin à la porte d'un...	150.
Courtisane amoureuse (la)	84, 280, 284, 285, 450, 505.
Courtship	540.
Couturière (la)	278.
Couvent (le)	466.
Crainte (la)	387.
Crainte enfantine (la)	237.
Crainte mal fondée (la)	66.
Crédulité sans réflexion (la)	500.
Cris de Londres (les)	535.
Croisée (la)	141.

Croix d'honneur (la)	150.
Croyables au tripot (les)	273.
Cruche cassée (la)	247, 249.
Cruel rit des pleurs... (le)	456.
Cuisinière charitable (la)	178.
Cuisinière surveillante (la)	500.
Culbute (la)	206.
Culte naturel (le)	397.
Culte systématique (le)	89.
Curée faite (la)	446.
Curieux (le)	47, 92.
Curieuse (la)	273, 536, 537.
Curieuse aperçue (la)	100, 157, 502.
Curiosité (la)	193.
Curiosité punie (la)	401.
Curtius français (le)	437.
Cuvier (le)	99, 284, 382.
Cygne effrayé (le)	446.

D

Dame bienfaisante (la)	247, 258.
Dame cachetant une lettre	100.
Dame de charité (la)	166, 178.
Dame du palais de la Reine (la)	224, 407, 416.

Dame prenant son thé	105.
Damier (le)	495.
Danaë	83.
Danger de la bascule (le)	385, 386.
Danger des bosquets (le)	509.
Danger du tête à tête (le)	49.
Dangereux modèle (le)	459.
Dans cette aimable solitude	293.
Dans un intérieur une jeune femme...	173.
Dans un intérieur un jeune homme...	173.
Dans un riche intérieur un jeune homme...	241.
Dans un intérieur deux femmes...	268.
Dans un salon...	155.
Dans un riche intérieur...	73, 74.
Danse (la)	448.
Danse des chiens (la)	136, 521.
Débauche (la)	514.
Déclaration (la)	212, 266.
Déclaration de grossesse (la)	224, 407, 408.
Décoration de la salle de spectacle	111.
Décoration du bal masqué	111.
Décoration du bal paré	111.
De deux galants...	117.
Défaite (la)	98.
Défends-moi	66.
Défilé (le)	534.

Déguisement enfantin (le)	170.
Déjeuner (le)	43, 82, 238, 267, 268, 366, 367.
Déjeuner anglais (le)	309, 310, 311.
Déjeuner de Fanfan (le)	517.
Déjeuner en tête à tête (le)	365, 366.
Délassements de la guerre (les)	534.
Delia on the country	439.
Délices de l'automne (les)	82.
Délices de la maternité (les)	407, 413.
Délire (le)	164.
Demande acceptée (la)	6.
Déménagement d'un peintre (le)	278.
Dentiste ambulant (le)	539.
Départ (le)	218, 281.
Départ de l'enfant prodigue (le)	514.
Départ des remplacés (le)	273.
Départ du courrier (le)	79.
Départ du milicien (le)	369.
Départ d'une foire (le)	272.
Départ du soldat suisse (le)	236.
Départ pour la chasse (le)	119.
Départ pour le sabbat (le)	459.
Dernières paroles de J.-J. Rousseau (les)	433.
Derrière (le)	1.
Désastre et l'affreux incendie...	490.
Descente de police (la)	462.

Désir de plaire (le)	449.
Désirs accomplis (les)	372.
Désir amoureux (le)	50.
Désirs de l'amour (les)	99.
Désirs naissants (les)	509.
Désirs réciproques (les)	397.
Désirs satisfaits (les)	177.
Désolation des filles de joie (la)	445.
Dessin (le)	2.
Dessinateur (le)	105.
Deux amants (les)	492.
Deux amies (les)	108, 109, 148.
Deux amis (les)	221, 282, 284, 294, 504.
Deux baisers (les)	135, 208.
Deux boutons (les)	537.
Deux cages où... (les)	350.
Deux cailles où... (les)	350.
Deux confidents (les)	82.
Deux cousines (les)	533.
Deux jeux (les)	353.
Deux sœurs (les)	108, 205.
Deuxième vue	481.
Devant (le)	1.
Devideuse (la)	536.
Devin du village (le)	381.
Dévote (la)	278.
Diable en enfer (le)	282.

Diane au bain	272, 278, 534.
Dîner (le)	43, 267, 268.
Directeur des toilettes (le)	357.
Discussion de jeu au cabaret (la)	199.
Diseuse d'aventures (la)	534.
Diseuse de bonne aventure (la)	118, 381, 448.
Distrait (le)	246.
Dis donc, ta lorgnette me fait peur	274.
Dispute des filles et du merlan (la)	445.
Dites donc s'il vous plaît	203.
Divertissement de la nuit (le)	373.
Dix-huit Brumaire (le)	8.
Docteur (le)	534.
Dogs dancing	522.
Dons imprudents (les)	391, 392.
Don intéressé (le)	67.
Donne-m'en, ma sœur	272.
Donneur de sérénade (le)	259.
Dormeuse (la)	81, 82.
Dors, dors	465, 466.
Double Engagement (le)	75.
Douce Minette (la)	540.
Double Portrait (le)	260.
Double Récompense du mérite (la)	539.
Douce Résistance (la)	62.
Douceurs de l'été (les)	82.
Doux regard de Colin (le)	259.

Doux regard de Collette (le)	259.
Doux Repos (le)	261.
Doux Repos du berger (le)	393.
Doux Sommeil (le)	261.
Do you want any...	535.
Dragon de Vénus (le)	170.
Drochki (le)	150.
Droits de l'homme et du citoyen (les)	150.
Duel (le)	497.
Duel de Mlle la chevalière d'Éon	114.
D'un baiser que Tircis...	293.

E

Eau (l')	293.
Éclipse (l')	150.
École de danse (l')	324, 325, 326, 327.
École de l'amour (l')	372.
Écolier distrait (l')	258.
Écolier en vacances (l')	381.
Écolière craintive (l')	148.
Econome (l')	278.
Écrivain public (l')	539.
Écueil de l'innocence (l')	399, 400.
Écueil de la sagesse (l')	262, 263.

Écureuse (l')	105, 247, 258.
Écureuil content (l')	500.
Éducation de l'Amour (l')	287.
Éducation d'un jeune Savoyard (l')	259.
Éducation fait tout (l')	202.
Effets des vertus hospitalières à Paris (les)	78.
Égalité (l')	150.
Eh! vite l'on nous voit	361.
Élève discret (l')	314.
Élève intéressante (l')	244.
Elle est prête à cueillir	148.
Elle est prise	145, 370, 371.
Elle le boude	148.
Elle le suit	148.
Elle ne m'a pas vu	148.
Elle ne s'était pas trompée	321.
Elle y pense	148.
Elleviou aux Champs-Élysées	167.
Embarquement pour Cythère (l')	527.
Embarras du choix (l')	78.
Empereur Alexandre Ier en pied	150.
Emplette inutile (l')	107.
Enchanteur (l')	534.
Enfance (l')	119, 289.
Enfance chimiste (l')	278.
Enfance du Maître (l')	112.

Enfant chéri (l')	208, 388.
Enfant donnant des mouches...	500.
Enfant gâté (l')	256.
Enfant soldat ou les amusements... (l')	151.
Enfants bien avisés (les)	492.
Enfants de Bacchus (les)	534.
Enfants grondés (les)	451.
Enfants surpris (les)	259.
Enfantillage (l')	272.
Engeoleurs (les)	75.
Enjoleur (l')	534.
Enlèvement d'Europe (l')	82, 382.
Enlèvement de police (l')	278.
Enlèvement nocturne (l')	23.
Ennuyés (les)	522.
Enseigne (l')	526.
Entreprenant (l')	109.
Épagneul chéri (l')	255.
Éplucheuse de salade (l')	279.
Épouse indiscrète (l')	44, 46, 47.
Épouse mal gardée ou... (l')	373.
Époux curieux (les)	236.
Erigone vaincue	82, 154.
Ermite (l')	285, 506.
Ermite du Colysée (l')	466.
Escalade ou les adieux du matin (l')	128, 129, 187.

Escamoteur (l')	77, 170, 398, 448.
Escarpolette (l')	147, 438, 439, 534.
Esclave heureux (l')	262.
Escorte d'équipage (l')	534.
Espagnolette (l')	89.
Espérance le berce (l')	396.
Espiègles (les)	94.
Espièglerie (l')	170.
Espoir heureux (l')	272.
Essai des faux appas (l')	8.
Essai du bain (l')	450.
Essai du corset (l')	538, 539.
Essay de papiloneries humaines	496.
Et l'azard donc !	404.
Été (l')	118, 173, 272, 288, 316.
Étoile du matin (l')	150.
Étoile du soir (l')	150.
Étude du dessin (l')	66, 102.
Éveillé (l')	42.
Événement au bal (l')	223, 231.
Éventail cassé (l')	264, 265.
Exemple des mères (l')	278.
Exemple d'humanité donné...	431.
Exercice de Franconi	138, 151.
Exposition au Salon du Louvre	460.

F

Faible Résistance (la)	59, 192.
Faiseurs de châteaux de cartes (les)	105.
Faiseur d'oreilles et le raccommodeur de moules (le)	284, 377.
Faites la paix	273.
Familiarité dangereuse (la)	99.
Famille du fermier (la)	214, 215.
Fatigues de la guerre (les)	534.
Faucon (le)	282, 283, 285, 295, 506.
Fausse Apparence (la)	260.
Faute est faite, permettez... (la)	70, 71.
Feinte Caresse (la)	136.
Félicité villageoise (la)	236.
Femme commode (la)	292.
Femme de chambre complaisante (la)	92.
Femme trompée (la)	155.
Femme vengée (la)	155.
Femme et le mari ou... (la)	150.
Femmes se battent (les)	66.
Fermiers brûlés (les)	247, 258.
Féronde	282.
Feste italienne (la)	449.

Festin espagnol (le)	383.
Festin royal (le)	427.
Fête d'Auteuil (la)	491.
Fête de la maman	172.
Fête de la vieillesse	539.
Fêtes au dieu Pan	534.
Feu (le)	293.
Feu d'artifice (le)	428.
Feu d'artifice de l'Arc de Triomphe	150.
Fiacre (le)	279.
Fiancée du roi de Garbe (la)	219, 220, 282.
Fidélité en défaut (la)	371.
Fidélité surveillante (la)	154.
Figures de différents caractères	526.
Fil (le)	218, 282.
Fileuse (la)	56.
Filles de joie rasées... (les)	9.
Fille engageante (la)	100, 158, 502.
Fille enlevée (la)	144.
Fille grondée (la)	258.
Fille qui se défend mal (la)	157.
Fille s'enfuyant demi rasée (la)	445.
Fille surprise (la)	459.
Fils puni (le)	259.
Fin des astronomes (la)	150.
Finette	534.
Finis, Pierrot, si on nous voyait	402.

Finissez	98.
Fleuriste (la)	259.
Fleuve Scamandre (le)	84, 280.
Flûteur (le)	105.
Foire de Guibray (la)	112.
Foire de village (la)	510, 513, 514.
Folie (la)	188, 190, 191.
Folie du siècle (la)	170, 178.
Folie l'égare (la)	396.
Folie pare la décrépitude... (la)	118.
Fondation pour marier les filles	247.
Fontaine (la)	105.
Fontaine d'amour (la)	83, 188, 189.
Fossé du scrupule (le)	158.
Frascati	136, 138, 139.
Fraternité (la)	150.
Frère Luce	285, 492, 506, 525.
Fresh gathered peas...	535.
Frileuse (la)	259.
Frontispice	446.
Fruit de l'amour secret (le)	27.
Fuite à dessein (la)	88, 204.
Fuyez, Iris, ce séjour est à craindre	159.

G

Gage de la fidélité (le)	235.
Gage de l'amitié (le)	56.
Gageure des trois commères (la)	99, 179, 218, 281, 282.
Galante surprise (la)	331.
Galants surannés (les)	150.
Galerie de bois (la)	126.
Gallerie des modes et costumes français	114.
Gamme d'amour (la)	530.
Garçon cabaretier (le)	105.
Garçon jardinier (le)	278.
Gare à l'eau	379.
Gascon puni (le)	99, 179, 220, 280, 281, 283, 295.
Gastronome affamé (le)	138, 151.
Gastronome sans argent (le)	151.
Gateau des Rois (le)	85, 258, 437.
Gayeté de Silène (la)	50, 58.
Gentilles baigneuses (les)	293.
Germeuil	380.
Geste napolitain (le)	259.
Gimblette (la)	198, 205, 365.
Glorieux (le)	293.
Glouton (le)	221, 282, 284, 450.

ESTAMPES, DESSINS

Gourmand (le)	150.
Goût (le)	178.
Gouts différents (les)	150.
Goûter (le)	43, 267, 268, 279.
Goûter des Anglais (le)	151.
Gouvernante (la)	105.
Grâces au bain (les)	82.
Grâces au tombeau de Watteau (les)	81.
Grâces essayant les flèches de l'Amour (les)	272.
Grâces parisiennes au bois de Vincennes (les)	312, 313.
Grand concert au café des Aveugles	402.
Grand concert du Sultan	520.
Grand maman (la)	258.
Grand papa (le)	151.
Grande Toilette (la)	407, 418.
Guinguette (la)	484.

H

Ha ! le joli petit chien	320, 321, 322.
Halte	534.
Hazards heureux de l'escarpolette (les)	184.

Henri IV chez le meunier	433.
Henri IV jouant avec ses enfants	276.
Hercule et Omphale	178, 279, 383.
Héroïne de Saint-Milher (l')	150.
Heur et malheur ou la cruche cassée	128, 129.
Heure du berger (l')	181.
Heures du jour (les)	175.
Heureuse Distraction (l')	265.
Heureuse Famille (l')	150, 216.
Heureuse Fécondité (l')	202, 214, 215.
Heureuse Fermière (l')	390.
Heureuse Mère (l')	477.
Heureuse Nouvelle (l')	4.
Heureuse Rencontre (l')	398.
Heureuse Union (l')	233, 234.
Heureux Chat (l')	268, 269.
Heureux Époux (l')	462.
Heureux Instant (l')	524.
Heureux Ménage (l')	6, 397, 477.
Heureux Ménage ou les époux vertueux (l')	373.
Heureux Moment (l')	206, 239, 342, 343, 344, 345.
Heureux Serin (l')	500.
Histoire de l'Amour (l')	396.
Histoire de Paul et Virginie	99, 260.
Hiver (l')	118, 174, 272, 288, 316.
Hommage réciproque (l')	476.

Hommes se disputent (les)	66.
Honni soit qui mal y pense	63, 88.
Honni soit qui mal y voit	88.
Horoscope (l')	236.
Horoscope accompli (l')	236.
Horoscope réalisé (l')	236.
Hot spice ginger...	535.
House with napolitan ballad singers	160.
Humanité et bienfaisance du Roi	144.
Hymen et l'Amour (l')	82.
Hyver (l')	289.
Hyver ou le mari (l')	150.

I

Il a cueilli ma rose	75, 207.
Il a plu	148.
Il dort	63, 66.
Il est trop tard	501.
Il était temps	71.
Il garde les pourceaux	514.
Ile enchantée (l')	529.
Illumination de la cascade de Saint-Cloud	150.

Illusion (l')	442.
Il n'est plus temps	356.
Il ne vient plus	148.
Il n'y a pas de fumée sans feu	151.
Il va fleurir	148.
Il va l'apaiser	147.
Ils sont éclos	519.
Ils sont heureux	144.
Imitation d'Anacréon	282.
Impatience amoureuse (l')	396.
Incendie (l')	150.
Inclination de l'âge (l')	105.
Incroyable au Péron	273.
Incroyables (les)	273.
Incroyables et merveilleuses	116.
Indifférent (l')	534.
Indiscret (l')	68, 328.
Indiscrets (les)	46.
Indiscrétion (l')	301, 302, 304.
Indiscrétion vengée (l')	480.
Infidélité reconnue (l')	401.
Innocence en danger (l')	67, 350.
Innocence inspire la tendresse (l')	196.
Innocence instruite par l'Amour (l')	89.
Innocence poursuivie par l'Amour (l')	74.
Innocence sous la garde de la fi-	

délité (l') 84.
Innocente (l') 380.
Innocente du jour (l') 151.
Inspiration favorable (l') 211, 287.
Instant de la gaîté (l') 167.
Instant de la méditation (l') 105.
Instant passé (l') 100.
Instinct paternel (l') 5.
Instruction paternelle (l') 536.
Intention (l') 66.
Intrigues amoureuses (les) 500.
Inutile précaution (l') 151.
Invisibles (les) 77.
Invocation à l'Amour (l') 514.
Iris accorde sa voix 118.
Iris entrant au bain 382.
Irrésolution (l') 348, 516.

J

Jaloux (le) 534.
Jaloux endormi (le) 400.
Jamais d'accord 62, 314, 315, 366.
Jardin d'amour (le) 383.
Jardin du Tribunat (le) 78.

Jardin Turc (le)	276.
Jardinière (la)	478.
Jardinier du couvent (le)	466.
Jardinier galant (le)	38, 39, 40, 41, 42, 346.
Jardinière (la)	66.
Jarretière (la)	66, 242, 270, 371, 458.
Jean qui pleure	66.
Jean qui rit	66.
J'écouterai peut-être un...	118.
Je les trompe tous les deux	274.
Je m'occupais en attendant	395.
J'en accepte l'heureux présage	407, 409.
Je t'en ferai goûter	515.
Je t'en ratisse	120.
Je touche au bonheur	323.
Jets d'eau (les)	199, 200.
Je ne veux pas voir	367.
Jeu (le)	520.
Jeu de cache-cache mitoulas (le)	291.
Jeu de dames (le)	376.
Jeu de dominos (le)	376.
Jeu de comète (le)	112.
Jeu de l'Amour (le)	394.
Jeu de l'escarpolette (le)	376.
Jeu de l'oie (le)	103.
Jeu de loto, quine (le)	277.
Jeu de roulettes (le)	277.

Jeu des quatre coins (le)	291.
Jeu du colin-maillard (le)	291.
Jeu du pied de bœuf (le)	158, 291.
Jeune Bergère (la)	82.
Jeune Coquette (la)	463.
Jeune Dame sacrifiant...	396.
Jeune Darruder (le)	509.
Jeune Devideuse (la)	451.
Jeune Éveillée (la)	398.
Jeune Femme (la)	150.
Jeune Femme cachetant une lettre	500.
Jeune Femme tenant un masque	500.
Jeune Femme nue sur un lit	82.
Jeune Fille donnant à manger...	259.
Jeune Fille regardant des tourterelles...	500.
Jeune Flore	52.
Jeune Laborieuse (la)	260.
Jeune Nourrice (la)	259.
Jeune Studieuse (la)	260.
Jeune Vestale (la)	369.
Jeunesse (la)	119, 278, 289.
Jeunesse sous les habillements... (la)	118.
Jeux de l'Amour (les)	395.
Jeux naïfs (les)	117.
Ji vais	52.

Jocket (le)	396.
Joconde	218, 220, 272, 281, 283, 285, 461.
Joli Chien (le)	205, 364.
Joli Chien ou les petits favoris (le)	362.
Joli Dormir (le)	278.
Joli Nid (le)	109.
Joli petit Serin (le)	366.
Jolie Bouquetière (la)	259.
Jolie Charlatane (la)	169.
Jolie Fermière (la)	176.
Joseph Agricola Vialla	509.
Joueurs (les)	539.
Joueurs de boule (les)	151.
Joueuse (la)	170.
Jouir par surprise...	66.
Jouis, tendre mère	150.
Jouissance (la)	458.
Jour (le)	170.
Jour de barbe d'un charbonnier (le)	151.
Jour de l'An (le)	480.
Journal des Dames et des Modes	117.
Joye du théâtre (la)	294.
Joyeuse Orgie (la)	89.
Juge ou la cruche cassée (le)	145.
Juge de Mesle (le)	282.
Julie ou le premier baiser de l'amour	395.

Jument du compère Pierre (la)	221, 284, 285, 461, 525.
Jupiter et Antioche	89.
Jupiter et Calisto	83.
Jupiter et Danaë	271.
Jupiter et Io	272.
Jupiter et Léda	78, 82, 99, 480.
Jusques dans la moindre chose	35, 36, 37, 38.
J'y passerai	71, 183.

K

Knives, scissors...	535.

L

Lacet raccourci (le)	152.
Laitière (la)	247, 250.
La voilà prise	371.
Lanterne magique (la)	77, 136, 381.
Lanterne magique d'amour (la)	99.
Lapins (les)	272.
Larcins (les)	404.
Larcin toléré le)	287, 288.

Laveuses (les)	272.
Leçon d'amour (la)	531.
Leçon de clavecin (la)	240.
Leçon de guitare (la)	240.
Leçon de musique (la)	66.
Leçon d'union conjugale (la)	66.
Leçon interrompue (la)	309, 310, 311, 312.
Lecteur (le)	246.
Lecture (la)	148, 463.
Lecture de la Bible (la)	259.
Lecture d'un poème épique (la)	538.
Lecture espagnole (la)	519.
Lecture intéressante (la)	366.
Léger Vêtement (le)	51, 52, 164.
Lettre (la)	301.
Lettre désirée (la)	181.
Lettre envoyée (la)	389.
Lettre rendue (la)	389.
Lever (le)	15, 16, 33, 222, 223, 224, 407, 417, 463, 464.
Lever de la mariée (le)	11.
Lever des ouvrières en linge (le)	78.
Lever des ouvrières en mode (le)	324, 325, 326, 327.
Le voilà	148.
Le voilà fait	75.
Libéral (le)	66.
Liberté (la)	150.

Liberté du braconnier (la)	57.
Liberté perdue ou l'amour couronné (la)	373.
Lilas (le)	148.
Lise poursuivie	143, 144.
Liséuse (la)	536.
Lison dormait	237.
Lit (le)	218, 281.
Livre d'écrans (le)	81.
Logeur (le)	78.
Lorgneur (le)	534.
Loth et ses filles	437.
Loup aux abois (le)	446.
Lubin	258.
Lucile	162.
Lui a-t-il tout rendu ?	149.
Lui répondrai-je ?	150.
Lunettes (les)	285, 461.
Lunettier (le)	170.
Lydia	453.
Lycurgue blessé dans une sédition	112.

M

Madame Favart en montreuse d'ours	82.
Mademoiselle sa sœur	261.

GOUACHES ET TABLEAUX

Magnifique (le)	84, 219, 280, 282.
Main (la)	133, 134.
Main chaude (la)	78, 150.
Maître de danse (le)	85.
Maître de dessin (le)	272.
Maîtresse d'école (la)	104.
Maître de guitare (le)	500.
Maître de musique (le)	272, 372.
Maître galant (le)	156.
Malédiction paternelle (la)	258.
Malheur imprévu (le)	258.
Malheureuse famille Calas (la)	89.
Manie de la danse (la)	138, 150.
Maquerelles punies (les)	445.
Marchand de lunettes (le)	390.
Marchande de coco (la)	151.
Marchande à la toilette (la)	241, 331, 332, 333.
Marchande d'Amours (la)	523.
Marchande de bouquets (la)	539.
Marchande de chansons (la)	170, 539.
Marchande de châtaignes (la)	479.
Marchande de châtaignes dans... (la)	500.
Marchande d'eau-de-vie (la)	151.
Marchande en plein vent (la)	488.
Marchande d'herbes (la)	167.
Marchande de galettes (la)	150.

Marchande de harengs (la)	259.
Marchande de marrons (la)	167, 258.
Marchande de mode (la)	82.
Marchande de noisettes (la)	516.
Marchande d'œufs (la)	82, 516.
Marchande d'oiseaux (la)	82.
Marchande de peaux de lapins (la)	151.
Marchande de plaisirs (la)	170.
Marchande de poissons (la)	151.
Marchande de p'tisane (la)	535.
Marchande de saucisses (la)	138, 151.
Marchands d'argent (les)	65.
Marche comique (la)	449.
Marche du bœuf gras (la)	491.
Marche incroyable (la)	64.
Marché au gibier (le)	168.
Marché aux esclaves (le)	461.
Marché aux fruits (le)	168.
Marché aux légumes (le)	168.
Marché aux poissons (le)	168.
Marchez tout doux, parlez tout bas	38, 39, 40, 41, 42.
Mariage conclu (le)	5.
Mariage de Psyché et de l'Amour (le)	83.
Mariage rompu (le)	5, 6.
Mari complaisant (le)	156.
Mari confesseur (le)	220, 281.

Mari dupe et content (le)	368.
Mari galant (le)	156.
Mari jaloux (le)	279.
Mariée (la)	150.
Marquise (la)	188, 477.
Marton	35, 36, 37, 38.
Matin (le)	29, 30, 31, 32, 82, 85, 108, 119, 174, 175, 242, 243, 272, 278, 290, 393, 398, 464, 465.
Matinée (la)	235.
Matrimony	540.
Matrone d'Éphèse (la)	221, 281, 282, 284, 450.
Médecin clairvoyant (le)	390.
Méfiance (la)	54, 85.
Ménage ambulant (le)	83.
Ménage champêtre (le)	381.
Ménagère (la)	56, 105.
Menuet de la mariée (le)	131, 132, 133.
Méprise (la)	442, 443.
Mercure de France (le)	339, 340, 341.
Mère bien-aimée (la)	259.
Mère Brigide (la)	539.
Mère en courroux (la)	258.
Mère indulgente (la)	539.
Mère laborieuse (la)	105.
Mère qui intercède (la)	500.
Merlan à frire, à frire	274.

Merry Wives of Windsor	452, 453.
Messager fidèle (le)	147, 211, 287.
Mes gens ou les...	480.
Me trompe-t-il	149.
Merveilleuses (les)	273.
Mezetin	534.
Midi (le)	29, 30, 31, 32, 82, 85, 108, 119, 174, 272, 278, 290, 356, 390.
Milk below maids	535.
Milk woman	44.
Minet aux aguets	150.
Miroir brisé (le)	500.
Miroir consulté (le)	537.
Miroir de Vénus (le)	271.
M. N. et M***	148.
Modèles (les)	388.
Modèle bien disposé (le)	91.
Modèle honnête (le)	26.
Modes et manières du jour	147.
Modes passées, présentes, futures	55.
Modèle à barbe (le)	151.
Mœurs du temps (les)	233, 234, 241.
Moineau retrouvé (le)	390.
Mois républicains (les)	280.
Moment dangereux (le)	100, 158, 502.
Monture propre des dames	78.
Monument du costume physique et	

moral	222.
Morale inutile (la)	68.
Mort d'Adonis (la)	83.
Mort de Cléopâtre (la)	160, 536.
Mort du général Marceau (la)	369.
Monsieur Fanfan jouant avec...	243.
Moutons (les)	272.
Mouton chéri (le)	272.
Mouton innocent (le)	272.
Mrs Merteuil et miss Cecile Volange	333, 334, 335.
Much ado about nothing	452.
Muletier (le)	221, 282.
Muse Clio (la)	83.
Muse Erato (la)	83.
Musicien ambulant (le)	237.
Musiciens ambulants (les)	536.
Musicienne (la)	260.

N

Naissance d'Adonis (la)	82.
Naissance de Bacchus (la)	82.
Naissance de Vénus (la)	82.
Naissance des désirs (la)	500.

Naissance et triomphe de Vénus	82.
N'allez pas vous perdre	147, 224, 407, 410.
Nature (la)	193.
Naufrage (le)	534.
Néant à la requête	378, 379.
Nécessité n'a pas de loi	152.
Nécromancien (le)	390.
Négligé (le)	105.
Négligé galant (le)	118.
Négociant (le)	152.
Ne laissé-je rien	148.
Ne l'éveille pas	258.
Ne suis-je pas vu ?	150.
Ne vous y fiez pas	380.
New Mackrel	535.
New Thought	199.
Nicaise	283, 295.
Nid d'amour (le)	90.
Nid de fauvettes (le)	66.
Nina	263, 368.
Noce au château (la)	131, 132.
Noce de village (la)	510, 513, 514, 538.
Nourrice élégante (la)	59.
Nourrices (les)	83.
Nous étions deux, nous voila trois	66.
Nouveaux époux (les)	157.
Nouveau Jeu du costume...	158.

Nouvellistes (les)	491.
Nouvelle affligeante (la)	279, 539.
Nouvelle du bien-aimé (la)	459.
Nouvelle intéressante (la)	395.
Nuit (la)	29, 30, 31, 32, 85, 108, 171, 393, 394, 398, 464, 465.
Nuit de noce (la)	200.
Nymphe Érigone (la)	279.
Nymphe au bain (la)	82.
Nymphes scrupuleuses (les)	336, 337, 338.
Nymphes, satyres, Amours	454.

O

Obéissance récompensée (l')	83.
Occasion (l')	207.
Occasion favorable (l')	287.
Occupation (l')	222, 226.
Occupation selon l'âge (l')	532, 534.
OEconome (l')	105.
OEufs cassés (les)	258.
OEuvre d'Antoine Watteau... (l')	525.
OEuvres des Estampes gravées	526.
Offrande à l'amitié (l')	498.
Offrande à l'Amour (l')	247, 258, 286.

Offrande à la vertu (l')	463.
Offrande à Priape	89, 463.
Offres réciproques (les)	536.
Offres séduisantes (les)	266, 328, 329, 330, 331.
Officier en semestre (l')	381.
Oh qu'il fait␣chaud !	148.
Oies du frère Philippe (les)	283, 296.
Oiseau captif (l')	271.
Oiseau chéri (l')	82.
Oiseau de Lubin (l')	441.
Oiseau mort (l')	251.
Oiseau privé (l')	142, 286.
Oiseau ranimé (l')	134.
Oiseleur (l')	294.
Old chairs to mend	535.
On la tire aujourd'hui	7, 61.
On ne s'avise jamais de tout	219, 281, 285, 296, 493.
On y court plus d'un danger	439.
On y va deux	340, 355.
Opérateur Barri (l')	278.
Optique (l')	170.
Oracle des amants (l')	515.
Orange ou le moderne... (l')	150.
Orchestre du village (l')	449.
Origine de la peinture ou... (l')	500.
Oubliés (les)	78.
Osselets (les)	105.

Où aller	380.
Oui ou non	408, 421.
Ouverture des États-Généraux	428.
Ouvrière en dentelles (l')	365, 366, 465, 500.
Ouvrière en tapisserie (l')	105.

P

Paix du mariage (la)	258.
Pan et Styrinx	89, 160.
Pan vaincu par les Amours	118.
Panier mystérieux (le)	83.
Panier renversé (le)	93.
Pantoufle (la)	98.
Papillons artificiers (les)	498.
Papillon et la tortue (le)	498.
Papiloneries humaines (les)	494.
Paralytique servi par ses enfants (le)	256.
Pardon (le)	218, 281.
Pari gagné (le)	224, 407, 420.
Par ici	393.
Par une tendre chansonnette	293.
Paresseuse (la)	247, 258.
Partie carrée (la)	534.

Partie de musique (la)	339, 340, 341.
Partie de plaisir (la)	151, 293.
Partie de whist (la)	224, 408, 420.
Pas de deux, etc.	89.
Passé (le)	380.
Passez, payez	138, 151.
Passe-temps (le)	273.
Pasteur galant (le)	83.
Pasteur heureux (le)	178.
Pâté d'anguilles (le)	220, 281, 283, 297.
Pâtre (le)	271.
Patriotisme français (le)	539.
Pauvre Annette	143.
Pauvre dans son réduit (le)	261.
Pauvre jeune homme (le)	523.
Pauvre minet, que ne suis-je à ta place !	314.
Pavillon de la Paix dans le... (le)	277.
Paysan mécontent (le)	74.
Paysan qui a offensé son seigneur (le)	281.
Paysan qui cherche son veau (le)	284, 461.
Pêche (la)	82.
Pêcheur (le)	83.
Pêcheurs (les)	272.
Peintre (le)	82, 105.
Peinture (la)	534.

Peinture chérie des Grâces (la)	287.
Pèlerinage à St Nicolas (le)	99.
Pelotonneuse (la)	257.
Pensent-ils à ce mouton ?	83.
Pensent-ils au raisin ?	83.
Perruque enlevée (la)	151.
Persée et Andromède	383.
Personne ne me voit	516.
Perspective (la)	533.
Perte irréparable (la).	167.
Pétards (les)	199.
Petit Boudeur (le)	258.
Petit Chien qui secoue... (le)	282, 283, 297.
Petit Coblentz, boulevard de Gand... (le)	391.
Petit Conseil (le)	320, 321, 322.
Petit Donneur d'avis (le)	178.
Petit Fermier (le)	272.
Petit Frère (le)	163.
Petit Garçon au chien de Terre-Neuve (le)	258.
Petit Glouton (le)	500.
Petit Jour (le)	238, 239.
Petit Lever (le)	239.
Petit Montreur de marionnettes (le)	81.
Petit Physicien (le)	536.
Petit Polisson (le)	259.

Petit Prédicateur (le)	202.
Petit Sabot (le)	272.
Petit Vaux-Hall (le)	537.
Petite Boudeuse (la)	259.
Petite Charrière en couches (la)	112.
Petite Coquette (la)	147.
Petite Fermière (la)	272.
Petite Fête improvisée (la)	241.
Petite Fille à la raquette (la)	105.
Petite Fille au chien (la)	255.
Petite Fille aux cerises (la)	105.
Petite Galerie du Palais (la)	247.
Petite Gourmande (la)	271.
Petite Guerre (la)	315, 366.
Petite Liseuse (la)	259.
Petite Loge (la)	422.
Petite Marchande de carpes (la)	451.
Petite Nannette (la)	259.
Petite reposée (la)	81.
Petite Sœur (la)	163, 259.
Petite Thérèse (la)	87, 205.
Petite Toilette (la)	407, 417.
Petits Buveurs de lait (les)	81.
Petits Favoris (les)	363, 364.
Petits Messieurs ou les... (les)	150.
Petits Parrains (les)	224, 407, 412.
Petits Poulets (les)	241.

Philosophes (les)	180, 293.
Philosophie charitable (la)	89.
Philosophie endormie (la)	247, 248.
Phrase changée (la)	147.
Phrosine et Mélidor	455.
Pièce allégorique pour l'érection de...	487.
Pièce curieuse (la)	274.
Pipée (la)	83.
Pintresse (la)	449.
Place des Halles (la)	278.
Place Louis XV, vue prise...	436.
Place Maubert (la)	278.
Plaisir malin (le)	170.
Plaisirs bachiques (les)	89.
Plaisirs champêtres (les)	89, 176.
Plaisirs de la campagne (les)	393.
Plaisirs de la jeunesse (les)	448.
Plaisirs de l'été (les)	82, 449.
Plaisirs de la pêche (les)	59.
Plaisirs de l'Ile enchantée (les)	83.
Plaisir de l'hymen (les)	99.
Plaisirs de l'hyver (les)	289.
Plaisirs du bain (les)	89.
Plaisirs du bal (les)	533.
Plaisirs interrompus (les)	193, 539.
Plaisirs nocturnes (les)	403.

Plaisirs réunis (les)	54.
Plus posément	148.
Poésie épique (la)	83.
Poésie lyrique (la)	83.
Poésie pastorale (la)	83.
Poésie satirique (la)	83.
Poète Anacréon (le)	50.
Point de convention	273.
Point d'honneur	272.
Poirier (le)	218, 282.
Poirier enchanté (le)	99, 221, 280, 285, 462.
Pommes de terre (les)	540.
Porte enfoncée (la)	144.
Portrait (le)	66.
Portrait chéri (le)	97.
Portrait d'Iris (le)	282.
Portrait de Watteau (le)	81.
Pot au lait (le)	196, 197.
Poule (la)	77.
Poule au pot (la)	166.
Poupée et le volant (la)	166.
Poussez ferme	66.
Précaution (la)	66.
Précaution inutile (la)	390.
Précautions (les)	224, 407, 408.
Prélude (le)	459.
Prélude amoureux (le)	263.

Prélude de Nina (le)	61, 62.
Premier Pas à la fortune (le)	44.
Premiers Aveux (les)	178.
Premier Pas de l'enfance (le)	208.
Premiers pas de l'enfant (les)	500.
Premières Caresses du jour (les)	244.
Premier Essai de...	494.
Première Leçon d'amour (la)	258.
Première Leçon d'amitié fraternelle (la)	6.
Première Leçon d'équitation (la)	244.
Premières Leçons de l'amour-propre (les)	245.
Premières Réquisitions des deux genres (les)	273.
Prémices de l'amour-propre (les)	245.
Prends ce biscuit	66.
Prends vite	148.
Présent (le)	380.
Présents du jour de l'An (les)	271.
Présidente Tourvel (la)	334, 335, 336, 516.
Prétexte (le)	147.
Prêtre du catéchisme (le)	166.
Prière interrompue (la)	466.
Printemps (le)	118, 173, 174, 272, 288, 316.
Printemps ou les amants (le)	150.
Privation sensible (la)	258.

Prix d'agriculture (le)	57.
Promenade (la)	147.
Promenade à dessin dans le... (la)	277.
Promenade anglaise (la)	151.
Promenade au bois (la)	368.
Promenade au bois de Vincennes (la)	151, 312, 313, 368.
Promenade au jardin Turc (la)	276.
Promenade dans un jardin public (la)	125.
Promenade dans la galerie du Palais-Royal	180.
Promenade de la galerie du Palais-Royal	125, 126.
Promenade de Longchamps (la)	137, 508.
Promenade des remparts de Paris (la)	474, 475.
Promenade du boulevard Italien (la)	154.
Promenade du jardin du Palais-Royal (la)	126.
Promenade du matin (la)	168, 222, 227.
Promenade du soir (la)	223, 224, 229.
Promenade publique (la)	122, 124, 141.
Promenade sur l'eau (la)	150.
Promettre c'est un et tenir c'est un autre	179, 281.
Promesses de l'amour (les)	395.

Proposition embarrassante (la)	534.
Propreté villageoise (la)	240.
Prudence en défaut (la)	368.
Prunes (les)	120, 121, 461.
Puce (la)	371.
Punition de l'Amour (la)	287.
Pupille (la)	152.
Pygmalion amoureux de sa statue	271.

Q

Quatre Ages (les)	463.
Quatre Ages de la vie (les)	290.
Quatre Bacchanales (les)	184.
Quatre Coins (les)	78.
Quatre Éléments (les)	83, 168, 278.
Quatre Heures du jour (les)	290.
Quatre Marchés (les)	168.
Quatre Saisons (les)	174, 288.
Quatre Satyres (les)	184.
Qu'as-tu fait ?	150.
Quand l'Hymen dort l'Amour veille	99.
Qu'ay-je fait, assassin maudit ?	534.
Que j'aime ce fruit !	515.
Quel est le plus heureux ?	523.

Quel est le plus ridicule ?	274.
Que le cœur d'un amant	293.
Qu'en dit l'abbé ?	306, 307, 308, 309, 359.
Que n'y est-il encore ?	66.
Qu'est là ?	52, 567.
Que lui conte-t-il ?	148.
Que vas-tu faire ?	150.
Qui va là ?	394.
Qui des deux aura la pomme ?	119.

R

Raccommodeuse de dentelles (la)	268.
Raccommodeur de moules (le)	377.
Raison parle et le plaisir entraîne (la)	456.
Ramoneur (le)	254, 258.
Ratisseuse (la)	105.
Ravaudeuse (la)	395.
Recherche des appâts (la)	272.
Reconnaissance de Fonrose (la)	6.
Reconnaissance du berger (la)	56.
Récréation du soir (la)	373.
Recueil général de coiffures	117.
Réflexion (la)	148.

Réflexion tardive (la)	167.
Réfractaire amoureux (le)	478.
Refus inutile (le)	205.
Regrets inutiles (les)	193, 397.
Regrets mérités (les)	244.
Reine Marie-Antoinette annonce... (la)	153.
Relevée (la)	278.
Remède (le)	49, 278.
Remois (les)	272, 283, 297.
Rempailleur de chaises (le)	151.
Renard vaincu (le)	446.
Rencontre (la)	147.
Rencontre au bois (la)	224.
Rencontre au bois de Boulogne (la)	407, 416.
Rencontre dangereuse (la)	54.
Rendez-vous (le)	53, 459.
Rendez-vous agréable (le)	463.
Rendez-vous pour Marly (le)	407, 414.
Rendez-vous bourgeois (le)	42.
Repas des moissonneurs (le)	538.
Repas du matin (le)	373.
Repas italien (le)	291.
Repas des vendangeurs (le)	271.
Repentir (le)	226, 258.
Repentir tardif (le)	353, 368.
Réponce embarrassante (la)	301.

Réponse au billet (la)	148.
Repos (le)	113, 114, 377, 458.
Repos de chasse (le)	56.
Repos de Diane (le)	107.
Repos interrompu (le)	98.
Reprimande (la)	147.
Résistance (la)	154.
Résistance inutile (la)	207.
Restaurant (le)	329, 330, 331. 400.
Retour (le)	491.
Retour à la vertu (le)	352, 391, 392.
Retour chez son père (le)	514.
Retour de campagne (le)	534.
Retour de chasse (le)	390, 534.
Retour de la chasse (le)	119.
Retour de la chasse de Diane (le)	82.
Retour de la consultation (le)	59.
Retour de Longchamps (le)	148.
Retour de nourrice (le)	259.
Retour désiré (le)	500.
Retour des champs (le)	240.
Retour du courrier (le)	79.
Retour du bal (le)	159.
Retour du laboureur (le)	57.
Retour du milicien (le)	369.
Retour du soldat suisse (le)	236.
Retour précipité (le)	516.

Retour trop précipité (le)	347.
Réunion des plaisirs (la)	54.
Réveil (le)	81, 82, 205.
Réveil dangereux (le)	54, 170.
Réveil de Vénus (le)	107.
Réveil du carlin (le)	89.
Réveil interrompu (le)	444.
Réveil opportun (le)	444.
Revendeuse à la toilette (la)	2.
Revers de la fortune (les)	85.
Revue (la)	506.
Revue de la maison du Roi au Trou d'Enfer (la)	429.
Revue du roi à la plaine des Sablons (la)	431.
Riche du jour ou le… (le)	274.
Rixe (la)	513, 514.
Robe de satin (la)	536.
Robe déchirée (la)	148.
Rodogune	454.
Roi et le fermier (le)	246.
Roman (le)	242, 243.
Roman dangereux (le)	346.
Rose (la)	134.
Rose et Colas	20, 21, 22, 23.
Rose mal défendue (la)	138, 139, 142.
Rose prise (la)	66.

Rosette et Colas	161, 162.
Rossignol (le)	284, 285, 461, 462.
Round and sound five...	535.
Route de Naples (la)	151.
Route de Poissy (la)	151.
Route de poste (la)	151.
Route de St-Cloud (la)	151.
Route du marché (la)	151.
Roxelane	38, 166.
Ruelle (la)	93.
Ruine (la)	534.
Ruse (la)	519.
Ruse d'amour (la)	443.

S

Sabot cassé (le)	178.
Sabots (les)	354.
Sacrifice au dieu Pan (le)	287, 381.
Sacrifice de la rose (le)	213.
Saint-Georges	13.
Saint Jame's park	440.
Saltimbanques (les)	390.
Salmacis et Hermaphrodite	160, 404.
Sapho	211.

Sa taille est ravissante...	35, 36, 37, 38.
Satyre amoureux (le)	87.
Satyre complaisant (le)	459.
Satyre impatient (le)	89.
Satyre terrassé par deux Amours (le)	118.
Savetier (le)	218, 281, 284, 451.
Savonneuse (la)	109, 253, 478.
Sçavante (la)	278.
Science du jour (la)	274.
Sculpture (la)	534.
Secours urgent (le)	109.
Séducteur (le)	166, 359.
Seigneur chez son fermier (le)	408, 422.
Sens (les)	390.
Sentiments de la nation (les)	271.
Sentinelle en défaut (la)	46, 316, 317, 318.
Serment (le)	213.
Serment d'amour (le)	209.
Serment de Louis XVI à... (le)	430.
Séparation douloureuse (la)	66.
Séparation de Louis XVI et sa... (la)	57.
Séparation inattendue (la)	354, 367.
Séparation pendant une nuit d'hyver (la)	150.
Sérail (le)	78.
Sérail du doguin (le)	446.

Sérail en boutique (le)	445.
Sérail parisien ou le... (le)	261, 444.
Serin chéri (le)	62, 315, 316.
Serinette (la)	63, 105.
Serment fédératif (le)	508.
Serrure (la)	517.
Servante (la)	218, 282.
Servante congédiée (la)	258, 278, 280.
Servante justifiée (la)	99, 272, 283, 297.
Sévreuses (les)	259.
Signal du bonheur (le)	157.
Signature (la)	148.
Silence de Vénus (le)	272.
S'il cassait	380.
S'il m'aime il viendra	321.
S'il m'était aussi fidèle	214.
S'il mordait	380.
Silvie guérit Philis de...	82.
Si tu voulais	362.
Simple dans mes plaisirs	105.
Singe peintre (le)	105.
Soins maternels (les)	258, 539.
Soins mérités (les)	342, 343, 344, 345.
Soins tardifs (les)	12, 13, 14, 15, 53.
Soir (le)	29, 30, 31, 32, 83, 85, 108, 119, 174, 175, 272, 278, 393, 398, 464, 465.

Soirée (la)	290.
Soirée chez Mme Geoffrin (une)	150.
Soirée d'hyver (la)	223, 230.
Soirée des Thuileries (la)	20, 21, 22.
Soirée du Palais-Royal (la)	85, 361.
Sœur Jeanne	221, 282.
Soldat en semestre (le)	237, 238.
Soldat français (le)	150.
Solitude (la)	66, 148.
Solitude agréable (la)	59.
Sollicitude amoureuse (la)	372.
Sollicitude (la)	137.
Sollicitude maternelle (la)	477.
Sommeil (le)	83.
Sommeil dangereux (le)	446, 534.
Sommeil d'Annette (le)	83.
Sommeil de Diane (le)	107.
Sommeil de Vénus (le)	107.
Sommeil interrompu (le)	1, 459.
Songe d'amour (le)	188, 189, 190.
Songe réalisé (le)	143.
Sonnette ou déjeuner interrompu (la)	394.
Son regard dit qu'on peut oser	376.
Sortie de l'Opéra (la)	423.
Sortie du bain (la)	516.
Soubrette confidente (la)	331, 332, 333.

Soubrette officieuse (la)	92.
Souffleur (le)	105.
Souffleuse de savon (la)	82.
Souhait de la bonne année au grand papa (le)	85.
Souper (le)	43, 267, 268.
Souper fin (le)	424.
Souricière (la)	109, 500.
Souris prise (la)	371.
Souvenir (le)	208.
Souvenirs agréables (les)	97.
Spectacle des Tuileries	480, 481.
Spirat adhuc amor...	199, 447.
Strawberries, scarlet, strawberries	535.
Suite d'Estampes, gravures...	454.
Suite d'Estampes pour servir, etc...	222.
Suivante commode (la)	119, 459.
Sultan galant (le)	278.
Sultan parisien (le)	78.
Sultane (la)	519.
Sultane favorite (la)	278.
Sultane infidèle (la)	373.
Surprise (la)	64, 234, 396, 519, 534.
Surprise agréable (la)	120, 401.
Surprise amoureuse (la)	459.
Suzanne au bain	499.
Suzanne et les vieillards	160, 287.

Suzette mal cachée	144.
Sweet china oranges	535.

T

Tableau des portraits à la mode	474, 476.
Tableau magique de Zémire et Azor	516.
Tailleur (le)	150.
Tailleur pour femmes (le)	112.
Tambourin (le)	511, 513, 514.
Télémaque et Eucharis	211.
Télémaque dans l'île de Calypso	463.
Temps perdu (le)	539.
Tempête (la)	523.
Tendre Désir (le)	257.
Tendre Éducation (la)	89.
Tendresse maternelle (la)	477.
Tenez vous droit	148.
Terre (là)	293.
Testament de la Tulipe (le)	383.
Testament déchiré (le)	258.
Testament de Mme Desboulières... (le)	118.

Théâtre Français (le)	497.
The angler's Repas	440.
The Assaut or fencing...	114.
The Balance	269.
The Dance	8.
The day's Folly	501.
The Effects of youthful...	440.
The Exhibition of the Royal Academy	460.
The first come, the best served	472.
The fruits Barrow	505.
The Fruits of early...	440.
The Garden of Carleton	160.
The Grace	105.
The green Plot	357, 359.
The Grove	358.
The Magnetism	501.
The Milk woman	397.
The officious waiting Woman	91, 328.
The Palais-Royal gallery's Walk	126, 127.
The Place to the first occupier	472.
The pretty Nosegay girl	259.
The Promenade at Carlisle house	503.
The Promenade in St-Jame's Park	122.
The Song	8.
The Sump	269.
The thea Garden	440.

The two Friends	504.
The Woman taking coffee	44, 397.
Théâtre italien (le)	293, 496.
Thé parisien ou le suprême... (le)	261.
Thétis écoute Protée	272.
Tiens, c'est mon valet Lafleur	274.
Tirésias aveuglé par les appâts de Minerve	287.
Toilette (la)	15, 16, 222, 224, 225, 226, 279, 395, 446, 497, 498, 533.
Toilette champêtre (la)	240.
Toilette de bal (la)	159.
Toilette de la mariée (la)	373, 459.
Toilette de la petite maîtresse (la)	25, 44.
Toilette de Vénus (la)	80, 381.
Toilette du matin (la)	55, 105, 373.
Toilette d'un clerc de procureur (la)	151.
Toilette du soir (la)	55.
Toilette ou l'amusement... (la)	9.
Toilette pastorale (la)	82.
Tom Jones	539.
Tombeau de J.-J. Rousseau (le)	434.
Tonneau d'arrosage (le)	483.
Toton (le)	103.
Toupie (la)	476.
Tours de cartes (le)	103.
Tourterelle (la)	287.

Tourterelle chérie (la)	66.
Trahison du miroir (la)	152.
Trait dangereux (le)	83.
Trait de bienfaisance de la Reine...	119.
Traitant (le)	166.
Traître découvert (le)	109.
Tranquillité champêtre (la)	393.
Transport des filles de joies... (le)	278.
Trente et un (le)	277.
Trente et un ou la maison... (le)	260.
Trente deux filles dans... (les)	157.
Tricherie reconnue (la)	385.
Tricoteuse endormie (la)	247, 253.
Tric-trac (le)	177.
Triomphe de Galathée (le)	160.
Triomphe de Minette (le)	244.
Tripot (le)	462.
Trois Grâces (les)	7, 275, 520.
Trois Sœurs au parc de St Cloud (les)	312, 313.
Trois Promenades (les)	124.
Trop indolent Tircis	293.
Troqueurs (les)	283, 298.
Troupe italienne (la)	81.
Tulipe cassée (la)	376.
Tullie faisant passer...	437.
Tu mens	66.

Tu saurais ma pensée	66.
Turc à Paris (le)	78.
Turc amoureux (le)	293.
Turcaret du jour prenant...	147.
Two bunches a penny	535.

U

Ultra (l')	66.
Un Prêtre catéchisant de jeunes filles	35.
Un tendre Engagement...	107, 166.
Un Usurier	150.
Une Femme occupée à cacheter...	101.
Une Fille querellée par sa mère.	42.
Une jeune femme représentée debout...	367.
Une Nourrice berçant un enfant.	56.
Une Nourrice ramenant un...	56.
Une promesse ! ah ! laissez donc,	378.
Unité (l')	150.

V

Valmont and Emilie	333, 334, 335.
Valmont and President Tourvel	334, 335.

Vaux-Hall (le)	467.
Vendangeuse (la)	82.
Venez vous reposer	148.
Vengeance de l'Amour (la)	399.
Vénus appuyée sur une...	83.
Vénus aux colombes	369.
Vénus couchée tenant sa colombe	83.
Vénus désarmant l'Amour	106.
Vénus endormie	383.
Vénus entrant au bain	82.
Vénus en réflexion	106.
Vénus et Adonis	83, 278, 403.
Vénus et Cupidon	81.
Vénus et les Amours	82.
Vénus influencée par l'Amour	271.
Vénus liant les ailes à l'Amour	374.
Vénus se préparant au...	82.
Vénus se venge de Psyché	160.
Vénus sortant du bain	82.
Vénus sur les eaux	82, 107, 118.
Vénus sur un lit de repos	83.
Verre d'eau (le)	196, 197, 198.
Verrou (le)	59, 183, 191, 192, 193.
Vertu aux prises avec le vice (la)	456.
Vertu chancelante (la)	254.
Vertu irrésolue (la)	374.
Vertu sous le regard de... (la)	177.

Vertumne et Pomone	82.
Veux-tu d'une inhumaine...	293.
Veux-tu monter, mon bel homme...	180.
Veuve (la)	118.
Veuve et son curé (la)	258.
Vice forcé dans ses retranchements (le)	445.
Vie de l'enfant prodigue (la)	377, 514.
Vieillard (le)	163.
Vieillard lisant avec une loupe (le)	258.
Vieillard surveillant (le)	463.
Vieille de bonne humeur (la)	178.
Vieillesse (la)	119, 278, 289, 290.
Vieillesse d'Annette et Lubin (la)	507.
Vieux Débauché (le)	178.
Villageois (le)	534.
Villageois entreprenant (le)	438, 439.
Villageois qui cherche son veau (le)	285, 525.
Vin (le)	520.
Visites (les)	150.
Visite à la grand'mère (la)	505.
Visite au grand'père (la)	505.
Visite à la pension (la)	144.
Visite inattendue (la)	222, 227.
Vivandière (la)	150.
Vivandiers et les vivandières (les)	178.
Vœux accomplis (les)	437.

Voilà ma mère, nous sommes perdus	66.
Voleur adroit (le)	261.
Volant (le)	78.
Volupté l'endort (la)	396.
Voluptueuse (la)	81, 82, 252.
Votre accord n'a rien qui m'étonne	82.
Vous avez la clef, mais...	70, 71, 321.
Vrai bonheur (le)	224, 425.
Vraie Mère (la)	256.
Vue de la foire de Beson	490.
Vue de la galerie du Palais-Royal	241.
Vue de l'incendie de la foire de St Germain	489.
Vue de la plaine des Sablons	429.
Vue du jardin du Palais-Royal	380.
Vue du Salon du Louvre	485.
Vue du Vaux-Hall...	383.
Vue intérieure des galeries de bois	167.
Vulcain présentant à Vénus...	82.

What you will	503.
Winter	535.

LISTE ALPHABÉTIQUE

DES

COLLECTIONNEURS ET DES DIFFÉRENTS PERSONNAGES

CITÉS DANS LE PRÉSENT OUVRAGE

A

Adeline	190.
Angelo (Mlle)	410, 425.
Audéoud	124.
Audouin	313.
Aumale (Duc d')	179, 256, 533.

B

Balloy	124.
Barathier	194.

Barthe	255.
Baudet	25.
Baudicour (P. de)	480, 496.
Bécherel	29.
Béraldi (H.)	61, 120, 135, 206, 217, 493.
Bérend	272.
Bergeret	217.
Bernard (A.)	3.
Bernsteim	190.
Beurnonville (Bon de)	84, 210, 296, 437, 529.
Blondel (Mis de)	257.
Bocher (E.)	11, 31, 38, 42, 47, 53, 54, 103, 247, 294, 302, 305, 318, 320, 329, 338, 339, 347, 349, 350, 356, 358, 359, 360, 361, 362, 364, 366, 367, 437, 480, 675.
Boilly (Mme)	66.
Bonnières (Mis de)	42.
Bouillon (Jules)	152, 203, 366, 493, 496.
Boussod	528.
Bracquemond (F.)	481.
Brun-Néergard	42.
Buhot (F.)	481.
Burat	160, 190, 393, 506.

C

Carnavon (Lord)	409, 411, 479.
Castiaux	65.
Cédron	198.
Chennevières (Mis de)	196, 451.
Choiseul (Duc de)	217, 257.
Christophle	522.
Collet	342.
Conti (Pcc de)	320.
Corseul (de)	535.
Courval (Vtesse de)	292, 293.
Cousin (Ch.)	22.
Craon (Pcesse de)	361.
Crillon (Mise de)	186, 295.
Crussol d'Amboise (Mis de)	437.

D

Damery	278.
Danlos fils	43, 493, 496.
Daupias (Cte)	214.
David	187, 331.
Déglise	213.

Delaherche (A.)	42.
Delbergue-Cormont	221.
Delessert	514.
Delisle	43.
Desboutin (M.)	481.
Dreux	327, 423, 424.
Duclos-Dufresnay	528.
Dudley (Lord)	255.
Dugoujon	274.
Dulwich	533.
Dumesnil	483, 489, 490, 491.
Duplessis (G.)	44.
Dupont aîné	4.
Durel	220.
Duthuit (E.)	257, 456.

E

Etiennez (E.)	90.
Eudel (P.)	95.

F

Feuillet de Conches	217.
Ferronnays (Ctesse de la)	254.

Fillon (B.)	397.
Fortier	105.
Fould	146.

G

Galichon	456.
Ganay (Cte de)	214.
Gandouin	22.
Gentien	124, 130.
Geny-Gros	188.
Gigoux	228, 232, 415, 417, 423.
Girodet	261.
Gœneutte (N.)	481.
Goff (R.)	481.
Goncourt (E. de)	3, 16, 22, 32, 46, 144, 146, 147, 172, 203, 206, 207, 215, 228, 232, 251, 258, 278, 342, 430, 450, 455, 458, 472, 476, 480, 519.
Gosselin	3, 95, 136, 137, 203, 504, 509, 522.
Grand-Carteret (J.)	522.
Granges de Surgères (Mis de)	368, 467.
Groult	12, 27, 211.

Guérard	481.
Guillotin	412.

H

Harcourt (Ctesse d')	204.
Hautpoul (Mis d')	192.
Hédou (J.)	386, 387.
Helleu	481.
Herzog	269.
His de la Salle	456.
Hollingwood-Magniac	83.
Holworthy	529.
Hope	258.
Horsin-Déon	210.
Houdetot (Cte d')	105, 506.

I

Ivry (B^{on} d')	352.

J

Jacque (Ch.)	481.
James (Miss)	532.

Jazet fils	277.
Jean (Vve A.)	3.
Josse (H.)	29, 35, 192, 225, 227, 231, 232, 234, 256, 314, 327, 348, 352, 360, 439, 454, 459, 476, 483, 485, 486, 487, 490, 492, 532.
Julienne	526.

L

La Béraudière (Cte de)	29, 74, 81, 83, 144, 206, 246, 256, 293, 294, 336, 365, 404, 422, 432, 443, 474, 507, 509.
La Borde (Mis de)	256.
La Caze	105, 194, 293, 295.
La Croix	23, 475.
La Live de Jully	257.
Laroche-Delatre	65.
Lasquin	210.
Laurent-Richard	63, 146.
Lavalette	467.
Le Blond	7, 415.
Le Brun	366.
Lefebvre (A).	529.
Lelogeais	3.
Lemoine (H.)	15, 95, 129, 133, 187, 188.

Le Rat	236.
Lévy-Crémieux	345.
Lion (R.)	73, 201, 336.
Lyne-Stephens	531.

M

Mabire (P).	675.
Magne (Ch.)	29.
Magnier (M.)	54, 95, 121, 124, 129, 131, 133, 134, 141, 216, 265, 301, 312, 316, 361, 471, 514.
Marcille (C. et E.)	105, 190, 191, 203, 205, 214, 244, 456, 457.
Marmontelle	258.
Martial	218.
Mayer (A.)	304.
Mellinet (Général)	v, 517.
Milius	236.
Moitessier	103.
Morgand (D.)	5, 181, 217, 218, 224, 389, 406.
Morny (Duc de)	105, 186, 208, 257.
Mühlbacher (G.)	22, 32, 73, 133, 172, 198, 246, 248, 258, 314, 320, 327, 336, 345, 346, 354, 359, 375, 413, 422, 483, 502.

N

Nadaillac (Ctesse de)	191.
Narischkine (P^{ce} de)	210, 293, 449.
Natoire	506.

O

Odiot	296, 456.

P

Paillard (Vve)	189, 214.
Paillet (H.)	217, 235.
Panhard (F.)	5, 174, 175, 389, 392.
Papin	146.
Paulme	125, 203, 204, 210, 239.
Pelletier	483.
Petit (F.)	105, 186, 191, 201, 208, 257, 293, 295, 449.
Philippe Georges	82, 449.

Pichon (B^on)	167, 327, 355, 675.
Pillet (Ch.)	514.
Poidatz	198.
Polignac (D^chesse de)	186, 295, 375.
Ponce-Blanc	456.
Portalis (Bon R.)	8, 120, 135, 181, 191, 193, 198, 199, 207, 211, 216, 217, 244, 275, 300, 331, 446, 493.
Pourtalès (Ctesse de)	522.
Praslin (Duc de)	256.

R

Radziwill	296.
Rahir (E.)	217.
Rapilly	467.
Randon de Boisset	250, 506.
Récipon	194.
Reiset	533.
Reynolds	529.
Roblin	276.
Roche-Vernet (De la)	428
Rodin (A.)	481.
Rœderer (L.)	218, 220, 422, 446.
Romeuf	23.

Rothan (G.)	523.
Rothschild (B^ne A. de)	410, 416, 423, 424.
Rothschild (B^ne N. de)	251, 252, 257.
Rothschild (B^ne W. de)	229, 230, 414, 416, 420.
Rothschild (Bon Alb. de)	204.
Rothschild (Bon Alf. de)	258.
Rothschld (Bon Alp de)	191, 534.
Rothschild (B^on Ed. de)	12, 22, 29, 35, 49, 113, 183, 186, 207, 210, 224, 226, 289, 318, 331, 409, 412, 417, 418, 421, 424.
Rostopchine (Cte)	533.
Rouquette	218, 223.
Rouzé (L.)	66.

S

Sabatier (R.)	146.
Saint	210.
Saint-Marc (Mis de)	506.
Salmon	187.
San-Donato	49, 236.
Schwiter (B^on)	105, 527, 532.
Secrétan	289, 527.
Seymour (Lord)	532.
Seymour-Haden	481.

43

Sichel	423, 424.
Sieurin	99, 218.
Silvy (H.)	113.
Sinety (Cte de)	212.
Soleil	112.
Somm (H.)	481.
Sommerard (du)	207.
Stern	527.
Suermondt	533.

T

Talleyrand (Mis de)	190.
Tedesco	216.
Testard (Mlle)	27.
Thibaudeau (W.)	413.
Tissot	481.
Tondu	32, 327.
Trouard	506.

V

Valadon	528.
Valentin (L.)	25, 54, 79, 106, 215, 240, 320, 367, 442, 505.
Vandières	105.
Varanchon	192.

Varennes (Mis de)	318, 322, 514.
Vence (Cte de)	105.
Vergues	514.
Véri (Mis de)	191, 257.
Vernet (Mme)	438.
Vignères (J.-E.)	4.
Villeneuve (de)	415.
Villot	203.

Walferdin	192, 198, 201, 202, 203.
Wallace (Lady)	186, 258.
Wallace (Sir R.)	186, 189, 208.
Welles de Lavalette (Cte)	35.
Wertheimer	532.
Whistler	481.
Wilson (J.)	529.

Nous allions mettre sous presse cette dernière feuille, lorsqu'à l'instant nous parvient une aimable lettre de M. Paul Mabire, attaché au Ministère des affaires étrangères, nous signalant dans sa collection la présence du dessin à la plume rehaussée de gouache du *Chemin de la Fortune*, de Baudouin; cette pièce, mentionnée par M. Bocher, sort du cabinet de M. le baron Pichon.

Nous nous empressons de l'inscrire à notre inventaire en remerciant le collectionneur de sa délicate attention.

ACHEVÉ D'IMPRIMER

A NANTES

LE 24 FÉVRIER 1893

Par ÉMILE GRIMAUD

POUR

DAMASCÈNE MORGAND

A PARIS

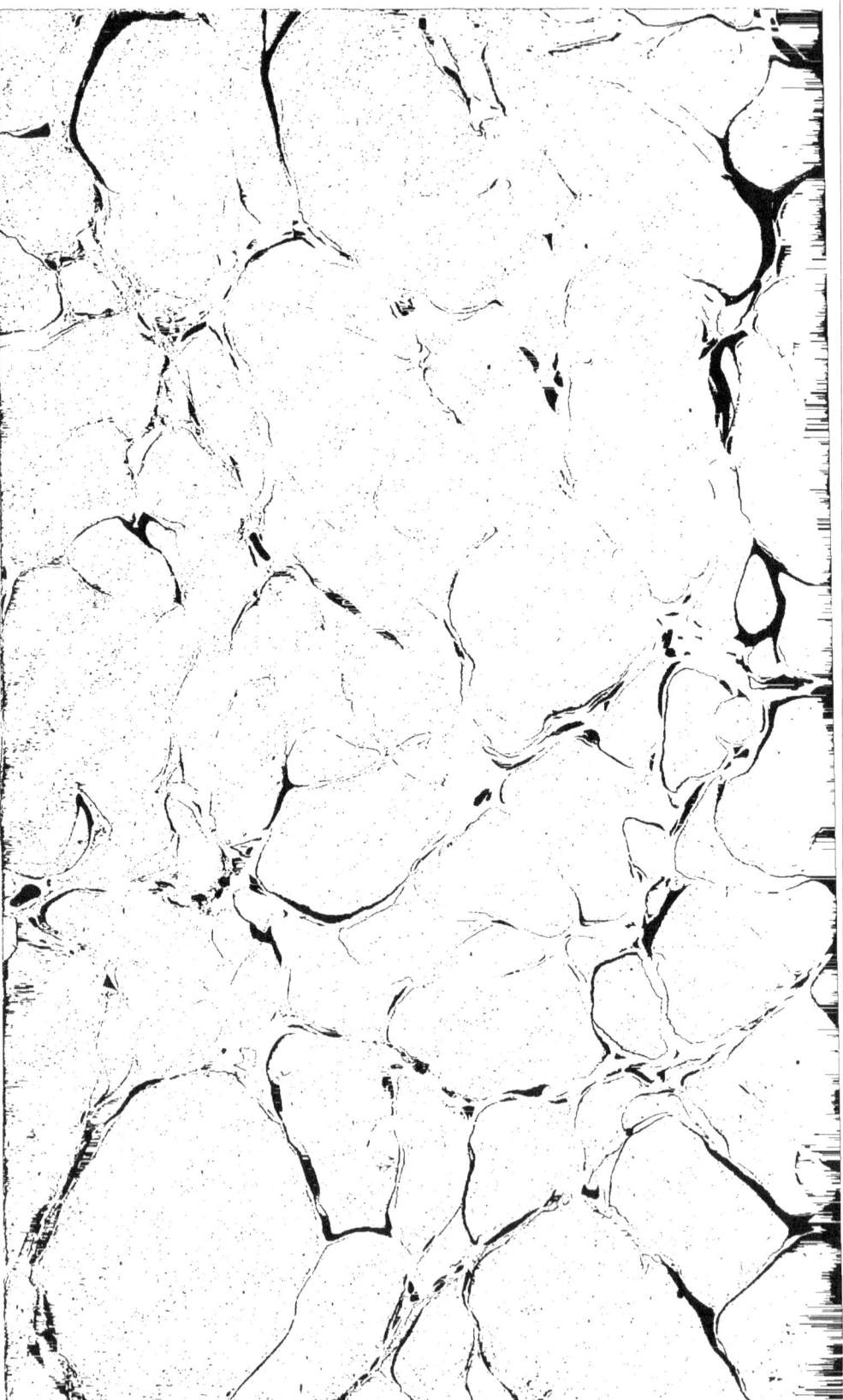

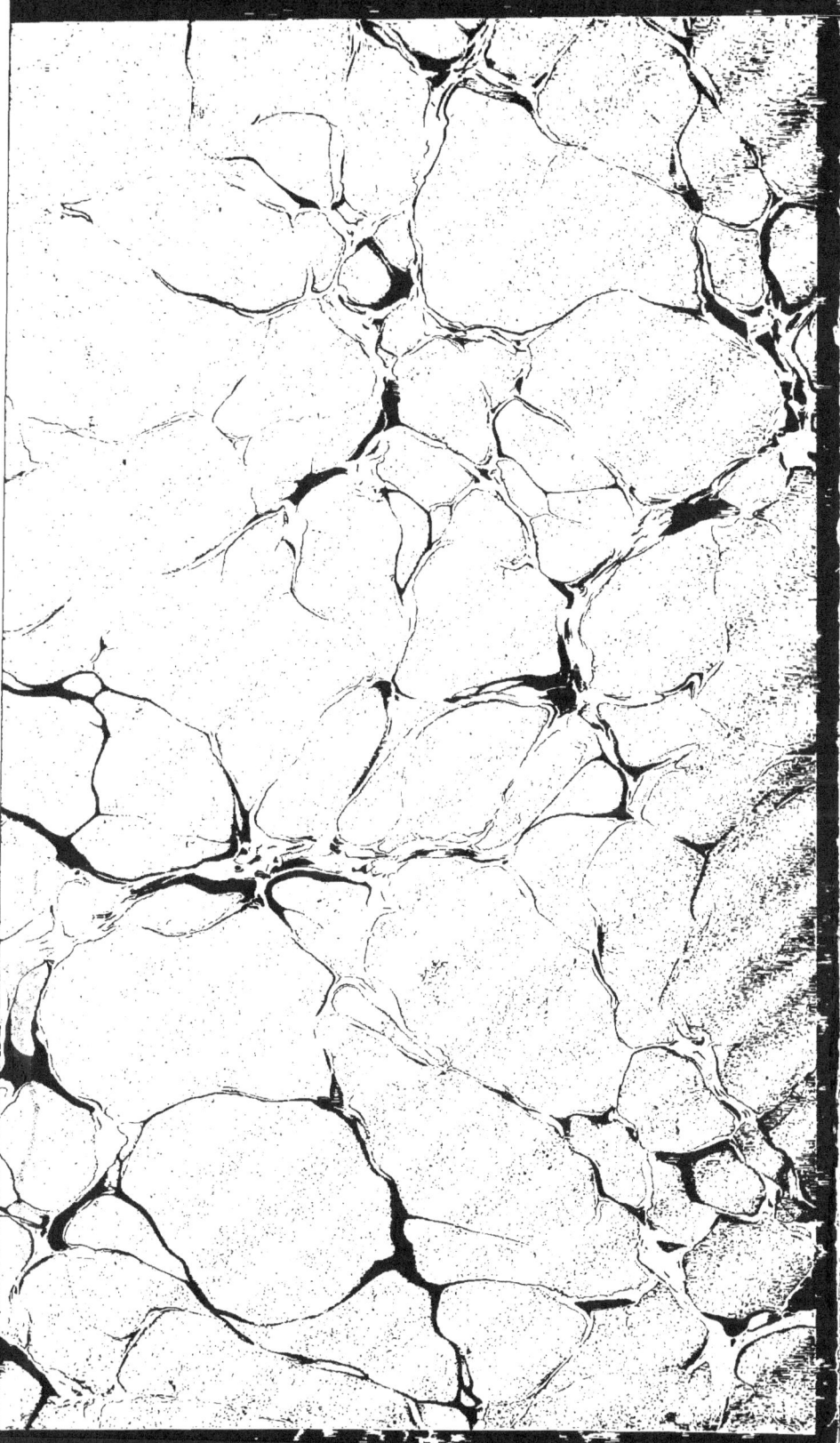

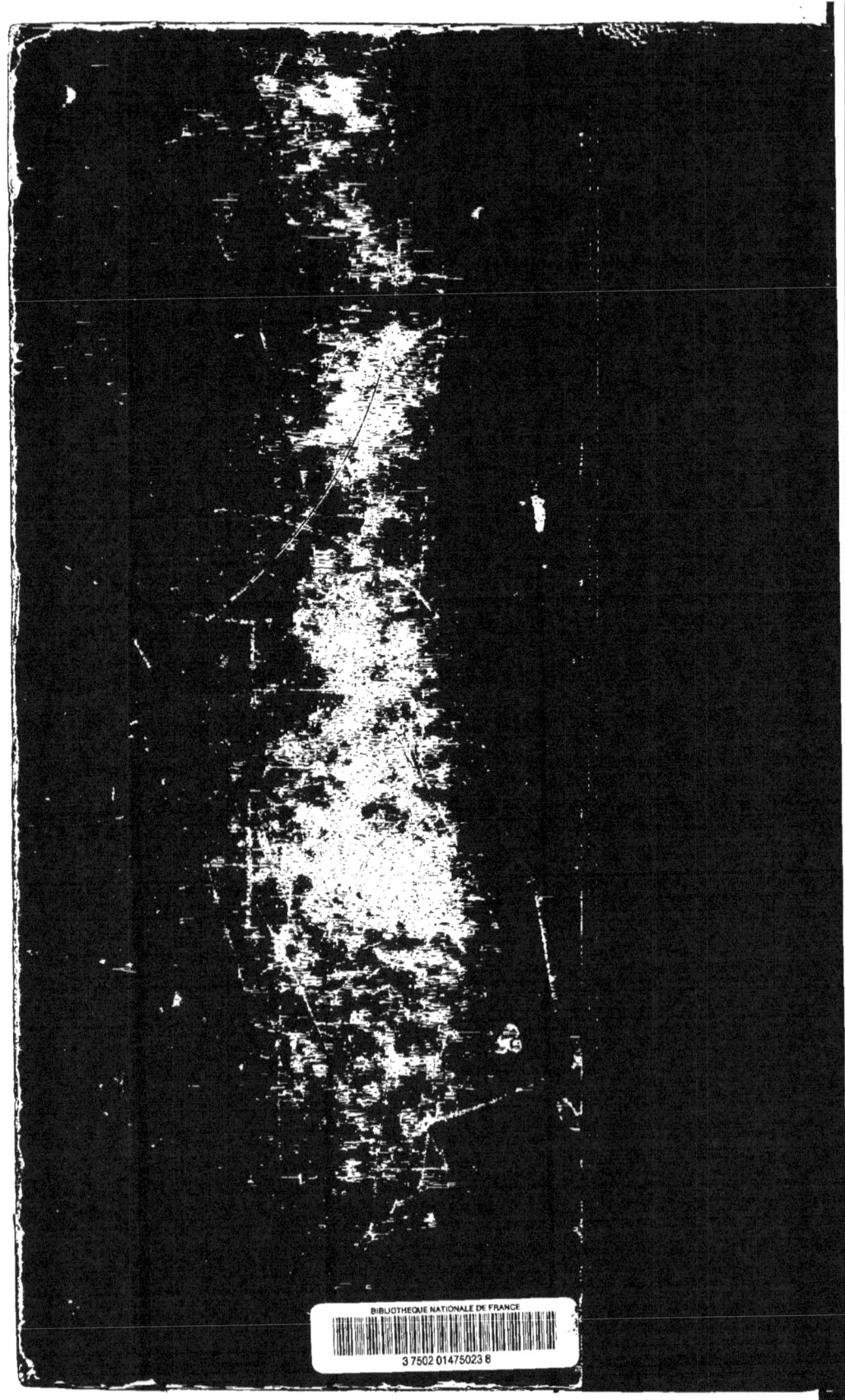

www.ingramcontent.com/pod-product-compliance
Lightning Source LLC
Chambersburg PA
CBHW061957300426
44117CB00010B/1371